Títulos de Crédito

1ª edição — 2002, Ed. UNEB

2ª edição — 2003, Ed. UNEB

3ª edição — 2008, Edições Qualidade Jurídica

4ª edição — 2010, LTr Editora

WALNEY MORAES SARMENTO

Dr. phil. pela Universidade de Hannover (Alemanha). Ex-bolsista do Serviço Alemão de Intercâmbio Acadêmico — DAAD. Duas vezes Pós-doutor pela mesma universidade. Ex-bolsista do CNPq. Especialista em língua alemã (Freiburg — Alemanha). Ex-bolsista do Instituto Goethe. Professor titular de Direito Comercial da Universidade do Estado da Bahia. Professor Titular do Centro Universitário FACAPE (Pernambuco) e Coordenador de seu curso de Direito. Professor convidado do Mestrado Profissional de Economia da Universidade Federal do Ceará — UFC. Professor convidado da Escola Superior da Magistratura de Pernambuco — ESMAPE. Professor aposentado da Universidade Federal da Bahia — UFBA. Ex-consultor da CAPES.

TÍTULOS DE CRÉDITO

4ª EDIÇÃO

Dados Internacionais de Catalogação na Publicação (CIP)
(Câmara Brasileira do Livro, SP, Brasil)

Sarmento, Walney Moraes

Títulos de crédito / Walney Moraes Sarmento. 4. ed. São Paulo: LTr, 2010.

Bibliografia

ISBN 978-85-361-1589-4

1. Títulos de crédito. 2. Títulos de crédito - Brasil. I. Título.

10-02097 CDU-347.457

Índice para catálogo sistemático:

1. Títulos de crédito: Direito civil 347.457

Produção Gráfica e Editoração Eletrônica: ***Cor & Arte Desenhos***

Design de Capa: ***Fábio Giglio***

Impressão: ***Cromosete***

EDITORA LTDA.

Rua Jaguaribe, 571 – CEP 01224-001 – Fone (11) 2167-1101
São Paulo, SP – Brasil – www.ltr.com.br

LTr 4052.1 **Julho, 2010**

Dedico este livro a todos aqueles pertencentes a um segmento que me incentivou no curso de minha vida a meditar, a refletir sobre a importância e o alcance do conhecimento. A todos aqueles que me ensinaram a encarar o magistério como uma tarefa a exigir compromisso e constância. A todos aqueles que não me frustraram na escolha de minha profissão de Professor de Direito e que me fazem muito feliz no exercício de minhas funções docentes: meus alunos!

SUMÁRIO

Nota de Esclarecimento

O presente livro, nesta quarta edição, revista, atualizada e ampliada, tem por finalidade principal dotar os interessados na leitura do tema "títulos de crédito" de um instrumento acessível e objetivo, porém ao mesmo tempo preocupado com a teoria e a prática do Direito Cambiário, que lhe dê uma visão científica da questão sem, obviamente, esgotá-la. Daí o cuidado de buscarmos uma linguagem adequada a semelhante escopo. Está endereçado à área jurídica, mas se destina também a pessoas de áreas afins, como Economia, Administração e Ciências Contábeis, em cujos cursos a presença do Direito Cambiário é, de certa forma, imprescindível.

Esta obra constitui o prosseguimento de um trabalho mais amplo sobre Direito Comercial, iniciado com o *Curso de Direito Comercial*, lançado em primeira edição pela Universidade do Estado da Bahia (UNEB), e em segunda edição pela Editora Sagra-Luzzatto, da cidade de Porto Alegre. Seguiu-lhe um segundo volume, intitulado *Curso de Direito Comercial II*, também publicado pela Universidade do Estado da Bahia.

Na expectativa de que *Títulos de Crédito* venha a ser um trabalho que atinja seus objetivos é que esta produção é posta à disposição do público, não sem passar por um processo de revisão e de atualização legislativa, dentro de um panorama jurídico caracterizado pelo dinamismo. Tal como nas edições anteriores, pautamo-nos pelos princípios da simplicidade e da objetividade, mediante os quais nos propomos a garantir aos leitores um instrumento útil na consecução de seus escopos, ligados à obtenção de um conhecimento satisfatório no âmbito do Direito Cambiário. Ou, ao menos, proporcionar-lhes a oportunidade para que encontrem o caminho nessa direção.

Esclareça-se que, se a investigação levada a efeito no campo do Direito Comercial mantém, obviamente, uma unidade, cada publicação em si guarda as suas próprias características, cada uma delas autônoma em relação às demais, sem perder, contudo, o vínculo da unidade.

Impende explicar que optamos pelo método comparativo, ao confrontar, por tantas vezes, as diversas opiniões dos doutrinadores. Recorremos, de forma semelhante, a legislações de países estrangeiros com o mesmo intuito de pôr em relevo certas idiossincrasias jurídicas, conduzindo o interessado a um exercício intelectual que o desvie do dogmatismo, em sentido corrente, e do mero pragmatismo, de simplesmente decorar os conceitos. Destarte, ressalta de nossas palavras que o juízo crítico, mais do que a própria transmissão do conhecimento, é nosso fito maior. Afinal, entendemos que o nosso procedimento encerra uma questão de cunho metodológico, porquanto tenciona despertar no estudante, sobretudo no estudante do curso jurídico, o alcance de uma ferramenta que lhe será de inconteste utilidade: a capacidade de argumentar, o dom de convencer, pelo domínio da lógica e da razão.

Resta agradecer àquelas pessoas que contribuíram para a elaboração do presente livro. Este processo nasceu, sobretudo, da necessidade de dotar os nosso alunos, em nível de graduação e pós-graduação, de um material ao mesmo tempo atual e acessível, com o intuito de facilitar-lhes a aprendizagem, iniciando-os (ou consolidando-os) na intimidade do Direito Cambiário. Começo por eles, portanto, os meus agradecimentos, pelo constante incentivo. Minha gratidão passa, outrossim, pela Profª *Anna Christina Freire Barbosa*, minha mulher, por sua disposição e paciência em auxiliar-me nas lides com o computador. A mesma referência alcança a Belª. *Débora Moraes Sarmento*, minha filha, e o aluno de ciência da computação *Adalberto Rodrigues Andrade.* Meus agradecimentos chegam igualmente aos estudantes *Gilmar Leal de Barros, Eliamar Martins Teixeira* e *Chimene Borges Cavalheiro Cavalcante*, pelos seus valiosos préstimos na busca jurisprudencial e na preparação das ilustrações insertas no presente livro. Sou também grato a *Iala Thaíza*, por sua contribuição na diagramação deste livro. Não posso deixar de mencionar aqueles colegas que, através de seus comentários, encorajaram o autor a partir para uma outra edição de *Títulos de Crédito.* Entre estes, destaco o *Prof. João Glicério Filho*, da Universidade Federal da Bahia – UFBA e do Jus-Podivm.

E assim, malgrado as dificuldades que afligem o desenvolvimento de qualquer trabalho de investigação, mormente quando contamos praticamente com nossos próprios recursos, sentimo-nos como aquele professor que logrou êxito, ao menos relativo, em sua tarefa de pesquisar, e de poder comparecer, mais uma vez, com nova etapa de trabalho concluída, na esperança de poder ser útil às pessoas que orbitam em torno do mundo jurídico.

Prof. Dr. Walney Moraes Sarmento

Prólogo sobre Títulos de Crédito

"Quando cada bendita coisa que possuís
Seja feita de prata ou de ouro,
Suspirais por uma vasilha de estanho...

Quando, para vestir, outra coisa não tiverdes
Senão tecido de ouro e de tênue cetim,
Tecido de ouro deixais de apreciar...
E assim sobe o preço da lã."

(Gilbert and Sullivan, *The Gondoliers*)

Na gênese das relações econômicas, na miríade de fatos que emolduram a conduta interindividual, na economia de cada um (Wirtschaft) ou na forma social da satisfação das necessidades (Volkswirtschaft), está a utilidade dos bens que supõe um sujeito que sente uma necessidade e a coisa adequada à sua satisfação. É essa aptidão dos bens na satisfação das necessidades que gera e deflagra o discutidíssimo conceito de valor, para explicar nossos desejos e nossos apetites mensuráveis numa escala de utilidade que varia da escassez ou raridade à abundância ou gratuidade.

Os doutores das ciências humanas costumam identificar essa aptidão a palavras que exprimam essa raridade ou essa abundância como utilidade abstrata (Nützlichkeit) e o esforço despendido para conseguir bens úteis.

Na gradação observada estaria o valor da coisa como utilidade primária ou como utilidade final ou marginal de *Von Wiese.*

Um bem não econômico ou gratuito pode transformar-se em bem econômico quando se limita a sua quantidade. É o exemplo da água ou do ar que, em determinadas circunstâncias, passam a exigir do consumidor uma certa parcimônia no seu uso, com intervalos ou lapsos de tempo variáveis.

À medida que os bens econômicos ficam escassos ou mais caros cresce o seu valor como utilidade marginal (Grenznutzen) ou, como disse *Stanley Jevons*, pelo seu "final degree of utility", expressão que corresponde ao "Wert des letzten Atoms", de *Gossen.*

No fenômeno do preço das coisas nenhum bem nos oferece uma ideia mais completa da utilidade marginal do que o dinheiro, que tem uma escassez permanente. O povo, na sua sabedoria, diz que não há mercadoria mais cara do que o dinheiro. De todos os bens tem o dinheiro um especial e importante significado (*Irving Fisher*) no poder de compra das pessoas, marcando a sua crescente desejabilidade. O citado *Von Wiese* refere-se a "das vilseitgste Gut ist das Geld". Assim, para aliviar essa raridade do dinheiro foi preciso recorrer a um sucedâneo que o substitui nas relações econômicas, aumentando o tempo de exigibilidade ao devedor. São os títulos de crédito, os títulos ao portador, próprios e impróprios, puros ou afetados de "manchas de posse" (*Pontes de Miranda*), cheques, *warrants, drawbacks,* bilhetes de cinema, de casas de diversão, estádios, bilhetes de loteria, tickets de alimentação e de transportes, letras de câmbio e outros tantos que valem como moeda alternativa ou papel-moeda nas inúmeras transações da vida civil e mercantil. Circulam como sucedâneo da moeda oficial, como estalão de valor, com poder liberatório de negócios mercantis e até mesmo servindo para mudar a posição do beneficiário no negócio jurídico, sugerindo novação subjetiva do devedor, de empresas ou de grupos de empresas.

É evidente que o crédito é um direito pessoal, um vínculo entre quem deve e quem dispõe do poder de exigibilidade em certo tempo e lugar sobre quantia certa ou coisa referente.

Na Civilística, o crédito é uma situação interina que introduz, na rigidez dos negócios, o fator tempo, como sucedâneo do dinheiro, ainda que predominantemente adstringe o devedor a uma prestação em metálico ou em coisa e confere ao credor poder de acionalidade como tegumento protetor do seu ganho.

Não é, pois, de estranhar que os sucedâneos do dinheiro terminaram por construir o ramo mais frondoso do Direito Privado, alcançando, muito justamente, autonomia didática e legislativa. Sua importância, no tronco obrigacional, levou o ilustre Josserand a afirmar que o Direito das Obrigações não é apenas a base do Direito Civil mas o sustentáculo de todo o Direito.

Entre nós, notou com autoridade *Orlando Gomes* ao escrever que "sob esse aspecto, apresentando-se como a expressão da liberdade individual no exercício das atividades privadas na ordem patrimonial, é o campo de eleição da autonomia privada".

Na verdade, toda a atividade negocial, desde o quadro clássico dos contratos esboçado no Código Civil, até as novas formas contratuais geradas pelas necessidades da interpretação tecnológica da sociedade contemporânea, representa um vasto campo de milhões de atos jurídicos destinados à acomodação de interesses divergentes.

A vontade negocial desatrelou-se das formas tipificadas (*Tatbestand*) e passou a ocupar o espaço vazio do Direito com engenhosas formas novas que mais refletem a equivalência das prestações desejadas pelas partes interessadas (base negocial).

O fenômeno do crédito, como sucedâneo do dinheiro caro e escasso, é a expressão mais alta da tendência contemporânea de desestatizar as relações econômicas, deixando aos indivíduos a liberdade de contratar, seus modos, condições e termos, e, ao Estado, a liberdade contratual, restringindo-se esta última às limitações impostas à liberdade individual, como, por exemplo, as impostas no contrato de trabalho e na circulação dos papéis de crédito.

Atualmente, a situação atingiu contornos de crise normativa a tal ponto que no mundo civilizado tentou-se a consolidação dos textos legais que disciplinam o crédito, como nos Estados Unidos, França e Alemanha.

No Brasil, várias iniciativas foram tomadas visando a um programa de consolidação legislativa sobre letra de câmbio, nota promissória, cheque e duplicata como principais títulos do mercado financeiro.

A ideia central é a de criar norma básica sobre letra de câmbio e nota promissória. É a chamada Lei Uniforme de Genebra. O assunto resultou de memorável parecer, o de n. 738-H, de 6.9.1968, do Consultor Geral da República, Dr. Adroaldo Mesquita da Costa. O assunto mereceu do E. STF a solução do acórdão lavrado pelo Min. Cunha Peixoto, no R.E. n. 80.004, de Sergipe. Igual tratamento foi dado ao cheque, tendo, como norma básica, a Lei Uniforme de Genebra. Mas este título de crédito, no Brasil, tem passado por distorções e vicissitudes que a prática financeira criou na aceitação do público.

Para percorrer todos os caminhos dos títulos de crédito, o Prof. Dr. *Walney Moraes Sarmento* escreveu belo trabalho, de leitura amena e ao alcance dos seus inumeráveis discípulos. O livro, no entanto, é guia seguro para profissionais do foro cível e comercial, professores de nível universitário e quaisquer pessoas que pretendam adentrar o território hermético e reservado a poucos especialistas.

Com mais este volume, o Prof. Dr. *Moraes Sarmento* deixa, nas letras jurídicas brasileiras, inestimável contribuição universitária.

Salvador, 25 de fevereiro de 2009

Dr. Washington Luiz da Trindade
Prof. Livre-docente do curso de Doutorado em Direito Econômico da Faculdade de Direito da UFBA.

Capítulo I

TEORIA GERAL DOS TÍTULOS DE CRÉDITO

1. Crédito e moeda

1.1. Introdução ao problema

Parece-nos coerente acreditar que ao tratarmos do crédito não podemos esquecer a questão da moeda, por motivos óbvios. É que ambos caminham paralelamente no curso da história. Se tomarmos o específico caso brasileiro, convém lembrar que o órgão antecessor do atual Banco Central chamava-se exatamente "Superintendência da Moeda e do Crédito" (SUMOC), o que denota a aproximação dos conceitos. O crédito tem, pois, uma larga relação com a moeda, até porque, quando praticado, tem como consequência o adiamento do uso da moeda. Portanto, nada mais justo se começarmos o estudo do crédito fazendo referência ao papel da moeda na economia. É dentro dessa perspectiva que buscaremos sintetizar a evolução da moeda, deixando sobressair sua influência no desenvolvimento dos negócios.

1.2. Origem da moeda

Se certos historiadores apontam para a ilha de Egina (Grécia) como o berço da moeda, por volta de 670 AEC, outros preferem eleger a Lídia como país de origem da moeda metálica. Em Egina, ponto relevante do comércio helênico, o seu inventor teria sido Pheidon, rei de Argos. Tal moeda seria fabricada a partir de uma liga de dois metais que eram o ouro e a prata, o que os gregos denominavam *electrum.*

Já para a segunda corrente a moeda teria surgido em época menos remota, por volta de 546 AEC, cuja invenção é atribuída a Creso, rei que veio a ser derrotado por Ciro, o Grande. O povo lídio habitava a costa mediterrânea da atual Turquia, há 2.600 anos e representa ainda um mito e um desafio para historiadores e arqueólogos. Sua fama de riqueza atravessou os séculos como proprietários de fortunas incalculáveis, formadas por peças de ouro e joias preciosas. Por enquanto nada foi encontrado desse suposto Eldorado da Antiguidade. No entanto, não há dúvidas da existência dos lídios.

Pesquisas recentes, conduzidas por especialistas das universidades americanas de Havard e Cornell, descobriram como os lídios lograram produzir o mais puro ouro do seu tempo. E, de fato, foi durante o reinado de Creso que se cunharam as primeiras moedas de ouro e prata.

A fábrica de moedas (casa de cunhagem) localizava-se em Sardis, capital do país, que, de acordo com modernas descobertas arqueológicas, era uma cidade bem guarnecida, protegida por dois enormes muros, com 20 metros de espessura e pelo menos 6 de altura. Posteriormente persas, gregos, romanos e bizantinos se estabeleceram no território correspondente ao antigo império lídio, consoante as escavações arqueológicas.

1.3. Processo de fabricação da moeda

Os pesquisadores lograram o intento de reconstituir o processo de elaboração das moedas, apoiando-se nos objetos encontrados na região, bem como nos resíduos químicos que eles ainda conservavam. A partir de pepitas de uma liga metálica composta de ouro, prata e de um pouco de cobre, encontrada em um rio próximo a Sardis, os lídios desenvolveram um processo de separação dos metais, produzindo daí a creseida, criada por Creso. O composto era triturado e fundido com chumbo, metal que absorvia o cobre, levando a sua retirada da liga. Posteriormente, umedecia-se a mistura, adicionando-se sal. Depois era tudo fervido em potes de barro por vários dias. Ocorria uma reação química e com isso a prata era isolada. Assim, os dois metais, ouro e prata, estavam prontos para ser usados em suas respectivas formas. Essa tecnologia primitiva iria permitir, entretanto, que se chegasse a um metal de melhor qualidade.

1.4. O papel da moeda no desenvolvimento comercial

Criada a moeda, os lídios puderam desencadear uma série de atividades econômicas por todo o mar mediterrâneo. A posição geográfica desse povo também contribuiu para o fortalecimento de sua vocação mercantil. A moeda representou um salto significativo no processo civilizatório. A creseida, ostentando o seu leão estilizado, serviu de modelo para o dinheiro surgido em seguida. Dessa forma, substituía as pequenas barras e placas de metais preciosos, utilizados como meio de pagamento nas transações comerciais entre assírios, caldeus, hebreus e outros povos, facilitando, com essa comodidade que trazia consigo, as transações de cunho interno e internacional. Quando os persas destruíram a civilização lídia, século VI AEC, a contribuição dessa cultura ao desenvolvimento da economia e do comércio já estava consolidada e, ao lado disso, a fama de riqueza e glória de um povo que, transformado em mito, varreu o tempo e a história.

1.5. O papel da moeda no crescimento econômico

A descoberta lídia espalha-se pelo Mediterrâneo e universaliza-se. O uso do dinheiro faz surgir o sistema monetário, sendo o governo responsável por sua manutenção. Se esse governo não age, cria-se espontaneamente esse sistema. O uso do dinheiro vai tornar o sistema de trocas muito mais eficiente. Uma de suas vantagens vai ser a quebra da bilateralidade, característica específica do escambo e significa uma coincidência de desejos. O dinheiro quebra também a indivisibilidade existente no antigo sistema, pois permite diversificar as compras, não se limitando a artigo por artigo, como no escambo. Destarte, o sistema de trocas com dinheiro leva a complexas transações que envolvem um número ilimitado de participantes.[1] Além do mais, os pagamentos nem sempre são feitos à vista. Empresários recorrem ao sistema bancário e, assim, o crédito desempenha, num crescendo, seu papel de facilitador dos negócios. A moderna sociedade precisa armar-se para enfrentar novas provocações decorrentes das novas formas de negociar, simplificando, na medida do possível, o grau de complexidade das coisas. Nunca os recursos tecnológicos estiveram tão a serviço do sistema monetário como acontece nos dias de hoje. E é nesse bojo da circulação do dinheiro que a função do crédito assume dimensões cada vez mais elevadas, compatíveis com os mais atuais desafios que vão ocorrer no âmbito do Direito, em especial do privado.

2. Conceito de crédito

Cabe-nos dizer, primeiramente, o que de fato entendemos por crédito. Em poucas palavras podemos conceituá-lo como sendo a troca de um determinado valor presente por um valor futuro. Acrescente-se que o crédito não tem por finalidade a criação de riquezas. Tampouco é um agente de produção, porque tão somente transfere riqueza. Um ilustre economista chegou a declarar que o crédito não cria capitais e a troca não cria mercadorias (Stuart Mill, o mesmo que definiu o crédito como uma permissão de usar o capital alheio). O que não se pode negar ao crédito, entretanto, é o seu caráter facilitador de negócios, ao propiciar sua realização, ao substituir o dinheiro por um determinado título.

3. Modalidades de crédito

As modalidades de crédito podem ser resumidas em duas grandes categorias, a saber: mútuo e a venda a prazo.

3.1. Mútuo

Entende-se por mútuo aquela forma de crédito pela qual o credor troca a sua prestação atual pela prestação futura do devedor. O mútuo mercantil identifica-se como a principal operação praticada pelos bancos em geral. Trata-se de uma modalidade de empréstimos, resultante de um contrato do qual se origina o débito em dinheiro, pilastra mais importante de todo o sistema creditício, verdadeiramente o núcleo essencial do estabelecimento bancário. Nesse caso, o mutuante é sempre uma instituição financeira, ao passo que o mutuário tanto pode ser um empresário mercantil como não sê-lo. Essa última situação pareceria afrontar o art. 247 do Código Comercial, em sua Parte Primeira, já revogada, que dava a entender exigir a condição de comerciante do mutuário. Ocorre que nem sempre os empréstimos fluem para atividades exclusivamente mercantis, podendo ter, pois, outras finalidades, como a aquisição da casa própria ou de qualquer outro bem durável ou de consumo.

O contrato de mútuo é unilateral e real. Unilateral, por gerar obrigações tão somente para o mutuário, que deve restituir o principal recebido, acrescido de remunerações legais. O mutuante dispensa-se de qualquer outra obrigação legal, por já ter cumprido a sua, que consiste na concessão do empréstimo. Real, porque o seu aperfeiçoamento só se atinge com a tradição da coisa, isto é, com a efetiva entrega do dinheiro ao mutuário ou mediante creditação do valor em sua conta.

---

(1) Cf. WONNACOTT, Paul; WONNACOTT, Ronald. *Economia*. São Paulo: Makron Books, 1994. p. 43.

3.2. *Venda a prazo*

Na venda a prazo, o vendedor troca a mercadoria, que representa um valor presente e atual, por nada mais nada menos que uma promessa de pagamento. É a chamada venda a prestação e mais uma vez a obrigação presente é trocada por uma obrigação futura.

3.3. *A questão dos juros. A tradição judaica*

É evidente que tal operação (a de empréstimo) implica risco para o credor. A ideia dos juros, como forma de remuneração do capital, está umbilicalmente ligada a essa questão. A onerosidade é uma das características do Direito Comercial. Hoje em dia não repugna falar abertamente na cobrança de juros, o que já foi um tabu, sobretudo na Idade Média, tempo em que Tomaz de Aquino, dos mais singulares nomes da igreja romana, assevera que o tempo pertence a Deus, sendo por isso inadmissível a prática da cobrança de juros (usura). Esta condenação tem suas raízes nas tradições judaicas, pelo que se pode ver no Salmo n. 15,5, que impõe para alguém habitar no Monte Santo a condição de não emprestar dinheiro a juros. Em Ezequiel encontra-se, igualmente, a condenação aos juros. Assim, morrerá aquele que empreste a juros e receba mais do que emprestou (18, 12-13).

No chamado Novo Testamento, que retrata uma época na qual ainda não existia uma demarcação entre Judaísmo e Cristianismo, a parábola das 10 moedas, proposta por Jesus, é bem sugestiva. Trata-se de certo homem nobre que teve de viajar e deixou a seus servos a gerência de seus negócios. Em seu regresso, mandou chamar esses servos a quem indagou sobre o destino do dinheiro. Disse-lhe o primeiro que fez a moeda render 10 vezes, o que muito contentou o rico homem, que lhe retribuiu na mesma proporção. Já o segundo lhe comunicou haver a moeda rendido 5 vezes, recebendo a sua recompensa na mesma proporção. Irritou-se, contudo, o nobre senhor quando o terceiro lhe relatou ter simplesmente guardado a moeda, por mero sentimento de medo, passando a repreendê-lo nos seguintes termos: "Servo mau, por tua própria boca te condenarei... por que não puseste o meu dinheiro no banco? E, então, na minha vinda, o receberia com juros. E disse aos que o assistiam: tirai-lhe a moeda e dai-a a quem tem as dez. Eles responderam: Senhor, ele já tem dez. Pois eu vos declaro: a todo o que tem dar-se-lhe-á, mas ao que não tem, o que tem lhe será tirado".[(2)]

O texto ora transcrito nada insere contra o capital produtivo. Pelo contrário, pois louva a iniciativa daquele servo que aplicou o recurso de seu amo, posto a sua disposição. Por outro lado, há de notar-se a menção ao tema da acumulação do capital, ao enfatizar o fato de que os ricos se tornarão mais ricos e os pobres, mais pobres, um problema dos mais atuais no panorama econômico mundial.

3.4. *Os juros no Islã*

No Islamismo é severa a proibição da cobrança de juros. O *Alcorão* veda qualquer tipo de lucro advindo de negócios que envolvam troca de ouro e prata, conforme as palavras de Maomé: "Não vender ouro por ouro exceto em quantidade equivalente... nem prata por

(2) *Evangelho de Lucas*, 19, 12-26.

prata exceto em quantidade equivalente". O uso de letras de câmbio e de notas promissórias estava, igualmente, condenado, ao determinar (o *Alcorão*) a coibição de todo comércio que implicasse a venda de "qualquer coisa que esteja presente pelo que está ausente". Condenava-se, dessa forma, a utilização do instituto do crédito, que é exatamente a troca de um valor presente por um valor futuro (ausente).

Mesmo hoje em dia a cobrança de juros continua proibida pelas leis muçulmanas, inclusive em transações meramente comerciais. Outros institutos garantem, porém, a expansão do sistema bancário nos países maometanos, a exemplo daqueles conhecidos como ijarah e murabaha. O primeiro corresponde ao lesing, para aquisição de bens móveis e imóveis. Por ele, o banco adquire determinado bem de terceiro e repassa-o ao cliente que pagará o preço fixado. Mediante essa operação, o lucro do banco, se não está na cobrança de juros, reside, contudo, na diferença de preço da coisa comprada e da sua negociação com o interessado.

Já pelo instituto conhecido como murabaha, a empresa bancária concede financiamento a importação e carta de crédito, dividindo lucros e prejuízos com os clientes. Vê-se, assim, que a cobrança de juros é proibida no direito muçulmano, até no plano das atividades lucrativas, o que faz o moderno banqueiro islâmico apelar para a imaginação e a criatividade.[(3)]

3.5. A concepção hodierna dos juros

Modernamente, com o desenvolvimento, entre outros aspectos, dos bancos e do sistema financeiro em geral, com o incremento das transações a crédito, o emprego de tão malsinada palavra (juros) tornou-se algo mais que normal, mesmo naqueles países onde sua cobrança se verifica a níveis elevados. Destarte, não há uma condenação à usura, mas uma preocupação quanto a sua disciplina legal, a despeito, ainda, das restrições morais, éticas ou religiosas, porventura identificadas na sociedade, do salmista até o dia de hoje.

4. Posicionamento do Superior Tribunal de Justiça — STJ quanto à cobrança de juros extorsivos

O ordenamento jurídico brasileiro é carente no que concerne a uma política econômico-financeira que discipline a cobrança de juros. Se no item imediatamente anterior aludíamos a países em que sua cobrança se dava a níveis elevados, é supérfluo dizer que entre semelhantes países se encontra o Brasil. Depende-se, ainda, do Decreto n. 22.626, de 7 de abril de 1933 (cognominado "lei da usura"), documento legal ainda vigente para regulamentar o problema da cobrança dos juros na oportunidade da celebração dos contratos.

Na ausência de leis específicas sobre estipulação de juros, predominam as regras do mercado, o que tem levado as instituições financeiras a lidar, quase sempre, com elevadas taxas postas à disposição do público em geral, a onerar mais incisivamente, contudo, a clientela de renda mais baixa. Nesse diapasão é que se manifestou a 4ª Turma do STJ, quando decidiu sobre cobrança extorsiva praticada por instituições de crédito, em data recente.

Assim, em decisão unânime, a mencionada turma do STJ, considerou abusiva a taxa de 380,78% ao ano cobrada pela Losango Promotora de Vendas Ltda. e pelo HSBC Bank

(3) SARMENTO, Walney Moraes. *Curso de direito comercial*. Porto Alegre: Sagra-Luzzatto, 2000. p. 99-102.

Brasil S/A. Observe-se que a inflação no País vem situando-se em torno de 6% ao ano. A cobrança em pauta decorreu de um financiamento de R$ 1.000,00 concedido a Maria de Fátima Dutra, dona de casa domiciliada em Porto Alegre. Acompanhando o voto do Ministro Antônio de Pádua Ribeiro, decano do Tribunal, sua 4ª Turma decidiu que a taxa de juros remuneratórios cobrada da mutuária pelas duas instituições financeiras encontra-se acima do triplo da taxa média do mercado para a modalidade do negócio bancário, sendo, portanto, flagrantemente abusiva.

No dizer do Ministro Antônio de Pádua Ribeiro, relator do processo, a taxa de juros cobrada da mutuária representa, no final, uma taxa mensal de cerca de 14%, manifestamente excessiva, já que, pelos R$ 1.000,00 que tomou emprestado, a dona de casa teria de pagar 10 prestações mensais sucessivas de quase R$ 250,00. Argumentou o Sr. Ministro que, de acordo com a jurisprudência vigente no STJ, a taxa deve ser reduzida ao patamar médio do mercado para essa modalidade contratual, no caso, 67,81% ao ano, conforme os dados divulgados pelo Banco Central. Para o citado ministro, beira o absurdo a afirmação constante do recurso especial de que "não se visualiza, no presente caso, qualquer abusividade que possa ensejar a revisão do contrato".

As recorrentes alegavam que a legislação específica não impõe limitação alguma às taxas de juros firmadas pelas instituições financeiras, prevalecendo, pois, nesses casos, o que foi pactuado no contrato de empréstimo. Não há, consequentemente, qualquer abuso ou excesso a propiciar a revisão das cláusulas, ajustadas de comum acordo.

Contudo, assevera o Min. Pádua Ribeiro que, embora o STJ entenda não poderem ser presumidas como abusivas as taxas de juros remuneratórios que ultrapassem o limite de 12% ao ano, pode ser declarada, mesmo nas instâncias ordinárias, com fundamento no Código de Defesa do Consumidor, a abusividade da cláusula que fixe cobrança de taxa de juros excessiva, acima da média do mercado para a mesma operação financeira. Por isso, reformou parcialmente o acórdão do Tribunal de Justiça do Rio Grande do Sul apenas para afastar a limitação de 12% imposta à taxa de juros remuneratórios, mas baixando a taxa abusiva de 380,78% para 67,81%, média cobrada pelo mercado na data da contratação do empréstimo, em conformidade com os índices levantados pelo Banco Central do Brasil.

Votaram, acompanhando o entendimento do Min. Pádua Ribeiro, os ministros Aldir Passarinho Junior, Hélio Quaglia Barbosa, presidente da Turma, e Massani Uyeda. Não participou do julgamento o Min. Fernando Gonçalves.

A decisão tem somente aplicação para as partes interessadas.(4)

Reforce-se que mesmo o limite de 12% estabelecido pelo Tribunal de Justiça do Rio Grande do Sul já seria um valor elevado, em comparação com os níveis de juros em empréstimos concedidos no Primeiro Mundo.

É conveniente enfatizar que não compete ao STJ legislar sobre taxas de juros. E ainda mais: é que o Supremo Tribunal Federal esvaziou a "lei de usura", sem revogá-la, é claro, em decorrência da Súmula n. 596: "As disposições do Decreto n. 22.626/33 não se aplicam às taxas de juros e aos

(4) Fonte: Coordenadoria de Imprensa/STJ. Acesso em: 13.9.2007.

outros encargos cobrados nas operações realizadas por instituições públicas ou privadas, que integram o sistema financeiro nacional". Ora, se de revogação não se pode falar, mas as decisões da Egrégia Corte no que tange à cobrança de juros nos negócios só fizeram incentivar, exacerbar a liberalidade das instituições financeiras na imposição de elevados patamares de juros cobrados. O STJ, por seu lado, forceja para conter os excessos, utilizando como armas as médias calculadas pelo Banco Central do Brasil, de acordo com o que se pratica no mercado.

5. Funções do crédito

O crédito pode não gerar riqueza nem ser exatamente um agente de produção, mas tem como função o fato de enlarguecer o universo, o âmbito das trocas, dinamizando, destarte, as atividades econômicas de maneira ímpar. Ao facilitar e possibilitar a realização dos negócios, o crédito, pelo volume de recursos que põe à disposição dos empresários e dos consumidores em geral, proporciona a circulação de mercadorias e amplia o leque de oferta dos serviços, beneficiando, com isso, a economia como um todo. Então, facilitando as trocas e a circulação dos bens, o crédito reduz a ociosidade da produção, ao tempo em que promove o desenvolvimento de uma dada sociedade.

Tamanha é a sua importância na moderna economia, que hoje se fala na fase creditória do desenvolvimento dos povos, que ao longo dos tempos passou de uma fase de trocas (escambo) para uma fase metálica, lastreada no metal como referência para a efetivação dos negócios. Em seguida, mencione-se a fase financeira, caracterizada pela presença do papel-moeda nas transações praticadas. Por fim, a já referida fase creditória, que se impõe pela crescente utilização do crédito para dinamizar as relações econômicas. Nem sempre através dos próprios títulos de crédito, mas, de igual forma, mediante recurso aos cartões de crédito, a simbolizar cada vez mais as transações nos dias de hoje.

6. Elementos essenciais do crédito

Dois elementos constituem os alicerces do crédito, a saber: a confiança e o tempo. Não esquecer que crédito vem de *credere*, de *creditum*, o que pressupõe o estabelecimento de uma relação jurídica devidamente estribada na confiança, cujo sentido é, na verdade, relativo, pois nenhuma corporação creditícia emprestará dinheiro sem as necessárias garantias. Além do mais, o candidato ao crédito passará por um processo de avaliação, para o que poderá a instituição concedente valer-se de dados disponíveis em órgãos de agentes de informação, especializados nesse tipo de assessoria.

Por seu turno, o elemento tempo está presente na própria conceituação de crédito, que significa adiamento do cumprimento de uma certa prestação, que, se dele despojada, ocorreria no momento da celebração do contrato. Por consequência, o crédito tem por fito viabilizar a consumação de um negócio, na medida em que "administra" certos problemas e certas inconveniências, projetando para o futuro compromissos que, por sua natureza, seriam imediatos.

Do ponto de vista econômico, o crédito significa a constituição de uma obrigação futura, visando à consecução de negócios atuais. Caber-nos-ia dizer, em outras palavras, que o crédito é um instrumento mediante o qual se concretiza uma prestação, na expectativa de uma prestação futura. Essa assertiva é válida tanto sob o ângulo econômico como o jurídico. Dela deflui que certo intervalo de tempo a mediar as duas operações é inerente a qualquer operação de crédito.

O crédito confere poder de compra a alguém que não disponha de suficiente numerário para efetuá-la, ou então dele não deseja, por um motivo qualquer, desfalcar-se. Concluindo, podemos dizer que a operação creditória é, resumidamente, uma troca no tempo, baseada na confiança.

7. O crédito e as operações não comerciais

Mesmo no âmbito das operações não comerciais, é inquestionável o papel desempenhado pelo crédito, ao facilitar inúmeras transações, dando, assim, oportunidades àqueles que, não dispondo de capital em certo momento, podem ver materializadas as suas pretensões, ao transferir para uma data futura as suas obrigações, tal como ocorre, por exemplo, no setor de prestação de serviços. Semelhantes obrigações corporificam-se, via de regra, nos títulos de crédito, cujo conceito, aliás, tomou uma amplitude bem maior, como veremos mais adiante, quando entrarmos especificamente no campo desses documentos.

8. Crédito público

8.1. Significado

Na seara do assunto crédito, não poderíamos deixar de mencionar o crédito público. Vale dizer, primeiramente, que o adjetivo público decorre do fato de ser o Estado a pessoa jurídica que usufrui da confiança que em tese desfruta no mercado de capitais, obtendo, por isso mesmo, recursos dos particulares com intuito de investir nas mais diversas esferas sociais, administrativas e econômicas, sob promessa de restituir o capital no prazo avençado e em conformidade com outras cláusulas contratuais. Em segundo lugar, é exercendo essa faculdade, a de angariar recursos financeiros junto aos investidores, que o Estado emite os títulos públicos, o que é regido pelo Direito Financeiro. Tal emissão pode dar-se a nível federal, estadual e municipal. Em terceiro lugar, registre-se, o Estado atua como concorrente de instituições privadas, com as quais disputa o mercado. Tem, consequentemente, de ajustar-se às suas regras jurídicas e econômicas.

Os elementos típicos do crédito, a confiança e o tempo, encontram-se igualmente presentes no crédito público e não poderia ser de outra forma. Ajunte-se que a abordagem de tal tema (crédito público) foge do esquema do Direito Cambiário, do Direito Comercial, portanto, ao enveredar pelo Direito Público, sobretudo no âmbito do Direito Tributário ou Direito Administrativo, além do Direito Financeiro, obviamente.

Como títulos públicos, por serem emitidos por um ente público, *Wille Duarte Costa* menciona as letras do tesouro e os bônus.(5) A emissão de tais títulos depende de ato administrativo, que vem a ser a causa dos títulos. Criados geralmente em série, são títulos postos no mercado em grande quantidade. Trata-se de títulos fungíveis, que podem ser substituídos

(5) COSTA, Wille Duarte. *Títulos de crédito*. Belo Horizonte: Del Rey, 2003. p. 73.

um pelo outro, por serem do mesmo valor, qualidade e quantidade.(6) Repele o mencionado autor que certa parte da doutrina estrangeira considera título público o emitido por pessoa privada e ostente o aval do governo, que deve ser contabilizado como responsabilidade pública. Destarte, para *Roque*, título público é exclusivamente aquele emitido pelo Estado, por vezes designado Governo ou Erário Público. Em outras palavras: sua emissão é prerrogativa da União, dos Estados e dos Municípios.(7)

8.2. Papel da Constituição Federal

É a Constituição Federal o instrumento primeiro que normatiza a questão do crédito público. Assim é que preceitua no seu art. 24, I, que compete à União, aos Estados e ao Distrito Federal legislar concorrentemente sobre direito tributário, financeiro, penitenciário, econômico e urbanístico. Já em seu art. 34, inciso V, *a* (v. também o *caput* do referido artigo), a Constituição prevê a intervenção federal nos Estados e no Distrito Federal, para reorganizar as finanças da unidade federada que suspender o pagamento da dívida por mais de dois anos consecutivos, salvo motivo de força maior. Por seu turno, o art. 52, do inciso V ao inciso IX, estabelece regras sobre temas referentes a operações externas de natureza financeira, montantes da dívida pública, garantias da União em operações de crédito externo e interno etc. Ademais, no seu art. 163, incisos de I a IV, a Carta Magna remete a leis complementares várias disposições pertinentes ao Direito Financeiro.

9. Títulos de crédito

9.1. Conceito

Os títulos de crédito constituem documentos, em tese, sem que a recíproca seja verdadeira, pois nem todos os documentos são necessariamente títulos de crédito. Se o crédito pode ser conceituado como a troca de um valor atual por um valor futuro, é através do título de crédito que se corporifica a obrigação do devedor, já adiada, empurrada para data vindoura, perante o credor que lhe proporcionou os meios para a realização da atividade negocial pretendida.

Ascarelli não deixa passar em branco o significado dos títulos de crédito para o Direito Comercial, ao lado de dois outros institutos, como a sociedade anônima e o seguro. São os principais característicos daquele Direito, com notável repercussão para o desenvolvimento de toda a sociedade.(8)

Diríamos, em termos clássicos, que a posse do título de crédito como documento é condição *sine qua non* para o exercício do direito que lhe é inerente. Assim, esse direito não existe sem título. Portanto, o título de crédito é documento indispensável para fazer valer o direito literal e autônomo nele mencionado, conforme observação de *Vivante*,(9) de larga repercussão entre os comercialistas brasileiros. Debruçados sobre o exemplo do ilustre

(6) Cf. ROQUE, Sebastião José. *Títulos de crédito.* São Paulo: Ícone, 2006. p. 219.

(7) *Idem.*

(8) ASCARELLI, Túlio. *Panorama do direito comercial.* Sorocaba: Minelli, 2007. p. 93.

(9) DORIA, Dylson. *Curso de direito comercial.* São Paulo: Saraiva, 1987. v. 2., p. 06.

mestre, os cultores pátrios do Direito Comercial partiram de sua definição para edificar os pilares do Direito Cambiário brasileiro.

9.2. Títulos de crédito e "títulos valores". Um exemplo anglo-saxônico

No direito alemão emprega-se a expressão *Wertpapiere*, cuja tradução é "títulos-valor". Na doutrina germânica aparece, de um lado, o conceito de *Wertpapiere* em sentido amplo, extensivo; de outro lado, em sentido restrito. Na primeira concepção estão englobados todos os papéis em geral, ou que sejam efetivamente títulos de crédito, ou que constituam simplesmente documentos que lhes sejam semelhantes. Já no segundo caso, de caráter restritivo, e não mais abrangente, só se consideram como *Wertpapiere* aqueles documentos que envolvam direitos patrimoniais (*Vermögensrechte)*, nos quais alguém dispõe de um direito objetivo e ao mesmo tempo literal, o que torna o título exigível. Os títulos de legitimação não são incluídos entre os *Wertpapieren.*[(10)]

Do ponto de vista da distinção entre títulos de crédito e títulos-valores, tomemos o exemplo de *Brox*, quando acentua as diferenças desses títulos-valores quanto à sua significação econômica, assim pormenorizada:

a) meios de pagamento, sobretudo o cheque:

b) meios de crédito, como a letra de câmbio e a nota promissória;

c) meios de facilitação à circulação de mercadorias, como os conhecimentos de depósito e de transporte;

d) meios de aportes de capital e de investimentos, principalmente ações e debêntures.[(11)] Na terminologia brasileira, os títulos englobados na letra c correspondem aos títulos representativos de mercadoria, enquanto os da letra *d*, no caso das ações, a título de participação.

9.3. Posição latino-americana

Na literatura de países vizinhos ao Brasil, é comum a utilização da expressão "título valor", ou "título-valor" no lugar de título de crédito. O comercialista venezuelano *Roberto Goldschmidt* explica que o direito incorporado a um título valor é frequentemente um crédito. Daí advém a prática de tantos doutrinadores de referir-se a título de crédito e não a título valor. Para o mencionado professor, é preferível a expressão "título valor", já que o direito incorporado pode ser um direito de participação, como no caso das ações de uma sociedade. Ademais, existem os títulos representativos de mercadoria que agregam um direito real.[(12)] Ressalta-se nesta exposição que os termos "título de crédito" e "título valor" não são expressões sinônimas, antes que a última delas dispõe de uma abrangência maior que título de crédito. Na mesma direção, outro venezuelano, *Alfredo Morles Hernández*, parte do pressuposto de que a expressão "título valor" é mais abrangente que a de "título de crédito". Para esse autor, os "títulos valores", por sua natureza bens móveis, se diversificam em três

(10) Cf. GURSKY, Karl-Heinz. *Wertpapierrecht*, Heidelberg: Müller Verlag, 1997. p. 2; BROX, Hans. *Handelsrecht und Wertpapierrecht*. Munique, 1999. p. 218.
(11) BROX, Hans. *Op. cit.*, Munique, 1999. p. 219-220.
(12) GOLDSCHMIDT, Roberto. *Curso de derecho mercantil*. Caracas: Universidad Católica Andrés Bello/Fundación Roberto Goldschimidt, 2002. p. 296.

modalidades, a saber: a) os que consistem em um direito de crédito; b) ou em um direito de posse sobre determinados bens; c) ou em um direito de participação.(13)

Não só na Venezuela, mas igualmente na Colômbia, toma vulto a utilização da expressão "título valor", agasalhada, inclusive, em seu Código de Comércio. No mesmo diapasão encontra-se *Henry Alberto Becerra León*, que atribui a seu livro o nome "De los Títulos-Valores", aí salientando a sua divisão: a) de conteúdo creditício; b) corporativo ou de participação; c) de tradição ou representativo de mercadoria.(14)

9.4. Divisão norte-americana

Nos Estados Unidos, vicejam dois conceitos. De um lado, aquele de "negotiable instrument", que encerra um crédito; de outro, "quasi negotiable instrument", para os demais títulos. *Roberto Goldschmidt* menciona os chamados "conversible bonds", que são obrigações emitidas por sociedades que conferem aos seus portadores o direito de pedir, em determinado momento, a conversão de semelhante título em ação da sociedade emitente.(15) O papel aludido equivale à debênture conversível em ação do direito brasileiro. Com este exemplo, aponta *Roberto Goldschmidt* para o fato de que, neste caso, um título de crédito se transforma em um título-valor.

9.5. Elementos para um novo conceito

Contudo, a dinâmica dos negócios, apanágio do mundo moderno, interferiu no conceito de títulos de crédito, um problema com o qual nos ocuparemos no presente trabalho. Não se trata, exatamente, das diferenças entre título de crédito e título-valor, cuja discussão consideramos pertinente. Porém, a primeira questão a desafiar-nos é precisamente esta: até que ponto a cartularidade é imprescindível ao título de crédito? De semelhante indagação deriva uma segunda: os títulos de crédito escriturais, registrados, são mesmo títulos de crédito? Semelhantes questionamentos permanecerão como uma constante em nosso trabalho, a aguçar nossa argumentação.

10. Características dos títulos de crédito

Os manuais, os tratados, os compêndios pertinentes a títulos de crédito enunciam que as principais características gerais desses títulos são a cartularidade (por vezes chamada de incorporação), a literalidade e a autonomia. Outras deles fazem parte, como a incondicionalidade, a negociabilidade, a presunção de autenticidade.

10.1. O requisito da cartularidade

A despeito do dinamismo da economia e dos negócios no mundo de hoje, como já ressaltado, persiste, fortemente, a ideia da cartularidade como característica dos títulos de crédito.

(13) HERNÁNDEZ, Alfredo Morles. *Curso de direito mercantil*. Caracas: Universidad Católica Andrés Bello, 1999. p. 1589-1584.

(14) LEÓN, Henry Alberto Becerra. *De los títulos valores*. Bogotá: Doctrina y Ley, 2001. p. 5.

(15) GOLDSCHMIDT, *Roberto. Op. cit.*, 2002. p. 296.

Entende-se como cartularidade o fato de o título materializar-se em um papel, em um documento. Afirma-se, ainda, que todo título tem de ostentar essa qualidade. Do contrário não se constituiria como tal. Um bom exemplo para melhor compreendermos esse conceito são as ações escriturais. Diferentemente daquelas expressas em certificado, títulos de crédito (no sentido amplo do termo), portanto, as escriturais são meramente contabilizadas em instituições bancárias devidamente autorizadas, não se materializando, assim, em papel à parte.

Wile Duarte Costa desperta-nos a atenção para o fato de que o Código Civil de 2002, em seu art. 887, não é fiel ao conceito elaborado por *Vivante* sobre título de crédito, pois assim dispõe aquele artigo: "O título de crédito, documento necessário ao exercício do direito literal e autônomo nele contido, somente produz efeitos quando preencha os requisitos da lei". Aí é que reside o problema, exatamente na substituição do particípio passado mencionado, presente na lição de Vivante, por *contido*, o que altera o seu conteúdo. Assevera o citado comercialista que a modificação da expressão *nele mencionado* por *nele contido* não é correta. Para *Wille Duarte Costa*, nele mencionado, significa "que o direito adere ao título, parecendo indicar que sem o título seria impossível a exigibilidade do direito nele mencionado".[16]

Enfatiza *Marcos Paulo Felix da Silva*, por seu turno, que *Vivante* combatia a ideia de incorporação do direito ao documento. "Contudo, se efetiva incorporação existisse, perdido o título, perdido estaria o direito". Arremata *Marcos Paulo Félix da Silva*, agasalhado no art. 907 ao art. 913 do Código de Processo Civil e no art. 909 do vigente Código Civil, pois os dois instrumentos legais protegem o direito do proprietário que tiver o título perdido, extraviado, ou for dele injustamente desapossado.[17]

Não passou despercebida a *Fábio Ulhoa Coelho* a questão de alguns doutrinadores preferirem referir-se à cartularidade como incorporação (citemos os exemplos de *Dória*, 1987. p. 8, bem como o de *Gursky* (*Verkörperung*), 1997. p. 5) e observa: "Dizem que o título incorpora de tal forma o direito creditício mencionado, que a sua entrega a outra pessoa significa a transferência da titularidade do crédito e o exercício das faculdades derivadas dessa não se pode pretender sem a posse do documento".[18]

Sublinha *Fábio Ulhoa Coelho* que o princípio da cartularidade, que ele resume na situação em que o credor deve provar estar na posse do documento para exercer o direito nele mencionado, tem limitações, pois não se aplica à duplicata mercantil ou de prestação de serviços.[19] É-nos lícito aduzir que a Lei n. 5.474/1968 (LD), em seu art. 13, parágrafo primeiro, disciplina o protesto por indicação, quando estipula: "Por falta de aceite, de devolução ou de pagamento, o protesto será tirado, conforme o caso, mediante apresentação da duplicata, da triplicata, ou ainda, por simples indicações do portador, na falta de devolução do título". Por seu turno, pode haver emissão da triplicata para protestar a duplicata retida pelo devedor, ou bastando ao credor fornecer ao cartório os elementos que a individualizem.

(16) COSTA, Wille Duarte. *Op. cit.*, 2003. p. 124.

(17) SILVA, Marcos Paulo Félix da. *Títulos de Crédito no Código Civil de 2002*. Curitiba: Juruá, 2006. p. 29-30.

(18) COELHO, Fábio Ulhoa. *Curso de direito comercial*. São Paulo: Saraiva, 2002. p. 373.

(19) *Idem*.

Com outras palavras: a duplicata pode ser protestada, ao tirar-se outro exemplar, ou, na falta, pelas indicações do protestante, de conformidade com o art. 31 do Decreto n. 2.044/1908.

A anteriormente mencionada Lei de Duplicatas prevê, igualmente, a execução judicial da duplicata ou triplicata, desde que protestada por indicações e acompanhada de prova de entrega e recebimento das mercadorias, consoante o seu art. 15, II. Ressalte-se que as constatações, no particular, nada têm a ver com as discussões em torno de títulos eletrônicos ou escriturais, mas apenas com os comandos normativos insertos na LD e na Lei Cambiária.

Se podemos observar que hoje essa característica (cartularidade) perdeu ao menos parte de sua força, é lícito dizer que não desapareceu. A legislação e parte da Doutrina ainda se atêm ao esquema clássico sobre títulos de crédito.[20]

De volta a *Fábio Ulhoa Coelho*, agarrado à conceituação de *Vivante*, segundo a qual título de crédito é documento necessário, postula aquele autor: "Desse adjetivo do conceito, se pode extrair a referência ao princípio da cartularidade, segundo o qual o exercício dos direitos representados por um título pressupõe a sua posse. Somente quem exibe a cártula (isto é, o papel em que se lançaram os atos cambiários constitutivos de crédito) pode pretender a satisfação de uma pretensão relativamente ao direito documentado pelo título".[21]

Em seguida, o ilustre autor citado sustenta que não se presume credor quem não se encontra com o título em sua posse e arremata: "Um exemplo concreto de observância desse princípio é a exigência da exibição do original do título de crédito na instrução da petição inicial da execução. Não basta a apresentação de cópia autêntica do título, porque o crédito pode ter sido transferido a outra pessoa e apenas o possuidor do documento será legítimo titular do direito creditício".[22]

Nesse diapasão, *Wille Duarte Costa*, ao asseverar que, se é necessária a exibição do documento nos procedimentos judiciais que tenham por base o título de crédito, este deve estar presente nos autos no original, de nada valendo a sua cópia, ainda que autenticada, a menos que o juiz autorize permanecer o original em poder do escrivão, à disposição das partes. Destarte, quem adquire o título é quem está legitimado a receber o seu valor. Conclui: "Sem o documento original, o titular não exerce o seu direito, pois é direito do devedor pagar à vista do documento original e contra a entrega do mesmo".[23] Nessa direção, acha-se também *Rubens Requião*, ao afirmar que o documento é necessário ao exercício do direito de crédito. "Sem a sua exibição material, não pode o credor exigir ou exercitar qualquer direito fundado no título de crédito", enfatiza.[24]

---

(20) Nesse sentido, assim se expressa um ilustre comercialista colombiano: "Esta característica de la incorporación, por disposición expresa del artículo 621 del Código de Comercio (colombiano), se torna en uno de los elementos esenciales de todos los títulos valores, de suerte que su inexistencia hace igualmente inexistente no solo el título-valor, sino la propia obligación" (LEÓN, Henry Alberto Bezerra. *Op. cit.*, p. 41).

(21) COELHO, Fábio Ulhoa. *Op. cit.*, 2002. p. 372.

(22) *Idem.*

(23) COSTA, Wille Duarte. *Op. cit.*, p. 70.

(24) REQUIÃO, Rubens. *Curso de direito comercial.* São Paulo: Saraiva, 2003. v. 2., p. 360.

Voltaremos a este tema no item *A discussão moderna em torno da cartularidade*, em que nos debruçaremos, entre outros assuntos, sobre o conteúdo do art. 887 do Código Civil de 2003, que reitera o conceito de *Vivante*, ao sustentar o caráter de *documento necessário* do título de crédito.

10.2. Literalidade

Já a literalidade se refere ao caráter escrito do título, aí registrando-se a sua existência, bem como o conteúdo e a amplitude do direito nele inserto. Sua existência regula-se pelo teor do seu conteúdo, como lembra *Rubens Requião*: "O título de crédito se enuncia em um escrito, e somente o que está nele inserido se leva em consideração; uma declaração que dele não conste, embora sendo expressa, em documento separado, nele não se integra".[25] É claro que devemos entender a folha de alongamento como parte do título de crédito. Por outro lado, existem títulos de crédito que não dispensam outros documentos, a exemplo de vários títulos de crédito rural, da cédula de crédito industrial, da cédula de crédito à exportação. Destarte, a observação de *Rubens Requião* parece ser mais adequada aos títulos de crédito independentes, destes que se bastem a si mesmos.[26]

Poderíamos, então, concluir que declaração em documento separado fica bem explicada na redação de *Luiz Emygdio F. da Rosa Jr.* (ver nota 26). O que não podemos excluir são os documentos que fundamentam os títulos causais, como no caso da duplicata. Afinal, uma duplicata mercantil criada sem respaldo de um contrato de compra e venda é simulada. É a chamada duplicata sem lastro. Em outras palavras: duplicata fria. Trata-se de prática delituosa que abordaremos no Capítulo IV do presente livro.

10.3. Autonomia

A autonomia não se confunde com a abstração, pois diz respeito à independência dos seus variados possuidores entre si. Em outras palavras: quer dizer a desvinculação da causa em relação aos coobrigados entre si. Cada possuidor do título exercita um direito que lhe é inerente, sem estar condicionado por obrigações anteriores existentes entre possuidores e o credor. Sirvamo-nos da lição de *Rubens Requião*: "Diz-se que o título de crédito é autônomo (não em relação à sua causa como às vezes se tem explicado), mas, segundo *Vivante*, porque o possuidor de boa-fé exercita um direito próprio, que não pode ser restringido ou destruído em virtude das relações existentes entre os anteriores possuidores e o devedor. Cada obrigação que deriva do título é autônoma em relação às demais".[27]

(25) *Ibidem*, p. 359.

(26) Confrontemos com o que diz Luiz Emygdio F. da Rosa Jr.: "O princípio da literalidade explica-se pelo rigor formal que caracteriza o título de crédito, objetivando a proteção do terceiro de boa-fé porque a forma do título determina a natureza e a extensão da obrigação cambiária do subscritor... Ademais, não tem qualquer valor cambiário declaração constante de documento em separado do título, como, por exemplo, uma carta dirigida pelo seu beneficiário ao terceiro adquirente, dando ciência que lhe está endossando o título" (*Títulos de crédito*. Rio de Janeiro-São Paulo-Recife: Renovar, 2006. p. 62).

(27) REQUIÃO, Rubens. *Op. cit.*, p. 360.

Seguindo-lhe os passos, encontram-se *Celso Marcelo de Oliveira* e *André Luiz Santa Cruz Ramos.*[(28)] *Marcelo M. Bertoldi* e *Márcia Carla Pereira Ribeiro*, por sua vez, averbam: "A autonomia dos títulos de crédito verifica-se em função de que cada obrigação a eles relacionada não guarda relação de dependência com as demais. Significa dizer que aquele que adquire o título de crédito passa a ser titular autônomo do direito creditício ali mencionado, sem que exista qualquer interligação com os adquirentes anteriores. Essa característica do título de crédito é que o torna apto a circular entre inúmeras pessoas, mantendo hígido o direito que dele emerge".[(29)]

Adotam essa interpretação *Waldirio Bulgarelli*[(30)] (ao transcrever, inclusive, o teor do art. 43 do Decreto n. 2.044/1908), *Amador Paes de Almeida,*[(31)] *Luiz Emygdio F. da Rosa Jr.*,[(32)] entre outros.[(33)]

A discussão sobre a autonomia parece ser um dos pontos mais interessantes em matéria de título de crédito. Contribui para ela, com argúcia, *Eunápio Borges.* Para este autor, o direito cartular difere da relação fundamental que lhe deu origem, sendo autônomo em relação à causa que o gerou (causa subjacente). Por outro lado, autonomia tem o sentido de independência em relação aos diversos possuidores dentro da cadeia cambial. Todavia, o termo independência, ao qual recorre *Eunápio Borges*, vai assumir uma segunda conotação: neste caso, independência quer dizer os títulos bastam-se por si próprios, por eles mesmos, dispensando qualquer outro elemento cartular.[(34)]

10.4. Outras contribuições da Doutrina acerca da autonomia

Nessa linha está também *Paulo Sérgio Restiffe*, que sublinha o dúplice aspecto da autonomia: a) a autonomia das obrigações; b) a autonomia das pessoas.[(35)]

Para *Wille Duarte Costa*, a autonomia é vista sob tríplice aspecto: a) a autonomia do direito, que se limita às pessoas do título: "O possuidor exerce um direito próprio e não derivado do direito de quem quer que seja... Em razão disso surge o princípio da inoponibilidade das exceções pessoais, que impede que defesa pessoal oponível a um possuidor anterior possa ser aduzida também contra o atual e legítimo possuidor do título"; b) a autonomia das obrigações cambiais

---

(28) OLIVEIRA, Celso Marcelo de. *Tratado de direito empresarial brasileiro.* Campinas: LZN, 2004. p. 149; RAMOS, André Luiz Santa Cruz. *Curso de direito empresarial.* Salvador: Podium, 2008. p. 219.

(29) BERTOLDI, Marcelo M.; RIBEIRO, Márcia Carla Pereira. *Curso avançado de direito comercial.* São Paulo: Revista dos Tribunais, 2006. p. 355.

(30) BULGARELLI, Waldirio. *Títulos de crédito.* São Paulo: Atlas, 2000. p. 64-65.

(31) ALMEIDA, Amador Paes de. *Teria e prática dos títulos de crédito.* São Paulo: Saraiva, 2006. p. 6.

(32) ROSA JR, Luiz Emygdio F. da. *Títulos de Crédito.* Rio de Janeiro / São Paulo: Renovar, 2000. p. 62-67.

(33) Já em nível internacional, lembremos Mário Alberto Bonfanti e José Alberto Garrone: "El derecho cartular se ve, por medio de la autonomía, facilitado en forma evidente; teniendo presente que ese caráter autónomo no nace con la creación del título, sino cuando y en la medida – que el mismo es transmitido. En síntesis, puede conceptuarse que es derecho de la persona que sucedió a otro en el título es jus proprium, non jus cessium" (*De los Títulos de Crédito.* Buenos Aires: Abeledo-Perrot, sd. p. 39).
No mesmo caminho, Alfredo Morles Hernández: "Se afirma que el título de crédito está destinado a la circulación, es decir, que la circulación es su función natural. Para fortalecer su aptitud circulatoria, ha sido construído el principio de la autonomía, conforme al cual la adquisición del documento es independiente de su creación o de las anteriores transferencias del título". *(Op. cit.*, p. 1590).
Assim se posiciona igualmente Fernando A. Legón ao enfatizar: "Para que la autonomía opere a favor del portador del título, haciéndolo inmune a situaciones subjetivas anteriores con el alcance descripto, es necesario que la adquisición sea de buena fé" (*Letra de Cambio y Pagaré.* Buenos Aires: Abeledo-Perrot, 2001. p. 31).

(34) Cf. BRASIL, Francisco de Paula E. J. de Souza. *Títulos de crédito: o novo Código Civil – questões relativas aos títulos eletrônicos e do agronegócio.* Rio de Janeiro: Forense, 2006. p. 94.

(35) RESTIFFE, Paulo Sérgio. *Manual do novo direito comercial.* São Paulo: Dialética, 2006. p. 204.

corresponde ao fato das diversas obrigações existentes no título serem independentes, não se vinculando uma à outra, de tal forma que uma obrigação nula não afeta as demais obrigações válidas no título"; c) a autonomia do título de crédito, quando ele circula através de endosso, de sua criação ao vencimento. Em conformidade com *Wille Duarte Costa*, o endosso implica desvinculação do título do negócio que lhe deu origem. E assim, mesmo anulada a *causa debendi* originária, o título continua a produzir seus efeitos.(36)

Como se vê, não há uma forma clara e definida para a apresentação desses conceitos. Diante de sentidos diversos para os mesmos termos preferimos ficar com uma visão mais didática entre o que seja abstração, autonomia, independência, na tentativa de fugir de um emaranhado de conceitos, o que levaria o leitor a um verdadeiro exercício intelectual para decifrá-los. Certamente perceberá o leitor que também empregamos o termo *independência* em duplo sentido: ora no sentido da autonomia dos possuidores do título entre si, ora no sentido de os títulos de crédito bastarem-se a si mesmos, sem atrelar-se a nenhum outro documento. Reforcemos, por outro lado, que quando utilizarmos o termo *autonomia*, será concernente à independência, ao posicionamento dos possuidores do título na cadeia cambiária estabelecida, nada tendo um a ver com o outro *(jus proprium* e não *jus cessium)*, dentro das concepções desenvolvidas por *Rubens Requião*, *Mário Alberto Bonfanti* e *José Alberto Garrone*, ou *Alfredo Morles Hernández*. Retornaremos a essa discussão no item *Independência e abstração*, na continuação do presente capítulo.

11. Independência e abstração

A independência é atribuída a certos tipos de títulos de crédito. Trata-se de títulos que se bastam a si próprios, conforme regulamentação legal, a exemplo da letra de câmbio e da nota promissória. Esses papéis são completos, bastantes e independentes, pois não se vinculam a nenhum outro tipo de documento. Esse parece ser o melhor conceito de independência e não aquele que reforça o fato de esses títulos de crédito não se ligarem ao ato originário de que provieram, e estar-se-ia interpretando mal a lição de *Vivante*, além de estabelecer-se uma confusão entre independência e abstração, de conformidade com o que sustenta *Américo Luis Martins da Silva*.(37)

Não seria desnecessário assinalar que *independência* pode suscitar outra interpretação, já no sentido de autonomia dos vários possuidores entre si, tal como vimos no item *Características dos títulos de crédito*.

Quanto à abstração, já vimos que ela se diferencia da autonomia. Quando se diz que a lei faz abstração da causa que fundamenta a origem do título, está se afirmando, com isso, que o título em questão é desvinculado da causa que lhe deu nascimento, isto é, a cártula existe, circula, os coobrigados devem cumprir as suas obrigações, sem que seja necessário perguntar o motivo da emissão do título.

Não é tarefa das mais fáceis separar, sem margem de dúvida, a abstração da causalidade. É uma preocupação já antiga do Direito Cambiário. Basta mencionarmos a preocupação de *Uria* nesse particular, pois assim se expressou o ilustre comercialista espanhol: "Aclaremos, sin embargo que

(36) COSTA, Wille Duarte. *Op. cit.*, 2003. p. 71-73.

(37) SILVA, Américo Luis Martins da. *As ações das sociedades e os títulos de crédito*. Rio de Janeiro: Forense, 1995. p. 75.

en realidad, en el sistema español, al menos, no existen títulos absolutamente causales o abstratos, sino preferentemente de uno u otro carácter, según que la ley hay querido conceder al tenedor más o menos protección, permitiendo al deudor el uso de menos o más excepciones".[38]

Evidentemente que não apenas no direito espanhol. Também no brasileiro, o que pode perturbar um pouco a classificação entre títulos abstratos (próprios ou perfeitos) e os causais (impróprios ou imperfeitos), como no caso dos títulos de créditos abstratos vinculados a um contrato, situação essa que certamente ensejaria uma análise acerca do surgimento do título, o que, conforme a observação de *Uria*, dá margem ao uso de mais exceções por parte do devedor. O que a princípio se quer dizer com isso, esclareça-se, é que um título abstrato pode, em determinada circunstância, apresentar características causais, podendo, em decorrência disso, ter a sua origem posta em discussão. Nós voltaremos a esse assunto já quando abordamos a questão da letra de câmbio e da nota promissória.

Essa discussão leva-nos também ao problema da revisão da teoria jurídica dos títulos de crédito, como já mencionamos no item *A discussão hodierna em torno da cartularidade*. Não só em função dos avanços tecnológicos que sacodem a sociedade, mas igualmente pela constante renovação por que passa o pensamento jurídico.

De regresso ao tema da abstração, o entendimento maior da doutrina é que ela é pertinente a certos títulos de crédito dos quais não se indaga a origem, como acontece, de regra, à nota promissória, à letra de câmbio e mesmo ao cheque. Em verdade, se tais documentos se bastam a si próprios, se não se prendem a contratos e não se assemelham ao "cheque imputado" da legislação argentina, parece-nos razoável sustentar a tese da abstração. Assim pontifica *Luiz Emygdio F. da Rosa Jr.*: "A abstração significa que determinados títulos de crédito (v.g. letra de câmbio, nota promissória e cheque) podem resultar de qualquer causa, mas dela se libertam após a sua criação, o que não ocorre com os títulos causais (duplicata). Em resumo, nem todo título de crédito é abstrato, enquanto a autonomia é princípio comum a todos eles, mas existem títulos que, além de autônomos, são abstratos porque circulam desprendidos da causa que os gerou (letra de câmbio, promissória e cheque)".[39]

Já *Fábio Ulhoa Coelho* enquadra a abstração, ao lado da inoponibilidade das exceções, como um subprincípio da autonomia.[40]

Ainda para *Fábio Ulhoa Coelho*, a abstração é dotada de um conceito ambíguo. De um lado, a abstração se prende ao desligamento da cambial em relação ao negócio originário. Trata-se, segundo esse autor, de uma descrição alternativa às relações jurídicas derivadas da autonomia das obrigações documentadas em um único título. Por outro lado, abstração significa que a emissão do título não está condicionada a determinadas causas. *Fábio Ulhoa Coelho* opta pelo primeiro conceito e assevera que a abstração (desvinculação do ato ou negócio jurídico que deu ensejo à sua criação) se opera quando o título é posto em circulação.[41]

(38) Cit. por BULGARELLI, Waldirio. *Op. cit.*, p. 505.
(39) ROSA JR., Luiz Emygdio F. da. *Op. cit.*, 2000. p. 63.
(40) COELHO, Fábio Ulhoa. *Op. cit.*, 2002. p. 377-378.
(41) *Idem.*

Em oposição a essa tese (abstração) mencione-se a causalidade, mediante o que o título de crédito depende, para a sua criação, de um motivo, a exemplo da duplicata, decorrente de um contrato de compra e venda ou de prestação de serviço. Acrescentemos o conhecimento de depósito e o *warrant*, presos a um contrato de depósito, além de inúmeros outros títulos de crédito que constituirão matéria-prima para o desenvolvimento deste trabalho.

Como já nos posicionamos, a Doutrina parece inclinar-se mais para a divisão entre títulos de crédito causais e abstratos, o que podemos provar, à saciedade (Mario Alberto Bonfanti e José Alberto Garrone, *op. cit.*, p. 76; Frederico Highton, 1997. p. 28; Gladston Mamede, 2005. p. 51-52).

Essa postura não causa nenhuma surpresa. É oportuno lembrar o posicionamento de *Túlio Ascarelli*, ao classificar os títulos de crédito em abstratos e causais, a depender do fato de o título prender-se ou não a uma relação fundamental.(42)

E é assim que tal orientação chega ao Poder Judiciário, como sublinha *Gladston Mamede*, ao transcrever acórdão do Superior Tribunal de Justiça, no Recurso Especial 162.032/RS, como segue: "... nas obrigações cambiais, a causa que lhes deu origem não constitui meio de defesa. Neste ponto se diferenciam os títulos de crédito abstratos dos causais. Nestes, a eficácia é nenhuma se o negócio subjacente inexistir ou for ilícito. Naqueles, esses mesmos vícios não impedem que a obrigação cartular produza seus efeitos. (...) alguns títulos de crédito apresentam, como um de seus atributos, a abstração. Assim, o título de crédito abstrato dá origem a obrigações desvinculadas da causa que o gerou, pouco importando a relação fundamental que motivou a sua emissão. Em oposição aos títulos de crédito abstratos estão os causais, que existem em função do antecedente jurídico originário da obrigação cartular. Dessa forma, em se tratando de título causal, há de ser observada a convenção constitutiva da relação cambial".(43)

No entanto, se um título causal entra em circulação, reveste-se de caráter abstrato, não mais se indagando de sua causa. Exemplo: se o sacado de uma duplicata a assina e ela normalmente circula, não procede mais a discussão se se trata de título abstrato ou causal, pois o título em circulação se torna abstrato.

12. Outras características dos títulos de crédito

Além da cartularidade (sempre com mais restrições), da literalidade e da autonomia, outras características são próprias dos títulos de crédito. Autores mencionam a incondicionalidade, a circularidade ou negociabilidade, a presunção de autenticidade. A substantividade, mencionada por *Rubens Requião*, não passa da independência.(44) Já a necessidade, aludida por *Fernando A. Legón*, tem seu fundamento na incorporação do direito ao documento. "La necesidad se refiere al documento mismo. Significa que para ejercer el derecho cambiario es absolutamente necesario, indispensable, que su titular tenga, exhiba o entregue, según los casos, el título de crédito", aduz o comercialista argentino.(45)

---

(42) ASCARELLI, Túlio. *Op. cit.*, 2007. p. 78 *et seq.*

(43) MAMEDE, Gladston. *Títulos de crédito*. São Paulo: Atlas, 2005. p. 51-52.

(44) REQUIÃO, Rubens. *Op. cit.*, p. 359.

(45) LEGÓN, Fernando A. *Op. cit.*, 2001. p. 29.

12.1. Incondicionalidade

No que tange à incondicionalidade, ressalte-se que, por disposições legais, as obrigações contidas em um título de crédito não se submetem a condições. Tomemos o exemplo do cheque. O art. 1º, II, da Lei n. 7.357/1985 preceitua que o cheque é ordem incondicional de pagar quantia determinada. O Anexo I da Lei Uniforme Relativa às Letras de Câmbio e Notas Promissórias (Decreto n. 57.663/1966) institui, em seu art. 1º, 2, que a letra de câmbio é um mandato puro e simples de pagar uma quantia determinada. Em hipótese alguma poderíamos introduzir uma cláusula, ressaltando que, *verbi gratia*, a obrigação de pagar assumida não será honrada por motivo de dificuldades financeiras do devedor.

13. Circulabilidade

Quanto à circulabilidade do título, ou sua negociabilidade, só nos cabe reforçar a sua relevância no âmbito dos títulos de crédito. Como seu próprio nome expressa, a circulabilidade resulta do fato de que os títulos de crédito são, de regra, feitos para circular, isto é, para ser negociados. Repousa em uma possibilidade legal.

Este requisito do título de crédito parece a muitos tão relevante, a ponto de servirem-se da expressão título circulatório como sinônimo de título de crédito. *Winizky*, por exemplo, reformula o conceito de *Vivante*, ao completá-la com o elemento circulação. Na concepção do citado *Winizky*, título de crédito é o documento criado para circular, e necessário para exercer o direito literal e autônomo nele expresso.[(46)]

A facilidade que o título de crédito encontra para circular é igualmente sublinhada por *J. Pires Cardoso*, que lembra poder ser este documento transferido facilmente, passando a qualidade de credor de uma pessoa para outra.[(47)] Se um título de crédito fosse criado para ser mantido sempre na posse do credor, sem conhecer o fenômeno da circulação, teria o seu papel restringido, a ponto de prejudicar o seu sentido. É o que assevera *Tulio Ascarelli:* "... a própria letra de câmbio mostra ser a sua disciplina devida não apenas à presença de um crédito, mas às exigências da circulação deles. A função econômica da letra de câmbio se prende à sua circulação; à possibilidade do endosso e do desconto, ou seja, à possibilidade, para o credor cambiário, de realizar imediatamente o seu crédito sem esperar o prazo marcado para o pagamento".[(48)]

Diante de semelhante lição, é o caso de perguntar se a circulabilidade do título de crédito não seria um de seus requisitos essenciais, ao lado da atualmente contestada cartularidade, da literalidade e da autonomia.

Assinale-se que, se por iniciativa e interesse do emitente recair sobre a circulação do título alguma restrição (cláusula não à ordem), se fica impedida a transmissibilidade por endosso, o documento ainda pode passar a novas mãos mediante o instituto da cessão de direito.

(46) Cit. por HERNÁNDEZ, Alfredo Morles. *Op. cit.*, p. 1597.

(47) CARDOSO, J. Pires. *Noções de direiro comercial*. Lisboa: Rei dos Livros, 2002. p. 349.

(48) ASCARELLI, Tulio. *Op. cit.*, 2007. p. 85-86.

14. Presunção de autenticidade

Em conformidade com semelhante característica, o conteúdo do título de crédito se presume autêntico, certo. Dentro desta perspectiva, todas as assinaturas apostas na cártula são tidas como legítimas, dispensando-se o reconhecimento das firmas, em cartório.

Lembra *Henry Alberto Becerra León* que, no tangente à presunção de autenticidade, como presunção legal que é, admite prova em contrário, através de incidente de falsidade, que pode ser proposto no processo de execução.[(49)]

15. A discussão hodierna em torno da cartularidade

15.1. Desmaterialização dos títulos de crédito

Não paira nenhuma dúvida a respeito da influência do desenvolvimento tecnológico no campo de toda a ciência jurídica. Aqui, o nosso cuidado há de voltar-se para a repercussão desse fenômeno no âmbito do Direito Cambiário. Assim, não seria improcedente comentarmos sobre a desmaterialização dos títulos de crédito, fato que se sucede em um notável crescendo mediante a transferência eletrônica de fundos. São recursos de natureza magnética que, sempre mais, estão a substituir o papel como instrumento de informações. Não há a necessidade de um depósito em cheque para transferir-se dinheiro de uma conta para outra. A máquina desincumbe-se dessa tarefa com rapidez e precisão. Daí a emenda aditiva do então Senador Josaphat Marinho acrescida ao art. 888 do Projeto do Código Civil, aduzindo que "poderá ser emitido título a partir dos caracteres criados em computador ou meio técnico equivalente e que constem das escriturações do emitente" (Parecer final do Relator ao Projeto do Código Civil, cit. por Norberto da Costa Caruso Mac Donald).[(50)]

A emenda do Senador Josaphat Marinho acabou por resultar no § 1º do art. 889, ao qual foi dada a seguinte redação: "O título poderá ser emitido a partir dos caracteres criados em computador ou meio técnico equivalente e que constem da escrituração do emitente, observados os requisitos mínimos previstos neste artigo".

Não havia dispositivo correspondente no Código Civil de 1916 e, assim, graças à emenda acatada pelo legislador, o Código de 2002 reconheceu a existência dos títulos eletrônicos.

Não resta a menor dúvida de que a cartularidade como característica básica dos títulos de crédito está a enfrentar, cada vez mais, resistência na Doutrina. É pertinente lembrarmos a posição de *Francisco de Paula E. J. de Souza Brasil* no que concerne à definição de título de crédito que nos traz o art. 887 do Código Civil de 2002, arrimado na visão clássica de *Vivante.* Em conformidade com o instrumento legal mencionado, título de crédito é documento necessário ao exercício do direito literal e autônomo nele contido. Somente produz efeito quando preencha os requisitos da lei. Infelizmente, assevera o autor citado, a exigência de cártula representa a mais retrógrada ótica a respeito dos títulos de crédito. Trata-se de uma lástima trazida pelo legislador totalmente contrária à realidade moderna que prima pela dinâmica e praticidade.[(51)]

---

(49) LEÓN, Henry Alberto Becerra. *Op. cit.*, p. 45.

(50) MAC DONALD, Norberto da Costa Caruso. *O projeto do Código Civil e o Direito Comercial.* Porto Alegre, 1999. p. 148.

(51) BRASIL, Francisco de Paula E. J. de Souza. *Op. cit.*, 2006. p. 105.

Mais adiante, segundo o autor citado: "A assimilação de novos conceitos para conferir agilidade às transações empresariais ultrapassou a representação material do título em cártula, papel. Em uma postura prospectiva, segue-se o caminho da desmaterialização, abandono de representações físicas. O que ocorreu para valores mobiliários escriturais intenta-se para títulos de crédito. A ideia de que em se tratando de documento deva ser necessariamente representado com expressão material é uma visão que hoje se busca ultrapassar. A noção de documento deve ser alargada para admitir-se título de crédito desprovido de sua cártula: o título escritural".[(52)]

A ampla utilização dos contratos eletrônicos não passa despercebida por *Hilário de Oliveira*, ao referir-se ao processo da globalização econômica e financeira, com o crescimento das informações computadorizadas.[(53)] Tal situação levou-nos ao crédito instantâneo.[(54)] Tudo isso com a menor formalidade possível e com o uso cada vez mais restrito de papel, de documento.

Muito interessantes são também as contribuições de *Alfredo Morles Hernández* nesse particular. O autor venezuelano exibe-nos um arrazoado sobre experiências internacionais sobre esse assunto, dentro da preocupação da desmaterialização dos títulos de crédito. Para esse autor, a proliferação dos títulos de crédito emitidos em série, como ações e obrigações, com todas as suas sequelas de papéis, obrigaram as empresas a substituir esses documentos por simples anotações em conta (escrituração) em um organismo central de compensação e emissão. Com isso, aduz o mencionado autor, eliminar-se-iam os custos de emissão, custódia e transporte, bem como os riscos de perda, falsificação, roubo, extravio e destruição. Ademais, facilitaria a negociação de direitos.[(55)]

15.2. Emissão eletrônica de títulos de crédito na forma da lei

Não é só o Código Civil que abre caminho para a revisão do requisito de cartularidade do título de crédito. Com acuidade, *Marcos Paulo Félix da Silva* põe em relevo novos diplomas legais sobre títulos de crédito, *verbi gratia* a Lei n. 10.931/2004, que regula, entre outros títulos, a cédula de crédito bancário. Dito instrumento dispõe em seu art. 45, *caput*, que os títulos de crédito e direitos creditórios, representados sob a forma escritural ou física, e que tenham sido objeto de desconto, poderão ser admitidos a redesconto no Banco Central. Dispõe ainda o parágrafo terceiro do artigo em tela que a inscrição produzirá os mesmos efeitos jurídicos do endosso, como segue *in verbis*: "A inscrição produzirá os mesmos efeitos jurídicos do endosso, somente se aperfeiçoando com o recebimento, pela instituição proponente do redesconto, de mensagem de aceitação do Banco Central do Brasil, ou, não sendo eletrônico o termo de tradição, após a assinatura das partes".

---

(52) *Ibidem*, p. 107.

(53) Em termos assemelhados, manifesta-se Wille Duarte Costa: "Mas é claro que, apesar da importância de tais papéis e de toda a sistematização feita, nos nossos dias já encontramos situações que refutam e contradizem a definição clássica de títulos de crédito, com o nascimento do Direito Comercial Virtual, qual seja o que decorre dos elementos da cibernética, considerada esta como aquela que tem por objeto vários estudos, entre eles a programação das máquinas de computação eletrônica, os sistemas automáticos de controle, a teoria da informação, o processamento de dados e outros elementos.
Já chegamos ao ponto de, pelo nosso computador, dentro de nossa casa, efetuarmos compras em supermercados ou em lojas, no Brasil e no exterior, utilizando a "extensa teia mundial", conhecida como World Wide Web ou simplesmente "www", que compõe a grande rede mundial chamada Internet" (*Op. cit.*, p. 89).

(54) OLIVEIRA, Hilário de. *Títulos de crédito*. São Paulo: Pilares, 2006. p. 46.

(55) HERNÁNDEZ, Alfredo Morles. *Op. cit.*, p. 1597.

Cria-se, destarte, a figura jurídica do endosso escritural/virtual, conforme enfatiza aquele autor.(56)

Igualmente a Lei n. 11.076/2004 envereda pela natureza eletrônica dos títulos de crédito. Semelhante diploma instituiu o certificado de depósito agropecuário (CDA) e o *warrant* agropecuário (WA), entre outros títulos. No que concerne aos dois papéis em realce, ambos assumirão o caráter de cartulares até antes de seus registros em sistema de registro e de liquidação financeira e após a sua baixa, em consonância com o art. 3º, I, do mencionado documento legal. Passam a escriturais ou eletrônicos na medida em que permanecerem registrados em sistema de registro e de liquidação financeira (art. 3º, II). Assim, tanto o CDA quanto o WA se submetem apenas temporariamente ao princípio da cartularidade.(57) Reservamos o Capítulo IX do presente trabalho aos títulos do agronegócio.

É pertinente mencionar que a legislação alemã considera como títulos de crédito (*Wertpapiere*) aqueles papéis para os quais não se emite nenhuma espécie de documento, a exemplo de ações, certificado de ações, debêntures, assim como outros papéis assemelhados (*v. Wertpapierhandelgesetz* — Lei sobre títulos de crédito, Capítulo II). Portanto, a preocupação sobre a desmaterialização dos títulos de crédito assume, como vemos, um alcance de natureza universal.

15.3. Decadência dos títulos de crédito ao portador

Decorre dessa situação que a teoria dos títulos de crédito deverá sofrer uma reformulação (aliás, o que já vem ocorrendo, observemos, até pela obrigatoriedade da identificação dos beneficiários dos títulos. É cada vez mais raro o papel ao portador); reformulação essa que certamente atingirá uma admirável criação de várias gerações de juristas, para usarmos a consagrada expressão de *Galgano*, citada por *Norberto da Costa Caruso Mac Donald*, porque elaborada sobre a cártula, por natureza uma coisa móvel suscetível de posse e, consequentemente, de aquisição *a non domino*, o que acaba pondo em debate a clássica definição de *Vivante*, que faz ressaltar os princípios da cartularidade, literalidade e autonomia dos títulos de crédito.(58)

15.4. Novas regras e costumes acerca dos títulos de crédito

Se tivemos oportunidade de abordar a questão da decadência que ronda os títulos de crédito ao portador, cumpre-nos, agora, fazer referência a mais duas novidades nas esferas dos títulos de crédito: a primeira diz respeito ao cheque "pós-datado" eletrônico, que é uma criação da moderna tecnologia do setor de informática, do qual nos ocuparemos adiante, na parte do trabalho em que trataremos do cheque em geral (Capítulo V, item *Cheque no sentido restrito*); a segunda refere-se à questão da substituição da subscrição autografada pela mecânica. Essa permissão vem sendo concedida através de instrumentos legislativos. Cite-se a Lei do Cheque (Lei n. 7.357, de 2 de setembro de 1985) que, no seu art. 1º, parágrafo único, reza que a assinatura do emitente do cheque ou a de seu mandatário com poderes legais pode ser constituída, na forma de legislação específica, por chancela mecânica ou processo equivalente.

(56) SILVA, Marcos Paulo Félix da. *Op. cit.*, p. 122-123.

(57) Cf. SILVA, Marcos Paulo Félix da. *Op. cit.*, 2006. p. 123; MAMEDE, Gladston. *Op. cit.*, 2005. p. 463.

(58) MAC DONALD, Norberto da Costa Caruso. *Op. cit.*, 1999. p. 148-149.

Também a Lei n. 5.589, de 3 de julho de 1970, modificada pela Lei n. 7.464, de 18 de abril de 1986, que permite o uso de chancela mecânica na autenticação de valores mobiliários e de duplicatas, em conformidade com as normas editadas pelo Conselho Monetário Nacional (CMN).

São elementos que apontam, portanto, para alterações no bojo da teoria dos títulos de crédito e que talvez tendam a robustecer-se no curso do desenvolvimento dos meios tecnológicos e das próprias necessidades sociais.

Arriscaríamos a supor, por tudo que aqui foi apresentado, que poderíamos considerar título de crédito, hoje quase sempre nominativo, mesmo aquele simplesmente escritural, desprovido de cártula, ao ampliarmos, portanto, o sentido de documento, como ocorre na proposta de Brasil.

16. Inoponibilidade das exceções

16.1. Conceito de exceção

A exceção pode ser encarada sob dois prismas bem distintos: do ponto de vista geral e sob o perfil dogmático, conforme postula o Prof. *Viana*, da Universidade Federal do Ceará. Vista dentro da primeira perspectiva, a exceção não passaria de uma alegação embasada em elementos tendentes a provar a ineficácia dos fatos constitutivos de um direito ou então destinada a provar sua extinção ou modificação. Já dentro do segundo ponto de vista, isto é, sob o perfil dogmático, seria a exceção, em sentido substancial, o contradireito suscetível de anular ou impugnar o direito material arguido pelo autor da ação. Contradireito esse verificável tanto na esfera judicial como na esfera extrajudicial.[59] Em resumo, as exceções constituem, portanto, defesas.

16.2. Inoponibilidade das exceções

No dizer de *Dylson Doria*, o princípio da inoponibilidade das exceções é norma fundamental aos títulos de crédito. O adquirente do título exercita direito próprio, direito esse que não pode ser obstado ou restringido em decorrência das relações existentes entre os seus anteriores possuidores e o devedor.[60]Acrescente-se que o mencionado princípio empresta aos títulos maior credibilidade e negociabilidade.

16.3. O portador de boa-fé

O princípio aqui mencionado baseia-se no fato de que há de assegurar-se a ampla circulação dos documentos cambiários, protegendo-se, outrossim, o direito jurídico do portador de boa-fé. Destarte, os terceiros de boa-fé hão de ser resguardados das investidas do subscritor ou devedor do título. É claro que, durante a sua circulação, o emissor pode opor a seu credor as exceções de direito pessoal, ressaltando, por exemplo, a circunstância de já haver pago o documento, ou então recorrer ao instituto jurídico da compensação, se for titular de crédito contra o credor. Se o título, contudo, já tiver saído do credor direto, emigrando para um terceiro de boa-fé, o devedor não mais poderá lançar mão de qualquer exceção de defesa ou oposição contra o novo credor, arguindo a relação anterior. Emerge,

(59) Cit. por SARMENTO, Walney Moraes. *Títulos de crédito*. Salvador: UNEB, 2003. p. 55-56.

(60) DORIA, Dylson. *Op. cit.*, 1987. p. 7.

por isso mesmo, a própria autonomia do título, como uma de suas características, segundo a qual as obrigações preexistentes não se transferem ao novo possuidor.

Para esclarecermos a situação acima, exemplifiquemos didaticamente: A emitiu a favor de B uma nota promissória. Mediante endosso, B transferiu a C esse título de crédito. A (o emitente) passa a devedor de C, que tinha débito para com A. Mas que faz C? Transfere a propriedade do título a D. Sendo D possuidor de boa-fé, não pode sofrer oponibilidade das exceções por parte de A, ou seja, A não desfruta do direito de argumentar que não paga a D, porque o título proveio de C, seu devedor. Em outras palavras: A obriga-se perante D, independentemente de qualquer tipo de relação jurídica anterior porventura existente entre os partícipes do documento.

17. Classificação dos títulos de crédito

Existem várias maneiras de agruparmos os mais diversos títulos de crédito. Quiçá a primeira modalidade de classificação deva referir-se a sua natureza, a sua abstração. Dentro desse ponto de vista é que iniciamos então semelhante desígnio. Destarte, teremos:

1 – títulos de crédito quanto à sua natureza: a) abstratos. Estes constituem os títulos de crédito perfeitos, pois não se lhes indaga a origem, a exemplo da letra de câmbio e da nota promissória, as cambiárias por excelência, além do cheque. Vale meramente o que está transcrito no documento, sem necessidade de elementos paralelos; b) causais. No caso de títulos causais, a situação é diferente, pois aí se pergunta do motivo da sua emissão, vinculados que estão a sua origem, como a duplicata, as ações e o conhecimento de transporte. São, por isso mesmo, considerados imperfeitos ou impróprios. Assim, se excepcionalmente se poderia conquistar a abstração de determinados títulos em certas circunstâncias (como mencionamos no item *Independência e abstração*), um título causal tenderá a manter essa sua característica, o que talvez, sem maiores objeções, fique assinalado no correr desse trabalho;

2 – quanto às pessoas que os emitem: a) títulos públicos, que decorrem da iniciativa dos poderes públicos, dos governos, em nível federal, estadual e municipal, como as letras do tesouro. É a Administração Pública lançando os papéis com o intuito de angariar recursos destinados a seus mais diversos projetos; b) títulos privados. Estes têm sua origem na iniciativa privada, sendo consequência dos próprios negócios do mundo econômico e comercial, para a consecução dos mais diversos objetivos, a exemplo da companhia que coloca à disposição do público investidor as suas ações, ou das notas promissórias emitidas por clientes nos bancos, ao levantarem um empréstimo, dentro de um universo, pois, das mais variadas transações;

3 – quanto à forma de emissão: a) individuais e referem-se aos títulos de crédito que não são repetidos, a exemplo de um cheque emitido para o pagamento de uma determinada compra, de uma duplicata mercantil, como resultado de um negócio, ou de uma nota promissória, como garantia de um pagamento qualquer; b) em série, como os

títulos públicos em geral, ou outros emitidos em grande quantidade, como as ações, as debêntures, os *commercial papers*, cujo destino é o mercado de capitais, para aquisição por parte do emitente de determinado valor perseguido em seus planos de obtenção de recursos;

4 – quanto à forma de circulação: a) nominativos; b) nominativos a ordem; c) ao portador. Acrescenta-se que a lei brasileira limita cada vez mais a emissão de títulos ao portador, como no caso da letra de câmbio, da nota promissória, das ações ou dos cheques, este a partir de determinado valor. Em assim sendo, cai a argumentação de tantos autores, estribados em *Vivante*, que aí veem a classificação mais segura dos títulos de crédito, a exemplo de *Dylson Doria*[61] e *Wille Duarte Costa*;[62]

5 – quanto ao conteúdo: a) títulos de crédito propriamente ditos, que garantem uma prestação de coisas fungíveis, como a letra de câmbio e a cédula hipotecária; b) títulos destinados à aquisição de direitos reais sobre coisas determinadas, a exemplo dos conhecimentos de depósito e de transporte; c) títulos que atribuem qualidade de sócio (ações). Esse, aliás, é o pensamento de *Tulio Ascarelli*. Desse *status* de sócio, diz, "decorre uma série de direitos e poderes diversos e, até, de obrigações, as relativas ao pagamento de entradas das ações eventualmente não integralizadas: também estas obrigações incumbem a todos os sucessivos titulares da ação".[63] Para lembrarmos *Mario Alberto Bonfanti* e *José Alberto Garrone*, as ações incluem-se entre os títulos de participação.[64] Esse é igualmente o pensamento de *Karl-Heinz Gursky*.[65] Discordamos de *Mario Alberto Bonfanti* e *José Alberto Garrone* quando eles incluem as debêntures como títulos de participação; isso só seria possível se se tratasse de debênture conversível em ação, após tal conversão; d) títulos que atribuem direito real de garantia, como a letra hipotecária; e) títulos que representam depósitos bancários, como o certificado de depósito bancário; f) finalmente, aqueles que dão direito a algum tipo de serviço, a exemplo do bilhete de viagem ou transporte (é consabido que esta última classe tem despertado argumentos contrários no âmbito da Doutrina, conforme veremos no curso do presente capítulo, não sendo propriamente encarados como títulos de crédito, e sim como comprovantes e títulos de legitimação);

6 – quanto à sua previsão em lei. Interessante é a classificação de *Pellizzi*, ao agrupar os títulos de crédito em três categorias, a saber: a) os legalmente típicos, ou nominados pela lei; b) os socialmente típicos, que são aqueles criados pela prática; c) os totalmente atípicos, que constituem aqueles despojados das condições de notoriedade, constância e generalidade determinantes da tipicidade social. Há, assim, uma progressiva dificuldade na determinação da presença da sua característica básica.[66] Sem dúvida de que essa classificação elege, como pressuposto, a inexistência de *numerus clausus* no Direito Cartular, porque (dentro de tal concepção) não se pode fixar antecipadamente quantos títulos de crédito hão de circular. É o que se depreende da visão de certa parte da Doutrina, arrimada no Código Civil de

(61) DORIA, Dylson. *Op. cit.*, 1987. p. 10.

(62) COSTA, Wille Duarte. *Op. cit.*, 2003. p. 75.

(63) SILVA, Américo Luis Martins da. *Op. cit.*, p. 133.

(64) BONFANTI, Mario Alberto e GARRONE, José Alberto. *Op. cit.*, p. 57.

(65) GURSKY, Kal-Heinz. *Op. cit.*, 1997. p. 64.

(66) MAC DONALD, Norberto da Costa Caruso. *Op. cit.*, 1999. p. 145.

2002, sobretudo no comando normativo insculpido em seu art. 889, *caput.* Não paira dúvida sobre o caráter polêmico do assunto em pauta, conforme discorreremos no item imediatamente seguinte. Adiantamos nossa posição pelo reconhecimento como títulos de crédito aqueles legalmente tipificados, incluído o cheque.

18. Títulos de crédito típicos e atípicos

Conforme sobressai na classificação elaborada no item imediatamente anterior, emerge, de pronto, a questão dos títulos típicos, também designados de nominados, e dos atípicos, ou inominados. Os primeiros são aqueles que dispõem de previsão legal para a sua emissão. São, por isso mesmo, títulos agasalhados em lei que os regulamentam e tipificam. Esta é a posição assumida por *Waldirio Bulgarelli,*(67) ou por *Alfredo Morles Hernández,*(68) entre outros.

Já os títulos de crédito atípicos e inominados não primam pelo respaldo legal que arrime a sua criação e circulação, segundo admitem setores da Doutrina. À luz do Código Civil de 2002, em seu art. 887, *in fine*, considera-se título de crédito atípico aquele que comportar as três características seguintes: a) a data da emissão; b) a indicação precisa dos direitos que confere; c) a assinatura do emitente.(69) Ponha-se em relevo, de pronto, que esses títulos não se confundem com os comprovantes de legitimação.(70)

Esclareçamos que o Código Civil não cria a categoria dos títulos de crédito atípicos em confronto com aquela dos títulos típicos. Esta conclusão é de mera responsabilidade dos que assim interpretam o teor do art. 887 do aludido instrumento legal. Ao tempo em que *Waldirio Bulgarelli* manifestava a sua opinião, o novo Código Civil ainda não havia entrado em vigor. Daí o ilustre comercialista referir-se ao Título VII, do Livro I, da Parte Especial do Anteprojeto, quer ele reputa aplicar-se, indubitavelmente, aos títulos de crédito atípicos ou inanimados, já que dito Título do Código contém as normas gerais dos títulos de crédito. Sustenta o ilustre professor que a única restrição à liberdade de emissão, "sem autorização da lei", diz respeito aos títulos ao portador.(71)

Após expor os prós e os contras, de um lado reconhecendo o fato de que os títulos de crédito se destinam a resolver o problema das diferenças entre as exigências da circulação e as regras do Direito Comercial, e de outro, enfatizando o risco que a possibilidade da criação desenfreada de novos títulos de crédito poderia constituir para o público em geral, o insigne *Waldirio Bulgarelli* mostra-se cauteloso quanto à acolhida dos títulos atípicos (inominados). Pondera, então, que, se a exclusão daquele princípio fosse considerada aconselhável, poder-se-ia acrescentar uma emenda mais ou menos nos termos que seguem: "O título de crédito, documento necessário ao exercício do direito literal e autônomo nele contido, somente produz efeito se prevista em lei especial sua emissão e quando preencha seus requisitos legais".(72)

---

(67) BULGARELLI, Waldirio. *Op. cit.*, p. 71.

(68) HERNÁNDEZ, Alfredo Morles. *Op. cit.*, p. 1615.

(69) SILVA, Marcos Paulo Félix da. *Op. cit.*, 2006. p. 71.

(70) *Ibidem*, p. 63.

(71) No entanto, o renomado autor citado provoca as indagações seguintes: "Assentado que o Anteprojeto adotou o princípio da liberdade de criação e de emissão de títulos de crédito atípicos ou inominados (salvo sob a forma ao portador), surgem as dúvidas. Convirá a adoção desse princípio? Ou, sendo afirmativa a resposta, haverá conveniência de acolhê-lo em toda a plenitude?" (*Op. cit.*, p. 72).

(72) *Idem.*

No entanto, o discutível artigo foi aprovado e tomou o número 887, como vimos. Fica, porém, o registro de como o ilustre professor encarou, com reserva e prudência, a criação de títulos atípicos.

Em opinião mais contundente, *Wille Duarte Costa* apresenta duras críticas aos defensores dos títulos atípicos ou inominados albergados no art. 889 do Código Civil de 2002. Enfatiza o comercialista mineiro que o legislador elegeu como conceito de título de crédito aquele elaborado por *Vivante* (v. art. 887) e que se refere aos títulos típicos ou nominados. Daí questionar que títulos são esses chamados atípicos e inominados.(73)

Não se limita a essa esfera o posicionamento do aludido autor. Censura a postura do Sr. Relator do projeto do novo Código Civil, segundo quem *slips*, boletos bancários e outros documentos eletrônicos gerados por meio eletrônico com os requisitos básicos que representem uma obrigação de pagar, são títulos de crédito. Insurge-se assim *Wille Duarte Costa* contra o entendimento de esses papéis efetivamente substituírem títulos de crédito, como a letra de câmbio e a duplicata.

Após desenvolver outros juízos a respeito do processo de aprovação do novo Código Civil, acaba por concordar, porém, com o próprio Sr. Relator (Ricardo Fiuza) em um ponto, quando este diz em sua obra "Novo Código Civil comentado": "Somente será considerado título de crédito aquele que venha a ser assim definido e caracterizado por legislação especial, de natureza mercantil. Depende, pois, de expressa previsão em lei, encerrando hipótese restrita, *numerus clausus*, a caracterização de qualquer instrumento obrigacional como título de crédito".(74)

Destarte, no trecho selecionado aqui citado, *Ricardo Fiuza* reconhece a incompetência do Código Civil em criar títulos de crédito. No máximo, acreditamos, poderia traçar algumas linhas gerais sobre o tema, mera menção que não afrontasse o Direito Cambiário, locupletado por leis especiais. *Rubens Requião* diria que são normas de natureza suplementar.(75) O reconhecimento de *numerus clausus* por parte do mencionado jurista dificulta o entendimento de que o Código Civil permite a criação de títulos atípicos, inominados.

Neste diapasão, podemos arrolar relevantes nomes do Direito Comercial, cuja posição aponta para as barreiras existentes quanto à criação de títulos atípicos. *Fábio Konder Comparato*, não resignado com a hipótese de criarem-se ditos títulos, assevera que tal iniciativa geraria confusão com os títulos de crédito impróprios e os chamados títulos ou comprovantes de legitimação. Pergunta se valeria a pena conduzir o intérprete a esse cipoal doutrinário em que as opiniões dos juristas são tudo, menos unívocas e convergentes.(76)

Sem querer alongar em demasia o posicionamento da Doutrina ao encarar com reserva o papel do novo Código Civil em relação aos títulos de crédito atípicos é que encerramos dita questão, lembrando *Fernando Netto Boiteux*, para quem o sistema dos títulos de crédito

(73) COSTA, Wille Duarte. *Op. cit.*, 2003. p. 160.

(74) Cit. por COSTA, Wille Duarte. *Op. cit.*, 2003. p. 162.

(75) REQUIÃO, Rubens. *Op. cit.*, p. 359.

(76) Cit. por SILVA, Marcos Paulo Félix da. *Op. cit.*, 2006. p. 57.

brasileiro sempre foi delimitado como um sistema de tipicidade fechada, o que confere uma garantia a todos aqueles que operem com esses títulos, porque previstos e regulados pela lei.(77) Arrimado na Doutrina, em que inclui *Tulio Ascarelli* e *Newton de Lucca*, afirma: "que a literalidade só pode advir de lei, razão pela qual não se pode deduzir do Código que ele esteja atribuindo aos particulares a prerrogativa de criar títulos de crédito atípicos, mas, sim, que eles possam criar, apenas, pela sua exclusiva vontade, meros comprovantes de legitimação que poderão um dia, se assim quiser o legislador, virem a se transformar em títulos de crédito. Desta forma não se estará limitando a criatividade dos comerciantes, fonte reconhecida do direito comercial, mas apenas limitando os seus efeitos, em benefício da segurança das relações jurídicas".(78)

De certo modo, a discussão em torno dos títulos de crédito perpassa, ainda, pelo item imediatamente seguinte.

19. Comprovantes e títulos de legitimação

Os documentos agora mencionados, títulos de legitimação, distanciam-se dos títulos de crédito, por disporem de conotação diversa. *Fran Martins*, ao expor a sua divisão de títulos de crédito, brinda-nos com a seguinte classificação, que será foco de nossas considerações: a) títulos de crédito próprios, isto é, aqueles que exibem as características mais evidentes desses papéis, a exemplo da letra de câmbio e da nota promissória; b) títulos de crédito impróprios, ou cambiariformes, que encerram determinadas características desses documentos: o cheque, *verbi gratia*, até por sua conceituação legal como ordem de pagamento; c) títulos de legitimação, que constituem um direito à prestação de serviço ou a uma coisa, como aqueles concernentes a entradas em espetáculos públicos e a bilhetes de passagens; d) títulos de participação, dos quais as ações emergem como o melhor exemplo.(79)

Ressalte-se, entretanto, que *Fran Martins* não considera os títulos de legitimação como verdadeiros títulos de crédito, mas, pelo fato de conterem uma prestação futura, possuem certas características que os assemelham, em certo sentido, aos títulos de crédito.(80)

Rubens Requião também se refere, quando classifica os títulos quanto ao seu conteúdo, àqueles que dão direito a algum serviço: bilhetes de viagens ou de transporte. Ademais, quando trata o eminente doutrinador dos títulos causais, ele menciona os comprovantes de legitimação e os títulos de legitimação. Os primeiros, bilhetes, passagens, cadernetas de Caixa Econômica, são em geral declarados intransferíveis; ao passo que os segundos constituem direitos transferíveis, a exemplo de vales-postais e cautelas de penhor ao portador. Ainda segundo *Rubens Requião*, nos comprovantes de legitimação o possuidor se legitima como contraente original. Já nos títulos de legitimação, o possuidor legitima-se como cessionário eventual.(81)

---

(77) BOITEUX, Fernando Netto. *Títulos de crédito*. São Paulo: Dialética, 2000. p. 26-27.

(78) BOITEUX, Fernando Netto. *Op. cit.*, 2000. p. 27-28.

(79) FRAN, Martins. *Títulos de crédito*. Rio de Janeiro: Forense, 2008. p. 22-23.

(80) *Idem*.

(81) REQUIÃO, Rubens. *Op. cit.*, p. 368-369.

A posição de *Wille Duarte Costa* é veementemente contrária à aceitação de títulos de legitimação como títulos de crédito. Esse equívoco derivaria da classificação proposta por *J. X. Carvalho de Mendonça*, tendo vários autores, em respeito ao citado mestre, cometido certas imprecisões. A proposta de *Wille Duarte Costa* sobre títulos de crédito é mais restritiva, ao esquivar-se de considerar as ações como tal.[82]

Destarte, quanto aos papéis de legitimação, entendemos ser de uma excessiva liberalidade encará-los como títulos de crédito, pois seria levar ao extremo a sua conceituação. *Gladston Mamede* traz-nos, sobre o assunto em debate, as seguintes ponderações: "... bilhetes de passagem, ingressos para espetáculos e outros tíquetes são meras representações documentais de contratos estabelecidos; dão direito ao gozo da faculdade contratada, mas não constituem, no sentido técnico, declarações unilaterais; ademais, não trazem em si, literalmente, a literalidade da obrigação, que se comprova com recurso a outros meios de prova (cartazes, anúncios, testemunhas, etc.). Nem estão obrigados a atender a requisitos de forma prescrita em lei, anotação de data e local de emissão, precisão dos direitos conferidos e assinatura" (*Op. cit.*, 2005. p. 33). *Hans Brox*, de forma taxativa, após classificar os documentos de crédito com base na legislação alemã, arremata que os títulos de legitimação não constituem de modo algum títulos de crédito.[83] Para *Tulio Ascarelli*, os documentos de legitimação constituem simples documentos probatórios e não devem ser incluídos na mesma categoria dos títulos de crédito, cujo característico jurídico se assenta na literalidade e na autonomia.[84]

Já no que tange às ações, a situação parece-nos outra. Englobá-las como título de crédito acarreta estender, ampliar o conceito deste último. *Wille Duarte Costa* considera descabível a sua presença entre os títulos de crédito e critica o seu conceito como título de participação, isto é, como título que atribui qualidade de sócios, embora reconheça que esta é a interpretação dominante na Doutrina.[85] Não está sozinho o eminente professor. *Henry Alberto Bezerra León*, ilustre comercialista colombiano, segue-lhe os passos, pois não inclui as ações entre os "títulos-valores".[86] Seguiremos, no curso do livro, com esta discussão.[87]

Ainda segundo *Gladston Mamede*, em sua preocupação de restringir a nomenclatura dos títulos de crédito, por atecnicidade e afobamento o legislador e o Poder Executivo (mediante medidas provisórias) impõem a denominação de títulos de crédito a verdadeiros contratos, o que se passa, por exemplo, com as cédulas de crédito. Estão, contudo, tipificados como títulos de crédito em leis especiais. Nesse diapasão, recorramos, também, a *Silvio de Salvo Venosa*, dos mais eminentes civilistas pátrios, que desenvolve o seu argumento considerando o título de crédito uma declaração unilateral de vontade: "Afasta-se, portanto, a ideia de contrato... O título de crédito vale pela declaração do que na cártula se contém, daí a expressão direito cartular. Com isso, permitida a circulação, o título de crédito possui efeito obrigatório. Cuida-se, portanto, de meio eficaz de circulação de riquezas e respectivos créditos, uma das estruturas mais potentes de dinamização econômica e social".[88]

(82) COSTA, Wille Duarte. *Op. cit.*, 2003. p. 75.
(83) BROX, Hans. *Op. cit.*, 1999. p. 218.
(84) ASCARELLI, Túlio. *Op. cit.*, 2007. p. 87.
(85) COSTA, Wille Duarte. *Op. cit.*, 2003. p. 75.
(86) LEÓN, Henry Alberto Bezerra. *Op. cit.*, p. 133.
(87) MAMEDE, Gladston. *Op. cit.*, 2005. p. 33.
(88) VENOSA, Silvio de Salvo. *Direito civil. Contratos em espécie*. São Paulo: Atlas, 2003. p. 440.

Silvio de Salvo Venosa insurge-se contra o tratamento da matéria títulos de crédito no Código Civil, ao sublinhar que esse tema é disciplinado por legislação própria em suas várias modalidades, dentro do ordenamento jurídico pátrio. Assevera que não há necessidade de o Código Civil chamar a si a sua regulamentação: "Melhor seria que toda essa matéria fosse extirpada do novo Código, pois sua presença neste estatuto é injustificável em todos os sentidos".(89) Em seguida acentua que o novel legislador desconheceu a mínima cautela, "não se apercebendo, ou não querendo aperceber-se, de que a matéria de títulos de crédito está de há muito solidificada por uma massa perfeitamente compreensível de normas em nosso direito".(90)

Destarte, tudo nos faz levar à interpretação de que, no pensamento do preclaro civilista, os títulos de crédito, por já estarem presentes na legislação, no ordenamento jurídico, constituem documentos nominados, típicos, portanto. Dessa forma, estariam excluídos do universo dos títulos de crédito não só aqueles atípicos ou inominados, como, outrossim, os títulos e comprovantes de legitimação. Sua crítica ao novo Código Civil ainda vai mais além quando ressalta o conteúdo de seu art. 903, que estatui regerem-se os títulos de crédito pelo disposto no Código, a menos que haja disposição diversa em lei especial.(91)

Em seu arremate, *Silvio de Salvo Venosa* pontifica: seja qual for a conclusão, é inevitável reconhecer que a inclusão do tema títulos de crédito no Código Civil é de absoluta inconveniência: "O microssistema do direito cambiário não merecia mais este fator inquietador".(92) E assim conclui o respeitável civilista seu pensamento acerca do tema ora abordado. Portanto não foram apenas os comercialistas que se surpreenderam com as "novidades" introduzidas no novo Código Civil. O posicionamento ora transcrito faz saltar aos olhos que mesmo no âmbito do Direito Civil a resistência ao tratamento da disciplina títulos de crédito nos limites do Código Civil é também uma realidade.

Ainda dentro de semelhante preocupação, consideramos extremamente razoável a constatação de *Gladston Mamede*, ao enunciar as características mínimas que os títulos de crédito devem ostentar (características estas que vão além do mínimo arrolado no Código Civil de 2002). O jurista mineiro assim as resume: "(1) a anotação de uma obrigação unilateral, atribuível a devedor ali indicado; (2) a representação obrigatória no instrumento; (3) o caráter de declaração unilateral de uma obrigação; (4) a limitação do universo de suas obrigações àquelas que estão definidas na lei e àquelas que estão inscritas no documento, em sua literalidade e (5) atenção a um conjunto de requisitos mínimos: (a) forma prescrita em lei, (b) data e local de emissão, (c) precisão dos direitos conferidos, (d) assinatura".(93)

Pela exposição que levamos a efeito, pondo em relevo os títulos atípicos, os títulos de legitimação e os comprovantes de legitimação, entendemos não ser conveniente a sua

(89) VENOSA, Silvio de Salvo. *Op. cit.*, 2003. p. 439.

(90) *Ibidem*, p. 439-440.

(91) Aí entram os comentários pertinazes de Silvio de Salvo Venosa: "Se for entendido que se mantêm vigentes todas as leis especiais que regem os títulos de crédito para letras de câmbio, notas promissórias, cheques, duplicatas etc, o dispositivo é inócuo. Se se entender que se aplicam as leis específicas naquilo que não conflitar com o presente Código, também de pouco alcance será o novo diploma, pois a legislação é exaustiva e abrangente, embora trazendo algumas dificuldades interpretativas. Se, por hipótese mais extremada que não entendemos em princípio possível, entender-se que prevalecerá o novo Código Civil no conflito com as normas específicas, haverá uma revolução em todo direito cambiário e conflitos com a própria Lei Uniforme adotada em nosso ordenamento, o que não é lógico" (*Op. cit.*, p. 440).

(92) *Idem.*

(93) MAMEDE, Gladston. *Op. cit.*, 2005. p. 32.

inclusão como títulos de crédito, pelas razões que foram arroladas. Em sentido contrário, elegemos as ações como tal, e isso em um sentido amplo que se confira aos títulos de crédito, respeitando, ainda, os argumentos daqueles que realçaram seus pontos de vista, ao sublinhar suas restrições. Em resumo: a despeito de não ser rigorosamente um título de crédito, a sua aceitação como tal é preponderante na Doutrina e assume caráter internacional. Não parece o caso dos títulos atípicos e dos títulos e comprovantes de legitimação.

20. Espécies de títulos de crédito

Na enumeração dos títulos de crédito conferimos destaque à letra de câmbio, à nota promissória, à duplicata e ao cheque, que discutiremos no presente trabalho com mais detalhes. Além dos títulos vinculados às companhias e arrolados na Lei n. 6.404/76, a exemplo das ações e das debêntures, bem como dos *commercial papers*, a legislação brasileira reconhece ainda a existência de vários outros títulos, a saber:

— conhecimento de depósito (Decreto n. 1.102, de 1903);
— *warrant* (Decreto n. 1.102, de 1903);
— conhecimento de transporte (Decreto n. 19.473, de 1930);
— conhecimento de transporte multimodal de carga (Lei n. 9.611, de 1998);
— letra imobiliária (Lei n. 4.380, de 1964);
— letra hipotecária (Lei n. 7.684, de 1988);
— cédula hipotecária (Decreto-lei n. 70, de 1966, e Resolução n. 228, de 1972, do Banco Central);
— cédula rural pignoratícia (Decreto-lei n. 167, de 1967);
— cédula rural hipotecária (Decreto-lei n. 167, de 1967);
— cédula rural pignoratícia e hipotecária (Decreto-lei n. 167, de 1967);
— nota de crédito rural (Decreto-lei n. 167, de 1967);
— duplicata rural (Decreto-lei n. 167, de 1967);
— nota promissória rural (Decreto-lei n. 167, de 1967);
— cédula de produto rural (Lei n. 8.929, de 1994);
— cédula de produto rural financeira (Lei n. 8.929, de 1994; Medida Provisória n. 2.017, de 2000; Lei n. 10.200, de 2001);
— bilhete de mercadoria (Lei n. 165/A, de 1890);
— certificado de depósito agropecuário (Lei n. 11.076, de 2004, originada da Medida Provisória n. 221, de 2004);
— *warrant* agropecuário (Lei n. 11.076, de 2004, originada da Medida Provisória n. 221, de 2004);
— certificado de direitos creditórios do agronegócio (Lei n. 11.076, de 2004, originada da Medida Provisória n. 221, de 2004);
— letra de crédito do agronegócio (Lei n. 11.076, de 2004, originada da Medida Provisória n. 221, de 2004);
— certificados de recebiveis de agronegócios (Lei n. 11.076, de 2004, originada da Medida Provisória n. 221, de 2004);

— nota comercial do agronegócio, conhecida como agrinote (Instrução CVM 422, de 2005);

— cédula de crédito industrial (Decreto-lei n. 413, de 1969);

— nota de crédito industrial (Decreto-lei n. 413, de 1969);

— certificado de depósito bancário (Lei n. 4.728, de 1965);

— certificado de investimento (Resolução n. 145, Bacen, de 1970);

— certificado de depósito em garantia (Lei n. 4.728, de 1965);

— cédula de crédito à exportação (Lei n. 6.313, de 1975);

— nota de crédito à exportação (Lei n. 6.313, de 1975);

— cédula de crédito comercial (Lei n. 6.840, de 1980);

— nota de crédito comercial (Lei n. 6.840, de 1980);

— título de desenvolvimento econômico (Lei n. 8.177, de 1991);

— certificado de recebíveis imobiliários (Lei n. 9.514, de 1997);

— cédula de crédito bancário (Lei n. 10.931, de 2004);

— certificado de cédulas de crédito bancário (Lei n. 10.931, de 2004);

— letra de crédito imobiliário (Lei n. 10.931, de 2004);

— cédula de crédito imobiliário (Lei n. 10.931, de 2004);

Esses títulos serão analisados posteriormente. Tal análise engloba os títulos próprios das sociedades anônimas, já mencionados, a exemplo das ações e das debêntures, como veremos, mas que não estão arrolados na relação ora apresentada.

21. Teoria sobre a natureza jurídica dos títulos de crédito

Passemos agora a apresentar algumas teorias a respeito da concepção dos títulos de crédito, a saber:

21.1. A letra de câmbio como promessa de pagamento

Por essa teoria seu subscritor não se obriga perante determinada pessoa, mas perante o público. Destarte, esse documento não expressaria qualquer tipo de contrato. Não foram poucas as críticas endereçadas a essa concepção, sobretudo porque a letra de câmbio não é uma promessa de pagamento, mas uma ordem de pagamento a favor do tomador, obrigando a um sacado. Também a letra de câmbio, pelo seu próprio conceito, não se destina a saque ao público. Tampouco pode esse título ter curso forçado, o que revestiria qualquer sacador de poderes próprios das supremas autoridades de um determinado país.

21.2. Teoria contratualista

Deve-se a *Liebe* e *Thol* a sua formulação. Segundo esse ponto de vista, o título de crédito nasce do acordo de vontade entre o tomador (beneficiário) e o subscritor (emitente). Não são, contudo, unânimes as posições dos dois teóricos. Para *Liebe*, a letra seria um ato meramente formal, tanto na sua criação como no seu endosso, solene e abstrato, desprovido de qualquer relação jurídica, prevalecendo tão somente a forma nela espelhada. No momento da formalização da letra, as pessoas se vinculavam meramente pela aparência, na medida em que afirmava que a obrigação surgiria apenas pela forma, como lembra *Augusto Zenun*,[94] acrescentando que a causa seria substituída pelo cumprimento das formalidades. Seria o caso de apontar-se uma incoerência na formulação dessa teoria, porque, antes, só admitia a forma pura e simples, para, posteriormente, aduzir que a causa era substituída, passando a referir-se, pois, à substituição da causa substituída, o que equivaleria a uma novação, com a extinção da obrigação anterior.[95]

Já na visão de *Thol*, a emissão e o endosso da letra constituíam contratos distintos. De acordo com esses juristas existia um contrato entre o sacador e o tomador, ou o sacado, e entre o endossante e o endossatário, outro contrato, independente do primeiro. Com determinadas modificações, essa concepção influenciou na elaboração de várias legislações nacionais, e até da Lei Uniforme.

A teoria contratualista não chegava a explicar, entretanto, a posição autônoma dos sucessivos proprietários do título, situação que, por sinal, decorre do próprio princípio da autonomia dos títulos de crédito.

21.3. Teoria da criação

Seus construtores (*Siegel e Kuntze*) sustentaram que o simples preenchimento do título é fonte de obrigação. Isso significa que para a sua perfeição bastaria a criação do título, sem que se leve em consideração qualquer acordo. O título só se torna eficaz quando adquirido por alguém.

21.4. Teoria da emissão

Desenvolvida por Stobb e Windscheid, essa teoria é uma tentativa de conciliação das duas anteriores. O título não resulta de sua subscrição ou de seu mero preenchimento, proclama, acrescentando ser imprescindível que o título saia voluntariamente das mãos do seu subscritor. O emitente não se considerará obrigado se o título lhe sair do poder sem ou contra a sua vontade.

Diante de tais controvérsias envolvendo os títulos de crédito, *Vivante* propôs a seguinte solução: é contrato relativamente ao primeiro tomador; é vontade unilateral de referência aos seus sucessivos possuidores.

22. Teorias adotadas pelo Código Civil brasileiro de 1916. O novo Código Civil

As teorias estudadas, ainda que aludam aos títulos de uma forma geral, se inclinam mais para caracterizar os títulos de crédito ao portador. É interessante pôr em relevo que o Código Civil de 1916 inclui o tema títulos de crédito no seu Título VI — Das Obrigações por Declaração Unilateral da Vontade —, no seu Capítulo I, Dos Títulos ao Portador. Tratando do assunto em lei civil, e não em lei comercial, a legislação brasileira fazia com que, mais uma vez, o Direito Comercial (e aqui no caso especificamente o Direito Cambiário) buscasse subsídios no âmbito do Direito Civil.

(94) ZENUN, Augusto. *Questões de título de crédito*. Rio de Janeiro: Forense, 1990. p. 13.

(95) *Ibidem*, p. 14.

Como se vê pelo conteúdo doutrinário presente no velho Código Civil, a posição assumida na lei brasileira situava-se entre as teorias da criação e da emissão. Assim é que o art. 1.506 do referido código preceituava: "A obrigação do emissor subsiste, ainda que o título tenha entrado em circulação contra a sua vontade", o que significa adesão à teoria da criação, segundo a qual a obrigação se consubstancia pela simples aposição da assinatura do subscritor no documento, independente do fato de fazê-lo circular.

Nesse particular, a vontade do emitente de nada vale, pois tal é o espírito do citado art. 1.506. O novo Código Civil repete esse preceito no seu art. 905, parágrafo único, rezando: "A prestação é devida ainda que o título tenha entrado em circulação contra a vontade do emitente".

Por outro lado, o art. 1.509 do velho Código tendia a adotar a teoria da emissão, ao rezar que: "A pessoa, injustamente desapossada de títulos ao portador, só mediante intervenção judicial poderá impedir que ao legítimo detentor se pague a importância do capital ou seu interesse". O art. 909 do novo Código Civil, no seu *caput*, mantém essa disposição: "O proprietário, que perder ou extraviar título, ou for injustamente desapossado dele, poderá obter novo título em juízo, bem como impedir sejam pagos a outrem capital e rendimentos".

Em resumo, podemos observar que os mencionados instrumentos legais não prestaram obediência a nenhuma das teorias puras, fundindo, a seu critério, as teorias da criação e da emissão.

No entanto, talvez valha a pena registrar que a legislação brasileira restringiu a tal ponto a circulação de títulos ao portador, o que limita em muito o estabelecimento de uma ponte entre a teoria da emissão, praticamente abandonada, e a prática cambiária. A preocupação em desenvolver teorias sobre a natureza jurídica dos títulos de crédito pertence a uma fase em que esses documentos passaram a desempenhar um papel mais constante nos negócios, mormente a partir do século XIX, com o prosseguimento da Revolução Industrial. Essa preocupação floresce, pois, não apenas no âmbito do desenvolvimento do próprio Direito, mas também no bojo do crescimento econômico. Ressalte-se, porém, que as teorias a respeito dos títulos de crédito tomaram novo impulso modernamente, como veremos a seguir.

23. Contribuições mais recentes em torno da natureza jurídica dos títulos de crédito

23.1. Necessidade de uma reavaliação

Na avaliação de *Karl-Heinz Gursky*, essas teorias têm mais de 100 anos. No seu entender, as teorias da criação e do contrato foram consideravelmente modificadas com o passar do tempo, apontando para novas variantes, enquanto a da emissão foi simplesmente esquecida.(96) Isso levou com certeza a novas formulações no que concerne às duas primeiras teorias, como veremos.

23.2. Variantes da nova teoria da criação

Na revisão da velha teoria da criação, a exemplo da teoria da propriedade (*Eigentumstheorie*) e da teoria da probidade *(Redlichkeitstheorie)*, criou-se através do ato unilateral de emissão

(96) GURSKY, Karl-Heinz. *Op. cit.*, 1997. p. 15-16.

apenas um direito latente, que só se desenvolve através da aquisição da propriedade do título pelo primeiro tomador, ou, mais tarde, por um terceiro. Ocorre que a referida aquisição da propriedade não constitui nenhum elemento equivalente ao ato de emissão, mas simplesmente um elemento legal para a eficácia e validade da obrigação. As novas modalidades da teoria da criação conservaram em sua essência a pacificidade da transmissão *(Verkehrsfreundlichkeit)*.

23.3. A nova teoria contratualista

Por seu turno, a teoria contratualista de *Jacobi* e *Meyer* para os títulos de crédito em torno da chamada teoria da aparência foi ampliada mediante novas discussões. Por força da combinação da teoria contratualista a da teoria da aparência, que também poderia ser encarada como uma teoria contratualista, nova ou modificada, surge a obrigação literal inserta no título de crédito basicamente apenas através de um contrato celebrado entre o emissor do documento e o primeiro tomador. Onde falta um contrato eficaz, a obrigação pode eventualmente nascer de maneira legal. Pronto o documento, se ele circular contra a vontade do emitente, ou mesmo sem que exista um contrato eficaz, esse documento faz suscitar a impressão (aparência) de que o direito literal surgiu com total eficácia. Assim, dito emitente deve assumir as consequências decorrentes. Na falta de um contrato, as controvérsias que possam ser suscitadas entre o emitente e o possuidor imediato do título não atingem a um eventual possuidor de boa-fé desse documento.[97]

23.4. A teoria da aparência

Se as contribuições de *Jacobi* e *Meyer* acabaram por desembocar na criação da teoria da aparência, pode deduzir-se daí que a sua elaboração deve ser interpretada como um marco mais que positivo para liberar o desenvolvimento dos títulos de crédito das amarras do direito comum. Além dos autores já citados, cabe lembrar os nomes de *Mossa*, na Itália, e o de *Uria*, na Espanha. Semelhante teoria chegou a ser festejada como o mais importante dogma da economia do século XX. É que, no conflito de interesse que venha a ser suscitado entre o subscritor e o possuidor do título que confiou na aparência criada pelo primeiro, a teoria da aparência garante a hegemonia da segurança e da boa-fé.

É por esse motivo que podemos dizer, como *Eunápio Borges*, que a criação de um título de crédito é ato de puro risco. Significa o risco criado pelo subscritor do documento. Assim, há de ser levado em consideração o perigo que aflige os terceiros que confiaram na aparência do título em questão.[98]

---

(97) *Ibidem*, p. 17-18.

(98) Completemos o pensamento do ilustre mestre: "Por isso, o interesse de quem cria o título — quando não havia vontade nem motivo para obrigar-se — cede diante do de terceiros, que confiaram na aparência. Salientando Mossa, que a confiança na legítima aparência constitui princípio ainda mais amplo que o da confiança na aparente criação.
E o fundamento da obrigação de que, com a sua firma, cria a aparência de um título de crédito, surge da lei que a impõe no interesse da generalidade. Trata-se, assim, de obrigação inderrogável, fundada exclusivamente na lei, e não na vontade do subscritor, do criador da aparência.
O título de crédito é, pois, uma aparência elevada à realidade, por força exclusiva da lei, é uma verdade legal, que revela uma situação objetiva — a obrigação do devedor — que pode não existir efetivamente. Mas nas mãos de um terceiro de boa-fé, a aparência é identificada, por força de lei, com a realidade" (cit. por BULGARELLI, Waldirio. *Op. cit.*, p. 81).

Destarte do ponto de vista da teoria da aparência, a obrigação contida em um título de crédito é válida e exigível porque a lei assim o impõe, na visão de *Uria*.[99] Ainda de acordo com o ilustre comercialista espanhol, trata-se simplesmente de uma obrigação *ex lege*, pois quem subscreve um título de crédito faz uma declaração unilateral que cria uma aparência de direito para o possuidor de semelhante documento. Daí por que a lei, velando pelos interesses e segurança da circulação de dito papel, protege este último, ao obrigar o subscritor a cumprir o declarado (*idem*).

23.5. Combinação da teoria contratualista e da teoria da aparência

Se para os autores citados no item anterior é inquestionável a supremacia da teoria da aparência, convém salientar que *Karl-Heinz Gursky* se posiciona pela combinação de ambas as teorias ora em epígrafe, que, no seu entendimento, não se contradizem. Ele critica a teoria da criação (que em certos casos enfrenta dificuldades, ao dar o exemplo do título de crédito que contenha várias obrigações nele insertas, a exemplo da letra de câmbio dada em garantia ou caução). No seu modo de ver, a convergência de ambas as teorias permite distinguir adequadamente entre as exigências relativas à aquisição da propriedade do título e as exigências relativas à aquisição da propriedade do título e as condições para o seu aperfeiçoamento. Daí a preferência que manifesta pela combinação das concepções teóricas aqui discutidas.[100]

Isto nos leva à constatação de que o tema sobre títulos de crédito é desafiante em todos os seus sentidos. Não apenas em seu âmbito doutrinário ou legal, mas também no que concerne a seus próprios conceitos filosóficos. Aquilo que era restrito a um público envolvido bem menor toma dimensões incalculáveis. Em outras palavras: populariza-se. Aquilo que era restrito a poucos títulos de crédito deriva para a exigência de criarem-se, em processo interminável, novos títulos de crédito, ajustados ao dinamismo do mercado. Aquilo que era restrito a um documento, a uma cártula, vai tomando, em um crescendo, a forma escritural, registrada. Ou então denominamos título de crédito aquele documento que, em verdade, é um contrato. Aquilo que era restrito às mãos do homem passa a ser eletrônico, produzido no mundo da informática. Aquilo que era praticamente restrito à letra de câmbio e à nota promissória ganha novas alternativas e novos modelos e acaba por destronar a rainha dos títulos de crédito, destinando-lhe um papel de reduzida importância nos negócios nacionais.

Tudo isto nos leva a refletir sobre o que é título de crédito, sobre o que pensar e o que fazer para melhor compreendê-lo no panorama moderno, no novo universo que se delineia sob a forma de globalização e reorganização internacional das economias em todos os continentes.

Tudo isto nos leva a indagar, perplexa e pacientemente: o que é mesmo título de crédito?

Tentaremos responder a essa pergunta nos capítulos seguintes, sempre na disposição de aceitar o fato de que nunca o Direito conheceu tantas alterações em tão pouco tempo. Por seu turno, o jurista jamais se viu envolvido em situações tais que o empurram, em um crescendo, a um exercício intelectual que, com certeza, ele não experimentou anteriormente nesse processo permanente de revolução, seja de cunho tecnológico, científico ou jurídico.

(99) Cit. por BULGARELLI, Waldirio. *Op. cit.*, p. 81-82.
(100) GURSKY, Karl-Heinz. *Op. cit.*, 1997. p. 19.

Capítulo II

LETRA DE CÂMBIO

1. Colocação do problema

Tamanha é a importância da letra de câmbio, do seu surgimento, da sua evolução histórica, até os dias de hoje, que *Mário Alberto Bonfanti* e *José Alberto Garrone* a ela se referem como o principal título cambiário, "considerando ésto, al menos, desde un ángulo conceptualmente jurídico, dada la importancia que la legislación y la doctrina le han acordado a la letra de cambio".[(1)] Tudo pelo papel que exerceu, e ainda exerce, no mundo dos negócios, embora sem mais aquela amplitude de dantes, com suas peculiaridades e características que fizeram dela a "rainha" dos títulos de crédito, o título de crédito por excelência. É dentro dessa perspectiva que passaremos a abordar os principais aspectos inerentes à letra de câmbio.

Não paira dúvida sobre o fato de que a origem da letra de câmbio está estreitamente vinculada ao contrato de câmbio, hoje praticamente ignorado pelas legislações. No entanto, foi largamente praticado na Idade Média. Enfatiza *Fernando A. Legón* que a existência de moedas diversas, cunhadas nas cidades mais importantes, dificultava o seu curso nas mais diferentes praças, onde aconteciam as trocas negociais, o que deveria concretizar-se com numerário local.[(2)] Nem sempre, contudo, o câmbio se dava em caráter manual, isto é, com a mera troca de moedas na praça em que a transação se realizava. Na hipótese da necessidade de utilizar-se o pagamento a distância (câmbio trajetício) é que surgiu a necessidade da letra de câmbio. Daí o enraizamento da seguinte prática: quem precisasse de dinheiro em uma determinada praça, entregava-o a um cambista em sua cidade, que procedia ao envio de uma carta *(lettera)* a um agente ou correspondente no respectivo lugar de pagamento. Tal documento continha uma ordem de pagamento a favor do beneficiário. Essa carta correspondia a uma execução e consequência de uma convenção, através da qual o banqueiro reconhecia e confessava *(valuta)* haver recebido certa quantia, comprometendo-se a pagar por si ou mediante um correspondente em outra praça a quantidade de moeda contratada. O convênio e a letra constituíam documentos separados. Posteriormente cederam lugar à letra de câmbio. Como lembra *Fernando A. Legón*, a letra de câmbio buscou superar o incômodo e a insegurança do traslado físico do dinheiro *(distancia loci)*, além de proporcionar a troca de moedas *(permutatio pecuniae)*.[(3)]

---

(1) BONFANTI, Mário Alberto e GARRONE, José Alberto. *Op. cit.*, p. 218.

(2) LEGÓN, Fernando A. *Op. cit.*, 2001. p. 53-54.

(3) *Ibidem*, p. 54.

Alfredo Morles Hernández põe igualmente em destaque a origem medieval da letra de câmbio, arrimado em *Supino* y *De Semo*, para quem nenhuma hipótese sobre a origem da letra na Antiguidade se apoia em documentos seguros. Aquele comercialista também se remete ao câmbio trajetício em sua análise sobre o aparecimento desse título de crédito. Para ele, seis passos são relevantes para seu desenvolvimento: a) o documento precursor expedido pelos *campsores*, cambistas, banqueiros, já dentro da prática do *cambium impurum, cum charta, per litteras*, ao contrário do *cambium purum*, simples troca de uma moeda por outra. Tal documento correspondia ao contrato de câmbio trajetício, isto é, o envio de uma soma em dinheiro para outra praça e em moeda desse lugar. Lembrava a nota promissória, porque continha uma promessa de pagamento e não uma ordem. Daí decorre a observação de *Fernando A. Legón*, de que o banqueiro pagava por si ou por meio de um correspondente, como vimos no parágrafo anterior; b) a letra originária surge em meados do século XIII e resultou de um costume dos banqueiros de criar um documento adicional à nota promissória, por ocasião da remessa de fundos de um lugar para outro, documento esse identificado como um mandato. Estava redigido em termos corteses de rogo e era entregue fechado. Tal carta foi denominada *lettera* de pagamento (letra de câmbio, de entrega, de aviso), uma verdadeira carta; c) fusão do documento precursor com a letra originária. Destarte, o contrato de câmbio trajetício e a *lettera de pagamento* fundem-se em um único documento, pois o segundo papel se apropria da cláusula de valor do primeiro. A presença de dita cláusula de valor no título permite o exercício de uma ação contra o sacador, na suposição da falta de pagamento do sacado, visto que aquele havia reconhecido ter recebido uma quantidade de dinheiro para entregá-la em outro lugar, fato esse que não chegou a cumprir-se. Impende dizer que, segundo *Garrigues*, o momento da aludida fusão marcou o nascimento da letra de câmbio.[4]

Os três últimos passos prendem-se à discussão ao redor do aceite, do endosso e do aval, institutos que enriquecem a letra de câmbio na compreensão de sua evolução histórica. No que tange ao aceite, tornou-se comum a apresentação da letra ao sacado antes do seu vencimento. O aceite era dado de forma oral, que assim manifestava a sua intenção de cumprir a ordem, ou então retinha o documento, sendo tal retenção equivalente ao aceite. Posteriormente, esse costume foi substituído por uma declaração escrita, ao escrever-se, no dorso da cártula palavras como *visto, aceito*. A partir do século XVI tal prática logrou expandir-se. Arremata *Alfredo Morles Hernández*: "Na primeira fase da história da letra, o sacado pagava porque era sócio do banqueiro sacador ou era seu mandatário. Logo, o aceite ocorre por um fenômeno de delegação (o sacado paga porque é devedor do sacador); ou porque recebeu provisão de fundos. A primeira fase corresponde a uma situação de identidade sacador e sacado: a segunda, a um fenômeno de diferenciação entre dois sujeitos".[5]

Essas informações, aqui trazidas, já apontam para uma fase histórica da consolidação da letra de câmbio como meio de circulação.

Em seguida, passemos ao endosso, cujo uso se consolida a partir de 1600, o que foi saudado pela doutrina como o acontecimento mais importante da história da letra, como nos rememora *Alfredo Morles Hernández*.[6] A letra deixa de ser um meio de pagamento

(4) *Apud* HERNÁNDEZ, Alfredo Morles. *Op. cit.*, p. 1662-1663.

(5) *Ibidem*, p. 1663.

(6) *Ibidem*, p. 1664.

recíproco entre comerciantes para tornar-se um mecanismo de pagamento entre estranhos, isto é, entre aqueles que não participaram do contrato de cunho trajetício. É conveniente pôr em destaque que, em seu primeiro momento de existência, o endosso assumiu mais a forma de mandato, como observa *Luiz Emgydio F. da Rosa Jr.*(7)

Não faltou a reação dos banqueiros ante essa reviravolta na utilização da letra de câmbio, eles até então detentores de seu monopólio. Daí passarem a despertar suspeitas no fato da circulação da letra, que consideravam fontes de erros, de dificuldades e de desordens. Não faltou quem levantasse a objeção canônica da usura.(8) Porém, com tudo isso, a letra de câmbio consolidou-se nos meios financeiros e graças ao endosso escapa da dominação dos banqueiros, vulgarizando-se, destarte, seu uso. *Roblot* assim se pronuncia: "A utilização do endosso como modo de transmissão da letra de câmbio constitui um marco importante na história dos títulos de crédito. Tornadas facilmente transferíveis, as letras puderam ser remetidas diretamente pelos comerciantes a seus credores como modo de pagamento, sob a dedução de um desconto e sem a intervenção necessária de um banqueiro encarregado de executar o regulamento na feira de compensação".(9)

É tão singular o papel do endosso para a consolidação da letra de câmbio que, como veremos no item *Informações gerais*, serviu para muitos autores como marco de divisão de sua história.

Já no que tange ao aval, este permanecia prescindível quando a letra de câmbio era um documento expedido pelos banqueiros. Quando a letra passa a ser utilizada pelos comerciantes, circula com mais desenvoltura e o aval torna-se quase uma exigência. Trata-se de um instituto tipicamente cambiário e ganhou reconhecimento na Ordenação de 1673.

2. Conceito

Designa-se letra de câmbio a ordem de pagamento por escrito que alguém dirige a outrem a fim de que pague a um beneficiário indicado a soma nela determinada. Conceitua-se como título abstrato do qual participam três pessoas: o sacador, também chamado emissor, emitente, passador ou subscritor, ou ainda criador, que é a pessoa que emite o papel, dando, pois, a ordem; sacado, que é aquele a quem é transmitida essa ordem para pagar o valor expresso no documento; o tomador ou beneficiário, denominado ainda favorecido ou portador originário, a cujo favor é emitida a ordem de pagamento. No momento em que o sacado aceita a ordem para pagar a terceiro passa a chamar-se aceitante, tornando-se, com isso, o obrigado principal na cambiária. Como aduz *Jorge Alcibíades Perrone de Oliveira*, a razão prática que levou ao uso desse título foi o fato de

(7) O mencionado autor assim pontifica: "O endosso já era empregado no período italiano da evolução histórica da cambial (que vai até 1650), mas desempenhando a função de mandato, para permitir que o seu portador, agindo como representante do credor, pudesse receber a soma dela constante e dar quitação. Esse endosso não implicava a transferência do título que só se tornou possível com a introdução da cláusula 'à ordem'. Posteriormente, a prática do endosso desenvolveu-se nos fins do século XVI, na Itália e na França, e no meado do século XVII na Inglaterra, passando a desempenhar papel relevante no desenvolvimento dos títulos de crédito, principalmente porque operou a sua transformação de mero instrumento de pagamento em instrumento de crédito, permitindo a sua circulação de forma mais simples e rápida" (ROSA JR., Luiz Emygdio F. da. *Op. cit.*, 2000. p. 210).

(8) HERNÁNDEZ, Alfredo Morles. *Op. cit.*, p. 1664; ROSA JR., Luiz Emygdio F. da. *Op. cit.*, 2000. p. 210, citando Roblot.

(9) Citado por ROSA JR., Luiz Emygdio F. da. *Op. cit.*, 2000. p. 210.

que "eu posso pagar o meu débito com o meu crédito".[10] Isso quer dizer que o sacador é devedor do beneficiário, mas é, ao mesmo tempo, credor do sacado, a quem o primeiro dirige a ordem de pagamento.

Outras pessoas, contudo, podem ser chamadas a tomar parte da relação jurídica decorrente da emissão da letra de câmbio: a) o avalista, cujo papel é o de reforçar o pagamento do título, podendo ser avalista do obrigado principal, do endossante ou de outro avalista; b) o endossante (ou endossador), figura que surge do fato de o beneficiário fazer circular o documento, através do instituto do endosso, como analisaremos ainda neste capítulo do livro.

A letra de câmbio já é uma velha conhecida do Direito brasileiro. Assim é que o art. 354 do Código Comercial já a previa. Reforce-se que dito código arrolava, ainda, as letras da terra, as notas promissórias e os créditos mercantis. As letras da terra, consoante conteúdo do art. 425 do citado diploma legal, em nada diferia das letras de câmbio, salvo o fato de serem passadas e aceitas na mesma província.

Os dispositivos presentes no Código Comercial perduraram até a entrada em vigor do Decreto n. 2.044/1908, considerado a lei geral das cambiais. Quando tratarmos da evolução da letra de câmbio verificaremos como no período moderno aumentou a preocupação em torno de uma legislação internacional sobre semelhante documento. Em 1873, fundou-se o Instituto de Direito Internacional, com uma de suas preocupações a regulamentação da letra de câmbio e da nota promissória em dimensão mundial, pelo sentido desses papéis, imprescindíveis para a realização de negócios entre os países. Sem embargo foi com a realização da Conferência de Haia que se propiciou a oportunidade para a elaboração de um projeto de lei uniforme. No item *Período alemão* são pormenorizados alguns aspectos sobre a consolidação da letra de câmbio como título de crédito, de feição internacional, o que, sem dúvida, já se encontrava em suas raízes.

3. Informações gerais

A origem da letra de câmbio ainda é obscura. Seus princípios já haviam sido difundidos na antiga Roma e anteriormente entre os assírios. Porém é na Idade Média, como já mencionado, que esse título de crédito tomou impulso. Daí referir-se *Rubens Requião* a terem apenas sabor de curiosidade as narrativas ou notícias, a exemplo daquela difundida por *Escarra*, segundo quem 1.000 anos antes da era comum já existia na China um título de crédito — *Fei k'iuan* — que pode ser considerado um ancestral da atual letra de câmbio. Ou ainda na já mencionada Roma, onde a *delegatio*, segundo *Thaller*, seria a sua origem.[11] Se no tempo sobreleva essa fase histórica, no espaço distingue-se a Itália, até 1673, constituindo-se aquilo que se chama período italiano. Segue-se o período francês, a começar na data aqui indicada, com a publicação das Ordenanças do Comércio, até meados do século XIX, ocasião em que se inaugura o período alemão, perdurando até a Convenção de Genebra, em 1930. Depois de semelhante evento é que surge o período atual, moderno, cujos pormenores serão abordados em seguida.

---

(10) OLIVEIRA, Jorge Alcibíades Perrone de. *Títulos de crédito*. 3. ed. 1. Porto Alegre: Livraria do Advogado, 1999. p. 55.

(11) REQUIÃO, Rubens. *Curso de direito comercial*. São Paulo: Saraiva. p. 378.

Registre-se que tal periodização, de efeito sobretudo didático, deve-se ao jurista alemão *Kuntze*, mas que não incluía o que estamos chamando de período atual. Ressalte-se, sem embargo, que alguns autores, como *Ascarangelli* e *Bonelli*, sustentam estar a história da letra de câmbio dividida em dois períodos: um antes, e outro após o endosso, em conformidade com a lição de *Waldirio Bulgarelli*, que enfatiza o fato de a letra de câmbio atingir sua expressão mais característica exatamente com o aparecimento do endosso, no início confundido com o instituto do aval *(giro-avalo)*.[(12)] Ressalta o aludido comercialista o significado do endosso para a letra, "não mais um simples instrumento do contrato de câmbio ou de crédito por mercadoria, mas, por intermédio do direito autônomo do endossatário, um título de crédito, com as principais características com as quais o encontramos hoje" (*ibid*).[(13)] Passemos, agora, ao esclarecimento desses mencionados períodos.

4. Período italiano

Alguns autores chamam tal período de "Primeiro Período da Letra de Câmbio", que se centraliza mais na Idade Média. Assim, no período aqui cognominado de italiano a letra de câmbio foi aperfeiçoando-se, com o objetivo de concretizar de modo mais eficaz as operações comerciais em geral.

Com o *boom* econômico das cidades italianas, a exemplo de Veneza, Florença, Gênova, para aí afluíram negociantes de todo o mundo, trazendo consigo moedas diferentes, que precisavam ser trocadas pelo dinheiro da cidade em que realizavam as transações. Assim, apareceram as operações de câmbio, levadas a efeito pelos banqueiros ou cambistas. Era o câmbio manual, que facilitava e alargava o universo dos negócios. Podemos datar o período italiano como aquele situado até pouco mais da metade do século XVII, no qual a letra de câmbio se destacava como meio de troca de moedas.

Receosos, contudo, de retornarem a seus países carregados de tais moedas, os comerciantes preferiam depositar os valores nos bancos, recebendo dos seus donos um documento, chamado quirógrafo, em que ficava estabelecido que o banqueiro pagaria a soma mencionada em determinado lugar ao depositante ou à pessoa por ele indicada. Assim, o portador do título poderia evitar assaltos, por não levar valores em moeda, o que lhe emprestava maior segurança em seus deslocamentos de uma cidade para outra ou mesmo de um país para outro.

Como já visto, a estrutura de semelhante papel lembra muito mais o instituto da promissória do que da letra de câmbio propriamente. É que o título em tela representava muito mais uma promessa de pagamento do que uma ordem, que é o que caracteriza a letra de câmbio. Além do mais, era necessário que o banqueiro enviasse uma carta a seu representante em uma outra cidade, o que se revestia de uma verdadeira ordem de pagamento, o que deu origem à letra de câmbio. Então, o depositante, ou a pessoa por ele indicada, dirigia-se ao banqueiro, a fim de sacar o valor nela contido. Tal conduta apontaria, outrossim, para a origem do próprio cheque, se repararmos, na transação ora em foco, que o sacado era um estabelecimento bancário.

(12) BULGARELLI, Waldirio. *Op. cit.*, p. 145.

(13) *Idem.*

No que tange à estrutura da letra de câmbio, a essa época, lembra *Rubens Requião* a existência de 4 posições pessoais no mencionado título:"a) a pessoa que recebia o dinheiro e entregava a promessa (sacador); b) a que dava o dinheiro e recebia a letra (tomador); c) o encarregado de pagar (sacado), mandatário que era do primeiro; d) o encarregado de receber, mandatário do segundo (tomador). Com o aperfeiçoamento do título, mais tarde, o sacado (c) se tornou pessoa estranha à pessoa do sacador (a), desaparecendo o mandato que os vinculava, ou porque fosse o sacado devedor do sacador ou porque tivesse recebido provisão de fundos. Mas então tornou-se necessário o aceite por parte do sacado (c), que passava a ser então aceitante, e principal obrigado".(14)

Havia, ainda, outra a questão a ser posta: a da responsabilidade cambiária. *Mario Alberto Bonfanti* e *José Alberto Garrone* ponderam que no período italiano não se considerava o sacador liberado de tal responsabilidade pelo fato de ocorrer o aceite pelo sacado. Atestam, outrossim, que sua obrigação fora definida como solidária de acordo com o costume, com decisões de juízes e com a autoridade dos autores.(15) Embasados em especialistas, como *De Semo* e *Scacia*, sustentam os citados autores que a responsabilidade obrigatória dos emitentes já estava prevista nas Ordens de Câmbio de Bolonha, de 1569, nos Estatutos de Gênova, de 1589, e nos Usos de Amberes, de 1578.

No que concerne ao aval, há indícios de seu surgimento nesse período. Relata *Rubens Requião* que sua prática já era conhecida no século XIII, na nota promissória, e no século XIV, na letra de câmbio.(16) *Mario Alberto Bonfanti* e *José Alberto Garrone* já a situam no século XII, asseverando, por outro lado, que a função do aval, já em tal época, não era a de suprir a posição do emitente, mas a de reforçar a segurança da obrigação.(17)

5. Período francês

Ao italiano, segue-se o período francês, que também já foi denominado período moderno (em oposição ao italiano), marcado pelas já citadas Ordenanças de Comércio Terrestre, de 1673, e posteriormente pelo próprio Código de 1808. É quando se dá a transformação da função da letra de câmbio, que passa de simples documento vinculado à transferência de numerários para um meio de pagamento. A origem da letra já não eram os valores nas mãos dos banqueiros (o que, como já observado, lembraria igualmente a invenção do cheque), e sim a existência de um débito do sacado para com o sacador, decorrente da qualquer negócio entre eles.

A principal novidade foi a introdução definitiva do endosso, transparecido na cláusula à ordem. Com isso, o título podia ser transferido a outro possuidor, sem que nesse ato interviesse a vontade do sacador. Para tanto bastava a aposição da firma do beneficiário no verso do papel. Essa novidade tornou a letra de câmbio um papel circulante, passando, pois, de credor a credor. Com essa nova situação a causalidade do título entra em retrocesso.

Ajunte-se que a origem do endosso estaria nas práticas bancárias, quando o banqueiro registrava em seus livros de controle qualquer transferência de crédito entre seus clientes, seja por via oral, seja por via escrita.

(14) REQUIÃO, Rubens. *Op. cit.*, p. 380.

(15) BONFANTI, Mario Alberto e GARRONE, José Alberto. *Op. cit.*, p. 166.

(16) REQUIÃO, Rubens. *Op. cit.*, p. 380

(17) BONFANTI, Mario Alberto e GARRONE, José Alberto. *Op. cit.*, p. 166.

Enfatiza, então, *Roberto Goldschmidt* que a letra de câmbio se converteu de um papel de pagamento a um papel de circulação, o que ocorreu no momento em que se indicou na letra que o pagamento deveria ser realizado a determinada pessoa ou "a sua ordem", isto é, quando se contou com a possibilidade do *endosso*, ou seja, com o primeiro tomador da letra a investir-se da faculdade de transferi-la a outra pessoa por endosso.[18] Aduz o referido comercialista venezuelano que não se quer dizer com isso ter a letra de câmbio sido despojada totalmente de sua função de título de pagamento, característica que mantém até os dias de hoje. Aí já não reside sua importância capital (a de papel de pagamento), tarefa assumida na atualidade pelo cheque.[19]

É relevante o papel desempenhado pela Ordenança do Comércio Terrestre nesse assunto de endosso. É aí que se consagra a cláusula à ordem. Além do mais, passou-se a admitir a pluralidade de endossos, distinguindo, ainda, o endosso pleno do endosso por procuração. Caracteriza-se, igualmente, pela reserva de ampla proteção ao portador, pois seu art. 16 exigia que, para fazer valer a caducidade, obrigava-se o devedor a provar a existência de provisão no tempo de fazer-se o protesto.[20]

Outra novidade, porém, não tardaria a emergir. É que o fato de circular por endosso fez desenvolver a doutrina segundo a qual a esse novo possuidor não se poderiam opor exceções decorrentes de relações anteriores. Instituía-se, em função disso, o princípio da inoponibilidade das exceções. Na verdade, se é no chamado período francês que a prática do endosso se consolida, convém acentuar que ela de fato já aparece no período italiano, isto é, no século XVI,[21] prática que já indicava a natureza circulatória dos títulos de crédito. Na mesma direção encontram-se os mencionados comercialistas argentinos, para os quais afirmações que situavam o endosso, já em começos do século XV, como prática habitual na letra de câmbio, não dispõem de conclusões decisivas. Asseveram, também, que dita prática só emerge entre fins do século XVI e princípios do século XVII. Recordam os citados doutrinadores a existência de regulamentos relativos a esse instituto, em tal período, que o limitavam e mesmo o proibiam.[22]

Também o surgimento do aceite caracteriza o período francês. É que a emissão da letra dependia de um contrato inicial entre o sacador e o sacado. A fim de assegurar o direito do tomador, a letra devia ser previamente apresentada ao sacado, para que concordasse com a transação, isto é, se estava disposto a acatar a ordem de pagamento emanada do sacador. Com isso nascia o aceite, daí decorrendo uma credibilidade maior para a letra de câmbio, pois tal medida já significava a existência de pelo menos duas pessoas responsáveis pelo seu pagamento: o aceitante (sacado), como obrigado principal, além do próprio emissor, como coobrigado.

Ressalte-se que os banqueiros napolitanos chegaram a estabelecer regras com o escopo de proteger a circulação dos títulos. Isso vem a ocorrer no período francês, que é o período de negociabilidade da letra.

(18) GOLDSCHMIDT, Roberto. *Op. cit.*, 2002. p. 596-597.

(19) *Ibidem*, p. 597.

(20) BONFANTI, Mario Alberto e GARRONE, José Alberto. *Op. cit.*, p. 171.

(21) BROX, Hans. *Op. cit.*, 1999. p. 230.

(22) BONFANTI, Mario Alberto e GARRONE, José Alberto. *Op. cit.*, p. 169.

6. Período alemão

6.1. Raízes históricas

O direito literal, inserto na letra de câmbio, distancia-se cada vez mais da relação causal, porventura existente nesse documento. A abstração toma definitivamente o seu lugar. Por outro lado, a letra encontra-se *madura* para evoluir de um meio de pagamento a um verdadeiro título de crédito. O período alemão começa a dar seus primeiros passos ainda no início do século XIX. Juristas alemães se empenhavam em transformar a letra de câmbio de um simples instrumento de pagamento em um título inconteste, que valesse por si próprio, em conformidade com a vontade do seu subscritor. Preenchidas certas formalidades, a letra vale pelo que contém. É a literalidade impondo-se como uma das características dos títulos de crédito. No entanto, mister se faz compreender as mais relevantes características da letra mediante a exposição de fatos históricos, com os quais nos ocuparemos em seguida.

6.2. Desenvolvimento da legislação

É razoável assinalarmos o ano de 1848, indicativo da ordenança cambiária alemã, que fez com que os títulos de crédito se revestissem de inequívoca importância e, mais que isso, de maior projeção e de segurança, o que veio a facilitar, em tantos sentidos, as operações de cunho mercantil. Destarte, o período alemão consubstanciou a letra de câmbio como tal, dando-lhe uma feição moderna, conforme tentaremos demonstrar.

O século XIX na Alemanha foi rico em tomadas de posição para assegurar um lugar de destaque para a letra de câmbio nos negócios. Não esquecer que se trata de uma época em que esse país passa por significativas transformações econômicas e políticas.

Robustece-se a *abstração*, o que já assinalamos, pois o negócio que deu origem à letra não é mais levado em conta. Destarte, o direito do possuidor do título é abstrato e autônomo, derivando disso a inoponibilidade das exceções, por nós já analisada. Sua larga aceitação no mundo do comércio condicionou os mais diversos países a desenvolverem legislações com o intuito de emprestar toda a garantia possível para a circulação desse papel.

Passemos, agora, a ocupar-nos com a trajetória do desenvolvimento da legislação alemã, até chegarmos à letra de câmbio conforme a conceituamos nos dias atuais:

a) Reflexos do direito costumeiro. A Alemanha conheceu desde o século XVII várias codificações sobre a letra de câmbio, quase sempre próprias de uma determinada cidade. Basta dizer que no ano de 1847 existiam mais de 50 leis diferentes sobre semelhante título, o que ocasionava um transtorno para o comércio. Convém lembrar que a Alemanha estava entrando no processo da Revolução Industrial, o que significava maior necessidade de crédito para a consecução dos negócios. Obviamente, a existência de tantas leis diversas entre si só servia de motivo para estorvar a consumação das atividades de caráter empresarial;

b) Em busca da unidade legal. O desejo de uma unidade legal para disciplinar o uso da letra e dirimir as dúvidas existentes levou à Conferência sobre o Direito da Letra de Câmbio (Wechselrechtskonferenz), em Leipzig, onde foi discutido um projeto de ordenamento geral alemão sobre letra de câmbio. Esse processo culminou com a apresentação pelo congresso nacional alemão de um "Ordenamento da Letra de Câmbio" (Wechselordnung), na cidade de Frankfurt, em 1848, com força de lei. Nos anos seguintes esse ordenamento foi aprovado em todos os estados alemães, inclusive Áustria e Liechtenstein. Surgiu, no entanto, um problema no cerne do desenvolvimento da questão. É que os estados alemães estavam interpretando de modo diferente esse novo ordenamento jurídico, o que significava uma ameaça que poderia fazer retroceder à antiga condição de fracionamento do direito. As controvérsias só vieram a ser dirimidas em 1857, com as decisões tomadas nas Novelas de Nürenberg, posteriormente aprovadas como lei em todos os estados.

c) Consolidação legal. Em 1869, o Ordenamento da Letra de Câmbio, já incluindo as Novelas de Nurenberg, tornou-se lei nacional da Liga do Norte Alemão, e em 1871, lei de todo o império;

d) Fundação do Instituto de Direito Internacional. Em 1873, com a fundação do aludido instituto, deu-se início a um trabalho mais sistemático com o intuito de regulamentar a letra de câmbio e a nota promissória, como um direito de cunho internacional.

e) Sentido internacional da letra. O significado para além de nacional da letra de câmbio no comércio entre as nações exigia um ordenamento jurídico internacional para esse título de crédito. A esse fim serviram as conferências internacionais de Haia, Holanda, sobre o direito da letra de câmbio, em 1910 e 1912.

7. Período atual

O final de tão relevante discussão só chega ao fim em 1930, com a realização da Convenção de Genebra, de cunho intercontinental, com o escopo de adotar uma regulamentação definitiva para esse papel. Suas conclusões serviram de base para a elaboração de leis nacionais em todos os cantos do mundo.

Diferentemente de outros países, o Brasil só acudiu à dita convenção em 1942, ao protocolar na Liga das Nações sua adesão. Decorreu certo espaço de tempo para o Brasil legislar sobre o assunto em pauta. Assim, somente em 1964, mediante o Decreto Legislativo n. 54, o Congresso Nacional aprovou os resultados dessas convenções, que foram enfeixados no Decreto n. 57.663, de 24 de janeiro de 1966, que as promulgava para a adoção de uma lei uniforme em matéria de letras de câmbio e notas promissórias, bem como no Decreto n. 57.595, de 7 de janeiro desse mesmo ano, voltado para a adoção de uma lei uniforme em matéria de cheques. Definiu-se, destarte, o que é mesmo uma letra de câmbio, dentro de um período efervescente para o comércio mundial, em face de significativa concorrência entre os países ricos, o que iria desembocar na 2ª Guerra Mundial, em um cenário de inúmeras disputas econômicas e políticas, além das bélicas.

Não obstante, deixe-se sobressair, nesse diapasão, que a legislação brasileira já se ocupava de disciplinar o uso da letra de câmbio e da nota promissória, consoante o conteúdo do art. 354 do Código Comercial, de 1850, já revogado, cujos preceitos vigoraram até a vigência do Decreto n. 2.044, de 31 de dezembro de 1908. Ressalte-se que toda a Parte Primeira do mencionado diploma legal foi revogada por força da entrada em vigor do novo Código Civil.

7.1. Posição doutrinária brasileira

Ao final dessa longa história, poderemos recorrer a um exemplo pátrio, lembrando o insigne *Fran Martins* e a sua opinião sobre esse título de crédito. Coube-lhe sustentar que a letra de câmbio tem sua origem principalmente na vontade unilateral de seu criador e as obrigações daqueles que nela assinaram são obrigações autônomas, cada uma valendo por si própria,(23) dentro, pois, de uma das características dos títulos de crédito. Porém, ao assim pontificar, *Fran Martins* parece aderir à teoria da criação, por enfatizar a vontade unilateral do seu criador, como visto. O não menos insigne *Rubens Requião* confere-lhe a honra de ser "o mais perfeito título de crédito", após enfatizar as suas principais características: a literalidade, a autonomia, a cartularidade e, ao lado dessas, a formalidade.(24) Por seu turno, o ilustre *Waldirio Bulgarelli* fazia sobressair o fato de que a letra de câmbio "é um título eminentemente à ordem, emitida em favor de alguém, e transferível pela tradição com uma declaração ou a assinatura do transmitente lançada no verso (endosso)".(25) São pontos de vista de diferentes autores que demonstraram possuir, entre tantos, um escopo comum: dar à letra de câmbio o tratamento merecido, desde as suas origens remotas a seu papel na economia moderna.

8. A letra de câmbio e o comércio internacional

Hilário de Oliveira põe a letra de câmbio entre os títulos de crédito utilizados nos negócios de cunho internacional. No entanto, menciona as restrições a que se sujeita semelhante título quando desacompanhado de documentos comerciais. Em semelhante situação, as letras são conhecidas como *saques limpos.* Esses créditos abstratos, enfatiza, produtos de importação e exportação, não são recepcionados pelos bancos centrais nem pelas autoridades fazendárias. É que, se fossem aceitos com a aparência *pro solvens,* facilitariam lesão ao fisco por simulação, fraude ou evasão de divisas.(26)

Já *Mario Alberto Bonfanti* e *José Alberto Garrone* reconhecem o papel da letra de câmbio no comércio internacional, fazendo-lhes, porém, outra ressalva: os avanços tecnológicos são os maiores responsáveis pelo encolhimento dos negócios com a letra, por facilitarem a instrumentação financeira por intermédio de outros meios.(27) *Wille Duarte Costa*, por sua vez, alude à letra, ao sublinhar seu uso comum nas negociações no comércio exterior. Reconhece, porém, o seu pouco emprego nos negócios internos.(28) Nesse sentido, depõe também *Fran Martins.*(29) Acrescente-se que a utilização da letra de câmbio nas transações

(23) MARTINS, Fran. *Títulos de crédito*. Rio de Janeiro: Forense, 1997. p. 32.
(24) REQUIÃO, Rubens. *Op. cit.*, p. 391.
(25) BULGARELLI, Waldirio. *Op. cit.*, p. 146.
(26) OLIVEIRA, Hilário de. *Op. cit.*, 2006. p. 67.
(27) BONFANTI, Mario Alberto e GARRONE, José Alberto. *Op. cit.*, p. 875.
(28) COSTA, Wille Duarte. *Op. cit.*, 2003. p. 77.
(29) MARTINS, Fran. *Op. cit.*, 2008. p. 69.

externas permite até o seu preenchimento em idioma estrangeiro, como veremos no item *Rigor cambiário*, subitem *Requisitos formais*.

9. Letra de câmbio e duplicata

Sobre a perda da importância da letra de câmbio no Brasil, enfatiza *Fran Martins* que seu uso foi suplantado pelo da duplicata, título tipicamente brasileiro, criado para resolver problemas de natureza econômica e principalmente fiscal.[30] Assevera o ilustre autor que se as duplicatas são mais utilizadas entre nós, em quantidade superior àquela das letras de câmbio, não se pode perder de vista que os princípios normativos das primeiras são oriundos das regras presentes na letra de câmbio, com as necessárias adaptações.

10. Aceite

10.1. Conceito

Define-se como aceite a declaração através da qual o sacado concorda em obedecer à ordem de pagamento dada pelo sacador, assumindo, assim, o papel de devedor principal e direto do título.

De ordinário, o aceite é aposto na face do documento, mas exatamente em seu lado esquerdo, respeitando-se o sentido transversal. É aconselhável, para não se confundir com o aval, que a assinatura venha precedida da palavra aceite, dirimindo-se, assim, todas as dúvidas. Além do sacado, seu mandatário especial pode concordar em dar o aceite.

10.2. O aceite como faculdade do sacado

Não está obrigado o sacado a acatar a ordem emanada do sacador. Com outras palavras: ele pode recusar-se a tanto sem a menor necessidade de explicar-se. Tal recusa, contudo, pode trazer embaraços para o sacador e o beneficiário, pois determinará o vencimento antecipado do título. Vejamos como se posiciona o Superior Tribunal de Justiça:[31]

É pacífico, portanto, o entendimento pelo STJ de que o aceite na letra de câmbio se reveste de caráter facultativo, como bem demonstra o acórdão ora transcrito. Acrescente-se, entretanto, que, aposto no título, o aceite torna-se irretratável. No item *Jurisprudência*, ao final do capítulo, estão reunidas decisões dos tribunais sobre letra de câmbio, inclusive sobre o tema do aceite, a que remetemos o leitor.

(30) *Ibidem*, p. 25.

(31) Superior Tribunal de Justiça — STJ. REsp 511.387-GO, Rel. Min. Nancy Andrighi. Julg. em 21.06.2005 — Informativo n. 252/2005. "Execução. Letra de câmbio. Ausência de aceite. Trata-se de embargos do devedor opostos à execução lastreada em letra de câmbio sem aceite. Nas vias ordinárias, a sentença julgou procedente os embargos (declarando nula a execução por falta de título executivo hábil para instruí-la) e o Tribunal *a quo* negou provimento à apelação da recorrente. Explicou a Min. Relatora que a letra de câmbio é título de crédito próprio e abstrato, não se pode imprimir-lhe natureza causal e imprópria como acontece na duplicata, por isso não persistem as alegações da recorrente no sentido de vinculá-la ao negócio subjacente. Aduz ainda que, embora tenha havido o protesto pela falta de aceite e de pagamento, a letra de câmbio sem aceite obsta a cobrança pela via executiva. Pois a recusa do aceite traz como única consequência o vencimento antecipado da letra de câmbio (art. 43 da LUG). Pode, então, o tomador cobrá-la imediatamente do sacador. Mas, no caso, o tomador e o sacador se confundem na mesma pessoa da recorrente demonstrando sem razão suas alegações uma vez que a vinculação ao pagamento do título se dá tão somente se o sacado aceitar a ordem de pagamento que lhe foi endereçada. Sem reparos o acórdão recorrido e ausente a divergência jurisprudencial alegada, a Turma não conheceu do recurso".

10.3. Aceite por intervenção

O sacado, como vimos, pode recusar o aceite, já que não é obrigado a anuir. Afinal o aceite é um ato de livre manifestação da vontade. Nesse caso é que surge o instituto do aceite por intervenção, mediante o que alguém intervém em honra de um devedor, contra quem existe um direito de ação. O próprio sacado, ou outra pessoa já obrigada na letra, ou mesmo um terceiro pode ser o interveniente. Na hipótese de o sacado ser designado interveniente, cabe esclarecer o seguinte: o aceite dado por esse sacado é por honra da pessoa que fez a indicação e não por força de sua condição de sacado, como lembra *Luiz Emygdio F. da Rosa Jr.*[32] Daí deflui que semelhante sacado não se torna devedor principal, mas mero coobrigado. Não poderá sê-lo o aceitante, em conformidade com o art. 55 da Lei Uniforme. Fosse admissível tal situação, encontraríamos na letra a mesma pessoa revestida de duas qualidades: de um lado seria obrigado principal, como aceitante; de outro lado, obrigado de regresso, como interveniente.

10.4. Tipos de intervenientes. Suas obrigações

Podem ser assinalados dois tipos de intervenientes: o necessário, que é indicado pelo garante, e o facultativo, quando intervém sem essa indicação. *Dylson Doria* assim resumiu essa questão: "A intervenção de alguém, para realizar o pagamento da letra, pode dar-se voluntariamente ou por indicação do sacador, do endossante ou de seu avalista. O interveniente declarará, com efeito, o nome do coobrigado cuja firma procura honrar. À falta dessa menção, o pagamento será considerado feito por honra do sacador. Ademais, o interveniente é obrigado a participar, no prazo de dois dias úteis, a sua intervenção à pessoa em cuja honra interveio, pena de responder pelos prejuízos que de sua negligência resultarem. Mas as perdas e danos, na hipótese, não poderão exceder da importância da letra".[33]

10.5. Sentido da intervenção

Consoante o art. 56 da LUG, o instituto da intervenção visa a evitar as consequências da falta de aceite e a ele deve recorrer-se quando o portador de uma letra aceitável dispõe de direito de ação antes do vencimento. É isso exatamente o que ocorre não só na falta do aceite, como ainda na hipótese do aceite parcial (qualificado).

Letra aceitável é a que, segundo o art. 22, al. 2a. da LUG, não contém cláusula proibitória de sua apresentação ao aceite. Tratando-se, contudo, de letra não aceitável, essa não admite o aceite por intervenção, exatamente por ser proibida a sua apresentação para aceite. Disso deflui que nesse caso não cabe o protesto por falta de aceite, significando que o portador não dispõe de direito de regresso, antes do vencimento, contra os coobrigados na letra.

De volta ao art. 56 da LUG, verifica-se que, quando se indica na letra uma pessoa para em caso de necessidade a aceitar ou a pagar no lugar do pagamento, o portador não pode

(32) ROSA JR., Luiz Emygdio F. da. *Op. cit.*, 2000. p. 205.
(33) DORIA, Dylson. *Op. cit.*, 1987. p. 56.

exercer o seu direito de ação antes do vencimento contra aquele que indicou tal pessoa e contra os signatários subsequentes, salvo se apresentou a letra a essa pessoa designada e que, tendo esta recusado o aceite, tenha sido feito o protesto.

Acrescenta, ainda, o mesmo artigo que, nos outros casos de intervenção, o portador pode recusar o aceite por intervenção. Na hipótese de admiti-lo, perde o direito de ação antes do vencimento contra aquele por quem a aceitação foi dada e contra os signatários subsequentes.

10.6. Aceite qualificado

De regra, o aceite é incondicional, puro e simples. Excepcionalmente, entretanto, admite-se o aceite qualificado, que é aquele conferido para o pagamento apenas de uma parte da quantia estipulada no título. É um aceite plenamente eficaz em relação ao aceitante. Mas quanto aos demais coobrigados, tal aceite equivale a sua recusa. Por isso é que o portador da letra deverá tirar o seu protesto, para o direito de regresso contra os demais coobrigados. Como já assinalado, o aceite parcial leva ao vencimento antecipado da letra. Para evitar-se tal direito de regresso torna-se necessário fazer uso, pois, do instituto da intervenção. No item *Vencimento extraordinário da letra de câmbio* voltaremos a esse assunto.

10.7. Apresentação

A apresentação está vinculada ao aceite. Se o vencimento da letra de câmbio for à vista, não há logicamente necessidade de apresentação. Porém na letra de câmbio sacada a certo termo de vista torna-se imprescindível a sua apresentação ao sacado, porque é daí que começa a correr o prazo para o seu vencimento.

Recai sobre o sacado o direito de pedir que a cártula venha a ser-lhe reapresentada no dia seguinte. Chama-se a isso prazo de suspiro, em conformidade com o art. 24 da LUG. Trata-se de um tempo concedido ao sacado a fim de ele poder decidir sobre a sua conveniência de aceitar ou não o título.

10.8. Retenção indevida da letra de câmbio

Fica sujeito a prisão administrativa o sacado que retiver indevidamente a letra de câmbio apresentada para aceite, ou o devedor, na hipótese de entrega para pagamento. Tal prisão deve ser requerida ao juiz competente, em conformidade com o art. 885 do CPC. Trata-se de medida coercitiva, de natureza civil, destinada a forçar a restituição da letra ao seu legítimo portador. Destarte, não é sanção penal, como lembra *Fábio Ulhoa Coelho.*[34] De acordo com o art. 886 do citado instrumento legal, a prisão cessará nos seguintes casos: se o título for devolvido ou devidamente pago, se o requerente desistir, se não for iniciada a ação penal dentro do prazo de lei ou se não for proferido o julgado dentro de 90 dias da data de execução do mandado.

(34) COELHO, Fábio Ulhoa. *Manual de Direito Comercial*. São Paulo: Saraiva, 2007. p. 248.

11. Letras não aceitáveis

Faculta o art. 22 da LUG ao sacador a proibição, na própria letra, da sua apresentação para o aceite, a menos que se trate de uma letra pagável em domicílio de terceiro, ou de uma letra pagável em localidade diversa daquela do domicílio do sacado, ou, ainda, de uma letra sacável a certo termo de vista, obviamente. A referida cláusula proibitiva deverá ser posta através da expressão sem aceite, ou equivalentes. Pelo mencionado diploma legal, o sacador também pode estipular que a apresentação para o aceite não poderá dar-se antes de determinada data.

Em face da faculdade ora ventilada, *Waldirio Bulgarelli* observou, com perspicácia, que o aceite não completa a letra de câmbio, exatamente por dispor o sacador do direito de emitir semelhante título, vedando a sua apresentação para aceite.(35)

12. Modalidades relativas ao vencimento da letra

12.1. Modos de saque da letra de câmbio

A Lei Uniforme (art. 33) consagra os seguintes modos de como uma letra de câmbio pode ser sacada:

1 – à vista, quando o vencimento se dá no momento em que o título é apresentado à pessoa a quem a ordem é dada (sacado);

2 – a um certo termo de vista. Vista é a apresentação da letra ao sacado. Assim, ele toma conhecimento da ordem que lhe é dada. O prazo para o saque se inicia a partir desse conhecimento. O vencimento verifica-se, pois, no último dia do prazo. Para a sua contagem não se inclui o dia do aceite;

3 – a um certo termo da data. É o modo mais usual. Nesse caso, o prazo de vencimento conta-se tendo como base a data da emissão do título. Para tal há de se fazer constar na letra uma cláusula que traga expressamente: a tantos dias da data desta letra de câmbio pagará V.Sa...

4 – pagável em um dia fixável. Ocorre essa modalidade sempre que venha expressa na letra de câmbio uma data de vencimento (aos 31 de dezembro de 2010 pagará V.Sa...).

13. Vencimento extraordinário da letra de câmbio

Obviamente, o vencimento da letra de câmbio verifica-se, de regra, na data convencionada, conforme vimos no item imediatamente anterior. No entanto, existem certas situações que levam ao vencimento antecipado da letra. Essa questão está prevista no art. 43 da Lei Uniforme de Genebra, que refere as hipóteses em que pode dar-se tal tipo de vencimento. Ei-las:

1ª) Se houver recusa total ou parcial do aceite;

2ª) No caso de falência do sacado, quer ele tenha aceito, quer não a letra;

(35) BULGARELLI, Waldirio. *Op. cit.*, p. 169.

• no caso de suspensão de pagamento por esse sacado, ainda que não constatada por sentença;

• ou ainda quando for promovida a execução, sem resultado, dos seus bens;

3ª) nos casos de falência do sacador de uma letra não aceitável.

Por outro lado, o art. 10 do Anexo II da mencionada Lei Uniforme estabelece que fica reservada para a legislação de cada parte contratante a determinação precisa das situações jurídicas previstas nos ns. 2 e 3 do referido art. 43. Daí reinar certa dissensão na doutrina. Assim é que *Fran Martins* entende que as normas contidas nos referidos números 2 e 3 do aludido art. 43 são válidas no Brasil, alegando não haver no Direito pátrio normas reguladoras do assunto, salvo no que respeita ao exercício do direito regressivo por falta ou recusa de aceite ou pela falência do aceitante. Tudo de conformidade com o Decreto n. 2.044/1908 (1997, V.1, p. 175). Dessa forma, arremata o citado comercialista que os dispositivos presentes na LUG se aplicam na sua totalidade, "até que o Governo edite normas especiais a respeito".(36)

No entanto, não parece ser essa a doutrina dominante no direito brasileiro. *Rubens Requião*, por exemplo, age com mais cautela no particular, asseverando: "Devemos observar que a Lei Uniforme... inclui o caso de suspensão de pagamento do sacado, ainda que não constatada por sentença. Mas o direito brasileiro desconhece o critério de aferir-se a insolvabilidade do devedor pela cessação ou suspensão de pagamentos, assentando a caracterização da falência na impontualidade do devedor, mediante o protesto por falta de pagamento da obrigação líquida e certa. Não vemos condições, pois, para se adotar tal hipótese de vencimento antecipado".(37)

Essa é também a posição de *Amador Paes de Almeida*, ao fazer séria restrição a essa norma contida na LUG sobre o vencimento extraordinário na hipótese da suspensão dos pagamentos, ainda que não constatada por sentença. Seu argumento é o mesmo de *Rubens Requião*: é inequivocadamente inaplicável ao Direito brasileiro, conforme assevera em suas argumentações.(38)

Na questão da aplicabilidade dessas normas da LUG no Direito brasileiro, voltemos ao ilustre *Rubens Requião* sequenciando seu pensamento, quando pontifica: "Ocorrendo qualquer dos demais eventos, a letra se torna exequível, vencendo-se antecipadamente não só em relação ao sacado ou sacador, mas também contra todos os demais coobrigados, sejam avalistas ou endossadores, que não podem opor a falta do recurso do prazo de vencimento. Nesse caso é que vale o aceite por intervenção...".(39)

Essa postura de *Rubens Requião* só perde em amplitude para *Fran Martins*, como já observado. A tendência da doutrina parece-nos mais restritiva em sua interpretação. Dentro dessa perspectiva defende *Fábio Ulhoa Coelho* que o vencimento extraordinário se opera por recusa do aceite ou por falência do aceitante. Nesse particular, enfatiza: "O vencimento extraordinário da letra de câmbio se dá em duas oportunidades: no caso de recusa do aceite pelo sacado (LU, art. 43) e na falência do aceitante (Decreto 2.044/08, art. 19, II).(40)

(36) MARTINS, Fran. *Op. cit.*, 1997. p. 53-55.

(37) REQUIÃO, Rubens. *Op. cit.*, p. 428.

(38) ALMEIDA, Amador Paes de. *Op. cit.*, 2006. p. 38.

(39) REQUIÃO, Rubens. *Op. cit.*, p. 428.

(40) COELHO, Fábio Ulhoa. *Op. cit.*, 2002. p. 417.

Trata-se, apenas, da falência do aceitante, e não do coobrigado. Ainda o mencionado estudioso: "Alguns autores entendem que a falência de qualquer coobrigado deveria ser levada em conta para o vencimento extraordinário do título de crédito. A melhor forma de analisar o assunto, contudo, não é esta. A falência de um coobrigado produz, apenas, o vencimento da obrigação cambiária de que seja devedor ele próprio, permanecendo as demais obrigações com o seu vencimento inalterado. Somente a falência do aceitante tem por consequência o vencimento antecipado de todas as obrigações cambiais, do título mesmo, e não apenas de sua própria obrigação. A falência do avalista do aceitante também não é causa do vencimento extraordinário da letra de câmbio".[41]

Nesse sentido, veja-se também *Luiz Emygdio F. da Rosa Jr.*[42] O grande fundamento legal para chegar-se a semelhante posicionamento doutrinário está no Decreto n. 2.044/1908, no seu art. 19, como já mencionado, que preceitua:

> A letra é considerada vencida, quando protestada:
>
> I — pela falta ou recusa do aceite;
>
> II — pela falência do aceitante.

O comando normativo da LUG refere-se à falência do sacado e do sacador de letra não aceitável. Essas hipóteses não são contempladas no citado Decreto n. 2.044/1908, que só o faz em relação ao aceitante. Daí as restrições desenvolvidas pela maior parte dos doutrinadores brasileiros. Ainda assim, *Dylson Doria* contempla a possibilidade de a letra de câmbio vencer extraordinariamente na hipótese da falência do sacador, quando se tratar de letra não aceitável.[43]

14. Rigor cambiário

14.1. Tipos de requisitos

Em se referindo ao rigor cambiário, há de mencionar-se a existência de dois tipos de requisitos, a saber: os substanciais e os formais, conforme veremos a seguir.

14.1.1. Requisitos substanciais

Os requisitos substanciais estão previstos no Código Civil e os formais, na Lei Uniforme. No primeiro caso, estão a capacidade das partes, o objeto lícito e a forma prescrita ou não defesa em lei. A manifestação da vontade é igualmente regulada (arts. 85, 86, 89, 98 do Código Civil de 1916. O Código de 2002 reserva os arts. 107, 110, 111 e 112 para este mister), o que nos faz concluir que o aperfeiçoamento do título cambial há de estar atento àquelas imposições legais. No entanto é indispensável ressaltar que, quando o Direito Comercial adota os preceitos próprios do Código Civil, procede com certa independência, dando-lhes uma interpretação mais particular. Por isso é que dentro desse raciocínio a assinatura de um incapaz não invalida o documento.

(41) COELHO, Fábio Ulhoa. *Op. cit.*, 1999. p. 240-241.

(42) ROSA JR., Luiz Emygdio F. da. *Op. cit.*, 2000. p. 338-339.

(43) DORIA, Dylson. *Op. cit.*, 1987. p. 51.

Tampouco a presença de um vício de consentimento. Tudo isso deriva do princípio da autonomia dos títulos de crédito. Vale transcrever o art. 7º da lei Uniforme: "Se a letra contém assinaturas de pessoas incapazes de se obrigarem por letras, assinaturas falsas, assinaturas de pessoas fictícias, ou assinaturas que por qualquer outra razão não poderiam obrigar as pessoas que assinaram a letra, ou em nome das quais ela foi assinada, as obrigações dos outros signatários nem por isso deixam de ser válidas".

Observa-se, portanto, que nenhum dos coobrigados pode valer-se da situação irregular de quem quer que seja para eximir-se de seus deveres.

14.1.2. Requisitos formais

No pertinente aos requisitos formais, estes vêm expressamente enumerados no art. 1º da Lei Uniforme, a saber:

1) a palavra "letra" inserta no próprio texto do título e expressa na língua empregada para a redação desse título. Essa exigência decorre do princípio formal do título de crédito. A ausência do nome "letra de câmbio" leva o título a não ser considerado como tal. Há, contudo, uma observação a fazer-se. É que a Lei Uniforme de Genebra (LUG) emprega frequentemente a expressão "letra", abreviando, assim, a sua denominação. Tal procedimento já ocorre desde o art. 1º, quando diz que a palavra letra deve ser inserta no próprio texto do título. Ora, se a LUG assim determina, não se pode desconsiderar como letra de câmbio aquele papel que se identifica simplesmente por letra. Lembra *Rubens Requião* que o nome "letra de câmbio" traz implicitamente em seu conteúdo a *cláusula à ordem*: "A cláusula cambiária, expressa na própria palavra "letra de câmbio", requisito essencial do título, contém em si, em sua essência, a permissibilidade do endosso. Daí ter a Lei Uniforme insistido que toda letra de câmbio, mesmo que não envolva expressamente a *cláusula à ordem*, é transmissível por via do endosso".[44]

2) a ordem pura e simples de pagar uma quantia determinada. Mais correto falar-se em ordem que em mandato, tradução apressada do *mandat* da língua francesa. Como lembra *Luiz Emygdio F. da Rosa Jr.*, mandato possui outro significado, que é de um contrato, através do qual uma pessoa recebe de outra poderes para, em seu nome, praticar atos, ou administrar interesses.[45] Como vimos, a quantia a ser paga deve ser determinada, correspondendo a certa quantia em dinheiro e não através de bens, ainda que se revistam de valor econômico.

Ressalte-se que o pagamento aqui aludido deve ser feito em moeda nacional, conforme recorda *Dylson Doria*, fundamentado no art. 25 do Decreto n. 2.044/1908. Entretanto, as letras de câmbio oriundas de importação ou exportação de mercadorias; aquelas provenientes de contratos de financiamento ou de prestação de garantias relativas a operações de exportação de bens de produção nacional, vendidos a crédito para o exterior; aquelas decorrentes de contratos de compra e venda de câmbio em geral; aquelas pertinentes a empréstimos e quaisquer outras obrigações cujo credor ou devedor

(44) REQUIÃO, Rubens. *Op. cit.*, 2003. p. 408.
(45) ROSA JR., Luiz Emygdio F. da. *Op. cit.*, 2000. p. 18.

seja residente e domiciliado no exterior, excetuados os contratos de locação de imóveis situados no território nacional, não se subordinam a essa proibição e, assim, podem ser pagas em moeda estrangeira.[46] Lembra o último autor citado que o art. 1º do aludido decreto-lei preceitua que são nulos de pleno direito os contratos, títulos e quaisquer documentos, bem como as obrigações que, exequíveis no Brasil, estipulem pagamento em ouro, em moeda estrangeira, ou, por alguma forma, restrinjam ou recusem, nos seus efeitos, o curso legal da moeda nacional;

3) o nome daquele que deve pagar (sacado). Trata-se, nesse caso, do nome do devedor, seja pessoa física, seja pessoa jurídica, contra quem o passador dá a ordem de pagamento, em função do seu direito de crédito. Acrescente-se, todavia, que se alguém for designado como sacado, tal designação não o obriga a aceitar tal papel, não lhe gera, antecipadamente, responsabilidade. Tal só virá a acontecer se aceitar a letra, assinando-a e assim tornando-se obrigado principal;

4) a época do pagamento. Se a letra de câmbio não mencionar a data do pagamento, o entendimento é de que essa letra é pagável à vista, isto é, contra a sua apresentação, de acordo com o que dispõe o art. 2º da LUG. Por outro lado, são nulas as letras com vencimentos diferentes ou com vencimentos sucessivos (art. 33 da LUG). Daí deflui que permanece a regra estipulada pelo art. 7º do Decreto n. 2.044/1908, segundo o qual a época do vencimento da letra devia ser "precisa, una e única para a totalidade da soma cambial", embora a LUG não seja muito clara nesse particular. Trata-se de um requisito não essencial, acessório;

5) a indicação do lugar em que se deve efetuar o pagamento. É também um requisito acessório, não essencial, conforme se depreende do art. 2º da LUG, segundo o qual, "na falta de indicação especial, o lugar designado ao lado do nome do sacado considera-se como sendo o lugar do pagamento, e, ao mesmo tempo, o lugar do domicílio do sacado". Em seguida, continua o dispositivo legal: "A letra sem indicação do lugar onde foi passada considera-se como tendo-o sido no lugar designado, ao lado do nome do sacador". Assim, a própria LUG aponta as soluções adequadas ao problema porventura criado;

6) o nome da pessoa a quem ou à ordem de quem deve ser paga. Há de constar na letra de câmbio o nome do beneficiário, tomador ou credor. Já vimos que a cláusula à ordem não precisa vir expressa, pois já está contida implicitamente no título. Por isso, por definição, a letra é transferível por endosso. Na hipótese de o sacador inserir a cláusula não à ordem, a letra de câmbio só pode ser transmitida pela forma e com efeitos de uma cessão ordinária de crédito, conforme o art. 11 da LUG;

7) a indicação da data em que, e do lugar onde a letra é passada. Quanto à data do saque, ressalta a sua importância se tivermos em mente que uma das modalidades do vencimento da letra é precisamente a certo tempo de data. Por esse motivo é imprescindível que essa data conste claramente do documento, sobretudo porque a

---

(46) DORIA, Dylson. *Op. cit.*, 1987. p. 22; v. também COSTA, Wille Duarte. *Op. cit.*, 2003. p. 149, em conformidade com as exceções fixadas no art. 2º do Decreto-lei n. 857, de 11.09.1969.

época do vencimento vai fluir a contar da data do saque. Quanto ao local do saque, a questão é mais de natureza processual. Se a letra de câmbio contiver local de pagamento, esse torna-se o foro competente para a propositura de qualquer ação pertinente ao título. Na hipótese de não conter, prevalece o local do saque;

8) a assinatura de quem passa a letra (sacador). A assinatura do sacador pode ser do próprio punho do sacador, que é o emissor da letra, ou então passada por mandatário com poderes especiais para tal;

Como vimos, os requisitos que dizem respeito à época do pagamento e ao local do pagamento são considerados requisitos não essenciais, acessórios, pois.

15. Endosso

15.1. Conceito

O endosso constitui uma forma de transmissão da propriedade do título de crédito de um credor para outro. O Código Civil de 2002 faz-lhe menção do seu art. 910 ao 920 (Direito das Obrigações, Título VIII, Dos Títulos de Crédito). É um ato cambiário, abstrato e formal. É cambiário, porque só é aposto em título de crédito. Dessa exclusividade decorre que ele não pode ser dado em outros documentos, pois, nesses casos, jamais poderia ser interpretado como tal. É abstrato porque nada tem a ver com a causa que deu origem ao título, isto é, do negócio extracartular. É formal porque obedece aos ditames específicos da lei, ainda que não haja fórmulas rígidas e invariáveis para a sua concretização. Assim, se o endosso é em branco, há de ser dado no dorso da cambiária. Se em preto, não existem expressões previamente definidas para isso. Assim, tanto podemos escrever pague-se a fulano, ou em favor de sicrano, que o endosso fará surtir os seus efeitos legais. Verifica-se, portanto, o endosso quando o proprietário lança nele a sua assinatura no verso ou na face do documento, ou ainda em uma folha de alongamento, de acordo com as estipulações legais. Não vale o endosso se lançado em documento separado. A folha de alongamento referido é parte da própria cambial. Destarte, o endosso há de ser conferido no próprio documento, a fim de que o direito literal e autônomo que o qualifica possa ser exercido. Essa folha de alongamento é denominada também de extensão, alongue ou simplesmente alongamento.

Acrescente-se que o endosso é um ato unilateral, não podendo, pois, ser equiparado à cessão, que é um ato bilateral.

15.2. Tipos de endosso

Como já mencionado, dois são os tipos de endosso:

a) endosso em branco (também chamado de endosso incompleto), para o qual basta a assinatura do endossante, sem indicar o nome do favorecido. Deve ser dado no verso da cártula, ao que já aludimos. A esse procedimento já se referia o Decreto n. 2.044/1908, admitindo, também, que o endossatário pode completar este endosso. Semelhante tipo de endosso em folha anexa passou a ser usual no Direito Cambiário pátrio por força da Lei Uniforme de Genebra (LUG), em seu art. 13, alínea 1a.

b) em preto (também chamado de pleno). Esse tipo de endosso é para ser aposto tanto no verso quanto no anverso da letra de câmbio. Na hipótese de o endosso ser estampado no anverso da cártula, torna-se obrigatória a identificação de semelhante ato cambiário, não basta a simples assinatura, até para não ser confundido com o aval.

O art. 913 do novo Código Civil consagra, igualmente, a possibilidade da mudança do endosso em branco para endosso em preto, tal como já fora previsto pela lei cambiária de 1908, em seu art. 8º, *caput*. Quanto ao referido Código Civil encerra aquele artigo o seguinte comando normativo: Art. 913. O endossatário de endosso em branco pode mudá-lo para endosso em preto, completando-o com seu nome ou de terceiro; pode endossar novamente o título, em branco ou em preto; ou pode transferi-lo sem novo endosso".

Decorre do dispositivo em comento que basta ao endossatário, se por ato de vontade desejar a mudança do aval em branco para aval em preto, que insira, como de praxe, a expressão "endosso a favor de...", ou algo semelhante. Destarte, aproveita-se da assinatura do endossante que firmou em branco o documento. Na hipótese de fazer circular o título sem novo endosso, o endossatário meramente o passará adiante por simples tradição.

15.3. Duplo efeito do endosso

Duas consequências ocorrem na oportunidade em que se concede o endosso, a saber:

a) transmissão da propriedade da letra;

b) geração de nova garantia para o título, pois o endossante fica responsável pelo seu pagamento, na qualidade de coobrigado.

É pacífico no Direito Cambiário que se alguém apõe a sua assinatura na cártula só se liberará de seu compromisso após pagamento final de sua obrigação. Ora, se tomamos o exemplo da letra de câmbio, e invocarmos a Lei Uniforme de Genebra (v. Decreto 57.663, de 24 de janeiro de 1966), especificamente o seu art. 15, nos depararemos com a regra jurídica que declara o endossador garante da aceitação como do pagamento da letra. Sem embargo, à semelhança do que ocorre com a lei uniforme em matéria de cheque (v. Decreto 57.595, de 7 de janeiro de 1966), o endossante garante o pagamento do cheque, "salvo estipulação em contrário" (art. 18 do mencionado instrumento legal). Isso significa que a permanência do endossante como responsável pelo pagamento do título de crédito, pelas relações jurídicas dele decorrente, não se impõe de forma imperativa, pois é isso que se deduz da norma insculpida nos diplomas em tela, que permite seja estipulada cláusula libertária do endossante no que respeita ao pagamento do título, ou à sua aceitação, como no caso da letra de câmbio.

Convém salientar que as normas estabelecidas acerca do endosso podem levar em consideração cada título de per si. Tomemos como exemplo a duplicata, ao recorrermos ao art. 18, parágrafo segundo da lei que a rege (Lei n. 5.474/1968), cujo teor é o seguinte: "Os coobrigados da duplicata respondem solidariamente pelo aceite e pelo pagamento".

Por outro lado, em se tratando da cédula hipotecária, assoma nova regra. É que, em conformidade com o preceito contido no art. 17 do Decreto-lei n. 70, de 21 de novembro de 1966, na emissão e no endosso da cédula hipotecária, tanto o emitente quanto o endossante permanecem solidariamente responsáveis pela boa liquidação do crédito, a menos que avisem o devedor hipotecário, e o segurador, quando houver, de cada endosso ou emissão, até 30 dias após sua realização, através de carta ou ainda por meio de notificação judicial.

Finalmente, um outro exemplo, esse extraído do Decreto-lei n. 167, de 14 de fevereiro de 1967, art. 60, parágrafo primeiro: "O endossatário ou o portador de Nota Promissória Rural ou duplicata rural não tem direito de regresso contra o primeiro endossante e seus avalistas". Ora, ao persistir a circulação do título, não pode pairar dúvida alguma que tão somente o primeiro endossante e seus avalistas estão excluídos de sofrer os efeitos do direito de regresso posto em prática pelo endossatário ou portador dos aludidos títulos. Os demais endossantes, não.

O escopo da comparação entre as diferentes formas com que o endosso pode ser encarado é o de mostrar não ser rígida a legislação brasileira no particular, ao atinar para as peculiaridades observadas na taxionomia dos títulos de crédito.

15.4. O Código Civil de 2002 e a responsabilidade dos endossantes pelo pagamento do título de crédito

O art. 914 do mencionado Código Civil traz, em seu cerne, novo comando regulador pertinente à responsabilidade ora posta em relevo, pelo próprio tom do *caput* do artigo em pauta: "Ressalvada cláusula expressa em contrário, constante do endosso, não responde o endossante pelo cumprimento da prestação constante do título". Passemos a avaliar o significado e a extensão de semelhante norma.

De início, duas considerações: a primeira atenta para o fato de que, no novo Código Civil, se restringem as garantias que levam a uma melhor credibilidade dos títulos de circulação, pois meramente retira do endossante a obrigação de pagar a dívida própria do título, cabendo tal responsabilidade ao seu aceitante ou emitente, conforme o caso. Uma segunda consideração parte de outro fato relevante, isto é, o comando normativo inserto no art. 914 inverte o sentido presente na legislação sobre letra de câmbio e cheque, em conformidade com o que expusemos no item imediatamente superior. Vimos que o endossante garante o pagamento do título, salvo disposição em contrário. Sem embargo, o Código Civil preferiu trilhar o caminho inverso, porquanto, para responder pelo cumprimento da prestação constante do título, há de haver cláusula expressa nessa direção. Destarte, pela redação dada no aludido diploma legal, não mais recai sobre o endossante o papel de coobrigado, a menos que ele, mediante cláusula expressa, a assuma e assim passa a devedor solidário. É o que se depreende do teor do parágrafo primeiro do artigo ora em discussão. Pelo dispositivo em comento, o endossante responde simplesmente pela veracidade do título transferido, nunca pela quantia nele representada. Não faltaram críticas da doutrina ao art. 914 do novo Código Civil, por vezes irascíveis, a exemplo daquelas formuladas por *Wille Duarte Costa*, ao relembrar, inclusive, que a responsabilidade do endossante já vem de tempos remotos.[47] Tomemos o exemplo da legislação alemã, no art. 15 de sua lei sobre letra de câmbio *(Wechselgesetz)*, ao abordar a função de garantia do endosso: *Der Indossant haftet mangels eines entgegenstehenden*

(47) COSTA, Wille Duarte. *Op. cit.*, 2003. p. 126.

Vermerks für die Annahme und die Zahlung (O endossante responsabiliza-se, na falta de uma cláusula restritiva, pelo aceite e pelo pagamento). A mesma regra está na lei italiana (Real Decreto 1.669, de 14 de dezembro de 1932, em seu art. 19, ou na Lei Uniforme argentina concernente à letra de câmbio, art. 15).

É imprescindível rememorar que falece ao Código Civil revogar comandos normativos insculpidos em leis especiais, pois a regra que poderíamos aduzir nesse particular é a de que a lei geral não pode revogar a lei especial, mormente da que decorre de convenção internacional, a exemplo da referente à letra de câmbio e à nota promissória, ou, ainda, ao cheque.

Gladston Mamede considera a previsão de que o endossante não responde pelo cumprimento da prestação constante do título como regra geral. Sem embargo, reconhece que a lei pode excepcioná-la, bem como o ajuste entre as partes, "vez que o próprio texto do artigo 914 ressalva a cláusula expressa, constante do endosso, que em contrário preveja a responsabilidade do endossante pelo crédito que transfere.[(48)] Assim o fazendo, o endossante passa a devedor solidário, para o que basta apor na cártula expressão como: endosso, responsabilizando-me pelo pagamento. É indispensável que a declaração seja assinada. Acrescente-se que tal procedimento é válido tanto para o endosso em branco como para o endosso em preto.[(49)]

É interessante ressalvar que os títulos de crédito de maior uso já "excepcionam" a responsabilidade do endossante, seja como acontece na letra de câmbio, na nota promissória, no cheque ou na duplicata. Se colocamos o verbo excepcionam entre aspas é porque tais exceções são bem anteriores ao Código Civil e não podem ser revogadas por eles. Sustentamos, por isso mesmo, que não há necessidade em tais títulos, pelo menos, de neles expressar o endossante claramente a sua responsabilidade pelo aceite ou pelo pagamento do título. Ele já se obrigou por lei e só poderá desobrigar-se caso haja estipulação em contrário, procedimento com previsão legal, como já vimos.

A lei pode declarar expressamente que o endossante não se responsabiliza pelo pagamento do título, o que se passa com a Lei n. 11.076/2004, que versa sobre o certificado de depósito agropecuário e o *warrant* agropecuário. Consagra o art. 2º do mencionado instrumento legal o endosso em preto. No entanto, os endossantes não respondem pela entrega do produto, mas tão somente pela veracidade do título, pela existência da obrigação. Sem embargo, o endossante pode assumir tal encargo, a saber, o compromisso de fazer a entrega, pois é o que se deduz do inciso III do aludido artigo, ao estabelecer, dispensado o protesto cambial, o direito de regresso contra endossantes e avalistas.

Já no que concerne à cédula de crédito bancário, a Lei n. 10.931/2004, art. 29, parágrafo primeiro, ao tratar do endosso, traz a seguinte regra, que vai transcrita *in verbis*: "... a cédula de crédito bancário será transferida mediante endosso em preto, ao qual se aplicarão, no que couberem, as normas do direito cambiário, caso em que o endossatário, mesmo não sendo instituição financeira ou entidade a ela equiparada, poderá exercer todos os direitos por ela conferidos, inclusive cobrar os juros e demais encargos na forma pactuada na cédula".

---

(48) MAMEDE, Gladston. *Op. cit.*, 2005. p. 115.

(49) *Ibidem*, p. 115-116.

Ora, há de observar-se a imprecisão e falta de clareza no texto supracitado. Realcemos que, no presente momento, não nos ocuparemos da cédula de crédito bancário, o que faremos no Capítulo X. Contentar-nos-emos, por enquanto, com a análise do alcance do endosso, quanto à responsabilidade do endossante. Vimos no exemplo imediatamente anterior que, em se tratando do certificado de depósito agropecuário e do *warrant* agropecuário, é expressa a regra segundo a qual o endossante só se responsabiliza pela veracidade do título. Tal norma não vem ressaltada na Lei n. 10.931/2004, que disciplina a cédula de depósito bancário.

Em decorrência dos vários exemplos aqui postos em elenco, não seria precipitado dizer que a questão do endosso há de ser vista em conformidade com o que pode especificar, a esse respeito, cada título de crédito, de per si. Destarte, o comando normativo inserto no art. 914 do Código Civil de 2002 deve ser interpretado como uma regra geral, mas há de ser levada em consideração a natureza específica de cada título, disciplinado por lei especial, que é o que certamente prevalecerá na hipótese de suposto conflito de normas.

No âmbito dessa discussão, o próprio Código Civil de 2002 parece apontar para uma solução do problema posto em evidência, se atentarmos para o comando normativo inserto em seu art. 903, que faz parte das Disposições Gerais, pertinentes aos títulos de crédito (do art. 887 ao art. 903): "Salvo disposição diversa em lei especial, regem-se os títulos de crédito pelo disposto neste Código". O que está em jogo, na esfera do Direito Comercial, é o inequívoco tumulto que podem gerar novos dispositivos legais advindos do Código Civil de 2002 que, mais uma vez, parece querer pelejar contra o que é por demais pacífico nos círculos comercialistas.

15.5. Endosso impróprio

Existe ainda o chamado endosso impróprio, assim denominado por não determinar a transmissão da propriedade da letra. Nessa categoria encontram-se o endosso-mandato, também conhecido como endosso-procuração, e o endosso-caução. No primeiro, acrescenta-se a expressão valor a cobrar, ou então, para cobrança, por procuração. O valor quitado deve ser entregue ao proprietário do título, que só o cedeu para que fosse efetuada a cobrança estipulada. No segundo tipo, faz-se menção a valor em garantia, ou valor em penhor, já que o endosso foi dado em garantia a uma obrigação assumida. Esse tipo de endosso está previsto no art. 19 da LUG, bem como no art. 918 do Código Civil de 2002.

15.6. Endosso fiduciário

A alienação fiduciária em garantia está definida no art. 66 da Lei n. 4.728/1965, instrumento que regula o mercado de capitais, com as modificações introduzidas pelo Decreto-lei n. 911/1969. Trata-se de um contrato acessório e formal, cujo objetivo é o cumprimento de um acordo entre as partes, a exemplo de um financiamento de bens móveis, o mútuo ou o parcelamento dos débitos da previdência. O financiado, ou devedor fiduciante, mantém a posse do bem, como usuário ou depositário, mas que é dado em propriedade ao credor fiduciário. A propriedade só volta ao devedor fiduciante quando este paga a última prestação prevista no contrato.

Sendo a letra de câmbio um bem móvel, presta-se, pois, à alienação fiduciária em garantia, dentro do fundamento legal já mencionado.

15.7. Endosso tardio ou póstumo

Cabe de pronto mencionar aquele concedido posteriormente ao protesto por falta de pagamento, ou após expirado o prazo para fazer-se o referido protesto. Em tal situação, produz os efeitos de mera cessão ordinária de crédito. Em assim sendo, dá margem a um amplo debate sobre a causa do título, que não chega a perder, porém, o direito à ação executiva, em conformidade com vários julgados. A outra situação é diferente, pois no caso de o endosso ser posterior ao vencimento, sem que houvesse ocorrido o protesto, ou findo o prazo para tal, tem o mesmo efeito do endosso anterior, consoante o art. 20 da Lei Uniforme.

15.8. Endosso parcial

O endosso parcial é inadmissível, pois até significaria a redução do valor do título. Assim é que o art. 12 da LUG considera nulo tal tipo de endosso. Tal proibição já estava inserta no Decreto n. 2.044/1908, em seu art. 8º, parágrafo terceiro. O Código Civil de 2002 é, outrossim, incisivo nesse particular, ao preceituar que é nulo o endosso parcial (art. 912, parágrafo único). No que concerne ao endosso condicional, isto é, aquele endosso atrelado a alguma condição, resolutiva ou suspensiva, não é nulo. Entretanto, a lei considera tal condição não escrita, por isso ineficaz (art. 12 da LUG; art. 912, *caput*, do referido Código Civil). Destarte, com base no exposto, afloram os dois requisitos substanciais do endosso: *a indivisibilidade e a incondicionalidade.*

15.9. Endosso e data

O endosso sem data tem a mesma validade daquele lavrado antes de vencido o prazo de protesto, a menos que se possa levantar prova em contrário.

15.10. Obrigação do endossante

Na hipótese de ser protestado por falta de aceite ou pagamento, obriga-se o endossante a fazer o que estipula o art. 45 da Lei Uniforme. Dentro de 2 dias úteis após aquele do recebimento do aviso de protesto, cada endossante tem de dar ciência a seu endossante do ocorrido, assim sucessivamente até que se chegue ao sacador. Quem proceder diferentemente pagará por sua negligência até o valor da cártula.

15.11. Cancelamento do endosso

A Lei Uniforme, em seu art. 16, al. 1a., e a Lei n. 7.357/1985, art. 22, *caput*, rezam que os endossos riscados se consideram como não escritos. Isso quer dizer que as assinaturas riscadas se despem de qualquer valor na cártula, não se levando em conta a motivação do cancelamento da firma, se legítimo ou ilegítimo. A legislação não entra em pormenores para esclarecer como esse cancelamento deva efetivar-se. Destarte, qualquer recurso utilizado que leve a tal considera-se válido, a exemplo de traços sobre o endosso, verticais ou horizontais, ou a oposição de expressões no título, como endosso cancelado, endosso sem valor etc. Outros meios podem ser empregados, até de natureza química, para retirar-se o endosso.

A questão que se coloca gira em torno do que é legítimo e ilegítimo no que respeita ao cancelamento. São as seguintes as hipóteses do cancelamento legítimo:

a) quando decorre de ato do endossante que já tenha pago o valor do título, pois dispõe do direito de desfazer-se do seu endosso, bem como dos endossos posteriores. O respaldo legal dessa iniciativa está no art. 50, al. 2a. da LUG, que estipula: "Qualquer dos endossantes que tenha pago uma letra pode riscar o seu endosso e o dos endossantes subsequentes". O mesmo dispositivo está contido no art. 54, parágrafo único da Lei do Cheque. É que, voltando a ser detentor do título, exime-se de novos riscos oriundos de nova circulação da cártula, quando a sua obrigação poderia ser exigida novamente. Com o cancelamento do endosso, morre a sua obrigação cambiária, resguardando--se, pois, uma vez que o novo possuidor do título não lhe poderá exigir mais nada. A mesma observação aplica-se aos endossantes posteriores, que tiveram suas assinaturas canceladas;

b) o endossador pode ainda cancelar a sua assinatura estampada na cártula antes de operar-se a tradição do título ao endossatário, pois enquanto tiver a cártula em seu poder lhe é facultado restabelecer sua propriedade sobre ela. São as seguintes as hipóteses possíveis: 1) o endosso vinculava-se a um negócio jurídico que não se consumou; 2) o endossante quer mudar o endosso em preto para endosso em branco: 3) havendo endosso em branco anterior, estampa o endossante um novo endosso. Revendo a sua posição, cancela semelhante endosso, deixando, assim, de assumir qualquer responsabilidade cambiária, efetuando a transferência do título por mera tradição.

Torna-se ilegítimo o cancelamento quando não está presente nenhuma das causas acima apontadas. Fora delas o cancelamento é abusivo, pois prejudica direitos de terceiros. Ainda que decorra de falsificação, considera-se o endosso riscado. Acrescente-se, porém, que a demanda judicial porventura iniciada corre além dos limites do Direito Cambiário. É que o prejudicado terá de ir por via ordinária, quando pleiteará o ressarcimento de suas perdas em juízo.(50)

16. Aval

16.1. Conceito

Aval é o ato que obriga o avalista pela pessoa avalizada em um título de crédito, que se compromete a satisfazer a obrigação, seja no todo, seja em parte, se o devedor principal não a cumprir. O avalista que paga sub-roga-se nos direitos derivados da propriedade do título. O aval pode ser dado por um terceiro ou até por um dos signatários da cártula. Então, qualquer coobrigado pode desempenhar o papel de avalista. Na letra de câmbio, por exemplo, podem assumir tal função o endossador, o sacador e o aceitante. Tanto cabe o aval em letra de câmbio e nota promissória, como também em cheque, duplicata, bem como nos títulos de crédito em geral. Quando a letra de câmbio era um instrumento expedido pelos banqueiros que garantiam seu pagamento, o aval permanecia prescindível. Ao ser utilizada pelos comerciantes, passou a circular com mais desenvoltura. O aval é instituto de natureza cambiária e ganhou reconhecimento na Ordenança de 1673. Contudo, como nos lembra

(50) ROSA JR., Luiz Emygdio F. da. *Op. cit.*, 2000. p. 243-244.

Waldirio Bulgarelli, sua prática data já do século XIII.[51] O aval é de cunho universal, haja vista os posicionamentos assumidos pelas conferências de Genebra, que os regula.

Já vimos neste Capítulo, no item *Período alemão*, que foi nessa fase que a letra de câmbio se consolidou. Tomou também as suas feições modernas. Por sua vez o aval *(Wechselbürgschaft)* constitui uma declaração *(Erklärung)* no título de uma corresponsabilidade *(Mithaftung)*, ao lado de outra obrigação cambial, conforme se depreende da legislação alemã (art. 30, I, da Lei Cambiária — *Wechselbuch)*. A doutrina alemã, entretanto, põe em relevo que o aval não é usual, já que a garantia prestada por um avalista *(Wechselbürge)* causa a má impressão de que não se confia no título de crédito.[52]

16.2. Legislação básica

A concessão de aval está disciplinada nos artigos 14 e 15 do Decreto n. 2.044/1908. O novo Código Civil ocupa-se do tema em seus artigos 897 a 900, em perspectiva diferenciada, pelo fato de o antigo decreto regular, expressamente, a letra de câmbio e a nota promissória, ao passo que o novo código dá um tratamento mais abrangente ao quesito do aval, alargando-o para os demais títulos de crédito. Proíbe, diferentemente do decreto de 1908, o aval parcial, sobre cujo problema nos debruçaremos ainda neste capítulo, especialmente no item *Aval.*

16.3. Aval dado por cônjuge

Veda-se ao cônjuge a concessão do aval, salvo na hipótese de casamento sob o regime de separação absoluta de bens. Tudo em conformidade com o Livro IV (*Do Direito de Família*), do Código Civil de 2002, em seu Título II (*Do Direito Patrimonial*). Registre-se, em primeiro lugar, que, de acordo com o *caput* do art. 1.642 e do inciso IV desse artigo do mencionado diploma legal, independente do regime de bens celebrado, tanto o marido quanto a mulher podem demandar a rescisão dos contratos de fiança ou doação, bem como a invalidação do aval se houver infração ao disposto no inciso III do art. 1.647 do citado Código, que proíbe ao cônjuge casado fora do regime acima aludido a prestação de fiança ou aval. O Código Civil de 1916 não se refere ao aval, até pelo fato de tratar-se de um instituto pertinente ao Direito Comercial. Contudo, é relevante assinalar que seu art. 235 (*caput* e inciso III) vedava ao marido a prestação de fiança, sem o consentimento da mulher. Vê-se, destarte, que o novo Código Civil estendeu a restrição em debate à prática do aval.

16.4. Natureza jurídica

O aval é instituto próprio do Direito Cambiário, não se confundindo com a fiança. No particular podemos alinhar algumas diferenças entre esses dois instrumentos jurídicos, com o intuito de dirimirem-se dúvidas porventura existentes:

a) a fiança é concedida para garantir contratos. Assim, situa-se ela no âmbito daquela parte do Direito Civil destinada ao estudo dos contratos, enquanto o aval é aposto em títulos de crédito;

---

(51) BULGARELLI, Waldirio. *Op. cit.*, 2000. p. 177.

(52) BROX, Hans. *Op. cit.*, 1999. p. 305.

b) a fiança pode ser dada em documento à parte, ao passo que o aval há de ser colocado no próprio título. Em conformidade com a regra adotada pelo Direito brasileiro, esse instituto deve ser lançado no corpo da cártula, ou então em folha anexa. Nunca, porém, fora do título;

c) a fiança é contrato acessório; o aval, autônomo. O contrato é definido como uma convenção estabelecida entre duas ou mais vontades, com o intuito de produzir determinados efeitos de natureza jurídica. Um contrato para ser autônomo, como o aval, tem de subsistir independentemente. Diverso da fiança, de caráter acessório, como se presta em um contrato de locação, sem o qual não tem razão de ser.

Rubens Requião atenta para o fato de que a Lei Uniforme que acompanha o Decreto n. 57.663/1966 se refere no seu art. 32 ao dador do aval como responsável da mesma maneira que a pessoa por ele afiançada. Trata-se, contudo, de uma tradução errônea do francês *garant.* Não obstante a própria lei mencionada vai reconhecer a falha da tradução, ao impor que a obrigação do aval se mantém, "mesmo no caso de a obrigação que ele garantiu ser nula por qualquer razão que não seja um vício de forma".(53) Em se tratando do instituto da fiança, esse não poderia resistir à nulidade da obrigação principal, que serviu da garantia em apreço;

d) observe-se, ainda, que na fiança é necessária a formalização da obrigação do fiador, por escrito. Já no aval, basta o lançamento da assinatura do avalista na cártula;

e) na fiança, a responsabilidade é, de regra, de caráter subsidiário, a não ser que haja estipulação em sentido contrário. No que tange ao aval, a responsabilidade é sempre solidária;

f) na fiança, qualquer que seja o regime de comunhão de bens, exige-se a participação de ambos os cônjuges no ato de sua concessão. No caso do aval basta a assinatura de um deles. Note-se, porém, que o cônjuge que não lançou o seu aval tem a sua meação resguardada por força de lei, tal como preconiza o art. 3º da Lei n. 4.121/1962 (Estatuto da Mulher Casada), segundo a qual, "pelos títulos de dívida de qualquer natureza, firmados por um só dos cônjuges, ainda que casados pelo regime de comunhão universal, somente responderão os bens particulares do signatário e os comuns até o limite da meação". Quis dessa forma o legislador proteger aquele cônjuge que não se envolveu com as obrigações assumidas pelo companheiro;

g) a fiança define-se como garantia pessoal (*in personam*). Por outro lado, o aval garante o título (*in rem*).

17. Protesto

17.1. Conceito

O protesto se constitui na apresentação pública do título ao devedor, para o aceite ou para o pagamento. Em se tratando de duplicata, pode tirar-se também o protesto por falta

(53) REQUIÃO, Rubens. *Op. cit.*, p. 421.

de devolução (Lei n. 5.478/1968). A letra de câmbio pode ser protestada também por falta de devolução. O instrumento legal que disciplina a questão do protesto é a Lei n. 9.492, de 10 de setembro de 1997, que passou a reger esse último assunto no seu art. 21, § 3º, asseverando que quando o sacado retiver a letra de câmbio ou a duplicata enviada para aceite e não proceder à devolução dentro do prazo legal, o protesto poderá ser baseado na segunda via da letra de câmbio ou nas indicações da duplicata, que se limitam aos mesmos requisitos lançados pelo sacador por ocasião de sua emissão. Em resumo, com base no aludido art. 21, podemos afirmar o seguinte:

a) protesto por falta de aceite (parágrafo primeiro), engloba letra de câmbio e duplicata;

b) protesto por falta de pagamento (parágrafo segundo). A nota promissória e o cheque só podem ser protestados por falta de pagamento;

c) protesto por falta de devolução (parágrafo terceiro). Pertinente à letra de câmbio e à duplicata.

17.2. Protesto e microempresa

A Lei n. 9.841/1999, Estatuto da Microempresa, estabelece, em seu art. 39, um regime especial para o protesto de título sacado contra a microempresa e a empresa de pequeno porte. Os emolumentos devidos ao tabelião não podem exceder a 1% do valor do título, incluindo-se neste limite todas as custas relativas à execução dos serviços. O pagamento pode ser feito por qualquer tipo de cheque, mas a quitação passada pelo tabelião ou escrivão fica condicionada à sua liquidação. Por outro lado, o cancelamento do registro do protesto será feito independentemente da anuência do credor, salvo no caso de impossibilidade da apresentação do original do título protestado. O devedor deverá fazer prova de sua qualidade de microempresa ou de empresa de pequeno porte.

17.3. Prazo para o protesto

Em se tratando de letra de câmbio, o protesto por falta de aceite contra o sacado deve ser tirado no primeiro dia útil a contar do dia da recusa do aceite. Se o protesto decorrer, contudo, da falta de pagamento da letra de câmbio e da nota promissória, há de ser efetuado nas condições seguintes: a) em qualquer época depois do vencimento; b) no primeiro dia útil subsequente àquele em que o título venceu, na suposição do protesto necessário ou obrigatório, que vise a resguardar o direito de regresso. Assim, o não exercício desse protesto faz o portador perder o direito de regresso contra os outros coobrigados.

17.4. Necessidade do protesto

A Lei Uniforme prevê o protesto necessário ou obrigatório naqueles casos previstos nos arts. 25, 44, 53, n. 2, 60, 66 e 68, n. 2, sempre com a finalidade de o portador garantir o direito regressivo contra o sacador, endossantes e seus avalistas. No caso de proposição de ação falimentar é indispensável tirar-se o protesto.

17.5. *Prazo para a prática do ato notarial*

A preservação do direito regressivo, estribado no protesto necessário, exige que a prática do ato notarial seja procedida no prazo de 3 dias úteis, contados do dia do vencimento, ou da recusa do aceite (se se tratar de letra de câmbio), devendo o título ser apresentado ao oficial competente do cartório de protesto no primeiro dia útil seguinte ao do vencimento da cártula ou da recusa do aceite. Na falta de respeito a esse tríduo legal, o protesto extemporâneo torna-se ineficaz contra os coobrigados no título (endossantes, sacador, seus avalistas), servindo, tão somente, para provar a falta de pagamento e equivale, destarte, ao protesto facultativo.

17.6. *Protesto facultativo*

Esclareça-se, porém, que não há nenhuma necessidade de tirar-se o protesto para o exercício da ação cambial direta contra o aceitante, na hipótese de letra de câmbio, ou contra o emitente, se se tratar, por exemplo, de nota promissória. Tampouco contra os respectivos avalistas. Esse tipo de protesto chama-se facultativo, pois serve apenas para provar a falta de aceite ou de pagamento, disso decorrendo ser de natureza meramente probatória.

17.7. *Contra quem se tira o protesto*

Tira-se o protesto contra o devedor principal ou originário. Os demais coobrigados, contudo, têm de ser cientificados da situação. Quando se trata de protesto abusivo ou indevido, sua sustação pode dar-se mediante medida cautelar, na qual o prejudicado garante a sua pretensão com a devida caução ou com o depósito do valor reclamado. O protesto cambial faz interromper a prescrição, consoante norma do Código Civil de 2002, art. 202, III, sem dispositivo correspondente no Código Civil de 1916, contrariando, pois, o espírito da Súmula n. 153 do STF, que asseverava: "Simples protesto cambiário não interrompe a prescrição". A regra contida no bojo do art. 202 do novo Código Civil estatui, como vimos, o contrário.

17.8. *Protesto "odioso"*

A Doutrina consigna, por vezes, o protesto odioso. Trata-se, manifestamente, de expressão não jurídica e tem a ver com o protesto facultativo. No que concerne à letra de câmbio, é aquele que, dadas as circunstâncias, vai endereçado ao sacado, cuja ação de execução dispensa o protesto, pois emerge aquele como obrigado principal.[54] Quer dizer que o conceito facultativo do protesto passou a equivaler a odioso, no sentido de desnecessário. Assim visto, é um modo contundente de agir, uma forma encontrada para dar publicidade à inadimplência de alguém. Por outro lado, pode ser a prova mais concreta de que o possuidor exauriu todos os meios de cobrança que a lei lhe põe à disposição, antes de encetar a ação de execução.

17.9. *Cancelamento do protesto*

O cancelamento do protesto pode ocorrer em três circunstâncias, a saber:

a) quando o protesto é defeituoso, isto é, sem intimação do devedor ou com irregularidade do edital;

(54) BUSCATO, Wilges. *Títulos de crédito*. São Paulo: Juarez Oliveira, 2001. p. 65.

b) quando o defeito está no título, fato reconhecido por sentença, a exemplo de cártula falsificada;

c) quando é efetuado o pagamento do título protestado, nisso consentindo o credor.

O próprio cartório, porém, pode proceder ao cancelamento do protesto. De acordo com a Lei n. 6.690/1979, será cancelado o protesto de títulos cambiais posteriormente pagos mediante a exibição e a entrega, pelo devedor ou procurador com poderes especiais, dos títulos protestados, devidamente quitados, que serão arquivados em cartório, conforme o *caput* do seu art. 2º. Para esse fim, há de se apresentar o original, de nada valendo fotocópia autenticada. Na impossibilidade de apresentar o título protestado, o devedor deverá apresentar declaração de anuência de todos aqueles que figurem no registro de protesto, com qualificação completa e firmas reconhecidas, devendo ser arquivada em cartório a referida declaração, tudo em conformidade com o mencionado instrumento legal (v. também o art. 26, § 1º, da Lei n. 9.492/1997, que atualiza e regulamenta o protesto de títulos, cujo *caput* prescreve que o cancelamento do registro do protesto será solicitado diretamente ao Tabelionato de Protesto de Títulos, por qualquer interessado, mediante apresentação do documento protestado, cuja cópia ficará arquivada).

17.10. Consequências do cancelamento

Feito o cancelamento do protesto, não mais constarão das certidões expedidas nem o protesto nem o seu cancelamento, a não ser mediante requerimento escrito do devedor, ou requisição judicial, de acordo com o art. 6º da referida lei.

Tal dispositivo derrogatório de qualquer eficácia do protesto é reforçado pelo que reza o art. 7º, ao estipular que não serão fornecidas informações ou certidões, mesmo sigilosas, a respeito dos apontamentos feitos nos livros de protocolo, a não ser mediante requerimento escrito do devedor, ou requisição judicial (repetindo, destarte, o disposto no citado art. 6º). Dessa forma, efetuado o pagamento, não mais cabem quaisquer informações a respeito da ocorrência do protesto, salvo nas duas hipóteses aventadas, o que equipara o antigo devedor àquela pessoa que jamais tenha praticado ato que daí decorresse o protesto.

É mais que pertinente, no entanto, a constatação de *Fran Martins*,[55] para quem a proibição contida naqueles artigos da Lei n. 6.690/1979 não anula outros meios de prova do protesto, do que pode lançar mão qualquer pessoa interessada, a exemplo das intimações feitas ao devedor, através da imprensa, em consonância com o art. 29, IV, da Lei n. 2.044/1908, e os avisos de protesto, por qualquer meio, até por carta registrada, levada aberta ao correio, cujo conteúdo constará do conhecimento e talão respectivo, em conformidade com o art. 30 da lei citada. A LUG (art. 45, al. 6º) também exige o aviso de protesto, inclusive por via postal.

(55) MARTINS, Fran. *Op. cit.*, 1997. p. 237.

17.11. Ainda a questão do protesto obrigatório

Do que foi discorrido sobre o tema, verificamos a existência de dois tipos de protesto: o necessário ou obrigatório e o facultativo ou probatório. O necessário, recapitulando, tem por finalidade garantir ao possuidor do título obter o seu pagamento dos devedores de regresso. Já o facultativo tem função apenas probatória, como já enfatizado.

Talvez seja de bom alvitre que vários autores dedicados ao Direito Comercial se insurgem contra o conceito de protesto obrigatório, que não existe no direito brasileiro. Daí *Amador Paes de Almeida* observar: "Efetivamente não há protesto obrigatório, pois, a rigor, ninguém é obrigado a protestar um título. Todavia, o que pretendeu o legislador foi acentuar que, em determinadas circunstâncias e para determinados fins, o protesto é fundamental, indispensável, necessário".[(56)]

Como no caso de se querer assegurar o direito de regresso, ou de instruir um pedido de falência, hipóteses, aliás, já mencionadas nesse capítulo.

17.12. Cláusula sem protesto

A guarida legal para a inserção na letra de câmbio da cláusula "sem despesas", "sem protesto", ou cláusula semelhante reside no art. 46 do Anexo I da Lei Uniforme de Genebra, através do que o sacador, um endossante ou um avalista pode dispensar de fazer um protesto por falta de aceite ou falta de pagamento, para poder exercer os seus direitos de ação.

Observe-se que dita cláusula não dispensa o portador da apresentação da letra dentro do prazo prescrito para a sua apresentação para aceite ou pagamento. Igualmente não o livra de obedecer aos avisos contidos no art. 45, cuja norma estabelece deve o portador avisar da falta de aceite ou de pagamento o seu endossante e o sacador dentro dos 4 (quatro) dias úteis que se seguirem ao dia do protesto ou da apresentação no caso de a letra de câmbio conter a cláusula "sem despesas". Por seu turno, cada um dos endossantes deve, dentro de 2 (dois) dias úteis que se seguirem ao da recepção do aviso, informar o seu endossante do aviso que recebeu, indicando os nomes e endereços dos que enviaram os avisos precedentes, e assim sucessivamente até se chegar ao sacador. Os prazos acima indicados contam-se a partir da recepção do aviso precedente.

Em conformidade com o art. 46 citado, a prova da inobservância do prazo incumbe àquele que dela se prevaleça contra o portador.

Quanto aos efeitos da cláusula em questão, se foi escrita pelo sacador produz seus efeitos em relação a todos os signatários da letra de câmbio. Na hipótese de ser sido inserida por um endossante ou avalista, o efeito produzido limita-se a esse endossante ou avalista.

Acrescente-se que, se, apesar da cláusula escrita pelo sacador, o portador faz o protesto, as respectivas despesas serão por conta dele. No caso de a cláusula emanar de um endossante ou de um avalista, as despesas do protesto, se feito, podem ser cobradas de todos os signatários da letra de câmbio.

---

(56) ALMEIDA, Amador Paes de. *Teoria e prática dos títulos de crédito.*18. ed. São Paulo: Saraiva, 1998. p. 25.

Conforme lembra *Rubens Requião,* o art. 54 da LUG regula a prorrogação do prazo de protesto por ocorrência de "força maior", que, estendendo-se além de 30 dias a contar da data do vencimento, permite ação, independente de apresentação ou protesto.[57]

18. Prescrição

18.1. Generalidades

Tal como a nota promissória e a duplicata, a letra de câmbio prescreve contra o obrigado principal em 3 anos, a contar da data do vencimento. A lei não fixou, contudo, um prazo único para a propositura de ação cambiária (que é a executiva de acordo com o art. 49 do Decreto n. 2.044/1908), contra os participantes em geral do título de crédito. Dessa forma, em se tratando da letra de câmbio, o prazo aludido só atinge o aceitante, como determina o art. 70 do Decreto n. 57.663/66 (Lei Uniforme), já que o mesmo artigo impõe que prescrevem em 1 ano as ações do portador contra os endossantes e sacador, a contar da data do protesto feito em tempo útil, ou então da data do vencimento, se por acaso se tratar de letra que contenha cláusula "sem despesas".

Na hipótese de ações dos endossantes uns contra os outros e contra o sacador, assinale-se que essas prescrevem em 6 meses, a contar do dia em que o endossante pagou a letra ou em que ele próprio foi acionado (art. 70 da Lei Uniforme).

Quanto à interrupção da prescrição, ela só produz efeito em relação às pessoas para quem a interrupção foi feita (art. 71 da Lei Uniforme).

Esses dispositivos aplicam-se, no que couber, às notas promissórias.

18.2. Causas interruptivas da prescrição

As causas várias que interrompem a prescrição encontram-se no domínio do Direito Civil. Tanto é que a sua enumeração está contida no art. 202 do novo Código. Segundo essa lei, interrompe-se a prescrição:

> I – por despacho do juiz, mesmo incompetente, que ordenar a citação, se o interessado a promover no prazo e na forma da lei processual;
>
> II – pelo protesto, nas condições do inciso antecedente;
>
> III – por protesto cambial;
>
> IV – pela apresentação do título de crédito em juízo de inventário, ou em concurso de credores;
>
> V – por qualquer ato judicial que constitua em mora o devedor;
>
> VI – por qualquer ato inequívoco, ainda que extrajudicial, que importe reconhecimento do direito pelo devedor.

Em comparação com o art. 172 do velho Código Civil, há que mencionar o inciso III, que aborda a interrupção da prescrição mediante protesto cambial, como visto no item *Protesto*, subitem *Contra quem se tira o protesto.*

---

(57) REQUIÃO, Rubens. *Op. cit.*, p. 442.

MODELO DE LETRA DE CÂMBIO

ACEITE	Nome	CPF/ CNPJ	Endereço	Nº ____ ____, ____ de ____ de ____ R$ ____ A ____ pagar ____ por esta única via de LETRA DA CÂMBIO a (beneficiário – nome) CPF / CNPJ ____ ou à sua ordem em moeda corrente deste País a quantia de ____ na praça de ____ Sacado - Nome / CPF / CNPJ / Endereço Sacador - Nome / CPF / CNPJ / Endereço

19. Distinção entre prescrição e decadência

19.1. Meios de distinguir os dois institutos jurídicos

Prescrição e decadência não se confundem, a despeito de existir uma analogia entre esses institutos, estribada na função que desempenha o tempo na conceituação de ambos, além da inação do titular de direito, ensejando, por isso, prazos de natureza prescricional e decadencial.

Prescrição é a perda do direito de ação. Por conseguinte, ataca a ação e nunca o direito. A decadência conceitua-se como a perda do direito e resulta da inércia do seu titular quanto ao seu exercício dentro de um prazo predeterminado. Exaurido esse prazo, sem que o direito tenha sido nele exercido, é que se pode falar em decadência.

19.2. Esquema distintivo

Sistematizando o que aparece na doutrina, *Paulo Roberto Columbo Arnoldi* apresenta o seguinte esquema distintivo:

1) quanto ao objeto. Nesse particular, a diferença reside no fato de a prescrição atingir a ação, enquanto a decadência atinge o direito;

2) quanto ao direito. A prescrição refere-se a um direito em ato, já adjudicado ao titular. No entanto, o seu exercício foi prejudicado por terceiros. Por seu turno, a decadência prende-se a um direito ainda em estado potencial;

3) quanto à ação. Enquanto a prescrição implica uma ação, cuja origem é distinta do direito, e a este posterior (violação), a decadência supõe uma ação cuja origem é idêntica à do direito. Assim, a origem de ambos ocorre de modo simultâneo;

4) quanto ao exercício da ação. Na prescrição não se confunde o exercício da ação com o exercício do direito, enquanto na decadência se confunde o exercício da ação com aquele do direito. Nesse caso, a ação revela-se como o meio adequado para o exercício do direito.

A nosso juízo, a concisão didática desse esquema permite ao interessado visualizar os elementos mais elementares que conduzem à discussão posta em prática.[58]

20. Ações cambiais e extracambiais

20.1. Natureza da ação cambial

Ao tratarmos da prescrição ficou mais que evidente que a ação cambial (ou ação cambiária) é de natureza executiva, dispensando-se qualquer processo de conhecimento, com o que se evita a morosidade e garante-se, também, a satisfação do pagamento dos títulos de crédito pela segurança do juízo. É que tais documentos se assemelham a uma sentença judicial transitada em julgado.

Na propositura de dita ação, o credor não necessita ficar adstrito à observância da ordem dos endossos, podendo ser desfechada em desfavor de um, de alguns ou de todos os coobrigados. A defesa do réu contra o autor (exceção) só é admissível se fundada em defeito da forma do título e na falta de requisito necessário ao exercício da ação, como manda o art. 51 do Decreto n. 2.044/1908.

20.2. Ação de regresso

É indispensável a referência à ação de regresso. Na letra de câmbio é o direito conferido ao seu portador, ou àquele que a tenha pago, de agir contra os obrigados de regresso (seja o sacador, o endossante, seus avalistas, ou o avalista dos avalistas), com o fim de cobrar deles a quantia correspondente ao seu crédito, ora no caso de falta de pagamento, ora no caso da recusa total ou parcial do aceite.

Emergem, destarte, como pressupostos materiais da ação regressiva, o vencimento do título, a existência do aceite, mas sem pagamento integral, aceite parcial, situação em que caberá ao portador ingressar em juízo para cobrar o valor recusado, falta de pagamento do montante objeto do aceite parcial e existência de algum obrigado de regresso.

Além dos pressupostos materiais arrolados, a propositura da ação de regresso exige o protesto cambial, oportuno e eficaz (protesto necessário).

20.3. Ação de enriquecimento ilícito

Cabe ação de enriquecimento ilícito em relação à letra de câmbio e à nota promissória. Trata-se de ação ordinária (Decreto n. 2.044/1908, art. 48). Emerge como um remédio, quando não mais se pode propor a ação cambiária executória.

(58) Cf. ARNOLDI, Paulo Roberto Columbo. *Ação cambial.* São Paulo: Saraiva, 1991. p. 32.

O fundamento da ação de enriquecimento ilícito está no fato de o governo brasileiro ter adotado a reserva prevista no art. 15 do Anexo II da LUG, que reza: "Qualquer das Altas Partes Contratantes tem a liberdade de decidir que, no caso de perda de direitos ou de prescrição, no seu território subsistirá o direito de proceder contra o sacador que não constituir provisão ou contra um sacador ou endossante que tenha feito lucros ilegítimos. A mesma faculdade existe, em caso de prescrição, pelo que respeita ao aceitante que recebeu provisão ou tenha realizado lucros ilegítimos".

Semelhante medida permitiu continuasse válido o dispositivo contido no art. 48 da Lei Cambiária (Decreto n. 2.044/1908), já mencionado, no qual se lê: "Sem embargo da desoneração da responsabilidade cambial, o sacador ou aceitante fica obrigado a restituir ao portador com os juros legais, a soma com a qual se locupletou à custa deste".

Para *Luiz Emygdio F. da Rosa Jr.*, não se trata de reserva, mas de norma de reenvio, porque não visa a derrogar dispositivo do Anexo I da Lei Uniforme de Genebra.[(59)]

Segundo *Rubens Requião*, são os seguintes os pressupostos do autor para a propositura da ação em tela: a) o locupletamento do réu à sua custa; b) o seu empobrecimento; c) a falta de justa causa; d) a relação de causalidade entre o enriquecimento e o empobrecimento.[(60)]

A ação de locupletamento ou enriquecimento ilícito prescreve em três anos, consoante o art. 70, al. 1ª da LUG, contados a partir do momento em que se dá a decadência, ou a prescrição. *Luiz Emygdio F. da Rosa Jr.* admite a sua natureza cambiária. Para aqueles que não admitem tal natureza, a prescrição ocorre em três anos, conforme o Código Civil de 2002, art. 206, § 3º, IV, a contar do término do prazo prescricional para a ação cambiária de execução.[(61)] Já *Wille Duarte Costa*, ao referir-se à ação de locupletamento, invoca o art. 61 da Lei de Cheque, segundo o qual tal ação prescreve em dois anos contados do dia em que se consumou a prescrição.[(62)]

20.4. Ação monitória

A ação monitória tem a natureza de processo cognitivo sumário e a finalidade de agilizar a prestação jurisdicional. O ordenamento jurídico nacional faculta sua utilização ao credor que possuir prova escrita do débito, sem força de título executivo, pretenda pagamento de coisa em dinheiro, entrega de coisa fungível ou de determinado bem móvel. Tudo em conformidade com os arts. 1.102-A a 1.102-C do Código de Processo Civil. Remetemos o leitor ao Capítulo V, item *Ação de natureza causal*, subitem *Ação monitória.*

21. Características da letra de câmbio

De tudo o que foi exposto, somos levados a concluir que esse título possui as seguintes características:

(59) ROSA JR., Luiz Emygdio F. da. *Op. cit.*, 2000. p. 457.

(60) REQUIÃO, Rubens. *Op. cit.*, p. 462.

(61) ROSA JR., Luiz Emygdio F. da. *Op. cit.*, 2006. p. 470.

(62) COSTA, Wille Duarte. *Op. cit.*, 2003. p. 308.

1. É um título de crédito. A letra de câmbio inclui-se, ao lado da nota promissória, entre os títulos de crédito por excelência. É a rainha dos títulos de crédito, como a Doutrina a denomina.

2. É um título à ordem. Significa que a transmissão da letra de câmbio é ato que se consuma ao arbítrio do seu portador. Na hipótese de existir a cláusula não à ordem, a transmissão do título escapa do âmbito cambiário, exibindo o efeito de transmissão civil.

3. É um título formal. Trata-se de um documento que obedece tanto aos requisitos substanciais quanto aos formais, em conformidade com o que expusemos no item *Rigor cambiário*. Os primeiros estão previstos no Código Civil; os segundos, na Lei Uniforme de Genebra.

4. É um título literal. A literalidade refere-se ao caráter escrito do título. É aí que se registra a sua existência, bem como o conteúdo e a amplitude do direito nele mencionado.

5. É um título abstrato. Da letra de câmbio não se indaga a causa. É um título independente em sua origem e basta a si próprio.

6. É um título autônomo. O possuidor de boa-fé exercita um direito próprio. Assim, qualquer obrigação derivada no título é autônoma em relação às outras.

7. É um título de circulação. Já no Capítulo I do trabalho corrente enfatizamos como uma das qualidades dos títulos de crédito a circulabilidade, a negociabilidade e o papel que o endosso desempenha em semelhante processo. A função econômica da letra de câmbio, como nos adverte *Tulio Ascarelli*,(63) se prende à sua circulação;

8. É um título de apresentação. A letra de câmbio pode ser apresentada para aceite, antes do seu vencimento. Quando se trata de letra de câmbio à vista, não se pode falar em apresentação para aceite, senão para pagamento. Se se tratar, contudo, de vencimento a certo termo de vista, semelhante modo de pagamento comporta obviamente a apresentação da letra de câmbio para aceite (v. item *Letras não aceitáveis*, neste capítulo).

Várias dessas características pertencem a muitos títulos de crédito. Outras são próprias de alguns. Isso quer dizer que nem todos os títulos são abstratos, porque existem os causais, isto é, aqueles dos quais se indaga a causa, a exemplo da duplicata ou da nota promissória rural. A característica da apresentação, por sua vez, afigura-se com suas particularidades na letra de câmbio.

22. Letra de câmbio com múltiplos exemplares

A Lei Uniforme de Genebra, em seus arts. 64 a 66, disciplina a questão da pluralidade de exemplares (duplicatas). Já o assunto pertinente às cópias está regulado nos arts. 67 e 68 do referido instrumento legal.

Não se pode esquecer o sentido histórico que a letra de câmbio exibe: a peculiaridade de ter surgido como meio de pagamento internacional, pois sacada em uma praça podia destinar-se ao pagamento em outra.

(63) ASCARELLI, Túlio. *Op. cit.*, 2007. p. 85-86.

Esses exemplares devem ser absolutamente iguais, ostentando as assinaturas dos vários coobrigados. Exige-se que os referidos exemplares sejam numerados, título por título. Assim, há de se fazer referência expressa à 1ª via, 2ª via, 3ª via, sucessivamente, de modo que cada um deles seja facilmente identificado. Não há necessidade de constar em cada exemplar o número total das vias criadas.

Tanto a duplicata como a cópia constituem meios de prova de existência do original, com toda a íntegra de seu conteúdo. Como lembra *Luiz Emygdio F. da Rosa Jr.*, foi a precariedade e a lentidão que caracterizavam o sistema de transporte internacional no passado que condicionou o saque da letra de câmbio por mais de uma via. Utilizada no comércio internacional, a letra era enviada para aceite do sacado em lugar diverso daquele do saque.[64] Hoje é um instituto em desuso.

É taxativo o art. 65 da LUG, quando diz que o pagamento de uma das vias assume caráter liberatório:

> O pagamento de uma das vias é liberatório, mesmo que não esteja estipulado que este pagamento anula o efeito das outras. O sacado fica, porém, responsável por cada uma das vias que tenha o seu aceite e lhe não hajam sido restituídas.
>
> O endossante que transferiu vias da mesma letra a várias pessoas e os endossantes subsequentes são responsáveis por todas as vias que contenham as suas assinaturas e que não hajam sido restituídas.

Os comandos normativos presentes em citado artigo nos levam a ponderar sobre a circulação "normal" e "anormal" da cambiária. "Normal" seria se endossadas todas as vias a uma mesma pessoa, em cujas mãos se encontrariam reunidos todos os exemplares extraídos. "Anormal", na hipótese de haver dois ou mais exemplares endossados a pessoas diferentes. Consequência disso é a diversificação de vários exemplares por causa do endosso. Diz *Waldirio Bulgarelli:* "Nesse caso, em vez de devedores de uma mesma letra, tais endossadores — que quebraram a unicidade da letra primitiva — respondem por tantas vezes quanto os endossos diferentes que firmaram".[65] Em resumo, responsabilizam-se pela multiplicidade da letra, exatamente por haver contrariado o seu sentido.

23. Cópia

Regulada pelos arts. 67 e 68 da LUG, como já mencionado, a cópia é tirada pelo portador. É imprescindível que a cópia indique o nome da pessoa em cuja posse o documento se encontra. Tal pessoa deve remeter o referido papel ao legítimo portador da cópia. Não o fazendo, obriga-se o portador a tomar certas medidas, porquanto ele só pode exercer o seu direito de ação contra endossantes e avalistas da cópia, após fazer constar, mediante protesto, que o original não lhe foi entregue a seu pedido.

É oportuno assinalar que a cópia e o original sempre constituem um título único, ao passo que a duplicata não devidamente numerada passa a constituir uma letra de câmbio distinta.

(64) ROSA JR., Luiz Emygdio F. da. *Op. cit.*, 2000. p. 416.
(65) BULGARELLI, Waldirio. *Op. cit.*, p. 193-194.

24. Ressaque

Ressaque significa proceder a um novo saque. Seu intuito é substituir a ação regressiva e a sua condição dá-se desde que o título já esteja vencido, tenha sido protestado e não tenha sido ainda alcançado pela prescrição. Define-se como um saque à vista dirigido aos coobrigados da letra vencida para haver a soma cambial e caracteriza-se igualmente como um verdadeiro meio de cobrança, substituindo a ação correspondente. Hoje constitui um instituto em desuso, praticamente esquecido, uma vez que o legítimo portador do título pode acionar os coobrigados em geral, seja individualmente, seja em seu conjunto, não havendo necessidade de um saque de nova letra de câmbio com o fito de reaver o valor pago. Em resumo, trata-se de um instituto inútil, valendo uma referência a ele talvez apenas pelo fato de ter, ainda, um fundamento legal. Assim, é dentro dessa perspectiva que podemos dizer encontrar-se o ressaque disciplinado no art. 52 da Lei Uniforme, que preceitua: "Qualquer pessoa que goze do direito de ação pode, salvo estipulação em contrário, embolsar-se por meio de uma nova letra (ressaque) à vista, sacada sobre um dos coobrigados e pagável no domicílio deste".

Por seu turno, o Decreto n. 2.044, de 1908, lhe faz menção em seus arts. 37 e 38. Convém, porém, assinalar que diverge a doutrina quanto à atualidade do citado Decreto 2.044/1908, pois enquanto *Waldirio Bulgarelli* a ele se refere como se estivesse ainda em vigor, nele baseando parte da sua argumentação (2000. p. 195 *et seq.*),(66) *Luiz Emygdio F. da Rosa Jr.* entende que os aludidos artigos 37 e 38 do decreto em mira estão revogados pela Lei Uniforme, porque o instituto de ressaque não foi objeto de reserva.(67)

25. Letra de câmbio financeira

A Doutrina apelidou de *letra de câmbio financeira* o título de crédito instituído pela Lei n. 4.728, de 14.07.1965, conhecida como lei do mercado de capitais, em seu art. 27, que preceitua poderem as sociedades de fins econômicos sacar, emitir ou aceitar letras de câmbio ou notas promissórias cujo principal fique sujeito à correção monetária. As seguintes condições tinham de ser observadas:

> I – prazo de vencimento igual ou superior a 1 (um) ano, e dentro do limite máximo fixado pelo Conselho Monetário Nacional;
>
> II – correção segundo os coeficientes aprovados pelo Conselho Nacional de Economia para a correção atribuída às Obrigações do Tesouro;
>
> III – sejam destinadas à colocação no mercado de capitais com o aceite ou coobrigação de instituições financeiras autorizadas pelo Banco Central.

Duas considerações podem ser levantadas, de imediato. A primeira diz respeito à confusão do texto que menciona, a um só tempo, letra de câmbio e nota promissória, pondo em relevo que podem ser sacadas, emitidas ou aceitas. Salta aos olhos que, se a letra de câmbio pode ser sacada, o mesmo não ocorre com a nota promissória que, igualmente, não

(66) BULGARELLI, Waldirio. *Op. cit.*, p. 193-195.
(67) ROSA JR., Luiz Emygdio F. da. *Op. cit.*, 2000. p. 366.

se sujeita ao instituto do aceite. Restar-lhe-ia a hipótese de ser emitida. Discussão à parte, em torno da natureza jurídica dos títulos de crédito, acerca das teorias da emissão e da criação, nada impede de dizer-se que a letra de câmbio também pode ser emitida, tal como a nota promissória (ver Capítulo I, item sobre *Teoria jurídica dos títulos de crédito*).

A segunda consideração que vem à tona concerne ao fato de que, se falamos em letra de câmbio financeira, podemos, da mesma forma, invocar a nota promissória financeira, já que o citado art. 27 da lei de mercado de capitais engloba ambos os documentos no discurso legal mencionado. Somos levados a observar o seu caráter atécnico. E não só isso: seu caráter oportunista, mas que, como acentua *Wille Duarte Costa*, levou alguns comerciantes à falência.[(68)] *Fran Martins* sublinha, também, que muitos empresários recorreram a esse expediente por dificuldades financeiras, pois foi exatamente para socorrê-los que tais papéis foram criados.[(69)] Lembre-se, porém, de que muitos investidores amargaram prejuízo nesses negócios, sendo o melhor exemplo aquele dado pelo estouro da Credence.

Como ressalta *Wille Duarte Costa*, introduzida a Lei Uniforme de Genebra em nosso direito, pairou a dúvida se esses títulos *(cambiais de financeiras)* perderam ou não o seu valor, porque a LUG veda a cambial ao portador e as cambiais referidas eram ao portador.[(70)] Ocorre, acrescentemos, que o Decreto-lei n. 2.044/1908 já previa a letra de câmbio ao portador, em seu art. 1º, IV.

A Doutrina reconheceu que a lei deveria ter dado uma atenção mais especial aos títulos em pauta, pois foi significativo o volume de investimento nessas letras de câmbio no mercado de capitais. E a justiça houve que protegê-los. Em consequência de tal postura, os tribunais consideraram válidas as cambiais de financeiras, mesmo sendo títulos ao portador, porquanto estavam arrimados na lei de mercado de capitais (Lei n. 4.728/1965, como mencionado).

26. Letra de câmbio como título causal?

Trata-se, sem dúvida, de uma pergunta intrigante, que contraria o próprio conceito que emprestamos à letra de câmbio. Uma situação é aquela que se prende à simples letra de câmbio; outra, é aquela que a vincula a um contrato, como causa subjacente. Como a maior parte dos julgamentos do STF se cinge mais às notas promissórias que às letras de câmbio, é que remetemos o leitor ao Capítulo III do trabalho, itens *Nota promissória vinculada a um contrato* e *Posicionamento do Superior Tribunal de Justiça*, além da secção destinada a jurisprudência.

27. Considerações finais

A letra de câmbio de muito perdeu a sua amplitude e importância anterior. A concorrência com outros títulos de crédito, a exemplo da duplicata, da promissória e do cheque, restringiu a sua dimensão no mundo dos negócios. Qualquer que seja, contudo, a sua implicação na atualidade, a posição histórica da letra de câmbio há de lhe reservar um papel ímpar, singular, no desenvolvimento e aperfeiçoamento dos títulos de crédito em geral, além de sua incomparável

(68) COSTA, Wille Duarte. *Op. cit.*, 2003. p. 81.

(69) MARTINS, Fran. *Op. cit.*, p. 239.

(70) COSTA, Wille Duarte. *Op. cit.*, 2003. p. 82.

contribuição para o dinamismo do comércio no espaço e no tempo. A despeito da sua menor utilização, é inquestionável o seu papel nos negócios internacionais nos dias de hoje.

28. Jurisprudência

Supremo Tribunal Federal — STF. Súmula n. 121: "É vedada a capitalização de juros, ainda que expressamente convencionada".

Supremo Tribunal Federal — STF. Súmula n. 387: "A cambial emitida e aceita com omissões, ou em branco, pode ser completada pelo credor de boa-fé antes da cobrança ou do protesto".

Supremo Tribunal Federal — STF. Súmula n. 596: "As disposições do Decreto n. 22.626/33 não se aplicam às taxas de juros e aos outros encargos cobrados nas operações realizadas por instituições públicas ou privadas, que integram o sistema financeiro nacional".

Superior Tribunal de Justiça — STF. Súmula n. 27: "Pode a execução fundar-se em mais de um título extrajudicial relativos ao mesmo negócio".

Superior Tribunal de Justiça — STJ. Súmula n. 60: "É nula a obrigação cambial assumida por procurador do mutuário vinculado ao mutuante, no exclusivo interesse deste".

Superior Tribunal de Justiça — STJ. 3ª Turma. REsp n. 89.599-RS. Rel.: Min. Eduardo Ribeiro. J. 19.03.1998. DJU de 18.05.1998. p. 82.

Letra de câmbio. Ausência de aceite. A simples emissão da letra de câmbio não importa criação de vínculo cambial por parte do sacado que se absteve de aceitá-la. Inaplicabilidade do entendimento consubstanciado na Súmula n. 60.

Superior Tribunal de Justiça — STJ. 3ª Turma. REsp n. 511.387 — Goiás. Rel.: Min. Nancy Andrighi. J. 21.06.2005. Informativo n. 252/2005.

Execução. Letra de Câmbio. Ausência. Aceite. Trata-se de embargos do devedor apostos à execução lastreada em letra de câmbio sem aceite. Nas vias ordinárias, a sentença julgou procedentes os embargos (declarando nula a execução por falta de título executivo hábil para instruí-la) e o Tribunal *a quo* negou provimento à apelação da recorrente. Explicitou a Min. Relatora que a letra de câmbio é título de crédito próprio e abstrato, não se pode imprimir-lhe natureza causal e imprópria como acontece na duplicata, por isso não persistem as alegações da recorrente no sentido de vinculá-la ao negócio subjacente. Aduz ainda que, embora tenha havido o protesto pela falta de aceite e de pagamento, a letra de câmbio sem aceite obsta a cobrança pela via executiva. Pois a recusa do aceite traz como única consequência o vencimento antecipado da letra de câmbio (art. 43 da LUG), pode, então, o tomador cobrá-la imediatamente do sacador. Mas, no caso, o sacador e o tomador se confundem na mesma pessoa do recorrente demonstrando sem razão suas alegações uma vez que a vinculação ao pagamento do título se dá tão somente se o sacado aceitar a ordem de pagamento que lhe foi endereçada. Sem reparos o acórdão recorrido e ausente a divergência jurisprudencial alegada, a Turma não conheceu do recurso.

Superior Tribunal de Justiça — STJ. Letra de câmbio criada por empresa do mesmo grupo financeiro do credor em contrato de mútuo. Aplicação do Enunciado da Súmula n. 60/STJ. Recurso desacolhido.

Apesar de nascer a obrigação cambial do sacado somente com o ato do aceite, o mandato outorgado pelo devedor para que possa ser criada letra de câmbio, por mandatário integrante do mesmo grupo econômico do mutuante, com base em contrato de mútuo, permitiria a aposição do nome do mutuário como sacador da letra, tornando-o responsável em eventual circulação do título. Daí a incidência do veto contido no Enunciado da Súmula n. 60/STJ, segundo o qual,"é nula a obrigação cambial assumida por procurador do mutuário vinculado ao mutuante, no exclusivo interesse deste".

Superior Tribunal de Justiça — STJ. 3ª Turma. REsp n. 33.530-2-PR. Rel.: Ministro Dias Trindade. Julg. 26.04.1993.

Não se admite execução de cambial sem que o título seja apresentado em original, dado que o mesmo, restando em poder do credor, pode ensejar circulação.

Superior Tribunal de Justiça. STJ. Processo Civil. Execução. Títulos executivos. Cambial e contrato. Cumulação. Admissibilidade. Orientação da corte. Recurso provido.

I – No sistema jurídico brasileiro é perfeitamente admissível instruir-se a execução com mais de um título, vinculados ao mesmo negócio subjacente.

II – A figura do "garante solidário", que não se confunde com o avalista e o fiador, sujeita-se a execução se o título em que se obrigar se enquadrar no elenco do art. 585 do Código de Processo Civil.

Tribunal de Justiça do Distrito Federal e dos Territórios. 1ª Turma Cível. APC DF. Registro do Acórdão n. 279108. Rel.: Natanael Caetano. Data de julg.: 08.08.2007. Pub. DJU de 28.08.2007. p. 111. Direito Civil e do Consumidor. Ação de Indenização por Danos Morais. Protesto Indevido. Cancelamento. Obrigação do credor. Quantum indenizatório. Majoração. Impossibilidade.

I – Não demonstrada a existência do débito a lastrear a emissão da letra de câmbio que embasou o protesto efetivado contra o cliente do banco, não há que se falar em legitimidade do protesto.

II – Ainda que a dívida existisse, os tribunais superiores já firmaram entendimento no sentido de ser nula a cláusula-mandato que atribui ao banco a possibilidade de emitir letra de câmbio ou qualquer outro tipo de título executivo tendo como objeto o débito verificado na conta bancária do correntista. Tal cláusula impõe ao consumidor manifesta desvantagem, além de ser incompatível com a natureza do mandato que pressupõe congruência de interesses entre mandante e mandatário.

III – O quantum indenizatório deve ser estabelecido com base em dois pressupostos fundamentais: a proporcionalidade e a razoabilidade da condenação em face do dano sofrido pela parte ofendida, de forma a assegurar-lhe a reparação pelos danos morais experimentados, bem como a observância do caráter sancionatório e inibidor da condenação. Também não se prescinde do adequado exame das circunstâncias do caso, bem como da capacidade econômica do ofensor e da vítima. Adequado o valor indenizatório se observados tais critérios. Decisão: Conhecer e negar provimento a ambos os recursos.

Tribunal de Justiça do Distrito Federal e dos Territórios. 2ª Turma Cível. APC DF. Registro do Acórdão n. 252681. Rel.: Waldir Leôncio Jr. Data do julg.: 14.06.2006. Pub. DJU de 05.09.2006. p. 147. Direito Processual Civil. Direito Civil. Apelação Cível. Princípio da Impugnação. Específica. Embargos à execução fundada em contrato de locação de quiosque no Shopping Venâncio 2000 garantido por letra de câmbio, lastreada por depósito bancário. Inexigibilidade do título executivo não demonstrada. Retenção. Entrega e resgate do título de crédito.

1. Rejeita-se a preliminar de não conhecimento do recurso de apelação, por falta de impugnação específica, quando este, embora sucinto, traz à tona todos os temas analisados na sentença recorrida.

2. A trajetória de insucesso do empreendimento comercial embargante aliada à derrocada do Shopping Venâncio 2000 não autoriza o reconhecimento da inexigibilidade dos créditos locatícios executados. Significa dizer: a complexidade dos fatores econômicos que envolvem a locação de imóveis em shopping não permite reconhecer, na espécie, a inexigibilidade, a incerteza ou a iliquidez do título executado, sendo necessária, por parte da executada, profunda e madura reflexão sobre os riscos da locação que empreendeu junto ao Venâncio 2000.

3. A locação é o contrato pelo qual o locador se compromete, mediante remuneração, a facultar ao locatário, por certo tempo, o uso e o gozo de determinada coisa, Assim, se o inquilino de quiosque em shopping center não está usufruindo de qualquer incremento comercial em razão do "fundo de promoção" ou da instalação de "loja âncora", o máximo que pode ocorrer é mudança de ponto e a postulação da redução dos alugueres ou das taxas condominiais, mas nunca — por bom senso — a liberação do pagamento dos aludidos montantes.

4. A emissão de letra de câmbio, lastreada em depósito bancário, como forma de garantia de contrato de locação, não afasta, por si só, a responsabilidade do locatário pelo pagamento dos alugueres e dos encargos em atraso até a desocupação do imóvel e a entrega das chaves. Primeiro, porque tem, a cártula, natureza de garantia fidejussória e a sua retenção constitui mero ilícito civil. Segundo, porque, *in casu*, não há prova de que tenha sido o montante descrito na cambial resgatado pelo credor e de que seja o seu valor atualizado — quando do ajuizamento da ação executiva — suficiente para cobrir o *quantum debentur*.

5. O excesso de execução nada tem a ver com a liquidez do título extrajudicial executado. Aquele, *ex vi* do art. 743 do CPC, caracteriza-se: a) quando o credor pleiteia quantia superior à do título; b) quando recai sobre coisa diversa daquela declarada no título; c) quando se processa de modo diferente do que foi determinado na sentença; d) quando o credor, sem cumprir a prestação que lhe corresponde, exige o adimplemento do devedor; e) se o credor não provar que a condição se realizou. Esta, por sua vez, importa expressa determinação do objeto da obrigação, *in casu*, de pagar os alugueres e demais encargos devidos em razão da locação impugnada. Nos títulos extrajudiciais, em especial, traduz-se na simples determinabilidade do valor mediante cálculos aritméticos (CPC, art. 104).

6. A entrega do título de crédito ao devedor, a teor do art. 945, *caput*, e § 1º do Código Civil de 1916, não gera presunção *juris et de jure* de pagamento, mas sim presunção *juris tantum*.

7. "O pagamento de uma cambial deve cercar-se de cautelas próprias. Em virtude do princípio da cartularidade, o devedor que paga a letra deve exigir que lhe seja entregue o título. Em decorrência do princípio da literalidade, deverá exigir que se lhe dê quitação no próprio título". Destarte, *in casu*, se houve pagamento, deveria ter, a embargante, para recuperar a cambial retida pelo exequente, se valido da regra do art. 885 do CPC, a qual preconiza: "O juiz poderá ordenar a apreensão do título não restituído ou sonegado pelo emitente, sacado ou aceitante; mas só decretará a prisão de quem o recebeu para firmar aceite ou efetuar pagamento, se o portador provar, com justificação ou documento, a entrega do título e a recusa da devolução".

8. Recurso conhecido e provido.

Decisão: Dar provimento. Unânime.

Tribunal de Justiça do Distrito Federal e dos Territórios. 2ª Turma Cível. APC DF. Registro do Acórdão n. 231696; Rel.: Romão C. Oliveira. Data do julg.: 26.09.2005. Pub. DJU de 15.12.2005. p. 75. Civil. Extração de letra de câmbio. Cláusula mandato. Inexistência.

Se, na espécie, a cláusula em análise autoriza o credor a emitir letra de câmbio sem conferir-lhe poderes para aceitá-la em nome do devedor, de cláusula mandato não se cuida. Afasta-se, pois, a declaração de abusividade da cláusula.

Tribunal de Alçada do Rio Grande do Sul. 1ª Câmara Cível. Rel.: Heitor Assis Remonti. J. 28.11.1995. Letra de câmbio. Falta de aceite. Protesto. Inadmissibilidade.

ACÓRDÃO: É pacífica a jurisprudência dos tribunais do país pela inadmissibilidade do protesto da letra de câmbio contra sacado que não a aceitou, eis que não merece qualquer reconhecimento de eficácia o saque de letras de câmbio inaceitas e à vista em benefício do próprio sacador, reputando-se, por consequência, expediente notoriamente indevido e abusivo o seu subsequente envio a protesto. O protesto por falta de aceite é extraído contra o sacador, que teve inacolhida a sua ordem de pagamento. O sacado não pode figurar como protestado, nesse caso, pela circunstância de se encontrar absolutamente livre de qualquer obrigação cambiária.

Tribunal de Alçada Civil de São Paulo. 2ª Câmara Cível. Apelação cível n. 437.809-9. Julg. em 15.05.1991.

O ingresso no juízo executivo, em relação aos títulos cambiários, exige exibição do título executivo, não sendo tolerada exibição de fotocópia. Estando, porém, o título no bojo de outro processo, de onde não é possível o seu desentranhamento, a jurisprudência tem admitido a execução mediante certidão.

Tribunal de Alçada de Minas Gerais. Contrato de abertura de crédito em conta-corrente. Pedido de sustação de protesto e descontituição de letra de câmbio sacada contra o devedor. Apuração unilateral de saldo negativo, sem a explicitação pela instituição financeira dos lançamentos a título de encargos financeiros debitados da conta do cliente. Inadmissibilidade. Procedência dos pedidos (TAMG). RT 756/365. www.bilioteca.tj.sp.gov.br — acesso em 12.08.2007.

Capítulo III

Nota promissória

1. Origens

As origens da nota promissória não são diferentes daquelas da letra de câmbio, como já tivemos oportunidade de discutir. Esse título de crédito, já conhecido desde a Antiguidade, veio a desenvolver-se e aperfeiçoar-se, contudo, na Idade Média, sobretudo em virtude do impulso econômico que se verificava nas cidades italianas, a exemplo de Veneza, Florença e Gênova, que atraíram, por isso, mercadores de todas as partes da Europa e do norte da África. Conforme descrito no capítulo anterior, aquele documento emitido pelo banqueiro, após receber do comerciante depósito em dinheiro, tanto foi o ancestral mais palpável da letra de câmbio e do cheque, como da nota promissória.

Se a letra de câmbio e o cheque mantiveram maiores semelhanças entre si, é como se a nota promissória, de estrutura mais simples, se *emancipasse* de ambos, a trilhar um caminho próprio, apenas com duas personagens: o emitente e o beneficiário, a dar-lhe sustentação.

2. Da plena aceitação às restrições atuais

No curso de seu desenvolvimento, a nota promissória foi a princípio encarada como um mero instrumento favorecedor de prática da usura, sofrendo, por isso mesmo, condenação por parte dos que, em nome da moral, se insurgiram contra a cobrança de juros, mormente na Idade Média. No correr do tempo, quando se dá a consolidação do sistema capitalista, a nota promissória vai desempenhar um papel dos mais singulares entre os títulos de crédito postos no mercado, principalmente através da expansão dos negócios e afirmação das corporações financeiras. Assim, a nota promissória se afigurou como um meio mais que adequado para viabilizar as metas decorrentes do aprimoramento do sistema creditício. Atualmente, a nota promissória não tem mais aquela larga aplicação de antes, mas seu curso é mais significativo que o da letra de câmbio, que viu o seu prestígio diminuir. Destaque-se que a nota promissória pode apresentar-se sob outras roupagens. Bom exemplo disso são os *commercial papers*, autênticas notas promissórias, lançadas à aquisição pública pelas companhias, no sentido de se capitalizarem. Esse procedimento empresarial tem como consequência a redução do volume das debêntures postas à disposição dos investidores, já que esses *papers* passaram a concorrer com as mencionadas debêntures.

A restrição ao uso da promissória é, por assim dizer, universal. Na vida econômica, acentua *Karl-Heinz Gursky*, esse título aparece raramente: "Am ehesten wird er noch zu Kautionszwechen eingesetz" isto é, ainda é utilizado com objetivo, finalidade de caução.(1)

3. Conceito

Feitas essas considerações, cabe-nos definir a nota promissória como um título de crédito que se constitui em uma promessa direta de pagamento que o devedor faz ao credor. Em outras palavras: é um documento através do qual o emitente se obriga a pagar ao beneficiário, ou à sua ordem, determinada quantia. É um título abstrato e independente, pois dele não se indaga a causa e basta a si próprio.

Ademais, sublinha *Henry Alberto Bezerra* León que a nota promissória, além de poder ser conceituada como um título creditício, pois a obrigação cambiária nela contida é a de pagar determinada soma em dinheiro, esse título de crédito emerge, igualmente, como um documento singular, típico e nominado. Singular, porque, para a sua validez não há necessidade de emissão de uma série ou de um número mínimo de exemplares. É típico e nominado por submeter-se a uma legislação cambiária que a contempla. É, portanto, um título de crédito regulamentado por lei.(2)

Se a nota promissória exibe este nome no Brasil, em Portugal denomina-se *livrança*. Em língua espanhola, por sua vez, ganha o nome de *pagaré*, enquanto na Alemanha se chama *eigener Wechsel* e na França, *billet à ordre*.

MODELO DE NOTA PROMISSÓRIA

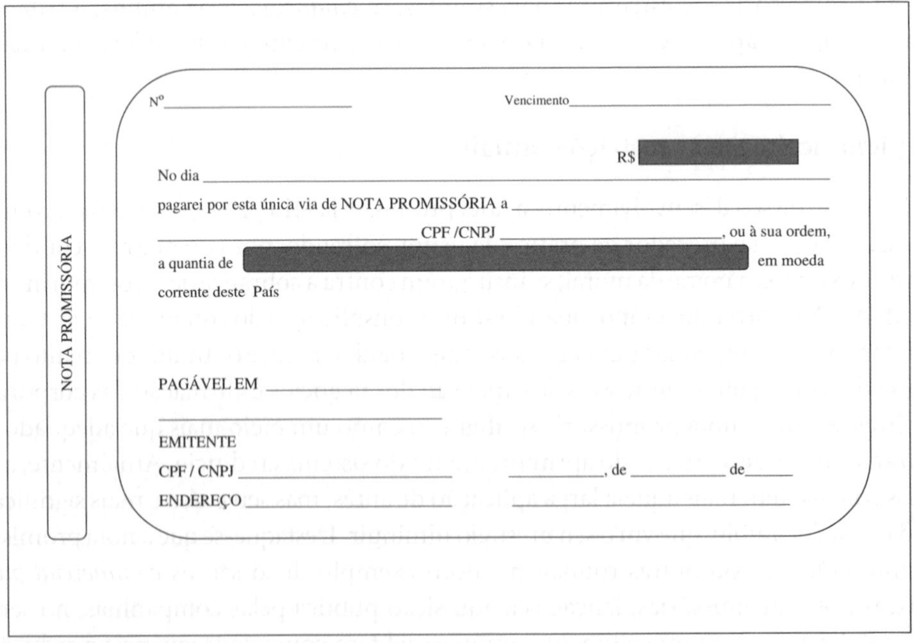
NOTA PROMISSÓRIA

Nº ______ Vencimento ______

R$ ______

No dia ______

pagarei por esta única via de NOTA PROMISSÓRIA a ______

______ CPF /CNPJ ______, ou à sua ordem,

a quantia de ______ em moeda corrente deste País

PAGÁVEL EM ______

EMITENTE

CPF / CNPJ ______ ______, de ______ de______

ENDEREÇO ______

(1) GURSKY, Karl-Heinz. *Op. cit.*, 1997. p. 99.

(2) LEÓN, Henry Alberto Bezerra. *Op. cit.*, p. 251.

4. Diferenças e semelhanças entre nota promissória e letra de câmbio

Como já mencionado, participam da nota promissória duas pessoas: o emitente, de um lado e, de outro, o beneficiário. Na letra de câmbio verifica-se a presença de três pessoas: a) o sacador, que emite a ordem; b) o sacado, contra quem essa ordem é emitida e aceitando-a passa a aceitante e principal obrigado na relação cambial; c) o beneficiário, em cujo favor a ordem é dada. Como se vê, a letra de câmbio é uma promessa indireta de pagamento, porquanto o sacador se obriga mediante fato (conduta de terceiro, que é o aceite do sacado). Na nota promissória, o emitente se equipara à figura do aceitante na letra de câmbio. Ao estabelecer um confronto entre os dois títulos assim se expressou *Gladston Mamede*: "Ao contrário da letra de câmbio, na nota promissória há uma confissão de dívida, ou seja, a promessa de pagamento é feita pelo próprio devedor (o emitente) a favor de um credor nomeado ou não, e que poderá, em regra, ser saldada contra a apresentação do documento, a favor de quem se apresente na posse legítima do título. O crédito completa-se com sua emissão, não havendo falar em aceite. Basta que, em sua criação, sejam preenchidos os requisitos assinalados pela Lei Uniforme, em seu artigo 75...".[(3)]

Nesse diapasão citaríamos *Roberto Goldschmidt*, ao rememorar que a maior parte das disposições sobre letra de câmbio se aplica à nota promissória. É que o emitente da promissória já se encontra obrigado. Portanto, não há necessidade de aceite. Em consequência disto não se aplicam a tal documento as disposições cambiárias relativas ao aceite.[(4)] Isso significa que, a despeito da origem comum dos aludidos títulos de crédito, a prática dos negócios, no correr dos séculos, apontou para ambos caminhos diferentes, com cada papel a apontar, por suas características, finalidades diversas.

Já *Fernando A. Legón* lembra as semelhanças entre ambos os documentos, títulos abstratos, em que se encontram os princípios da literalidade, da necessidade (que tem seu fundamento na incorporação do documento) e autonomia.[(5)]

4.1. Vedação da nota promissória ao portador

Ajunte-se a essas observações o fato de que a nota promissória não pode ser emitida ao portador, em conformidade com norma em vigor desde o Decreto n. 2.044/1908 (v. art. 54, III). Semelhante imposição legal não valia para a letra de câmbio, pois de acordo com o citado decreto, essa cártula podia também ser criada ao portador (art. 1º). Foi com a LUG, art. 1º, alínea 6, que veio a ocorrer a vedação da letra de câmbio ao portador. O fundamento de tal iniciativa estaria na preocupação do poder público de evitar prejuízo ao erário, através de evasão fiscal. Daí ambos os títulos serem emitidos na forma nominal, dentro, aliás, da vocação legal de afastar do Direito Cambiário os títulos ao portador, estatuindo a identificação do beneficiário.

5. Requisitos da nota promissória

Em conformidade com a Lei Uniforme em matéria de letra de câmbio e nota promissória (art. 75), a nota promissória deve conter:

(3) MAMEDE, Gladston. *Op. cit.*, 2005. p. 226.
(4) GOLDSCHMIDT, Roberto. *Op. cit.*, 2002. p. 671-672.
(5) LEGÓN, Fernando A. *Op. cit.*, 2001. p. 335.

1) a denominação *nota promissória* inserta no próprio texto do título e expressa na língua empregada para a redação desse título;

2) a promessa pura e simples de pagar uma quantia determinada;

3) a época do pagamento;

4) a indicação do lugar em que se efetuar o pagamento;

5) o nome da pessoa a quem ou à ordem de quem deve ser paga;

6) a indicação da data em que e do lugar onde a nota promissória é passada;

7) a assinatura de quem passa a nota promissória (subscritor).

Dispensamo-nos de fazer maiores comentários a respeito de semelhantes requisitos, visto que já nos ocupamos com esse problema no capítulo sobre letra de câmbio, aplicando-se à nota promissória, no que couber, as observações concernentes à letra.

6. Vencimento da nota promissória

A nota promissória pode ser passada de três modalidades distintas de vencimento: a) à vista; b) a dia certo; c) a tempo certo da data (Decreto n. 2.044/1908, art. 55). Consoante a LUG, em seu art. 34, a nota promissória à vista deve ser apresentada, para cobrança, no prazo de um ano da data de sua emissão. Com base na LUG, *Dylson Doria* admite poder a nota promissória ser passada a certo termo de vista. Se ocorrer tal hipótese, dá-se a apresentação da nota promissória para visto. Nunca para aceite.(6) A mesma posição é assumida por *Marcelo M. Bertoldi* & *Márcia Carla Pereira Ribeiro*,(7) por *Fábio Ulhoa Coelho*.(8) Ainda para *Fábio Ulhoa Coelho*, a nota promissória é sacada.(9)

No entendimento de *Arnaldo Rizzardo*, ainda que a LUG estabeleça para a nota promissória os mesmos vencimentos daqueles da letra de câmbio, consigna o referido autor que o pagamento da nota promissória a certo tempo de vista não revela utilidade.(10)

Coberto de várias razões, insurge-se *Rubens Requião* contra tal *novidade*. Registremos que a lei cambiária de 1908, em seu art. 55, III, remete-nos à seguinte alternativa: a tempo certo da data. Evidentemente que a possibilidade a certo tempo de vista, introduzida pela LUG, causou estupefação na Doutrina.(11)

---

(6) DORIA, Dylson. *Op. cit.*, 1987. p. 49.

(7) BERTOLDI, Marcelo M.; RIBEIRO, Márcia Carla Pereira. *Op. cit.*, 2006. p. 421.

(8) COELHO, Fábio Ulhoa. *Op. cit.*, 2007. p. 271.

(9) *Ibidem*, p. 269.

(10) RIZZARDO, Arnaldo. *Títulos de crédito*. Rio de Janeiro: Forense, 2006. p. 278.

(11) Assevera o acatado comercialista: "No direito cambiário brasileiro... não existe nota promissória a tempo certo de vista, como ocorre na letra de câmbio. O vencimento a tempo certo de vista, no caso da letra de câmbio..., ocorre a contar da data do aceite. Não podemos compreender, pois, como possa existir, mesmo na Lei Uniforme, alusão à nota promissória a certo termo de vista, uma vez que o principal obrigado e devedor do título é o próprio subscritor. Aqui fica o registro de nossa perplexidade" (REQUIÃO, Rubens. *Op. cit.*, p. 468).

Destarte, o emitente, ao subscrever a nota promissória, não está apenas fazendo uma promessa. Ademais, no mesmo ato, já deixa claro que aceitou a obrigação a que se submeteu.[12] Conclui o ilustre mestre.

Ressalte-se, por fim, que a maneira mais comum do vencimento do título em pauta é a opção pelo pagamento a dia certo. Emitida a nota promissória a certo tempo de data, o título vencerá a tantos dias, a tantos meses ou mesmo a tantos anos, que se contam a partir da data da emissão, como no exemplo seguinte: "Aos ... dias desta data, pagarei por esta única via de nota promissória...".

7. Implicações em caso de falta de alguns dos requisitos indicados

É clara a Lei Uniforme (art. 76) ao dizer que na falta de um dos requisitos acima, o título não poderá produzir efeito como nota promissória. No entanto, o próprio documento legal em tela aponta os remédios que podem ser aplicados em certos casos. Assim é que a nota promissória em que não constar a época do pagamento será considerada à vista. Na hipótese da falta de indicação especial, o lugar onde foi passado considera-se como sendo o lugar do pagamento e ao mesmo tempo o lugar do domicílio do subscritor da nota promissória. Finalmente, a nota promissória que não contenha indicação do lugar no qual foi passada, considera-se como tendo sido no lugar designado ao lado do nome do subscritor. Essa é a redação da lei.

8. Nota promissória vinculada a um contrato

Enquadra-se a nota promissória entre aqueles títulos considerados abstratos, querendo--se dizer com isso que não se indaga de sua causa, do motivo que lhe deu origem. Destarte, cabe ao portador exigir do devedor o cumprimento da sua obrigação, executando o emitente apenas baseado na existência do título, na hipótese de não ser honrada a obrigação.

Ocorre, porém, que a emissão de uma nota promissória pode estar presa a um contrato original, do qual é uma condição para a sua perfeição. Dada essa hipótese, o devedor pode opor-se ao pagamento, se não houve cumprimento desse contrato. O título pode adquirir, pois, o caráter de causal, já que comporta discussão a respeito da razão que lhe deu origem, o que pode ser aduzido pelo titular do direito passivo. Este passa a ter direito pessoal contra o portador, sendo suficiente alegar a causa da obrigação, que é o contrato original referido.

No entendimento de *André Luiz Santa Cruz Ramos* é imprescindível salientar que quando a nota promissória for emitida com vinculação a qualquer contrato (e não apenas no caso de contrato bancário, que é mais comum), tal fato deve constar expressamente na cártula, visto que ela pode circular. Decorrência disso é que o terceiro que a receber por endosso toma conhecimento da relação contratual, à qual o título está atrelado.[13] Isso porque, segundo o mencionado autor, fica assim descaracterizada a abstração do título, pois o terceiro que o recebe por endosso se faz ciente da relação que lhe deu origem, sabendo que contra ele poderão ser opostas exceções provenientes do referido contrato.[14]

---

(12) *Idem.*

(13) RAMOS, André Luiz Santa Cruz. *Op. cit.*, 2008. p. 233.

(14) *Idem.*

A ação causal nesses casos tem sido admitida na jurisprudência e na doutrina, não apenas no que concerne à nota promissória, mas igualmente à letra de câmbio, no dizer de *Fran Martins.*[15]

9. Posicionamento do Superior Tribunal de Justiça

Francisco de Paula E. J. de Souza Brasil, ao comentar decisões tomadas pela Terceira Turma do STJ, assevera que vários acórdãos apontam para a perda da característica peculiar dos títulos de crédito — natureza cambial — na hipótese de sua vinculação a contrato de abertura de crédito. Nesse diapasão, acrescenta: "Desta forma, o título de crédito emitido como garantia de contrato bancário, obrigação subjacente, acarretaria ausência de circulação cambial, instituto inerente à própria disciplina dos títulos de crédito. Assim, haveria perda da natureza cambiária, pois no caso de contrato e nota promissória vinculados, o título não teria sido emitido como promessa de pagamento, mas como mera garantia de contrato de abertura de crédito".[16]

Acentua *Francisco de Paula E. J. de Souza Brasil* que, se o título de crédito for utilizado como instituto de garantia, estaria prejudicado o seu principal desiderato, que é a mobilização de crédito para circulação.[17] Os pormenores dessas decisões estão registrados no item *Jurisprudência*, no final do presente capítulo e correspondem ao REsp n. 2000.0063486-7/SP e ao AGRESP n. 275058/RS.

Ponha-se em relevo que o STJ não se cinge apenas à vinculação da nota promissória a contrato de abertura de crédito em conta-corrente. Acórdãos da Quarta Turma inclinam-se para a interpretação de que a abstração da nota promissória cede lugar à causalidade, como pode ser constatado em decisões concernentes a contrato de locação e a contrato de promessa de compra e venda. A perda da abstração desse título sobressai nos acórdãos correspondentes ao REsp 298.499/SP, ao REsp 14.012/RJ, bem como ao de n. 238558/CE, consoante citações de *Francisco de Paula E. J. de Souza.*[18]

Em decisão mais recente (2006), o Superior Tribunal de Justiça reconheceu o caráter acessório da nota promissória em contrato de empréstimo nulo, dentro, assim, da tendência jurisprudencial que vem assumindo nesses julgamentos. O STJ, após analisar a prova, reconheceu que o contrato aqui realçado era nulo, em conformidade com o art. 11 do Decreto n. 22.626, de 1933. Em consequência disso, não poderia afastar, na espécie, a natureza acessória da nota promissória que, expressamente, se prendia ao contrato referido. A autonomia dos títulos de crédito consiste em reflexo da respectiva negociabilidade. Assim, a não comercialização presume que sua emissão foi em garantia da avença (acessoriedade), destituída de seus caracteres cambiários, entre os quais a sua autonomia. Logo, a turma julgadora deu provimento ao recurso, para declarar a nulidade da nota promissória garantidora do empréstimo usurário na execução que embasa, de acordo com decisão proferida no REsp 812.004/RS, julgado em 26 de junho de 2006, 4ª Turma.[19]

(15) MARTINS, Fran. *Op. cit.*, 1997. p. 291.

(16) BRASIL, Francisco de Paula E. J. de Souza. *Op. cit.*, 2006. p. 101.

(17) *Ibidem*, p. 102.

(18) *Ibidem*, p. 102-103.

(19) FERREIRA FILHO, Roberto Rocha. *Principais julgamentos - STJ - Superior Tribunal de Justiça*. Salvador: Podivm, 2007. p. 138-139.

Neste diapasão, o posicionamento assumido pela 4ª Turma do STJ, no julgamento ora descrito, fortalece a hipótese de que a vinculação da nota promissória a um contrato, ou da letra de câmbio, pode fazer com que se reveja o caráter de abstração desses títulos, na medida em que podem vislumbrar-se situações que apontem para sua causalidade.

Como título abstrato, independente, cambial por excelência, a nota promissória, à semelhança da letra de câmbio, não é título vinculado, preso a um documento qualquer. Dá-se seu pagamento mediante sua simples exibição. Atá-la a determinado contrato pode torná-la um título de discutível abstração. Os argumentos trazidos por *Waldo Fazzio Jr.*, no sentido absoluto, intangível de sua autonomia, ainda que apoiados em *Tulio Ascarelli* ou *Luiz Emygdio da Rosa Jr.*, parecem encontrar limites, hoje, na jurisprudência e na doutrina. Aqueles argumentos da edição de 2000 (p. 406/407) são repetidos na edição de 2007 (p. 353-365), sem atualização bibliográfica.

Impende, dizer, não obstante, que o STJ, em se tratando de nota promissória vinculada a um contrato de mútuo, e não a um contrato de abertura de crédito, essa conserva o seu caráter de título executivo, posição estribada no entendimento de que essa modalidade contratual não lhe retira a liquidez. Tudo em conformidade com o Acórdão decorrente do AgRg no REsp 777.912/RS, Rel. Ministra Nancy Andrighi, publicado no DJ de 28.11.2005. p. 289. Do teor do mencionado Acórdão podemos extrair: "...a nota promissória, ainda que vinculada a contrato de mútuo bancário, não perde a sua executoriedade. Precedentes do STJ". (Encaminhamos o leitor ao item *Jurisprudência*, ao final do presente capítulo).

Encerraríamos esse tema lembrando a lição de *Uria*, para quem não há títulos absolutamente causais ou abstratos, conforme expusemos no item *Independência e Abstração*, no Capítulo I. Assim, não chega a ser absurda, como poderia parecer a uma doutrina mais conservadora, a decisão da 4ª Turma do Superior Tribunal de Justiça, ao reconhecer o caráter acessório da nota promissória, declarando a sua nulidade, vinculada que estava a contrato nulo.

10. Pluralidade de exemplares e cópias

Observe-se que as normas sobre pluralidade de exemplares presentes na Lei Uniforme de Genebra (LUG), arts. 64 a 66, não são aplicáveis à nota promissória, já que esse título de crédito não comporta aceite. Admite-se, porém, que essa cambial possa ter cópia, como já discutido na parte sobre letra de câmbio.

11. A questão do endosso e do aval, bem como de outros institutos ligados à nota promissória

Como já tratamos desses assuntos no capítulo referente à letra de câmbio, dispensamo-nos de fazê-lo agora, uma vez que se aplica à nota promissória as normas referentes à letra de câmbio, sempre no que couber. Por essa razão, remetemos o leitor ao Capítulo II do trabalho.

12. Peculiaridades sobre a nota promissória

Acrescentemos, agora, uma característica passageira da nota promissória, bem como da letra de câmbio: a necessidade de seu registro, conforme estabelecido no art. 2º e seus parágrafos do Decreto-lei n. 427, de 22 de janeiro de 1969, bem como no art 1º, 11, do Decreto-lei n. 1.042, de 21 de outubro de 1969.

Após mais de 10 anos de sufoco burocrático, pois se não registradas no fisco, notas promissórias e letras de câmbio de nada valeriam. Isso quer dizer que esses títulos foram, de certa forma, estatizados..., até o Decreto-lei n. 1.700, de 18 de outubro de 1979, que extingue tal registro, fazendo com que as cambiárias por excelência voltassem a desempenhar o seu papel no desenvolvimento dos negócios, na forma prevista na legislação nacional e internacional.

Por outro lado, cumpre-nos fazer referência à nota promissória emitidas pelas sociedades por ações como valor mobiliário, conforme a Resolução 1.723, de 27 de junho de 1990, de lavra do Banco Central. É o *commercial paper*, do qual nos ocuparemos no capítulo XI do presente trabalho, quando analisarmos os títulos próprios das sociedades anônimas.

13. Jurisprudência

Superior Tribunal de Justiça — STJ. Súmula n. 258: A nota promissória vinculada a contrato de abertura de crédito não goza de autonomia em razão da iliquidez do título que a originou.

Superior Tribunal de Justiça — STJ. Súmula n. 292: Os juros remuneratórios, não cumuláveis com a comissão de permanência, são devidos no período de inadimplência, à taxa média de mercado estipulada pelo Banco Central do Brasil, limitada ao percentual contratado.

Superior Tribunal de Justiça — STJ. 4ª Turma. REsp 259.819-PR, Rel. Min. Jorge Scartezzini, julgado em 05.12.2006 (Informativo n. 307). Nota promissória. Aval. Débito. Ônus. Prova.

Instruída a execução com título formalmente em ordem, com aval dado a nota promissora vinculada a contrato, o ônus da prova da presunção de liquidez e certeza é do devedor. Outrossim, estando a nota promissória como título executivo que é, vinculada ou não a contrato, nada interfere para a eficácia do aval, prevalecendo, consequentemente, a responsabilidade solidária, de forma autônoma e voluntária, dos que por ela se obrigaram a quitar a dívida integralmente, mormente por ser o aval uma garantia cambial, isto é, do título e não do avalizado (Lei Uniforme, art. 32).

Superior Tribunal de Justiça —STJ. 4ª Turma. REsp 812.004 RS, Rel. Min. Jorge Scartezzini, julgado em 20.06.2006 (Informativo n. 289). Nota promissória. Contrato. Empréstimo. Nulo.

O Tribunal *a quo*, após análise da prova, reconheceu que o contrato de empréstimo era nulo conforme o art. 11 do Decreto n. 22.626/1933. Por conseguinte, não poderia afastar, na hipótese, a natureza acessória da nota promissória que, expressamente, vinculava-se ao contrato referido. A autonomia dos títulos de crédito consiste em reflexo da respectiva negociabilidade. Assim, a não comercialização presume que sua emissão foi em garantia da avença (acessoriedade), destituída de seus caracteres cambiários, entre os quais sua autonomia. Logo, a Turma deu provimento ao recurso para declarar a nulidade da nota promissória garantidora do empréstimo usurário e, por conseguinte, da execução que embasa.

Superior Tribunal de Justiça — STJ. 4ª Turma. REsp 260.903-ES. Rel.: Min. Aldir Passarinho Júnior, julgado em 10.06.2003. DJU de 01.09.2003. p. 290. Processual Civil. Execução. Embargos. Simulação. Alegação de nota promissória assinada em branco e sem data. Pedido de produção de provas. Julgamento antecipado da lide. Cerceamento de defesa. CPC, arts. 745 e 332.

I. Requerida pelos embargantes a produção de provas para demonstrar a simulação do negócio jurídico que, camuflado como compra de café para entrega futura, na verdade representaria empréstimo com encargos ilegais, importa em cerceamento do direito de defesa o julgamento antecipado da lide, sem que fosse oportunizada à parte a dilação probatória. Precedentes específicos do STJ. II. Recurso especial conhecido e provido, para anular parcialmente o processo.

Superior Tribunal de Justiça — STJ. 4ª Turma. REsp 190.753-SP, Rel. Min. Barros Monteiro, julgado em 28.10.2003, DJU de 19.12.2003. p. 467. Execução. Nota promissória. Avalista. Discussão sobre a origem do débito. Inadmissibilidade. Ônus da prova.

O aval é obrigação autônoma e independente, descabendo assim a discussão sobre a origem da dívida. Instruída a execução com título formalmente em ordem, é do devedor o ônus de elidir a presunção de liquidez e certeza. Recurso especial conhecido e provido.

Superior Tribunal de Justiça — STJ. Execução. Nota promissória. Data de emissão. Requisito essencial. Precedentes. Rigor formal. Morte do emitente antes da emissão. Impossibilidade material. Recurso provido.

I – A jurisprudência das Turmas que compõem a Seção de Direito Privado deste Superior Tribunal de Justiça firmou-se no sentido de que a data de emissão da nota promissória configura requisito essencial à sua validade como título executivo.

II – A par do rigor cambiário, que confere segurança às partes e às relações jurídicas, não se pode descurar das evidências do caso concreto.

III – Comprovada a autenticidade da assinatura do emitente e tendo ele falecido antes da data de emissão do título, é materialmente impossível que essa data corresponda à realidade.

IV – Ausente o prequestionamento, torna-se inviável o acesso à instância especial, nos termos do Enunciado n. 282 da Súmula/STF. Vistos, relatados e discutidos estes autos, acordam os Ministros da Quarta Turma do Superior Tribunal de Justiça, na conformidade dos votos e das notas taquigráficas a seguir, por maioria, conhecer do recurso, mas lhe negar provimento, vencidos os Ministros César Asfor Rocha e Ruy Rosado de Aguiar. Votaram com o Relator os Ministros Barros Monteiro e Aldir Passarinho Júnior.

Superior Tribunal de Justiça. AGRESP n. 275058/RS. Agravo Regimental no REsp n. 2000.0087831-6. Ementa: Processo Civil. Ação de execução. Emissão de título de crédito. Nota promissória vinculada a contrato de abertura de crédito. Ausência de exigibilidade. Título cambial emitido como garantia de dívida bancária. Ausência de circulação. Perda da natureza cambiária. Ausente a circulação do título de crédito, a nota promissória que não é sacada como promessa de pagamento, mas como garantia de contrato de abertura de crédito, a que foi vinculada, tem sua natureza jurídica cambial desnaturada, subtraída a sua autonomia. A iliquidez do contrato de abertura de crédito é transmitida à nota promissória vinculada, contaminando-a, pois o objetivo contratual é a disposição de certo numerário, dentro de um limite prefixado, sendo que essa indeterminação do quantum devido comunica-se com a nota promissória por terem nascido da mesma obrigação jurídica. Rel. Min. Nancy Andrighi, 3ª T., Brasília, j. em 17.05.2001, DJ de 11.06.2001. p. 106. Disponível em http://www.stj.gov.br/webstj. Acesso em 26.08.2004.

Superior Tribunal de Justiça STJ. REsp n. 2000.0063486-7/SP. Processo Civil. Ação de execução. Emissão de título de crédito. Nota promissória vinculada a contrato de abertura de crédito. Ausência de exigibilidade. Título cambial emitido como garantia de dívida bancária. Ausência de circulação. Perda da natureza cambiária. I — Não havendo a circulação do título, resta que este se destinou à garantia de negócio subjacente, refugindo da principiologia cambiária. II — Nota promissória que não é sacada como promessa de pagamento, mas como garantia de contrato de abertura de crédito, a que foi vinculada, tem sua natureza cambial desnaturada, subtraída a sua autonomia. Precedente da 3ª T., REsp n. 239.352, Rel. Ari Pargendler, Rel. para acórdão Min. Nancy Andrighi, 3ª T., Brasília, j. em 15.12.2000, DJ de 05.03.2001. p. 159. Disponível em http://stj.gov.br/webstj. Acesso em 16.08.2004.

Superior Tribunal de Justiça. REsp n. 298.499/SP. Nota promissória. Locação. Ônus da prova. A nota promissória vinculada a contrato de locação perde sua abstração. Tendo os autores provado os fatos alegados na petição inicial, sobre a natureza do relacionamento mantido com o réu, que seria unicamente derivado da locação, cabia a este explicitar as outras "várias transações comerciais" que originaram a dívida de significativo valor expressa nos títulos. Recurso conhecido e provido. Rel. Min. Ruy Rosado de Aguiar, 4ª T., Brasília, j. em 7.08.2001, DJ de 24.09.2001. p. 312. Disponível em http://www.stj.gov.br/webstj. Acesso em 25.08.2004.

Superior Tribunal de Justiça — STJ. REsp n. 238558/CE. Comercial e Processual Civil. Execução. Notas promissórias juntadas por cópia. Vinculação a contrato de promessa de compra e venda. Perda de abstração. Viabilidade do processo executivo. Recurso provido. I — A juntada das promissórias, por cópia, à execução, estando vinculadas ao contrato de compra e venda, tem condão de desconstituir a via executiva, seja porque esta pode amparar-se no instrumento contratual, seja porque se trata de irregularidade sanável no curso do processo, mediante determinação do juiz. II — Na linha dos procedentes desta Corte, não são absolutos os princípios da abstração e da autonomia quando a cambial é emitida em garantia de negócio jurídico subjacente. Rel. Min. Sálvio de Figueiredo Teixeira, 4ª T., Brasília, j. em 08.02.2000, DJ de 20.03.2000. Disponível em http://stj.gov.br/webstj. Acesso em 25.08.2004.

Superior Tribunal de Justiça — STJ. Nota promissória. Moeda estrangeira. Conversão. Data do pagamento.

A conversão da moeda estrangeira pode ser feita ao câmbio do dia do pagamento da nota promissória. Hipótese em que constou do título a opção pelo dia da liquidação. Art. 41 da LUG. Acordam os Ministros da Quarta Turma do Superior Tribunal de Justiça, na conformidade dos votos e das notas taquigráficas a seguir, por unanimidade, conhecer do recurso e dar-lhe provimento, nos termos do voto do Sr. Ministro Relator. Votaram com o relator os Srs. Ministros Sálvio de Figueiredo Teixeira e César Asfor Rocha. Ausente, ocasionalmente, o Sr. Ministro Barros Monteiro.

Superior Tribunal de Justiça — STJ. 4ª Turma. REsp 103.336/RS. Rel.: Sálvio de Figueiredo Correia. DJU de 23.03.1998. p. 113.

A nota promissória vinculada a contrato de abertura de crédito não goza de autonomia, sendo necessário, para que configure um título executivo líquido, a demonstração da evolução da dívida através de extratos de conta-corrente.

Tribunal de Justiça do Distrito Federal e dos Territórios. 6ª Turma Cível. Classe do processo: 20080020051518AGI DF. Rel. Ana Maria Duarte Amarante Brito. Pub. DJU: 18.06.2008. p. 78.

Agravo de instrumento. Antecipação de efeitos da tutela. Requisitos. Pedido para obstar execução de notas promissórias. Não comprovação da existência dos títulos de crédito. Fato controverso. Ausência de previsão contratual. Ônus dos agravantes. Artigo 333, inciso I do Código Civil. Suspensão da inscrição do nome do devedor nos arquivos de consumo. Pedido liminar. Ausência de requisitos. Impossibilidade.

Consoante dicção do artigo 273, do Código de Processo Civil, pode o magistrado, a requerimento da parte, antecipar, total ou parcialmente, os efeitos da tutela pretendida no pedido inicial, desde que, existindo prova inequívoca, convença-se da verossimilhança da alegação (pressupostos genéricos), e haja fundado receio de dano irreparável ou de difícil reparação ou, ainda, fique caracterizado ao abuso de direito de defesa ou o manifesto propósito protelatório do réu (pressupostos alternativos).

Tendo os agravantes alegado a existência de notas promissórias em poder da parte agravada, títulos de crédito por ela desconhecidos, constitui-se fato controverso, imprescindível, pois, de prova nos autos. Ausente a comprovação de tal fato, a alegação dos recorrentes não merece acolhida diante da inobservância do disposto no artigo 333, inciso I do Código de Processo Civil.

O pedido do devedor para impedir ou superar a inscrição existente depende da presença simultânea de três elementos: a) ação proposta pelo devedor contestando a existência integral ou parcial do débito; b) demonstração efetiva da cobrança indevida, amparada em jurisprudência consolidada do Supremo Tribunal Federal e deste Superior Tribunal de Justiça; c) sendo parcial a constatação, que haja o depósito da parte incontroversa ou a prestação de caução idônea, a critério do magistrado. Orientação da Segunda Seção do STJ (REps. n. 527.618/RS, Relator Ministro César Asfor Rocha, DJ de 24/11/2003). Agravo conhecido e não provido. Decisão: negar provimento unânime.

Tribunal de Justiça do Distrito Federal e dos Territórios. Primeira Turma Recursal dos Juizados Especiais Cíveis e Criminais do D. F. ACJ D.F. Registro do Acórdão n. 279306. Rel. Luis Gustavo Barbosa de Oliveira. Julg. em 20.03.2007. Pub. DJU de 04.09.2007. p. 151. Execução. Ausência da memória de cálculo.

I. Imperfeições da planilha de correção do valor do crédito não configuram sua ausência. II. Discordâncias sobre o valor devido devem ser discutidas no bojo de embargos à execução. III. No caso de notas promissórias, é parte legítima para cobrá-las seu portador ou beneficiário. IV. As exceções vinculadas à relação jurídica fundamental podem ser alegadas pelo emitente do título, principal devedor, mas é seu o ônus da prova do fato descontitutivo de sua obrigação. Decisão: Não conhecer. Maioria.

Tribunal de Justiça do Distrito Federal e dos Territórios. 6ª Turma Cível. Rel.: Jair Soares. AGI DF. Registro do Acórdão n. 279169. Julg. em 15.08.2007. Pub. DJU de 30.08.2007. p. 106. Nota promissória emitida por pessoa física. Novação. Contrato de fomento mercantil (factoring) firmado por pessoa jurídica. Juros contratuais e juros legais.

1. A emissão de nota promissória, por pessoa física, a fim de resgatar cheques devolvidos sem provisão de fundos, adquiridos em razão de contrato de fomento mercantil (factoring), firmada pela pessoa jurídica da qual é sócio-gerente, constitui novação. 2. Não se confundindo a pessoa física do representante legal e emitente de nota promissória com a pessoa jurídica contratante dos serviços de fomento mercantil, os negócios que celebram são distintos. 3. Quando os juros moratórios não forem convencionados, aplicam-se os juros legais, no percentual de 6% ao ano, e, a partir de 11.01.2003, de 12% ao ano (CC, art. 406). 4. Agravo não provido. Decisão: Negar provimento. Unânime.

Tribunal de Justiça do Distrito Federal e dos Territórios. Segunda Turma Recursal dos Juizados Especiais Cíveis e Criminais do D. F. ACJ DF. Registro do Acórdão n. 278559. Rel.: Alfeu Machado. Julg. em 07.08.2007. Pub. DJU de 20.08.2007. p. 96. Civil. Comercial. Responsabilidade civil. Título de crédito. Protesto indevido. Dano moral caracterizado. Dívida renegociada. Empresa que reconhece o equívoco. Teoria do risco da atividade (art. 927, CCB/02). Culpa. Negligência e imprudência configuradas. "Quantum" fixado. Princípios da proporcionalidade e razoabilidade.

1. Tendo a autora procedido uma renegociação quanto ao pagamento dos valores cobrados pela empresa ré, considera-se ato ilícito passível de condenação em danos morais o protesto da nota promissória que originou tais quantias. 2. Como consignado na sentença *a quo* a parte ré firmou acordo com a parte autora para pagamento do débito representado pelo título protestado, esse não poderia ter sido encaminhado para protesto, tendo a demandada atuado de forma culposa ao encaminhar o aludido título de crédito para protesto, sem os devidos cuidados. 3. Não há culpa concorrente quando a empresa reconhece equívoco ocorrido por seus prepostos, baseada na alegação de que a renegociação feita causou confusão em seu caixa, visto não ser comum o pagamento por meio de cheques, além disto, como dito, a empresa concordou com a novação da dívida e substituição do título. 4. Aquele que por ação ou omissão voluntária, negligência ou imprudência, violar direito e causar dano a outrem, ainda que exclusivamente moral, comete ato ilícito, gerando a obrigação de repará-lo, ao teor dos artigos 186 e 927, do CCB/02. 5. Quantum fixado na indenização por dano moral em R$ 3.000,00 (três mil reais) está em conformidade com as circunstâncias específicas do evento, atento à situação patrimonial das partes (condição econômico-financeira), para a gravidade da repercussão da ofensa, atendido o caráter compensatório, pedagógico e punitivo da condenação, sem gerar enriquecimento sem causa, indevido pelo direito vigente (art. 884, CCB/02), levando-se em conta, ainda, a medição da extinção do dano de que trata o artigo 944 do Código Civil, específica em cada caso, sempre em sintonia com os princípios da razoabilidade e proporcionalidade. Sentença confirmada. Recurso conhecido e improvido. Unânime.

Tribunal de Justiça do Distrito Federal e dos Territórios. 4ª Turma Cível. APC DF. Registro do Acórdão Número 271638. Rel.: João Timóteo. Julg. em 25.10.2006. Pub. DJU de 25.05.2007. p. 86. Apelação Cível. Embargos à execução. Títulos de crédito. Nota promissória emitida em garantia de dívida. Nestas circunstâncias, como qualquer outro contrato, se submete à discussão e ao conhecimento do julgador o negócio jurídico firmado entre as partes. Negado provimento ao recurso.

Tribunal de Justiça de Pernambuco. 3ª Câmara Cível. Apelação Cível. Acórdão 18375-7. Rel.: Sílvio de Arruda Beltrão. Julg. em 13.07.2006. Direito Civil e Processual Civil. Ação Ordinária de Cobrança. Cobrança de promissória prescrita. Desnecessidade de protesto. Utilização das vias ordinárias antes do advento da Lei n. 9.079/95. Possibilidade.

A prescrição do título de crédito retira tão somente a possibilidade de o credor se utilizar da via executiva. É desnecessário o protesto do título cambial para se promover judicialmente a cobrança do valor nele contido pelo procedimento ordinário. Precedentes do STJ. Antes do advento da Lei n. 9.079/95, que instituiu o procedimento monitório, legítima era a atitude do credor em promover a ação ordinária de cobrança lastreada em título de crédito prescrito, pois o fundamento da cobrança não é mais a cártula, autonomamente, mas sim a dívida de que ele é prova. À unanimidade de votos, negou-se provimento ao apelo.

Tribunal de Justiça da Bahia. Acórdão n. 13.537. Processo 31.732-1. 2005. Contrato de negociação de dívidas. Notas promissórias. Execuções cumuladas. Títulos executivos com devedores e avalistas. Possibilidade de cumulação. Inexistência de cerceamento de defesa.

Perfeitamente possível a cumulação de diferentes títulos, quando o juiz for competente para todas elas e idênticas as formas do processo, a teor do art. 573 do CPC. Improvimento do recurso.

Tribunal de Justiça da Bahia. Acórdão n. 81.014. Processo 12.146-2. 2004. Processo Civil. Apelação Cível. Ação de Execução.

O contrato de crédito rotativo, ainda que acompanhado de nota promissória, não é título executivo extrajudicial. Inteligência da Súmula n. 233 do STJ. Recurso improvido.

Tribunal de Justiça da Bahia. 4ª Câmara Cível. Acórdão n. 17.378-5. Processo 11.743.5. Rel.: Des. Justino Telles. Julg. em 21.08.2002. Execução. Contrato de abertura de crédito em conta-corrente.

Título inábil para execução. Inadmissibilidade. Nota promissória irregular. Inexecutividade. Improv. à unanimidade.

Tribunal de Justiça de Goiás. 4ª Câmara Cível. Apelação Cível 76218-3/188. Julg. em 20.05.2004. I. Apelação Cível. Embargos à execução. Nota promissória. Assinatura falsa. Execução nula.

Restando tecnicamente provado que o aceite da nota promissória é nulo, identicamente nula será a execução, por não respaldada em título executivo válido, impondo-se a procedência dos apostos embargos à execução, ante inexistência dos pressupostos formais contemplados na lei processual civil. II. Apelo conhecido, mas improvido.

Tribunal de Justiça de Goiás. 4ª Câmara Cível. Apelação Cível 74511-4/188. Julg. em 11.06.2004. Apelação Cível. Execução. Embargos do devedor. Nota promissória. Título executivo certo, líquido e exigível.

I.As meras alegações, desacompanhadas de provas robustas e eficazes, mesmo porque provas testemunhais e depoimentos das partes não têm o condão de desconstituir o título, são incapazes de retirar a força executiva de nota promissória que contém os requisitos exigidos (art. 586 do CPC) como a liquidez, certeza e exigibilidade. II. Recurso conhecido e provido. Sentença reformada.

Tribunal de Justiça de Santa Catarina. 4a CC. Ac. n. 9710914-8. Rel.: Des. Nilton M. Machado. DJSC de 13.05.1999. p. 1. Nota promissória. Emissão em branco: alegação de abuso.

Emitida a nota promissória em branco, o emitente outorga mandato tácito ao possuidor para preenchê-la, o que não a minimiza em seu valor cambial. Por votação unânime, negar provimento ao recurso. Custas na forma da lei.

Tribunal de Justiça de Santa Catarina. Ac. n. 969967-0. Rel.: Des. Nelson S. Martins. DJSC de 12.03.1999. p. 23. Nota promissória. Avalistas. Execução. Embargos. Cerceamento de prova inocorrente. Provas testemunhal e pericial. CC, art. 401. Contrato celebrado com terceiro que não a exequente. Quitação não demonstrada. Código Civil, arts. 939 e 940. Direito de regresso. Decreto n. 57.663/66, art. 32. Recurso desprovido.

Afasta-se a prefacial de cerceamento do direito de defesa se os autos tratam de matéria de fato e de direito que dispensam a produção de outras provas e o processo encontra-se suficientemente instruído. Correspondendo o valor do título a uma quantia bem superior ao décuplo do maior salário mínimo, a teor do disposto no art. 401 do CPC, não é possível a realização de prova exclusivamente testemunhal. Não se justifica a realização de prova pericial se os apelantes não requerem na inicial dos embargos a sua produção. A cambial possui autonomia especialmente porque emitida oito meses depois de celebração de pacto entre emitente da nota promissória (não executada) e terceira, corretora de cereais, inexistindo prova de que esta seja representante da exequente. Para que avalistas pudessem favorecer-se com abatimento do débito decorrente de entrega de mercadorias, teria a devedora principal que exigir a quitação parcial regular nos termos do art. 939 do Código Civil ou no mínimo fazer com que a credora lançasse na cambial os respectivos recibos. Se os embargantes não demonstram na forma do art. 940 do Código Civil os pagamentos parciais do valor da dívida, presume-se a validade do título cambiário e da quantia nele consignada. A credora pode ajuizar a ação de execução apenas contra os avalistas, assegurando-se a estes, na forma do art. 32 da Lei n. 57.663/66, o direito de regresso. Decisão: por votação unânime, negar provimento ao recurso. Custas de lei.

Tribunal de Justiça do Rio Grande do Sul. 16ª Câmara Cível. Apelação Cível 70006127328. Julg. em 28.05.2003. Embargos à execução. Notas promissórias.

As notas promissórias são títulos executivos extrajudiciais, conforme expressamente estabelecido no art. 585 do CPC, inc. I. Desnecessária prova pericial, constando os dados para a apuração dos valores dos documentos objeto do processo de execução e dos embargos. Dispositivo da sentença melhor esclarecido, visando ao encaminhamento do prosseguimento do feito, mantida a conclusão. Apelo improvido.

Tribunal de Justiça do Rio Grande do Sul. 7ª Câmara Cível. Apelação Cível 599188653. Julg. em 18.02.2003. Ação Ordinária de anulação de título cambial. Nota promissória firmada em branco. Legalidade. Preenchimento abusivo indemonstrado.

A pessoa que emite nota promissória em branco outorga mandato tácito para que o possuidor a preencha até o momento em que é apresentada para execução, não se desfazendo, por esta razão, a liquidez, a certeza e a exigibilidade do título. Apelação provida.

Tribunal de Justiça do Rio Grande do Sul. 2ª Câmara Cível. Apelação Cível 70003831625. Julg. em 16.10.2002. Ação de cobrança. Nota promissória prescrita.

Vencimento com termo certo. Juros de mora não avençados, incidem pela taxa legal, desde o vencimento, assim como a correção monetária. Em face da prova do pagamento do débito, improcede a pretensão. Apelo desprovido.

Capítulo IV

DUPLICATA

1. Conceito

A duplicata[1] é igualmente um título de crédito, circulando por meio de endosso. Representa um saque cuja justificativa se encontra ora em uma venda mercantil, ora em um contrato de prestação de serviço. Em decorrência, apresenta-se como um título de crédito causal.

2. Origem e desenvolvimento

A conceituação de duplicata já se achava compilada no art. 219 do velho Código Comercial, cujo conteúdo transcrevemos *in verbis*: "Nas vendas em grosso ou por atacado entre comerciantes, o vendedor é obrigado a apresentar ao comprador, por duplicado, no ato da entrega das mercadorias, a fatura ou conta dos gêneros vendidos, as quais serão por ambos assinadas, uma para ficar na mão do vendedor e outra na do comprador. Não se declarando na fatura o prazo do pagamento, presume-se que a compra foi à vista. As faturas sobreditas, não sendo reclamadas pelo vendedor ou comprador, dentro de dez dias subsequentes à entrega e recebimento, presumem-se contas líquidas".

Tratava-se já de autêntica invenção do Direito Comercial brasileiro, que veio a ter larga ressonância no mundo dos negócios.

Assim, dentro dessa criação do direito pátrio, a fatura em duplicata afirmou-se como prova do contrato de compra e venda de mercadorias, celebrado entre duas partes. A via que ficava nas mãos do vendedor, devidamente assinada pelo comprador, constituía o título representativo do crédito oriundo de semelhante transação.

Dentro da preocupação de disciplinar o emprego da duplicata, o Código Comercial prescrevia no seu art. 247 que tudo quanto ficasse estabelecido a respeito das letras de câmbio, igualmente valeria para as notas promissórias e os créditos mercantis, tanto quanto possível.

---

(1) A origem da palavra duplicata está no latim medieval duplicata (*littera*) e significa letra dobrada (ACQUAVITA, Marcus Cláudio. *Dicionário Acadêmico de Direito*. São Paulo: Método, 2008. p. 194).

Ocorre que com a entrada em vigor do Decreto n. 2.044, de 1908, revogou-se todo o Título XVI do Código Comercial, por força do que determinava o seu art. 57, atingindo, destarte, aquela disposição que fazia equivaler as faturas ou contas assinadas às letras de câmbio, o que veio a causar verdadeiro tumulto nos meios comerciais, uma vez que o sistema bancário passou a exigir para operações de desconto letras de câmbio ou notas promissórias. Por outro lado, os comerciantes opunham resistência ao uso desses títulos, habituados que já estavam a um título de fácil execução, como a duplicata, já de larga utilização.

No curso dessa pendência é que vai surgir a Lei Orçamentária n. 2.919, de 1914, autorizando o Executivo a regularizar a cobrança do imposto de selo proporcional sobre as contas assinadas e assim praticamente assegurando o estabelecimento de sua equiparação às letras de câmbio e às promissórias. Foi então que se editou o Decreto n. 11.527, de 1915, dando continuação ao desenvolvimento histórico do título e, mais ainda, fazendo ressurgir, de fato, o revogado art. 427 do Código Comercial, antes invalidado pelo art. 57 do Decreto n. 2.044/1908.

Pelo visto, o revigoramento da duplicata resultou do interesse que tinha a Receita Federal de arrecadar o imposto proporcional, a que se vinculavam as faturas ou contas assinadas. Por seu turno, foram atendidas as conveniências do setor comercial, em conformidade com o que já dispunha o art. 219 do Código Comercial.

É de se ressaltar que o Decreto n. 11.527, de 1915, teve um breve período de vida, marcado que foi por inúmeras críticas a ele dirigidas. Em vista disso, o próprio governo federal reconheceu que tinha havido um retrocesso. Em seu lugar surgiu o Decreto n. 11.856, de 1916. Com tal medida se bania, mais uma vez, a duplicata do Direito Cambiário brasileiro. A questão, contudo, não morreu, permanecendo o desafio no meio dos segmentos interessados.

Assim é que, em 1920, o Governo Federal edita a Lei n. 4.230, instituindo o imposto sobre os lucros líquidos do comércio e da indústria, em outras palavras, o imposto de renda. Dois anos depois eram os próprios comerciantes que incentivavam mudanças no Direito brasileiro, propondo a volta da duplicata.

Com base na Lei n. 4.625/22, que autorizava a aplicar no todo ou em parte as recomendações dos homens de negócio, materializadas em documento de autoria do I Congresso das Associações Comerciais do Brasil, foi editado o Decreto n. 16.041, de 1923, que, se regulava a cobrança e fiscalização do imposto do selo sobre vendas mercantis, instituía, igualmente, a duplicata ou conta assinada, atendendo tanto aos anseios dos comerciantes, como aos objetivos do governo de gerar mais receita.

Em 1936, surge a Lei n. 187, após sucessivas alterações introduzidas no Decreto n. 16.041/1923. Nesse intervalo ainda há de se mencionar o Decreto n. 16.275/1924. É, porém, com aquela referida Lei n. 187 que em um espaço de tempo de 32 anos se disciplinou a circulação da duplicata, atrelada a um contrato de compra e venda, além de constituir uma promessa de pagamento do preço. A Lei n. 187/1936 vigorou até a entrada em vigência da Lei n. 5.474/1968.(2)

3. Fatura comercial

É através da Lei n. 5.474/1968 que vamos encontrar aqueles elementos definidores do que seja a fatura comercial. Essa lei substituiu o Decreto-lei n. 265/1967, cuja vigência, fugaz e tumultuada, provocou uma onda de protesto entre os comerciantes. Em vista disto, viu-se o governo federal compelido a preparar novo texto legal, sendo essa a origem da aludida lei. E é em semelhante instrumento legal que vem expresso, logo no *caput* do seu art. 1º, a delimitação do emprego da fatura comercial: "Em todo o contrato de compra e venda mercantil entre partes domiciliadas no Território Brasileiro, com prazo não inferior a 30 (trinta) dias, contado da data da entrega ou despacho das mercadorias, o vendedor extrairá a respectiva fatura para a apresentação ao comprador".

Esse prazo mencionado de 30 dias tem sua razão de ser. É que, por presunção legal, decorrente da antiga legislação do fisco, só se considerava venda a prazo aquela a partir dos 30 dias. Não se preenchendo esse requisito, o negócio era considerado à vista. Nada obsta, entretanto, que para prazos inferiores a 30 dias seja emitida fatura ou duplicata, de acordo com o estabelecido no art. 3º, § 2º, da Lei n. 5.474/1968. É uma faculdade de que disporão as partes, já que o próprio verbo utilizado nesse artigo é o *poder*: "A venda mercantil... para pagamento em prazo inferior a 30 (trinta) dias, poderá representar-se, também, por duplicata, em que se declarará que o pagamento será feito nessas condições".

Dentro desse mecanismo, a fatura deverá discriminar as mercadorias vendidas, ou então, obedecendo às conveniências do vendedor, indicará apenas os números e valores correspondentes às notas parciais expedidas no momento das vendas, despachos ou entregas das mercadorias.

A fatura é consequentemente um documento de contrato de compra e venda e não um título representativo de mercadorias. Deve acompanhar os bens expedidos, exigência essa já presente no art. 219 de Código Comercial e que passou aos Decretos n. 16.041, de 1923, e n. 17.535, de 1926. A Lei n. 5.474/1968 manteve o mesmo espírito da legislação anterior. Disso decorre que a remessa da fatura constitui um ato de tradição efetiva e não de tradição simbólica.

4. Aplicação da LUG e do Decreto n. 2.044/1908 à duplicata

Enfatiza a Doutrina que tanto a Lei Uniforme de Genebra quanto o Decreto n. 2.044/1908 aplicam-se, em caráter subsidiário, à duplicata. Tudo em conformidade com o art. 25 da LD,

---

(2) Consoante Fran Martins, *Op. cit.*, 2008. p. 405, a Lei n. 187 consolidou os princípios sobre as duplicatas, introduzindo, outrossim, novas regras com o escopo de dar maior garantia ao documento. A duplicata vem a ser um título casual, ao expressar um contrato de compra e venda, de emissão obrigatória, se vendedor ou comprador forem domiciliados no Brasil. De nítida natureza fiscal, pois o vendedor se obriga a ter escrita especial das duplicatas emitidas. Esses registros deviam estar à disposição do fisco, federal ou estadual, no momento em que fossem exigidos, não podendo ser retirados do estabelecimento.

que estipula: "Aplicam-se à duplicata e à triplicata, no que couber, os dispositivos da legislação sobre emissão, circulação e pagamento das letras de câmbio".

É neste diapasão que se manifesta *Fran Martins*, para justificar a emissão da triplicata fora dos casos de perda ou extravio, como ocorre no protesto por indicação. Argumenta o eminente mestre que tal norma já houvera sido acolhida no art. 31 do Decreto n. 2.044/1908, cujo teor assevera poder o protesto ser tirado por outro exemplar do título.(3)

A Doutrina recepciona a aplicação à duplicata das normas sobre a Letra de Câmbio pelo fato de ambos os títulos ostentarem estreita semelhança e comportarem o ato cambiário do aceite. Há de respeitar-se a característica primordial da duplicata que constitui o saque pelo vendedor da importância faturada ao comprador.

5. Duplicata e letra de câmbio

A duplicata, por ser um título sacado, encontra mais semelhança com a letra de câmbio. Seria a modalidade brasileira da letra, e não da nota promissória, como assevera *João Eunápio Borges*, conforme citação de *Luiz Emygdio F. da Rosa Jr.*(4)

A duplicata não é apenas o título que dispõe do saque. Existem, outrossim, o sacado, e a figura do aceite, o que, claramente, lhe confere uma estrutura mais semelhante à letra de câmbio do que à nota promissória. A duplicata não se aperfeiçoa com o aceite do sacado, para o que remetemos o leitor ao item *Aceite*. Não há, pois, possibilidade de comparação com a nota promissória, na qual a assinatura de seu emitente corresponde a uma incondicional e irretratável promessa de pagamento. Existem, contudo, notáveis diferenças entre ambos os títulos, consoante enfatiza a boa doutrina.(5)

6. Duplicata comercial

Diferentemente da fatura, que é de emissão obrigatória, a emissão da duplicata é de caráter meramente facultativo. É o que se depreende do art. 2º da Lei n. 5.474/1968, ao dizer que, no ato da emissão da fatura, dela poderá ser extraída uma duplicata para circulação com efeito comercial, não sendo admitida qualquer outra espécie de título de crédito para documentar o saque do vendedor pela importância faturada ao comprador.

---

(3) MARTINS, Fran. *Op. cit.*, 2008. p. 434.

(4) ROSA JR., Luiz Emygdio F. da. *Op. cit.*, 2006. p. 663.

(5) No particular, mencione-se ROSA JR., Luiz Emygdio F. *Op. cit.*, 2006, que nos brinda com a seguinte comparação: a) a letra de câmbio é título de crédito próprio e abstrato, ao passo que a duplicata é título impróprio e causal; b) na letra de câmbio o aceite é facultativo, enquanto na duplicata, é obrigatório que só pode ser recusado com base em uma das razões do art. 8º da Lei de duplicatas; c) enquanto na letra de câmbio o beneficiário da ordem de pagamento pode ser o sacador o terceiro, na duplicata o beneficiário é sempre o sacador; d) se a letra de câmbio se origina na declaração cambiária manifestada pelo sacador, na duplicata o sacador não se torna devedor quando pratica o ato cambiário do saque, isso porque, só integrará a relação cambiária, na qualidade de devedor indireto, se a puser em circulação; e) a letra de câmbio comporta três figuras: sacador, sacado e tomador, no entanto na duplicata só existe sacador e sacado; f) a letra de câmbio tem vencimento à vista, com data certa a tempo certo de data e a tempo certo de vista, mas a duplicata só admite vencimento à vista ou com data certa (p. 663-664).

Esse é, portanto, o sentido da duplicata comercial, também chamada de duplicata de fatura e, em menor escala, de conta assinada, embora o emprego de semelhantes expressões seja extremamente raro no campo do Direito Cambiário.

7. Nota fiscal-fatura

Um convênio celebrado entre o Ministério da Fazenda e as secretarias estaduais da fazenda, em 1970, visando ao intercâmbio de informações fiscais entre esses órgãos, permitiu aos empresários a criação de um documento único que, ao mesmo tempo, desempenhasse as funções de instrumento comercial e tributário. Instituía-se como isso a "nota fiscal-fatura". Assim, para o comerciante que adotar esse sistema, torna-se viável a emissão de uma única relação de mercadorias vendidas por operação que vier a realizar. Nesse caso, o referido documento produzirá para o Direito Comercial os efeitos da duplicata mercantil, e para o Direito Tributário, os de nota fiscal.

Utilizando-se do sistema de "nota fiscal-fatura" (NF-fatura), o empresário mercantil não poderá furtar-se de sua emissão, qualquer que seja a operação que realize, ainda que se trate de venda à vista, pois a referida emissão (da NF-fatura) é sempre obrigatória e não facultativa, qualidade que a Lei de Duplicata (LD) atribui à duplicata. Em outras palavras: se o vendedor não está obrigado a sacar a duplicata em toda e qualquer situação, adotando a utilização da NF-fatural, obriga-se a emiti-la, até quando se trata de venda não a prazo.

Como já mencionado, ao empresário mercantil compete apenas a emissão da duplicata. Nunca a letra de câmbio, em conformidade com o art. 2º, *caput*, da LD, que faculta ao vendedor o saque de tal título, "não sendo admitida qualquer outra espécie de título de crédito para documentar o saque do vendedor pela importância faturada ao comprador". Trata-se, portanto, de uma expressa vedação de natureza legal. Observe, porém, que a compra e venda mercantil poderá ser concretizada através de nota promissória ou cheque, porque são papéis de emissão do comprador.

8. Duplicata simulada

Trata-se de ato delituoso a emissão de duplicata sem que a ela corresponda uma venda efetiva. Em que pese a douta opinião de *Waldemar Ferreira* de que a duplicata simulada não é duplicata, inclina-se a doutrina, em sua maioria em sentido contrário. Para o referido comercialista "duplicata simulada não é duplicata: e não é precisamente por ser simulada".(6) Assim, no dizer de *Ferreira*, não se aplicam à duplicata simulada os dispositivos da lei cambiária que se aplicam às duplicatas autênticas. "Moeda falsa é moeda simulada. Duplicata simulada é duplicata falsa. Eis porque a emissão desta se capitula entre os crimes de estelionato", finaliza.(7)

Persiste mais modernamente o dissenso doutrinário, bastando lembrar que não está sozinho o ilustre autor mencionado, porquanto a mesma postura assume *Coelho*, ao declarar: "A duplicata simulada não produz... efeitos cambiais. O credor por obrigação representada

(6) FERREIRA, Waldemar. *Tratado de Direito Comercial*. São Paulo: Saraiva, 1962. 8.v., p. 192.

(7) *Idem*.

no título com esta característica deverá promover ação de conhecimento para provar a existência da obrigação. A duplicata irregular, no caso, servirá, apenas, como um elemento probatório".[8]

Não foge de nossa alçada nos referirmos ao aspecto penal da duplicata simulada. Pela antiga redação do art. 172 do Código Penal, que lhe deu o art. 26 da Lei n. 5.474/1968, constitui crime expedir ou aceitar duplicata sem que corresponda, juntamente com a fatura respectiva, a uma venda efetiva de mercadorias ou a uma real prestação de serviço. Por força da Lei n. 8.137/1990, modificou-se o art. 172 do Código Penal, que passou a tipificar como conduta delituosa a emissão de fatura, duplicata ou nota de venda sem que correspondesse a mercadoria vendida, em quantidade ou qualidade, ou então a efetiva prestação de serviço.

Não se discute, portanto, acerca da duplicata simulada como infração penal. O problema que se nos coloca nesse momento gira em torno da validade de tal título. Para *Dylson Doria* a cártula é irregular (diríamos, mesmo, delituosa), porque o saque nela materializado não corresponde a uma venda efetiva (nem a uma real prestação de serviço), mas não deixa de ser válida, argumentando: "Trata-se, com efeito, de situação semelhante a que ocorre com cheque sem fundos, que pode ser irregular, ou mesmo criminoso, sem que deixe de ser cheque e acarrete, em consequência, a responsabilidade do seu signatário".[9]

Ser válida significa existir como título, independentemente da sua origem de natureza criminosa.[10]

9. Duplicata e venda de coisa futura

A questão que surge agora diz respeito à admissibilidade de fatura e saque da duplicata referente a contrato de vendas de bens para entrega futura. Isso quer dizer que a coisa nem se encontra em poder do vendedor no momento em que se firma o contrato. A emissão da cártula fundamentada em venda de coisa futura assemelha-se à da duplicata simulada. Assim discorre *Rubens Requião*, acrescentando ser ilegal o saque de duplicata sem o aperfeiçoamento da coisa vendida.[11]

Aceito o título e descontado em instituição bancária, o banco endossatário que agiu de boa-fé não pode ser prejudicado no negócio realizado, por não ter sido entregue a coisa vendida, ou por qualquer outra razão. Em qualquer hipótese, o sacado-aceitante obriga-se a aceitá-la. Em outras palavras: malgrado ser semelhante duplicata irregular, tal como no caso da simulada, não se despe esse título dos seus efeitos de natureza cambial.

10. Livro de registro de duplicatas

Obriga-se qualquer empresário que trabalhe com emissão de duplicata a dispor do Livro de Registro das Duplicatas, em conformidade com o que preceitua a Lei n. 5.474/1968 (LD),

(8) COELHO, Fábio Ulhoa. *Op. cit.*,1999. p. 270.

(9) DORIA, Dylson. *Op. cit.*, 1987. p. 111.

(10) No mesmo sentido, ROSA JR., Luiz Emygdio F. da. *Op. cit.*, 2000. p. 655-656. Indiretamente Rubens Requião, pois sustenta a ilegalidade da duplicata simulada, sem negar, contudo, a sua validade. *Op. cit.*, p. 550-551.

(11) REQUIÃO, Rubens. *Op. cit.*, p. 550-551.

em seu art. 19, *caput.* Nesse livro serão escrituradas, cronologicamente, todas as duplicatas que forem emitidas, com o respectivo número de ordem, data e valor das faturas originárias e data de sua expedição. Além disso, escrituram-se nome e domicílio do comprador, assim como as reformas, prorrogações e outras circunstâncias necessárias.

São os próprios estabelecimentos empresariais que se responsabilizam pelo referido livro, conservando-o consigo. Não pode conter emendas, borrões, rasuras ou entrelinhas. Acrescente-se que o Livro de Registro de Duplicatas, consoante o artigo acima citado, poderá ser substituído por qualquer sistema mecanizado, bastando para isso que se observem os requisitos lei, elencados no art. 19.

11. Requisitos da duplicata mercantil

Em se tratando de uma duplicata mercantil, exige-se para a sua emissão que ela contenha os seguintes requisitos:

a) denominação "Duplicata", que expressa uma cláusula cambiária, visando a identificá-la como um título de crédito;

b) data da emissão. Esse requisito serve para indicar se o título foi devidamente extraído no prazo legal, isto é, até a data do vencimento da obrigação. Serve também para fixar o termo inicial do prazo de 30 dias estipulado para a remessa do título ao comprador, contado da data de sua emissão (art. 6º, parágrafo 1º da LD);

c) número de ordem. É através dele que se determina a quantidade de títulos semelhantes extraídos pela empresa, prestando-se, outrossim, a diferenciar um título de outro. O procedimento adequado está contido no art. 19 da LD, conforme explicitamos no item imediatamente anterior (Livro de Registro das Duplicatas), para o qual chamamos a atenção do leitor;

d) número da fatura. Só se pode extrair a duplicata, seja a mercantil, seja a de prestação de serviços, em virtude de uma fatura. Isso atesta ser a duplicata um título causal, pois aí tem a sua origem. Destarte, a duplicata está obviamente vinculada a uma fatura, longe de ser, porém, sua cópia ou reprodução. Observe-se, nesse sentido, que pela norma contida no § 2º do art. 2º da LD uma só duplicata não pode corresponder a mais de uma fatura, evitando-se com isso qualquer dúvida quanto à sua emissão. No que tange aos casos de pagamentos em parcelas, a questão está disciplinada no § 3º de dito artigo, que reza poderá ser emitida duplicata única, em que se discriminarão todas as prestações e seus vencimentos. A outra alternativa é a emissão de uma série de duplicatas, sendo uma para cada prestação, distinguindo-se a numeração de ordem pelo acréscimo de letra do alfabeto, em sequência. Vinculam-se todas à mesma venda e à mesma fatura, cujo número há de constar em todas as duplicatas;

e) época do vencimento. Reservam-se à duplicata duas modalidades de vencimento: a) data certa; b) à vista. Portanto não se aplicam a ela, por ser um título causal, duas modalidades que são próprias da letra de câmbio como o vencimento a certo tempo de vista ou a certo tempo de data (essa última alternativa verifica-se também na nota promissória);

f) nome e domicílio do vendedor e do comprador. A finalidade desses requisitos é a identificação do vendedor e do comprador. Observe-se que o vendedor há de ser invariavelmente um empresário mercantil. Já o comprador tanto pode ser comerciante ou não, alternativas que em nada influenciam na natureza mercantil do título. Quanto à declaração dos respectivos domicílios, essa exigência decorre do que preceitua o art. 1º da Lei n. 5.474/1968, que se refere expressamente a contrato de compra e venda mercantil entre partes domiciliadas no território brasileiro.

g) importância a pagar, em algarismo e por extenso. Impossível não constar em um título de crédito o valor a que corresponda. Não teria sentido algum um documento de crédito sem tal menção. Trata-se, pois, de um requisito que não exige maiores reflexões para o seu pleno entendimento. Acrescente-se, porém, que o art. 25 da LD determina que se aplicam à duplicata e à triplicata, no que couber, os dispositivos da legislação sobre emissão, circulação e pagamento das letras de câmbio. Isto quer dizer que se houver divergência entre as importâncias registradas em algarismo e as por extenso, hão de prevalecer as por extenso;

h) praça de pagamento. Compete ao art. 17 da LD disciplinar a questão para a cobrança judicial da duplicata ou triplicata. Assim, o foro para dita cobrança é o da praça do pagamento constante do título, ou outra de domicílio do comprador. Na hipótese de ação regressiva, o foro competente para a cobrança judicial é o da praça dos sacadores, dos endossantes e respectivos avalistas;

i) cláusula à ordem. É cláusula típica da duplicata, pois não existe duplicata "não à ordem". A duplicata é por definição um título "à ordem" (art. 2º, § 1º, inciso VII), com plena circularidade, isto é, a duplicata é documento transferível por endosso.

j) declaração do reconhecimento de sua exatidão e da obrigação de pagá-la, a ser assinada pelo comprador, como aceite cambial. Essa questão está regulada no art. 2º, § 1º, inciso VIII. A negativa do aceite há de ser legalmente fundamentada, como abordamos no item *Aceite.*

k) assinatura do emitente (art. 2º, § 1º, inciso IX da LD). Pode dar-se a assinatura do emitente por seu próprio punho, ou através de representante com poderes especiais. Ou ainda via chancela mecânica, método muito utilizado por empresas de grande porte, ou mesmo médio, por comodidade e praticidade. A chancela é dada pelo vendedor, pelo sacador. É, portanto, um ato que acompanha o saque. Nunca o aceite.

12. Duplicata mercantil e modelo vinculado

A duplicata mercantil é um título de modelo vinculado, emitido em consonância com o padrão indicado na Resolução n. 102, de 26 de novembro de 1968, de lavra do Banco Central do Brasil, de acordo com o que estipulara o art. 27 da LD, e que versa sobre normas para padronização formal do título. Assim, não pode configurar uma duplicata aquele documento que, mesmo obedecendo aos requisitos ora descritos, não siga o padrão legal.

Com base na resolução em tela foram criados três modelos:

Modelo n. 1 e 1-A, que correspondem a operações liquidáveis em um pagamento único. Com isso, o valor da duplicata é idêntico ao da fatura;

Modelos n. 2 e 2-A, que correspondem às operações com pagamento parcelado. Neste caso, emite-se uma duplicata para cada parcela;

Modelos n. 3 e 3-A, que correspondem às operações com pagamento parcelado, porém com emissão de apenas uma duplicata, discriminando as diversas parcelas e seus vencimentos respectivos.

Acrescente-se que esses modelos têm suas medidas estabelecidas, com altura mínima de 148 mm e máxima de 152 mm. Quanto à sua largura, esta varia de 203 mm a 210 mm.

As duplicatas de prestação de serviços obedecem a esses mesmos modelos.

13. A duplicata como título causal

O princípio da abstração não se aplica à duplicata, diferente, pois, do que se passa com a letra de câmbio, a promissória e o cheque. Isso porque, em oposição aos títulos aqui comparados, a duplicata é um papel de natureza causal, isto é, há de ter uma origem a ser indagada. Assim, por definição, ela se presta a representar ora a compra e venda mercantil, ora a prestação de serviços. A compra e venda mercantil ou a prestação de serviços a prazo não podem ser representadas por nenhum outro título. É que o art. 2º da Lei das Duplicatas é inquestionável, ao rezar que não se admite qualquer outro título de crédito "para documentar o saque do vendedor pela importância faturada ao comprador". Como o art. 20 se refere à emissão da fatura e duplicata por empresas que se dediquem à prestação de serviços, aplica-se aí, obviamente, o mesmo comando normativo. Vale transcrever a observação de *José Paulo Leal Ferreira Pires* sobre os equívocos em relação à emissão de duplicatas de prestação de serviços, ou mesmo de compra e venda mercantil. Vejamos: "...quando credores mais afoitos, buscando cobrança de juros, correções e verbas financeiras outras, emitem duplicatas em sequência, ou além daquelas legítimas, para representar estas verbas. É absolutamente nulo o saque de duplicata referida a algo diferente, assim como nula é a emissão de qualquer outro título de crédito para representar venda e compra mercantil a prazo ou prestação de serviços".[(12)]

Em outras palavras: a duplicata não pode ser sacada em qualquer hipótese fruto da vontade de uma das partes interessadas, reforça *Coelho.*[(13)] Para o saque a desistir o pressuposto legal para tanto: O contrato de compra e venda mercantil ou aquele de prestação de serviços.

Por tudo isso sobressai o caráter causal da duplicada. Se não lhe recai a característica da abstração, também não se lhe pode atribuir a condição de *independente,* por não ser um título que baste a si próprio, a exemplo da letra de câmbio e da nota promissória, exatamente pelos motivos que aqui foram expostos. Nesse sentido, veja-se o posicionamento do Superior Tribunal de Justiça no Acórdão referente ao REsp 668.662/MG, Rel. Min. Hélio Guaglia Barbosa, publicado no DJ de 19.03.2007. p. 355.[(14)]

---

(12) PIRES, José Paulo Leal Ferreira. *Títulos de crédito*. São Paulo: Malheiros, 2001. p. 171.

(13) COELHO, Fábio Ulhoa. *Op. cit.*, 2007. p. 289.

(14) Recurso especial. Comercial. Títulos de crédito. Duplicata. Aceite. Teoria da aparência. Ausência de entrega de mercadorias. Exceção oposta a terceiros. Princípio da autonomia das cambiais. Impossibilidade. 1. Ainda que a duplicata tenha por característica o vínculo a compra e venda mercantil ou prestação de serviços realizada, ocorrendo o aceite — como verificado nos autos — desaparece a causalidade, passando o título a ostentar autonomia bastante para obrigar a recorrida ao pagamento da quantia devida, independentemente do negócio jurídico que lhe tenha dado causa. 2. Em nenhum momento restou comprovado qualquer comportamento inadequado da recorrente, indicador de seu conhecimento quanto ao descumprimento do acordo realizado entre as partes originárias. 3. Recurso especial provido.

Enfatize-se, pois, que o caráter causal da duplicata falece no momento em que o sacado apõe sua assinatura (aceite expresso), não mais podendo, a partir de então, discutir a causa subjacente de sua extração (v. capítulo 8º da LD; v também art. 15 da mesma lei). No item *Jurisprudência* reunimos outras decisões dos tribunais pertinentes ao assunto duplicata.

MODELOS DE DUPLICATAS

Modelo 1

(DADOS RELATIVOS À FIRMA EMITENTE)

(ENDEREÇO DO EMITENTE)
(MUNICÍPIO) (ESTADO)
INSCRIÇÃO NO CNPJ Nº
INSCRIÇÃO ESTADUAL Nº

DATA DA EMISSÃO

FATURA Nº	FATURA/DUPLICATA VALOR – R$	DUPLICATA Nº DE ORDEM	VENCIMENTO

PARA USO DA INSTITUIÇAO FINANCEIRA

DESCONTO DE ATÉ
CONDIÇÕES ESPECIAIS

NOME DO SACADO
ENDEREÇO
MUNICÍPIO ESTADO
PRAÇA DO PAGAMENTO
INSCR. NO CNPJ Nº INSCR. ESTADUAL Nº

VALOR POR EXTENSO

ASSINATURA DO EMITENTE

Reconheço (cemos) a exatidão desta duplicata de VENDA MERCANTIL na importância acima que pagarei (emos) a (nome do emitente) ou à sua ordem na praça e vencimento indicados.

Em ____/____/____ ____________________

DATA DO ACEITE ASSINATURA DO SACADO

Modelo 1-A

(DADOS RELATIVOS À FIRMA EMITENTE)

(ENDEREÇO DO EMITENTE)
(MUNICÍPIO) (ESTADO)
INSCRIÇÃO NO CNPJ Nº
INSCRIÇÃO ESTADUAL Nº

DATA DA EMISSÃO

FATURA Nº	FATURA/DUPLICATA VALOR – R$	DUPLICATA Nº DE ORDEM	VENCIMENTO

PARA USO DA INSTITUIÇAO FINANCEIRA

DESCONTO DE ATÉ
CONDIÇÕES ESPECIAIS

NOME DO SACADO
ENDEREÇO
MUNICÍPIO ESTADO
PRAÇA DO PAGAMENTO
INSCR. NO CNPJ Nº INSCR. ESTADUAL Nº

VALOR POR EXTENSO

ASSINATURA DO EMITENTE

Reconheço (cemos) a exatidão desta duplicata de PRESTAÇÃO DE SERVIÇO na importância acima que pagarei (emos) a (nome do emitente) ou à sua ordem na praça e vencimento indicados.

Em ____/____/____ ____________________

DATA DO ACEITE ASSINATURA DO SACADO

(DADOS RELATIVOS À FIRMA)

(ENDEREÇO DO EMITENTE)
(MUNICÍPIO) (ESTADO)
INSCRIÇÃO NO CNPJ Nº
INSCRIÇÃO ESTADUAL Nº

Modelo 2

DATA DA EMISSÃO

FATURA		DUPLICATA		VENCIMENTO
VALOR R$	NÚMERO	VALOR R$	Nº DE ORDEM	

PARA USO DA INSTITUIÇO FINANCEIRA

DESCONTO DE ATÉ
CONDIÇÕES ESPECIAIS

ASSINATURA DO EMITENTE

NOME DO SACADO
ENDEREÇO
MUNICÍPIO ESTADO
PRAÇA DO PAGAMENTO
INCR. NO CNPJ Nº INSCR. ESTADUAL Nº

VALOR POR EXTENSO

Reconheço (cemos) a exatidão desta duplicata de VENDA MERCANTIL COM PAGAMENTO PARCELADO na importância acima que pagarei (emos) a (nome do emitente) ou à sua ordem na praça e vencimento indicados.

Em ____/____/____
DATA DO ACEITE

____
ASSINATURA DO SACADO

(DADOS RELATIVOS À FIRMA)

(ENDEREÇO DO EMITENTE)
(MUNICÍPIO) (ESTADO)
INSCRIÇÃO NO CNPJ Nº
INSCRIÇÃO ESTADUAL Nº

Modelo 2 - A

DATA DA EMISSÃO

FATURA		DUPLICATA		VENCIMENTO
VALOR R$	NÚMERO	VALOR R$	Nº DE ORDEM	

PARA USO DA INSTITUIÇÃO FINANCEIRA

DESCONTO DE ATÉ
CONDIÇÕES ESPECIAIS

ASSINATURA DO EMITENTE

NOME DO SACADO
ENDEREÇO
MUNICÍPIO ESTADO
PRAÇA DO PAGAMENTO
INSCR. NO CNPJ Nº INSCR. ESTADUAL Nº

VALOR POR EXTENSO

Reconheço (cemos) a exatidão desta duplicata de PRESTAÇÃO DE SERVIÇO COM PAGAMENTO PARCELADO na importância acima que pagarei (emos) a (nome do emitente) ou à sua ordem na praça e vencimento indicados.

Em ____/____/____
DATA DO ACEITE

____
ASSINATURA DO SACADO

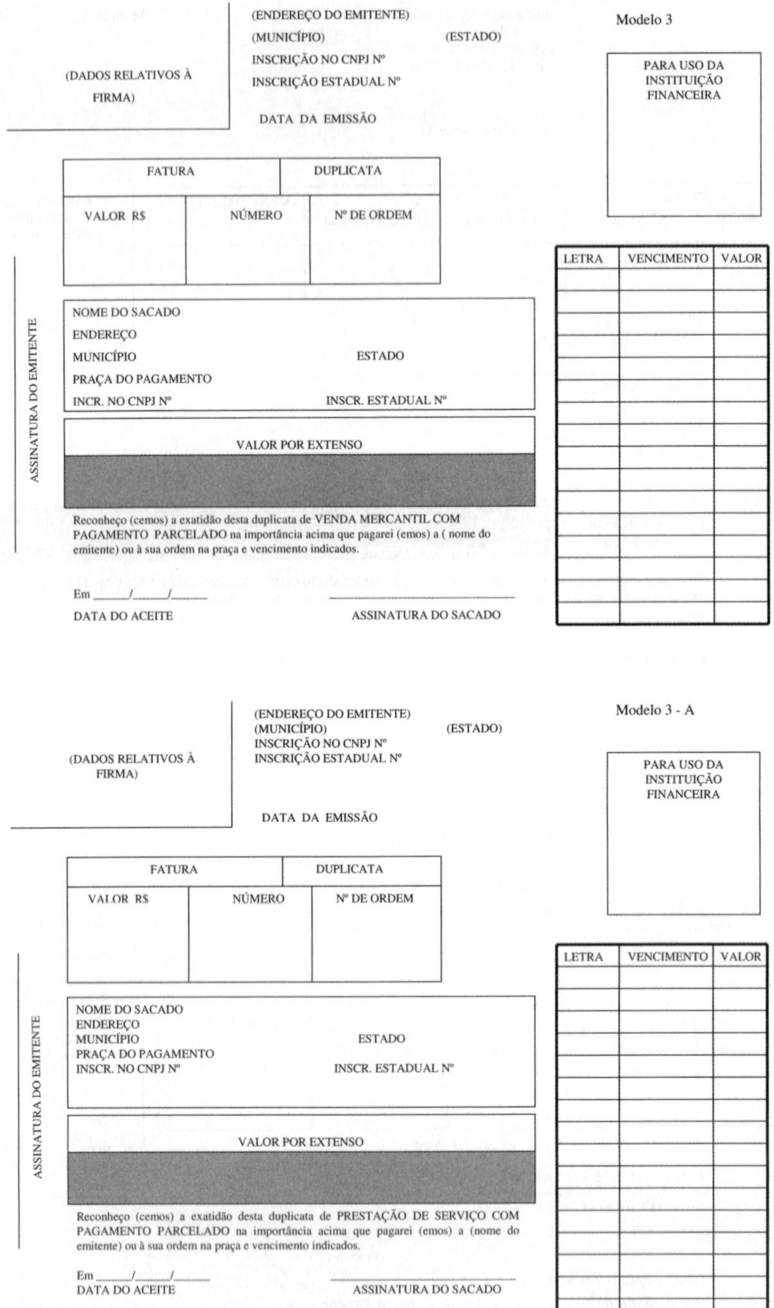

Modelo 3

(DADOS RELATIVOS À FIRMA)

(ENDEREÇO DO EMITENTE)
(MUNICÍPIO) (ESTADO)
INSCRIÇÃO NO CNPJ Nº
INSCRIÇÃO ESTADUAL Nº

DATA DA EMISSÃO

PARA USO DA INSTITUIÇÃO FINANCEIRA

FATURA	DUPLICATA	
VALOR R$	NÚMERO	Nº DE ORDEM

LETRA	VENCIMENTO	VALOR

ASSINATURA DO EMITENTE

NOME DO SACADO
ENDEREÇO
MUNICÍPIO ESTADO
PRAÇA DO PAGAMENTO
INCR. NO CNPJ Nº INSCR. ESTADUAL Nº

VALOR POR EXTENSO

Reconheço (cemos) a exatidão desta duplicata de VENDA MERCANTIL COM PAGAMENTO PARCELADO na importância acima que pagarei (emos) a (nome do emitente) ou à sua ordem na praça e vencimento indicados.

Em ____/____/____ ____________________

DATA DO ACEITE ASSINATURA DO SACADO

Modelo 3 - A

(DADOS RELATIVOS À FIRMA)

(ENDEREÇO DO EMITENTE)
(MUNICÍPIO) (ESTADO)
INSCRIÇÃO NO CNPJ Nº
INSCRIÇÃO ESTADUAL Nº

DATA DA EMISSÃO

PARA USO DA INSTITUIÇÃO FINANCEIRA

FATURA	DUPLICATA	
VALOR R$	NÚMERO	Nº DE ORDEM

LETRA	VENCIMENTO	VALOR

ASSINATURA DO EMITENTE

NOME DO SACADO
ENDEREÇO
MUNICÍPIO ESTADO
PRAÇA DO PAGAMENTO
INSCR. NO CNPJ Nº INSCR. ESTADUAL Nº

VALOR POR EXTENSO

Reconheço (cemos) a exatidão desta duplicata de PRESTAÇÃO DE SERVIÇO COM PAGAMENTO PARCELADO na importância acima que pagarei (emos) a (nome do emitente) ou à sua ordem na praça e vencimento indicados.

Em ____/____/____ ____________________

DATA DO ACEITE ASSINATURA DO SACADO

14. A Duplicata de Prestação de Serviços

Com as mesmas disposições referentes à duplicata comercial, a Lei n. 5.474/1968 criou a duplicata de prestação de serviços, consoante o que preceitua o seu art. 20, ao estipular que as empresas, individuais ou coletivas, fundações ou sociedades civis, que se dediquem à prestação de serviços, poderão, também, na forma dessa lei, emitir faturas e duplicatas. Tal fatura deverá discriminar a natureza dos serviços prestados. A citada lei enumera, por sua vez, os casos em que o sacado poderá deixar de aceitar a duplicata de prestação de serviços:

a) não correspondência com os serviços efetivamente contratados;

b) existência de vícios ou defeitos na qualidade dos serviços prestados, devidamente comprovados;

c) divergência nos prazos ou nos preços ajustados.

15. Aceite

A duplicata constitui um título de apresentação. A sua obrigação é de natureza *quesível* e não *portável*. Em outras palavras: é o credor quem vai atrás do devedor, com o fito de receber o que tem direito. Além do mais, a duplicata, como título de crédito, circula por endosso e, por vezes, o devedor nem sequer sabe com quem está o título. Daí a necessidade de ser procurado pelo possuidor da cártula.

Em se tratando de duplicata, o aceite é obrigatório por força de lei, isto é, independe da vontade do sacado (comprador). Distingue-se, destarte, da situação do sacado em matéria de letra de câmbio que, a seu talante, pode recusar-se a assumir sua obrigação de natureza cambial. Significa, nesse caso, que o aceite é meramente facultativo, deixando o sacado, destarte, de participar da relação cambial como devedor, exatamente por eximir-se de acatá-lo.

Acrescente-se, todavia, que a referida obrigatoriedade do aceite na duplicata não é absoluta, pois o sacado pode recusar o aceite, desde que devidamente fundamentado nos casos previamente definidos em lei. Não se trata, portanto, de mera liberdade do sacado, mas de uma atitude arrimada em lei. Claro, nesse sentido, é o art. 8º da Lei das Duplicatas, ao determinar as hipóteses em que tal aceite pode ser recusado:

I – avaria ou não recebimento das mercadorias, quando não expedidas ou não entregues por sua conta e risco;

II – vícios, defeitos e diferenças na qualidade ou na quantidade das mercadorias, devidamente comprovados;

III – divergência nos prazos ou nos preços ajustados.

No item imediatamente anterior (*Duplicata de prestação de serviços*), deixamos claro os motivos de lei que levam à recusa do aceite do mencionado tipo de duplicata.

15.1. Procedimentos pertinentes ao comprador (sacado)

Como simplifica *Coelho*, o comprador pode valer-se de uma dessas alternativas no momento do recebimento da duplicata: a) assinar o título e devolvê-lo no prazo de 10 dias do recebimento; b) devolver o título ao vendedor, porém sem assinatura; c) devolver o título ao vendedor acompanhado de declaração, por escrito, das razões que motivaram sua recusa em aceitá-lo; d) não devolver o título, mas, devidamente autorizado por eventual instituição financeira cobradora, comunicar o seu aceite ao vendedor; e) simplesmente não devolver o título.(15)

Logicamente nenhum dos procedimentos do comprador-sacado o faz fugir de sua responsabilidade cambial, salvo a alternativa contida na letra c, porquanto os únicos motivos que fundamentam legalmente a recusa do aceite são aqueles previstos pelo art. 8º da Lei das Duplicatas.

15.2. Formas de aceite

Despontam três modalidades de aceite no que respeita à duplicata, a saber: a) aceite ordinário ou expresso; b) aceite tácito ou presumido; c) aceite por comunicação.

Aceite ordinário ou expresso — O aceite ordinário ou expresso é aquele correspondente à simples assinatura do sacado (comprador), aposta no lugar apropriado no título. Isso significa reconhecer a exatidão do referido documento, não mais podendo discutir a sua *causa debendi*, ficando, pois, na condição de devedor direto e principal, além de tornar líquida a obrigação constante da duplicata. Assim, o mencionado papel se reveste da qualidade de título extrajudicial, o que enseja a sua execução, sem necessidade de protesto, como reza o art. 15, I da Lei das Duplicatas.

Aceite tácito ou presumido — Já o aceite tácito ou presumido, também chamado de aceite por presunção, decorre do fato do recebimento da mercadoria pelo sacado, devidamente comprovado. Além disso, para que se efetive esse tipo de aceite, há necessidade da existência de duas outras condições: a) a duplicata há de ter sido protestada por falta de pagamento, em conformidade com o que prescreve o art. 29 do Decreto n. 2.044/1908; b) o comprador não ter apresentado, em prazo hábil, os motivos previstos na Lei n. 5.474/1968 (Lei das Duplicatas), em seu art. 8º, acima mencionado.

Aceite por comunicação — O aceite por comunicação é aquele que se caracteriza pela retenção da duplicata pelo comprador (sacado), com a expressa concordância do estabelecimento bancário, até a data do seu vencimento, contanto que comunique, por escrito, ao sacador o aceite e a retenção. Esse procedimento poderá ser levado a efeito mediante vários meios de comunicação, a exemplo de fax, carta ou telegrama. Semelhante comunicação substituirá, quando necessário, no ato do protesto ou na execução judicial, a duplicata a que se refere. Tudo em conformidade com as normas contidas no art. 7º, parágrafos 1º e 2º da aludida Lei n. 5.474/1968.

15.3. Praxe comercial

Convém sublinhar que existe uma praxe comercial, segundo a qual não se verifica a apresentação da duplicata ao sacado para fins do aceite. É que os estabelecimentos bancários preferem agir de uma outra forma, simplesmente enviando ao devedor um aviso de cobrança, do qual constam o valor a pagar e o local de pagamento, bem como a data do vencimento do título.

---

(15) COELHO, Fábio Ulhoa. *Op. cit.*, 1999. p. 270.

16. Vencimento

Existem duas modalidades de vencimentos que se aplicam às duplicatas: ou é à vista, ou à data certa nela fixada. Daí deflui que outras modalidades admitidas para a letra de câmbio não se adequam ao título ora em análise.

17. Aval

O pagamento de uma duplicata pode ser garantido pelo aval, sendo o avalista equiparado ao nome que indicar. Na falta de tal indicação, equipara-se àquele abaixo de cuja firma lançar a sua. Fora desses casos, ao comprador, de conformidade com o que está regulado pelo art. 12 da Lei das Duplicatas. O aval póstumo é abordado no parágrafo único do mencionado artigo e tem o mesmo valor daquele que foi prestado antes do vencimento do título.

No que tange ao aval antecipado dado ao sacado, se sua eficácia é até discutível quando se trate de letra de câmbio (pois nesse título o sacado não se obriga por lei na relação jurídica estabelecida), não paira nenhuma dúvida sobre essa eficácia na esfera da duplicata, porque aí o aceite é obrigatório, com as exceções previstas na Lei das Duplicatas. Assim, no título em questão, não se cogita tal discussão. Isto é, embora o sacado não venha a firmar a duplicata, o portador do título poderá exigir do avalista o pagamento correspondente à soma cambiária.

18. Endosso

Sendo um título que contém obrigatoriamente a cláusula *à ordem*, é dispensável dizer que não se permite inserir nesse título de crédito a cláusula *não à ordem*, embora isso não queira dizer que esse título não possa ser objeto de cessão de crédito. Em outras palavras: a duplicata é, por definição, um papel que circula por endosso.[16]

19. Pagamento das duplicatas

Segundo a Lei das Duplicatas, é lícito ao comprador resgatar o título antes de aceitá-lo ou antes da data do vencimento (art. 9º). Ainda de acordo com o citado instrumento legal, a prova do pagamento é o recibo passado pelo legítimo portador, ou então por seu representante legal com poderes especiais, no verso do próprio título ou em documento em separado, com referência expressa à duplicata. Também constituirá prova de pagamento, total ou parcial, da duplicata, a liquidação de cheque a favor do estabelecimento endossatário, no qual conste, no verso, que seu valor se destina à amortização ou liquidação da duplicata nele caracterizada.

Está previsto, igualmente, que no pagamento da duplicata poderão ser deduzidos quaisquer créditos a favor do devedor, resultante da devolução de mercadorias, diferenças de preço, enganos verificados, pagamentos por conta e outros motivos assemelhados, desde que devidamente autorizados (art. 10).

---

(16) Cf. ROSA JR., Luiz Emygdio F. da. *Op. cit.*, 2006. p. 713. Lembra ainda o mencionado autor que a duplicata circula por endosso "independentemente de dação de aceite pelo sacado, porque o ato cambiário do aceite corresponde a uma declaração cambiária eventual e não necessária, isto é, o documento não deixa de ser duplicata por falta de aceite", observa *(idem, ibidem)*.

Estabelece a aludida lei que a duplicata admite reforma ou prorrogação do prazo de vencimento, mediante uma declaração em separado ou nela escrita, assinada pelo vendedor ou endossatário, ou por representantes com poderes especiais. No entanto, para manter-se, em função da reforma ou da prorrogação, a coobrigação dos demais intervenientes por endosso ou aval, é imprescindível a anuência expressa desses (art. 11 e parágrafo único).

Como já dito, o pagamento da duplicata poderá ser assegurado por aval, sendo o avalista equiparado àquela pessoa cujo nome indicar, tudo dentro das regras do art. 12.

20. Protesto de duplicatas

No que tange à duplicata, pode ocorrer o protesto por falta de aceite, devolução ou pagamento. Assim, não protestada por falta de aceite ou devolução, a duplicata pode ser protestada por falta de pagamento. Em caso de o portador não tirar o protesto dentro do prazo de 30 dias, contados da data do seu vencimento, perde o direito de regresso contra endossantes e seus respectivos avalistas. O protesto há de ser tirado na praça do pagamento do título.

21. Protesto por indicação

Quando o protesto é motivado por falta de aceite ou de devolução, é denominado na prática *protesto por indicação. José Paulo Leal Ferreira Pires* insurge-se contra o conteúdo do art. 13 da Lei das Duplicatas, quando diz que a menção à triplicata, no referido artigo, é inócua e equivocada, asseverando que: "... a triplicata, segundo a lei, só pode ser emitida em caso de perda ou extravio da duplicata. Então, quando há retenção é não só erro crasso como, também, fulminada de nulidade a emissão da triplicata, porque a lei já dá o remédio adequado, que é o protesto por indicação com exibição do aviso bancário. Não há a menor necessidade de se extrair triplicata, porque não há perda ou extravio, eis que a duplicata existe e está retida, indevidamente, em poder do devedor. A emissão de triplicata nestas circunstâncias é nula".[17] Compare-se o pensamento de *José Paulo Leal Ferreira Pires* com o que reunimos no item *Triplicata,* ainda neste capítulo.

Já *Fran Martins* não parece ver irregularidade na emissão da triplicata para tal fim, pois aborda o tema sem maiores comentários, lembrando, inclusive, que tal norma estava presente no Decreto n. 2.044/1908, em seu art. 31, que diz textualmente poder o protesto ser tirado por outro exemplar, logo, a triplicata.[18]

Se por um lado é pertinente a observação de *José Paulo Leal Ferreira Pires,* porque prova não haver unanimidade da doutrina a respeito da emissão da triplicata, pertinente é também a análise com que nos brinda *Ermínio Amarildo Daroldi* do protesto de boletos bancários, ao expor o seguinte ponto de vista, baseado em sua experiência de professor e magistrado: "Em nome da especialíssima exceção do protesto por indicação, é que vêm as instituições financeiras do País, remetendo a protesto meros boletos bancários, como se

(17) PIRES, José Paulo Leal Ferreira. *Op. cit.*, 2001. p. 181.
(18) MARTINS, Fran. *Op. cit.*, 1997. p. 176.

estivessem eles aptos à substituição e até supressão das duplicatas mercantis e de prestação de serviços, propiciando saques fraudulentos e enriquecimento ilícito a empresas ou supostas empresas, movimentação de fábulas de dinheiro e constrangimento ilegal de um sem-número de cidadãos".[(19)]

O que vêm a ser, porém, boletos bancários? Por definição, trata-se de papéis legalmente atípicos que, contudo, não encerram em seu bojo os mais elementares requisitos pertinentes aos títulos de crédito, em conformidade com o ordenamento jurídico vigente. Portanto, o boleto não se reveste da qualidade de título de crédito, fazendo, muitas vezes, referências a duplicatas que nunca existiram. Acrescente-se que boleto e duplicata não podem equiparar-se, pois o primeiro não contém os requisitos indispensáveis à segunda. Consequentemente não é correto interpretarem as instituições bancárias que se trata de pedido de protesto *por indicação,* hipótese especial prevista excepcionalmente em lei e que não se enquadra nesse caso.[(20)]

O protesto *por indicação* está disciplinado na Lei n. 5.474/1968, em seus arts. 7º, parágrafos 1º e 2º, e 13 (§ 1º). Já nos referimos ao posicionamento de *Pires* quando critica a inclusão da triplicata, nesse último artigo, como instrumento hábil para proceder-se ao protesto por indicação. No que respeita a esse tipo de protesto, o âmago da questão reside exatamente no trecho em que a referida lei admite o protesto *por simples indicação* do portador, na falta de devolução do título. Dessa afirmativa decorre a polêmica em torno do assunto.

Porém, como lembra *Ermínio Amarildo Daroldi,* a expressão *simples indicação* está presa a pressupostos legais. Assim, dentro dessa perspectiva da interpretação da lei, é inaceitável que qualquer pessoa, denominando-se portador, procedesse à indicação contra outrem, no cartório de protesto, obrigando o prejudicado a produzir prova negativa, por outorgar-se presunção de veracidade à iniciativa de gente inescrupulosa. Provocando a Corregedoria Geral da Justiça do Estado de Santa Catarina, o aludido magistrado logrou obter a seguinte resposta: "É condição essencial para que seja tirado o protesto por indicação do portador, que o título tenha sido previamente entregue ao sacado para fins de aceite e posterior devolução".[(21)]

Tal entendimento, contudo, não inibiu a prática ilegal do protesto dos boletos bancários em todo o País (inclusive Santa Catarina), perseverando, destarte, a falsa interpretação de que se trata de protesto *por indicação.*

A doutrina vem rebelando-se contra esse tipo de protesto, não faltando quem observasse que na esteira de determinadas entidades o protesto que visava a conferir segurança descambou para a insegurança jurídica. Quanto aos títulos de crédito que mais são atingidos por tais abusos, estão precisamente a duplicata e a letra de câmbio não aceitas, como lembra oportunamente *José Paulo Leal Ferreira Pires.*[(22)]

Além das controvérsias oriundas do protesto *por indicação,* acentua *Luiz Emygdio F. da Rosa Jr.* que o protesto *por indicação* excepciona o princípio da literalidade, pois não se

(19) DAROLDI, Ermínio Amarildo. *Protesto cambial. Duplicatas x boletos.* Curitiba: Juruá, 1998. p. 29.

(20) DAROLDI, Ermínio Amarildo. *Op. cit.*, 1998. p. 37-39.

(21) *Ibidem*, p. 29.

(22) PIRES, José Paulo Leal Ferreira. *Op. cit.*, 2001. p. 107.

apresenta a duplicata para protesto. "Essas indicações são extraídas pelo credor do Livro de Registro das Duplicatas, que é obrigatório para o comerciante que deseja extrair duplicatas", comenta o citado comercialista.[23]

A lei já reconhece a *duplicata virtual*. É o que deflui da Lei n. 9.492/1997, no seu art. 8º, parágrafo único. Segundo esse instrumento legal o protesto *por indicação* de duplicatas mercantis e de prestação de serviços pode ser feito por "meio magnético ou de gravação eletrônica". Essa *duplicata virtual* pode ser encaminhada a bancos, com a finalidade de cobrança, desconto ou caução. Disso decorre que uma das características dos títulos de crédito é posta em questão. Trata-se da *incorporação*, da *cartularidade*, que corresponde à *materialização* do título. Ora, na *duplicata virtual* ocorre uma *desmaterialização*, conforme se verifica com outros documentos, em razão do sistema *on line*, dentro do desenvolvimento da informática. Tudo de acordo com o que já abordamos no item *A discussão hodierna em torno da cartularidade*, no Capítulo I do trabalho.

22. Do processo para a cobrança das duplicatas

Dispõe o art. 15 da Lei das Duplicatas que a cobrança judicial de duplicata ou triplicata será efetivada de conformidade com o processo aplicável aos títulos executivos extrajudiciais (v. Livro II do Código de Processo Civil), quando se tratar:

I — de duplicata ou triplicata, protestada ou não;

II— de duplicata ou triplicata não aceita, contanto que, cumulativamente:

a) haja sido protestada;

b) esteja acompanhada de documento hábil comprobatório da entrega, bem como do recebimento da mercadoria;

c) o sacado não tenha, comprovadamente, recusado o aceite, dentro do prazo, nas condições e pelos motivos já expostos.

Destarte, a legislação veio suprir as consequências da falta de aceite, permitindo fosse processada sob forma de ação de execução a cobrança de duplicata ou triplicata com aceite recusado. Desfez-se, com isso, a opinião de certas correntes doutrinárias, segundo a qual a duplicata só se revesteria da qualidade de "conta líquida", se fosse devolvida devidamente assinada pelo comprador. Acentue-se que o Supremo Tribunal Federal, já em 1976, terminou por declarar a legalidade do pedido de falência, com base em duplicata não aceita, mas protestada, ampliando, assim, sua decisão, porquanto já houvera manifestado o seu entendimento quanto à admissibilidade de sua liquidez em processo de execução. Faz-se necessário, contudo, provar a entrega da mercadoria, conforme contratado.

Observe-se ainda que a cobrança judicial poderá ser proposta contra um ou contra todos os coobrigados, independentemente da ordem em que figurem no título. Por outro lado, os coobrigados da duplicata respondem solidariamente pelo aceite e pelo pagamento.

(23) ROSA JR., Luiz Emygdio F. da. *Op. cit.*, 2000. p. 697.

23. Prescrição

No que tange às duplicatas, a prescrição está regulada pela Lei n. 5.474/1968, art. 18. Por esse instrumento legal, vê-se que a pretensão à execução desse papel prescreve:

I — contra o sacado e respectivos avalistas, em três anos, contados da data do vencimento do título;

II — contra endossantes e seus avalistas, em um ano, a contar da data do protesto;

III — de qualquer dos coobrigados, contra os demais, em um ano, contado da data em que haja sido efetuado o pagamento do título.

24. Triplicata

O vendedor obriga-se a extrair a triplicata em caso de perda ou extravio da duplicata. Aquela terá os mesmos efeitos, requisitos e formalidades dessa.

Tanto a doutrina como a jurisprudência têm interpretado de modo mais amplo a norma acima mencionada. Convém dizer que *Waldo Fazzio Júnior*, ainda que arrimado na legislação em vigor, afirma textualmente que a lei não autoriza a emissão de triplicata em caso de retenção de duplicata enviada para aceite,(24) tem sido outro o entendimento dos tribunais, à luz do art. 23 da Lei n. 5.474/1968, ao afirmar que o texto legal não veda a extração da triplicata no caso em destaque (v. *Jurisprudência*, parte final do presente capítulo).

25. A duplicata em legislações estrangeiras

Criada pelo Direito Comercial brasileiro, a duplicata serviu posteriormente de modelo a várias legislações latino-americanas, a exemplo da argentina e da colombiana, nas quais inspirou títulos de crédito semelhantes. Países como os Estados Unidos, Portugal, Argentina, Itália, França, Colômbia dispõem, outrossim, de títulos parecidos com a duplicata brasileira.

Nos Estados Unidos o *trade acceptance* (aceite comercial) teria alguma semelhança com a duplicata. É pouco utilizado e é emitido na venda de certos produtos pelo vendedor para ser descontado em banco pelo comprador. É um documento reconhecido pelos bancos (mas que preferem negociar com a nota promissória e a letra de câmbio) e pela Associação Nacional de Crédito. Pode ser conceituado como um tipo de letra de câmbio, sacada pelo vendedor e aceita pelo comprador. Sua semelhança com a duplicata brasileira está no fato de esse título americano nascer de um contrato de compra e venda.

Os *chattel papers* (instrumentos mobiliários) guardariam certa semelhança com a duplicata, por resultar de um contrato de compra e venda de bens móveis, sobretudo de automóveis. Por endosso, o crédito do vendedor é transferido a uma instituição bancária, que passa a credora do devedor. Nem todos veem nesses papéis americanos uma aproximação com a duplicata. Entre esses comercialistas encontra-se *Fran Martins*.(25)

(24) FAZZIO JÚNIOR, Waldo. *Manual de Direito Comercial.* São Paulo: Atlas, 2000. p. 455.

(25) MARTINS, Fran. *Op. cit.*, 1997. p. 148.

Guardando certa similitude com a duplicata brasileira, mencionaríamos, ainda, o *extrato de fatura* português, e a *fatura protestável* e o *borderô protestável* da legislação francesa (*Fran Martins*).[26]

No caso português, o extrato de fatura entende-se como um título à ordem, sujeito a certas formalidades e representa o crédito proveniente de uma venda mercantil a prazo, entre comerciantes. O extrato de fatura é obrigatoriamente emitido quando a transação comercial não é realizada por meio de letra de câmbio, de acordo com legislação portuguesa. Lembra *J. Pires Cardoso* que o mencionado extrato só se exige para os contratos entre comerciantes domiciliados no continente e ilhas adjacentes, isto é, as Regiões Autônomas dos Açores e Madeira. É muito pouco generalizado em comparação com a letra de câmbio.[27]

Por ser um título entre comerciantes, observemos, recorda a duplicata brasileira em seus primórdios.

Bem polêmica é a questão na Argentina, onde foi criada a factura de crédito. Instituída pela Lei 24.760, essa cártula usa-se em um contrato de compra e venda ou então em uma relação locatícia, oportunidades em que o vendedor ou locador entregará ao comprador ou locatário a factura de crédito. Se aceita no ato da entrega pelo comprador ou locatário, a criação do título se aperfeiçoa para todos os efeitos legais. Caso não se dê o aceite, a entrega das mercadorias deverá ser documentada, ficando pendente esse aceite.

Comercialistas argentinos, a exemplo de *Ernesto Eduardo Martorell*, que a chama de "desdichado instrumento", abrem baterias contra ela, clamando por um movimento por sua derrogação. A culpa estaria em várias falhas da lei que criou a factura de crédito. Situar-se-ia, assim, entre as leis "más que malas", que perturbaram o ordenamento jurídico argentino no ano de 1997.[28]

No dizer de *Federico Highton*, a legislação argentina em seu Código de Comércio inclui a factura de crédito entre os títulos cambiários ou circulatórios. Diferentemente da letra de câmbio e da nota promissória, a factura de crédito, por tratar-se de uma fatura, deveria incluir a menção da causa. A lei do país platino não o exige expressamente. Pondera o mencionado autor que mesmo que houvesse tal obrigatoriedade, esta fatura seria igualmente um título abstrato, porque a sua causa não teria relevância jurídica para seus fins quanto à circulação e execução. E explica: "La improcedencia de sostener la excepción causal, se verá incluso reforzada con relación a la letra de cambio y el pagaré, porque, de efectuarse la demanda al momento del vencimiento, normalmente la factura de crédito habrá sido aceptada por el comprador o locatario."[29]

Destaca ainda o comercialista portenho que, por analogia, e por ser o contrato de compra e venda um contrato do qual se nutrem os demais, e por causa das normas fiscais, estendeu-se a obrigatoriedade da emissão da fatura para a maior parte dos contratos sobre bens e serviços.[30]

(26) MARTINS, Fran. *Op. cit.*, 1997. p. 149-151.

(27) CARDOSO, J. Pires. *Noções de Direito Comercial.* Lisboa: Reis dos Livros, 2002. p. 370.

(28) MARTORELL, Ernesto Eduardo. *Análisis crítico (muy crítico de la factura de crédito (ley 24.760)*, Buenos Aires: Depalma, 1998. p. 123-127.

(29) HIGHTON, Federico. *Factura de Crédito, Simplificación del cheque diferido.* Buenus Aires: Ad-Hoc, 1997. p. 28.

(30) *Ibidem*, p. 37.

Outro país sul-americano a inspirar-se na duplicata brasileira foi a Colômbia, que criou a factura cambiaria de compraventa e a factura cambiaria de transporte. São títulos de crédito causais. No primeiro caso, o vendedor das mercadorias entregues expede a sua ordem que é entregue ao comprador, para aceite e pagamento. No segundo caso, o transportador expede a sua ordem ao remetente ou destinatário, para aceite e pagamento, logo que seja executado o contrato de transporte.(31) Não devolvidas as faturas, interpreta-se como falta de aceite. Equiparam-se às letras de câmbio naquilo que lhes for aplicável.(32)

26. Conclusões

Vê-se, assim, que essa invenção do direito mercantil brasileiro, título de crédito "até indígena", no dizer de *Pontes de Miranda*(33), a duplicata consolidou-se como um dos mais difundidos títulos de crédito, com aplicação não apenas na área comercial, mas expandindo o seu âmbito no segmento das empresas do setor de prestação de serviços.

27. Jurisprudência

Superior Tribunal de Justiça — STJ. REsp 992421/RS, 3ª Turma. Rel. Min. João Otávio de Noronha, julg. em 21.08.2008, Data de publicação: 12.12.2008 - DJe.

Recurso Especial. Títulos de crédito. Duplicatas sem causa. Protesto. Indenização por danos morais. Redução.

1. O contrato de factoring convencional é aquele que encerra a seguinte operação; a empresa-cliente transfere, mediante uma venda cujo pagamento dá-se à vista, para a empresa especializada em fomento mercantil, os créditos derivados do exercício da sua atividade empresarial na relação comercial com a sua própria clientela — os sacados, que são os devedores na transação mercantil.

2. Nada obstante os títulos vendidos serem endossados à compradora, não há por que falar em direito de regresso contra o cedente em razão do seguinte: (a) a transferência do título é definitiva, uma vez que feita sob o lastro da compra e venda de bem imobiliário, exonerando-se o endossante/cedente de responder pela satisfação do crédito; e (b) o risco assumido pelo faturizador é inerente à atividade por ele desenvolvida, ressalva a hipótese de ajustes diversos no contrato firmado entre as partes.

3. Na indenização por dano moral por indevido protesto de título, mostra-se adequado o valor de R$ 10.000,00 (dez mil reais).

4. Recurso especial conhecido em parte e provido.

Superior Tribunal de Justiça —STJ. REsp 374.326-MA, 4ª Turma. Rel. Min. Aldir Passarinho Junior, julg. em 14.11.2006 (Informativo n. 304). Banco. Negligência. Protesto. Duplicata sem causa.

Trata-se de ação declaratória de inexistência de relação jurídica cumulada com pedido indenizatório contra uma empresa e o Banco Real S/A (hoje sucedido pelo Banco ABN Amro

(31) LEÓN, Henry Alberto Bezerra. *Op. cit.*, p. 363-367.

(32) MARTINS, Fran. *Op. cit.*, 1997. p. 152-153.

(33) MIRANDA, Pontes de. *Trabalho de Direito Privado*. 1962. 2. ed. vol. III, p.9.

S/A) ora recorrente, apontados na inicial como responsáveis solidários pela emissão, cobrança e protesto de títulos indevidamente sacados contra a empresa requerida. Note-se que o Banco Real S/A figura como cobrador do Banco Boa Vista S/A por força de convênio firmado entre eles e se obrigou a proceder às cobranças dos títulos encaminhados, bem como às ordens de protesto emitidas pelo banco contratante (Banco Boa Vista). Segundo o aresto estadual, o Banco Real S/A foi advertido previamente sobre a irregularidade da duplicata e nada fez, dando continuidade à cobrança. Por isso, assinala o Min. Relator, ainda que se tratasse de mero endosso — mandato, o que não é, também atrairia sua responsabilidade pela negligência comprovada nos autos. Explica, ainda, o Min. Relator que, como mandatário do Banco Boa Vista S/A, o Banco Real S/A tornou-se corresponsável por suas ações e, por conseguinte, o Banco ABN AMRO S/A, que o sucedeu. Pois a relação entre esses bancos não é de endosso-mandato clássico, mas a de procurador mediante convênio entre bancos, o que é uma situação diversa e, nessas condições, terá o banco ora recorrente ação regressiva contra o Banco Boa Vista S/A (ou seu sucessor). Entretanto é corresponsável (Banco Real S/A) pelo ato ilícito que à ordem do Banco Boa Vista S/A veio a praticar protesto de duplicata sem causa. Quanto à indenização, reconheceu que os danos materiais não poderiam ser arbitrados aleatoriamente, pois, se reconhecido na fase cognitiva da ação, seu quantum deve ser remetido à liquidação. No caso, o acórdão foi omisso quanto à identificação dos danos materiais, não os descreveu nem se baseou em laudo algum. Por este motivo excluíram-se da condenação os danos materiais e, consequentemente, houve redução do montante arbitrado, uma vez que permaneceram somente os danos morais. Com esse entendimento, a Turma deu parcial provimento ao recurso.

Superior Tribunal de Justiça — STJ. REsp no. 499.516/RJ. 4ª Turma, Brasília, julg. em 17.06.2003. DJ de 01.09.2003. p. 299.

Não pode ser protestado por falta de aceite duplicata que não foi enviada ao sacado, especialmente se este, tomando conhecimento de boleto bancário, comunica que não recebeu a mercadoria a que se refere o título.

Superior Tribunal de Justiça — STJ. 3ª Turma. REsp n. 369.808/DF. Rel. Min. Castro Filho. Julg. em 25.05.2002. DJ de 21.05.2002. Falência. Duplicata mercantil. Comprovação. Remessa para aceite. Protesto de boletos bancários. Impossibilidade. Extração de triplicatas fora das hipóteses legais. I —Para amparar o pedido de falência, é inservível a apresentação de triplicatas imotivadamente emitidas, eis que não comprovados a perda, o extravio ou a retenção do título pelo sacado. II —A retenção da duplicata remetida para aceite é condição para o protesto por indicação, inadmissível o protesto por boletos bancários. Recurso não conhecido.

Superior Tribunal de Justiça — STJ. Conflito de competência. Simulação de duplicata. Art. 172 do Código Penal. Lei n. 8.137/90. Crime formal e unissubsistente. Competência que se define pelo "locus delicti".

1. Tratando-se o delito descrito no art. 171 do Código Penal, de crime formal e unissubsistente, a sua consumação se efetiva com a simples colocação da duplicata em circulação, independentemente de prejuízo. 2. Tendo a emissão dos títulos de crédito sido efetuada na cidade de Gramado — RS, consoante documentos acostados aos autos, a competência para o processamento do feito é do Juízo Comum Estadual daquela comarca, lugar em que

teria ocorrido a inflação. 3. Conflito conhecido, declarado competente o Juízo de Direito da Comarca de Gramado, o suscitado.

Superior Tribunal de Justiça — STJ. Pedido de anulação de duplicata. Sucumbência. Precedentes. Recurso parcialmente provido.

I – O endosso-mandato não transfere a propriedade do título ao endossatário, tornando esta parte ilegítima na ação de anulação de título de crédito fundada na ausência de negócio jurídico subjacente. II — O banco endossatário que resiste ao pedido do sacado para que seja anulada a duplicata sem aceite, por falta de negócio jurídico subjacente, também responde pela verba sucumbencial juntamente com o endossante, se ambos integraram a relação processual. Em face da sucumbência parcial, cada parte responderá pelos honorários de seus respectivos advogados.

Superior Tribunal de Justiça — STJ. Duplicata. Desconto antes do aceite. Protesto pelo banco endossatário, para garantia do direito de regresso. Duplicatas endossadas a estabelecimento bancário antes do aceite, recusado pela firma sacada arguindo inexistência de negócios subjacentes de compra e venda. Ações cautelar de sustação de protesto, e principal de nulidade de títulos, com perdas e danos, ajuizadas pela firma sacada.

Tratando-se de protesto necessário ao exercício da ação regressiva contra a endossante (art. 13, § 4º, da Lei 5.474/68) e incomprovada má-fé do endossatário ao tempo do negócio do desconto bancário que deu causa aos endossos, não podem ser anulados os títulos, que gozam de plena eficácia cambiária entre endossante e endossatário. No caso, o protesto é ato lícito, praticado no exercício regular de um direito, e não pode dar causa à obrigação de indenizar (Código Civil Brasileiro, art. 160, I). Dissenso pretoriano demonstrado. Recurso especial conhecido e provido.

Superior Tribunal de Justiça — STJ. Duplicata. Desconto antes do aceite. Desfazimento do negócio jurídico subjacente. Irrelevância em face do endossatário de boa-fé.

A duplicata mercantil é título cambiário, desvinculado do negócio causal, desde o momento em que surge a obrigação do direito cambiário. Uma vez endossada, mediante operação de desconto, não pode ser anulada, sob alegação de que se desfez o negócio jurídico subjacente, com a devolução das mercadorias. Precedentes do STF e do STJ. Recurso especial conhecido e provido.

Tribunal de Justiça do Estado de São Paulo. 19ª Câmara de Direito Privado. Apelação n. 7.276.065-7. Data do Julgamento: 24.11.2008.

Declaratória — Inexigibilidade de títulos — Duplicatas mercantis — Contrato de locação — Nulidade reconhecida — Pedido contraposto — Impossibilidade, no caso concreto, em razão de insuficiência de prova — Recurso provido.

Trata-se de ação declaratória de inexigibilidade e nulidade de títulos de crédito, precedida de medida cautelar de sustação de protesto, julgada procedente a cautelar, parcialmente procedente a principal e acolhido o pedido contraposto pela decisão de fls. 124/131, cujo relatório se adota; recorre a autora insurgindo-se contra o acolhimento do pedido contraposto baseado exclusivamente em depoimento de uma testemunha; afirma que por ter distribuído diversas ações na Comarca não pode ser motivo para reconhecimento da dívida exigida pela requerida; sustenta que a prova de que as notas fiscais foram assinadas por um de seus empregados deveria ser produzida pela requerida, pugna pela condenação da requerida na verba honorária; pretende a reforma de julgado (fls. 136/138); recurso regularmente processado e respondido (fls. 143/147)...

Cuida-se de ação declaratória de inexigibilidade e nulidade de duplicatas mercantis por indicação, precedida de medida cautelar de sustação de protesto. A autora afirma que inexiste relação negocial a justificar o saque das cártulas.

A resistência, por sua vez, sustenta que entre as partes foram celebrados contratos de locação de equipamentos para que a autora executasse obras do SESC Pinheiros e SESC Santana; ressalta que as duplicatas foram criadas para pagamento dos valores das locações. Formulou pedido contraposto para recebimento dos valores representados pelos títulos, bem como exigindo valores de locações em atrasos.

A magistrada reconheceu a nulidade formal dos títulos, na medida em que as notas fiscais emitidas são de serviços e houve saques de duplicatas mercantis por indicação; de modo que julgou procedente a cautelar de sustação de protesto e parcialmente a ação principal. Contudo, deu procedência ao pedido contraposto diante do conjunto probatório produzido nos autos a justificar a existência de negócios entre as partes e a dívida pretendida; daí o inconformismo...

Ademais, os contratos de locação que vieram aos autos não contêm assinaturas das partes e os documentos citados na sentença para justificar a origem da dívida, portanto, não possuem a força probatória necessária. Os documentos de fls. 74, 76/77 e 87 nem sequer foram assinados. O mesmo podendo ser dito do suposto comprovante de transmissão via fac-símile de fls. 55/56; o que demonstra que a reconvinte não se desincumbiu do ônus de provar o direito alegado.

Assim, considerando os fatos controvertidos, enquanto integrante do sistema social, valendo de circunstâncias hauridas na possibilidade de aplicação de regra de experiência comum que o art. 335 do CPC permite aplicar, não se justifica a condenação da apelante ao pagamento do valor pretendido pela requerida; o pedido contraposto é julgado improcedente.

Com estas considerações, a decisão merece reparos, o pedido contraposto é rejeitado, invertendo-se o ônus da sucumbência, fica afastada, também, a condenação pela litigância de má-fé.

Por tais razões, dão provimento ao recurso.

Tribunal de Justiça do Distrito Federal e dos Territórios. APC DF. 2ª Turma. Registro do acórdão n. 275144. Rel.: Carmelita Brasil. Data do julg. 06.06.2007. Pub. em 05.07.2007. Processual civil. Execução. Duplicatas sem aceite, mas protestadas e acompanhadas do documento comprobatório da entrega da mercadoria. Força executiva reconhecida. Apelo provido.

O art. 15 da Lei das Duplicatas atribui-lhe força executiva mesmo nos casos de inexistência de aceite, desde que protestado o título, não importando qual a natureza do protesto realizado, e que esteja acompanhada do documento comprobatório da entrega da mercadoria.

A recusa pelo sacado é condição negativa de exigibilidade do crédito representado pela duplicata, cabendo, ao executado, alegar e provar que recusou o aceite nos termos legais.

Decisão: Conhecer. Dar provimento ao recurso. Unânime.

Tribunal de Justiça do Distrito Federal e dos Territórios. APC DF. 4ª Turma Cível. Registro do acórdão n. 273918. Rel.: Vera Andrighi. Data do julg. 23.05.2007. Pub. em 14.06.2007. Anulação de título cambial. Ilegitimidade passiva do banco. Endosso-mandato. Duplicata.

I – O endosso-mandato não transmite a propriedade do direito contido no título cambial, razão pela qual o banco-réu é parte ilegítima para figurar no polo passivo da lide, pois recebeu a duplicata como mandatário de outrem, e não como titular do crédito nela constante.

II – Apelação. Unânime.

Decisão:

Conhecer e negar provimento, unânime.

Tribunal de Justiça do Distrito Federal e dos Territórios. APC DF. 3ª Turma Cível. Registro do acórdão n. 272708. Rel.: Vasquez Cruxên. Data do julg. 09.05.2007. Pub. Em 14.06.2007. Processo civil e comercial. Ação declaratória de nulidade e inexigibilidade de título. Duplicata. Endosso. Inoponibilidade de exceções pessoais ao portador de boa-fé. Cessão de crédito. Pagamento feito pela sacada diretamente à sacadora. Protesto. Inexistência de ato ilícito. Danos morais. Descabimento. 1 — as duplicatas contêm atributos inerentes aos títulos de crédito, como a literalidade e, sobretudo, a autonomia e abstração, o que permite que possam circular e ser negociadas com terceiros, sob o manto da segurança jurídica, não havendo, portanto, possibilidade de que o sacado oponha exceções pessoais ao portador do título de boa-fé, sendo certo que tais defesas somente podem ser utilizadas em face do credor originário. 2 — no caso, a transferência dos títulos se deu por endosso, através do qual o credor originário transmite ao endossatário a propriedade dos títulos com os direitos neles assegurados a seu legítimo possuidor, em conformidade com o disposto no art. 8º da Lei Cambial. 3 — se o pagamento foi efetuado ao credor originário, não surte qualquer efeito liberatório para o apelante com relação ao réu, legítimo credor dos títulos de crédito recebidos por endosso, após terem sido descontados. 4 — eventual inobservância de cláusula do contrato firmado entre o endossante e o endossatário, não retira as características de autonomia e abstração dos títulos endossados, sendo o endossatário imune às exceções pessoais, além do que a apelante não é parte do referido contrato de fomento, não possuindo, portanto, legitimidade para invocar o cumprimento de suas cláusulas. 5 — não tendo a apelante efetuado o pagamento dos títulos originais, ou o tendo feito à pessoa diversa da legítima portadora dos mesmos, não há se falar em ato ilícito, eis que os apontamentos para protesto constituem o exercício regular de um direito, inexistindo o dever de indenizar por eventuais danos morais sofridos por quem sofreu a restrição. 6 — recurso improvido.

Decisão:

Conhecer e negar provimento ao recurso, tudo à unanimidade.

Tribunal de Justiça do Distrito Federal e dos Territórios. APC DF. 1ª Turma Cível. Registro do acórdão n. 272231. Rel.: Natanael Caetano. Data do julg. 25.04.2007. Pub. Em 29.05.2007. Comercial. Título de crédito. Duplicata. Validade. Recebimento das mercadorias. Não comprovação pelo apelante da nulidade do título. Sentença mantida. É ônus do autor o fato constitutivo de seu direito (artigo 333, I, do CPC). A duplicata é vinculada à relação jurídica que lhe dá origem. Não há como o apelante eximir-se de sua obrigação se demonstrado nos autos que sua empresa recebeu os equipamentos discriminados na nota fiscal.

Decisão:

Conhecer e negar provimento. Unânime.

Tribunal de Justiça do Distrito Federal e dos Territórios. APC DF. 2ª Turma Cível. Registro do acórdão n. 272707. Rel.: Carlos Rodrigues. Data do julg. 25.04.2007. Pub. Em 05.06.2007. Direito comercial. Duplicata. Formalidades legais inerentes à formação do título de crédito. Inobservância. Ineficácia do título. 1 — a Lei 5.474/1968 impõe formalidades especiais à formação da duplicata, de sorte a emprestar-lhe a qualidade de título de crédito. A inobservância da forma conduz à ineficácia cambiária do título. Esta por sua vez condena-a ao reconhecimento da nulidade de que se reveste, não servindo inclusive para dar lastro ao registro de protesto. 2 — apelação conhecida e improvida.

Decisão:

Negar provimento. Unânime.

Tribunal de Justiça de Pernambuco. 3ª Câmara Cível. Apelação Cível. Ac. 42461-3. Rel.: Sílvio de Arruda Beltrão. Julg. em 29.03.2007. Processual Civil. Apelação Cível. Embargos à execução. Defeito de representação. Não caracterizada. Preliminar rejeitada. Execução contra novo devedor. Efeitos da transmissão da duplicata. Interpretação finalística do art. 736, CPC. Nulidade processual descabida. Fato apresentado apenas em sede de recurso de apelação. Violação do art. 517, CPC. Recurso não provido.

A pessoa jurídica não necessita demonstrar imediatamente a regularidade de representação, o que só se faz essencial quando há a impugnação ou questionamento da parte adversa. Precedentes. Preliminar rejeitada. Na hipótese, não se trata de substituição de devedor, mas, na verdade, de cobrança do título de crédito contra o atual devedor, em face da transmissão do título de crédito, pelo que não tem aplicação o art. 595, do CPC. Preliminar rejeitada. Deve-se atribuir ao dispositivo processual o sentido e a intenção do art. 736, do CPC, a saber, impedir o prosseguimento desorganizado do feito, o que não ocorreu na hipótese. Deste modo, não há motivos para declaração de nulidade processual. Preliminar rejeitada. Em sede de recurso de apelação não são cabíveis novas insurgências contra fatos pretéritos, sob pena de violação do art. 517, do Código de Ritos. Recurso não provido. Decisão: Unanimemente, desacolheu-se a preliminar de defeito de representação. Unanimemente, rejeitou-se a preliminar de impossibilidade jurídica do pedido. Uniformemente, desacolheu-se a preliminar de "nulidade processual". Uniformemente, quanto ao mérito, negou-se provimento ao recurso.

Tribunal de Justiça de Pernambuco. 2ª Câmara Cível. Mandado de Segurança. Acórdão n. 115824-5. Rel. Santiago Reis. Data do julg. 27.09.2005. Civil. Processo Civil. Mandado de Segurança de terceiro prejudicado contra ato judicial (liminar, datada de 07.05.1997) praticado em processo do qual não participou e só teve conhecimento passados mais de sete anos — Possibilidade de manejo do Mandamus — rejeitada por unanimidade a preliminar suscitada pela litisconsorte passiva necessária. UNIFERRO Ltda., que, após citada regularmente, requereu de início a extinção do Feito alegando incabimento do Mandamus em face do recurso de terceiro prejudicado previsto no art. 499 de CPC — Precedentes: STJ — 1ª Turma, RMS 12.193-SP, Rel. Min. Humberto Gomes de Barros, j. 16.04.02, v.u., DJU 24.06.02, p. 185; RTJ, 87/96, 88/890, 119/726; RSTJ 15/170; STJ-RJ 683/174; RT 517/227, RJTJESP 112/408; RF 292/320, JTA 52/181, RT 517/31; Súmula n. 202 do STJ pela qual "A impetração de segurança por terceiro, contra ato judicial, não se condiciona à interposição de recurso" — Tempestividade da impetração, considerando que a Impetrante só tomou conhecimento da decisão liminar do Juízo em

03.06.04, na ocasião em que requerera a inclusão da aludida devedora UNIFERRO Ltda. nos cadastros do SERASA referente a título de crédito vencido (Duplicata), sendo certo que ingressou, aprazadamente, com Mandado de Segurança em 28.09.04 — No mérito: trata-se de Mandado de Segurança contra liminar concedida em 07.05.97 pelo Juízo impetrado, em sede de Ação Cautelar de Sustação de Protesto (Processo de n. 001.1997.030608-4) e posteriormente ratificada em 22.09.99, a ordenar, indiscriminadamente, a exclusão de quaisquer inscrições negativas em nome da devedora, UNIFERRO Ltda., em tanto que Autora daquela Ação, no SERASA, SPC/REFIN — Impetrante que é credora da UNIFERRO Ltda., de título de crédito representado por duplicata (de n. 2.400), no valor de R$ 12.811,84 (doze mil, oitocentos e onze reais e oitenta e quatro centavos) vencida em 21.06.95, e que, embora tenha logrado êxito em outras duas demandas movidas contra si pela própria devedora (Ação Cautelar de sustação de Protesto de n. 001.1995.052578-3 e Ação Ordinária n. 001.1995.056074-0) viu-se impedida de incluir a anotação de protesto da referida Duplicata no SERASA por força de ato judicial que consiste na mencionada liminar atacada pelo Mandamus — Situação pela qual um terceiro (a Impetrante) está a ser prejudicado por decisão em Processo do qual não participou e sequer teve conhecimento da existência, a não ser quando o efeito da referida liminar veio a interferir em direito seu, decorridos mais de sete anos — Liminar que impede, indiscriminadamente e indistintamente, por tempo indeterminado, a inscrição do nome do devedor em cadastro de proteção ao crédito — Segurança concedida por unanimidade, para efeito de, nos termos do voto do Relator, cassar a referida Liminar em relação à Impetrante a fim de permitir a inscrição da devedora, UNIFERRO Ltda., nos cadastros de bancos de dados de órgãos de proteção ao crédito, como SERASA e SPC, comunicando-se aos ditos órgãos e bancos de dados, esta decisão e revogando-se a Interlocutória anterior de fls. 89/90 que denegava a Liminar antes pleiteada.

Decisão

A unanimidade, rejeitou-se a preliminar. Mérito: À unanimidade, concedeu-se a segurança, nos termos do voto do relator.

Tribunal de Justiça de Pernambuco. 3ª Câmara Cível. Apelação Cível. Número do acórdão: 105209-5. Relator: Milton José Neves. Data do julg.: 19.10.2004. Direito Comercial e Processual Civil. Ação Ordinária de Nulidade de Título de Crédito, cumulada de Perdas e Danos. Duplicata sem aceite. Ausência de comprovação tanto dos motivos da recusa da aceitação, quanto da existência material da transação ou entrega da das mercadorias que teriam originado a cártula levada a protesto. O saque sem causa, além de não produzir efeitos no campo cartular, em face da absoluta nulidade do título emitido sem que lhe corresponda uma operação de compra e venda, também torna inexigível a dívida representada naquele título, porque ausente a comprovação de débito. Desatenção da empresa apelada acerca das regras procedimentais para intimação na modalidade por edital. A apelante não se encontrava em lugar incerto ou ignorado, isso porque, a partir das próprias certidões e instrumentos cartorários, facilmente pode ser verificado o endereço da empresa protestada, fato que afasta os pressupostos justificadores para a notificação por via editalícia. Risco suportado pelo sacador. Responsabilidade da apelada pelos danos morais advindos dos prejuízos sofridos pela apelante.

Unanimemente, deu-se provimento à apelação, reformando-se a sentença recorrida, para que sejam declarados nulos, tanto os títulos de crédito relacionados nos autos, quanto o protesto na modalidade editalícia. Levando-se em consideração não apenas a evidente presunção dos prejuízos sofridos pela empresa apelante, mas, também, a ausência de inscrição nos cadastros de proteção ao crédito, além de capacidade econômica, foi condenada a empresa a pagar o valor de R$ 15.000,00 (quinze mil reais), relativos à indenização por danos morais, mais honorários advocatícios, à razão de 20% (vinte por cento) sobre o valor atribuído à condenação.

Tribunal de Justiça de Minas Gerais. 3ª Câmara Cível. Ap. Cível n. 1.0024.05.630123-7/001. Rel. Des. Kildare Carvalho. Julg. em 17.11.2005, DJMG de 02.12.2005. Pedido de falência. Título executivo extrajudicial não constituído. Protesto por indicação. Duplicata ausente dos autos.

Em se tratando de duplicata ou triplicata não aceita, a lei exige, para que a mesma tenha força executiva, que haja sido protestada, esteja acompanhada de documento hábil comprobatório da entrega e recebimento da mercadoria, e que o sacado não tenha comprovadamente recusado o aceite, no prazo, nas condições e pelos motivos que a lei lhe permitir ser feita tal recusa. Não constitui título executivo extrajudicial, a embasar pedido de falência, cópias de notas fiscais com assinaturas de recebimento de mercadorias e instrumentos de protestos fazendo referências a duplicatas que não constam nos autos. Recurso a que se nega provimento.

Tribunal de Justiça de Sergipe. Duplicata. Endosso-mandato. Medida cautelar. Sustação de protesto. Inclusão do endossatário, responsável pelo desconto dos títulos, no polo passivo da lide. Inadmissibilidade. Legitimidade passiva do emitente dos títulos se a discussão se restringe à origem do débito. www.biblioteca.tj.sp.gov.br — Acesso em 12.08.2007.

Tribunal de Justiça de Santa Catarina. 4ª CC. Ac. 8890053-6. Rel.: Des. Nílton M. Machado. DJSC de 13.04.1999. p. 10. Falência. Duplicatas. Protesto tirado de forma irregular. Instrumento que não contém nome da pessoa que recebeu a intimação. Formalidade essencial. Impontualidade descaracterizada. Processo extinto sem julgamento do mérito. Juntada com as razões de apelação certidão cartorária da intimação pessoal. Inadmissibilidade. Documento público que estava ao alcance da parte já quando da propositura da ação. Recursos não providos.

O instrumento de protesto que não contém o nome da pessoa que recebeu a intimação não é suficiente para caracterizar a impontualidade do devedor para efeito de decretação da falência. Estabelecida a relação jurídica processual, com a apresentação de defesa ao pedido falimentar, não há condições para juntada de documento público comprobatório da intimação pessoal da devedora, que estava ao alcance da requerente quando da protocolização da inicial.

Por votação unânime, conhecer do recurso para negar-lhe provimento. Custas na forma da lei.

Tribunal de Justiça de Santa Catarina. 1ª CC. Ac. n. 9812441-7. Rel.: Des. Trindade dos Santos. DJ. de 26.05.1999. Ação Monitória. Duplicatas de prestação de serviços de publicidade não aceitas. Comprovação de efetiva prestação. Embargos. Não desconstituição dos documentos em que repousa a pretensão creditícia da autora. Rejeição. Julgamento antecipado. Cerceamento de defesa inocorrente. Sentença confirmada. Súplica recursal desacolhida.

É conferido ao julgador o poder de, acaso entenda suficiente para o deslinde da questão colocada ao seu conhecimento o material probante existente nos autos, ou diante da ineficácia da prova a ser produzida, em relação à matéria invocada, proferir julgamento antecipado do litígio, sem que esse julgamento prematuro possa ser traduzido por cerceamento de defesa. Duplicatas de prestação de serviços de publicidade, conquanto não aceitas, mas comprovada a efetividade da prestação, através da veiculação de comerciais do interesse da devedora, autorizam a utilização da ação monitória para a respectiva cobrança. Ainda mais quando, antecipadamente, a própria devedora, num reconhecimento tácito da perfectibilização dos serviços, pagou uma das duplicatas relativas à mesma transação. Decisão: por votação unânime, desprover o recurso. Custas legais.

Tribunal de Justiça de Santa Catarina. 2ª. C.Crim. Ac. 00.016205-1. Julg. em 05.06.2001. Crime contra o patrimônio. Duplicata simulada. Pleito absolutório. Impossibilidade. Delito plenamente configurado.

Administradores de empresa que colocam em circulação duplicatas que não correspondem a negócio real. Condenação mantida. Recurso desprovido.

Tribunal de Justiça de Santa Catarina. Terceira Câmara de Direito Comercial. Apelação Cível n. 2002.023091-5. Rel. Fernando Carioni. Data: 09.06.2005. Medida cautelar de sustação de protesto. Duplicata. Endosso. Caução. Desconto de título. Legitimidade passiva *ad causam* do banco endossatário configurada. Direito regressivo. Sentença declaratória que serve para tal desiderato. Ônus sucumbenciais. Responsabilidade do endossatário. Honorários advocatícios. Quantum adequado. Sentença mantida. Recurso desprovido.

A instituição financeira que recebe duplicata por meio de endosso-caução passa a deter todos os direitos inerentes ao título, e, portanto, é parte legítima a figurar no polo passivo da ação cautelar de sustação de protesto e na que vise a desconstituir o débito.

O exercício de direito de regresso do banco endossatário não resta prejudicado com a nulidade do título e de seu protesto, servindo a própria sentença declaratória para tal fim.

"O entendimento deste C. STJ, em face do risco que resulta da atividade bancária, tem evoluído para atribuir ao banco endossatário, mesmo quando sem má-fé, a responsabilidade pelo ônus da sucumbência em relação ao terceiro, em nome de quem o título foi indevidamente sacado e que vem a juízo requerer a sustação do protesto e a anulação da duplicata sem causa" (STJ, AgRG no Ag n. 290.359, de São Paulo, rel. Min. Nancy Andrighi, j. em 25.09.00, DJ de 23.10.00, p. 141).

Nas demandas em que não há condenação, os honorários advocatícios devidos devem ser fixados conforme apreciação equitativa do Magistrado, levando-se em consideração o grau de zelo profissional, o lugar de prestação do serviço, a natureza e importância da causa, o trabalho realizado pelo advogado e o tempo exigido para seu serviço.

Tribunal de Justiça de Santa Catarina. Segunda Câmara de Direito Comercial. Apelação Cível n. 2004.025504-7. Rel. Trindade dos Santos. Data: 07.07.2005.

Execução. Duplicatas mercantis. Embargos rejeitados. Solução adotada antecipadamente. Cerceamento de defesa. Inocorrência. Cisão de empresas. Corresponsabilidade de empresa decorrente dessa cisão. Inoponibilidade à credora. Contrato não cumprido pela emitente. Ausência de aceite. Irrelevância. Honorários advocatícios. Fixação adequada. Sentença confirmada. Reclamo recursal desatendido.

I – O sentenciamento antecipado dos embargos à execução não se convola em cerceamento à defesa da executada, quando, versando os autos sobre matéria essencialmente jurídica, a prova testemunhal pretendida de produção encontrava óbice na lei processual, em razão de exceder o valor das cártulas executadas o décuplo do salário mínimo em vigor quando de suas emissões.

II – Sacadas as duplicatas mercantis contra a executada e recebidas as mercadorias faturadas na sede da empresa, não há como arguir a corresponsabilidade de empresa diversa, nascida da sua cisão contratual, motivada pela separação judicial de seus proprietários. Essa corresponsabilidade, ainda que tenha sido assumida no documento de cisão pela ex-esposa, cria apenas direitos e obrigações entre eles, não se estendendo a terceiros que dessa convenção não participaram.

III – Alegações genéricas acerca do não cumprimento, pela exequente, de suas obrigações para com a executada, não são suficientes para sustentar a exceção de contrato não cumprido, quando nem ao menos declina a executada o que estaria a materializar esse descumprimento.

IV – A falta de aceite em duplicata mercantil não lhe retira os pressupostos de liquidez, certeza e exigibilidade, quando, a par de ter sido ela levada a protesto, comprova a credora, de modo suficiente, a remessa e a entrega à sacada das mercadorias faturadas.

V – Em execução embargada, são consentâneos com os princípios legais incidentes os honorários advocatícios fixados no percentual intermediário de 15%.

Tribunal de Alçada do Rio Grande do Sul. Quarto Grupo Cível. Embargos Infringentes n. 191.008.408. Duplicata emitida sem causa. Sua eficácia em relação ao sacado e endossatário. Protesto.

A duplicata emitida sem causa é ineficaz em relação ao sacado, subsistindo, entretanto, as obrigações decorrentes da circulação, quanto a endossantes e respectivos avalistas. Sendo obrigatório o protesto para garantia do direito de regresso, não alcança, entretanto, o nome do sacado.

Tribunal de Justiça do Rio Grande do Sul. C.Crim.Esp. Acr. 70002141141. Julg. em 11.07.2001. Penal. Crime de emissão de duplicata simulada.

A prova da materialidade do crime do art. 172 do CP, quando a duplicata não comparece aos autos, provavelmente por estar em mãos do emitente, pode ser suprida pelo instrumento do protesto e correspondência do banco que atesta tê-la devolvido ao réu. A sentença cível que anula o protesto e condena o emitente pelo dano moral causado ao prejudicado, ao lado das declarações deste, são elementos de prova bastantes e suficientes para acolher a denúncia, julgar a ação penal procedente e condenar os réus pelo crime de emissão de duplicata simulada. Apelação ministerial a que se dá provimento.

Tribunal de Justiça do Rio de Janeiro. Duplicata simulada. Caracterização. Sócio de firma que confessa que assinou duplicata, consciente da inexistência de possibilidade do serviço ser prestado. Dolo comprovado, pois mesmo diante da impossibilidade, emitiu os títulos de crédito. Inteligência do art. 172 do Código Penal. RT 790/680. www.biblioteca.tj.sp.gov.br

Capítulo V

Cheque

1. Generalidades

1.1. Introdução

Dentre os títulos de crédito mais popularizados, e por isso de maior circulação, está o cheque, de inequívoca singularidade no mundo moderno, como veremos no curso deste trabalho.

Ao lado, contudo, de sua singularidade, o cheque não deixa de ser um título de crédito de certa forma polêmico pelas suas características e funções que absorveu no curso de sua história (v. os itens *Ordem de pagamento ou título de crédito? e O cheque como título de crédito "imperfeito"*, no presente capítulo). Oriundo, quiçá, de uma contingência, ou de uma combinação de várias (comodidade, segurança, possibilidade de enquadrar o seu emitente na lei penal, em caso de insuficiência de provisão de fundos), o cheque acabou por assumir o seu lugar na lista desses papéis. A análise que em seguida desenvolveremos poderá confirmar a hipótese que ora delineamos.

Até a sua origem é cercada de controvérsias. Discute-se se o cheque é efetivamente uma criação inglesa ou belga, ou, mais remotamente, italiana. Até a etimologia do nome cheque constitui certo desafio para os especialistas em Direito Comercial.

Visto o problema de outra perspectiva, acrescente-se que nenhum título de crédito comporta tantas variações em suas modalidades como o cheque. Nenhum título de crédito se deixa acompanhar de tantos adjetivos (*comum, especial, administrativo, postal, viajeiro, cruzado, visado, fiscal etc.*). Tudo isso aponta para o seu dinamismo e ampla aceitação, pois, e para as suas implicações na economia e na sociedade. Passemos a uma exposição sobre esse documento.

1.2. Notícia histórica

Nada mais apropriado do que iniciarmos nossa análise do cheque pela sua formação histórica, a fim de compreendermos o desenrolar do seu processo no curso do tempo, desde a sua gênese. Começaríamos dizendo que não se pode negar certa imprecisão a respeito do surgimento do cheque. Seu aparecimento pode, por vezes, confundir-se com o da letra de câmbio e o da nota promissória. A sua "autonomia" se dará com o avanço do sistema bancário. Dentro dessa perspectiva podemos dizer que a origem do cheque remonta a fins da Idade Média, com o desenvolvimento do papel dos banqueiros no norte da Itália. Semelhante afirmação, todavia, não implica negar que na Antiguidade clássica existissem ordens de pagamento.

Como lembra *Rubens Requião*, historiadores apontam em discursos de Demóstenes referências a essas ordens. Cognominados *syngraphos*, eram remetidos pelos comerciantes aos banqueiros, denominados *trapezistas*. Assim, seria a Grécia o berço do instituto do cheque. Referem-se os autores a um escrito de Isócrates, que desejava fazer vir do Ponto a maior quantidade de dinheiro possível. Como Estratócles estava de viagem para lá, foi-lhe pedido que deixasse a quantia de que dispunha, porque seu pai lhe pagaria no Ponto, com a importância que de fato lhe pertencia. Já em Roma havia os *mandata*, que os mercadores entregavam aos *argentarii*, conforme *Rubens Requião*. Os argentários recebiam depósitos em dinheiro e por isso faziam pagamento por ordem dos respectivos depositantes.(1)

Sérgio Carlos Covello, lembrando *Macleod*, afirma que o cheque era, entre os romanos, usado com primazia, lembrando que *rescribire*, na frase de Cícero, significa a transferência, anotada no livro do banqueiro, na conta de um cliente para outra, o que configura uma ordem de pagamento, um cheque. Escritos de Terêncio já faziam, também, alusão ao cheque.(2)

Muitos enxergam no cheque uma origem simultânea à da letra de câmbio. Teria a ver, igualmente, com o contrato de câmbio trajetício, conforme analisamos no capítulo II, dedicado à letra de câmbio. A maior complexidade que iria caracterizar as operações bancárias já na Idade Média levaria, por consequência, a determinadas inovações. Espalhados os bancos por tantos países da Europa, as várias moedas e as diferentes jurisdições decorrentes da maior extensão tomada pelas instituições financeiras condicionaram o surgimento da escritura contábil com partidas dobradas, além de uma forma simplificada de seguro marítimo.

O século XII (em 1157 ou 1171) pode ter visto o primeiro banco: o de Veneza, secundado pelo de Barcelona (1401) e o de Gênova (1407), denominado "Camera de S. George", como nos informa *Egberto Lacerda Teixeira*.(3) Talvez a invenção mais contundente tenha sido a do cheque. Temos notícia de que os primeiros foram emitidos depois do final do século XIV, quando foram registradas as primeiras retiradas por escrito no Banco Médici, em Florença, mais antigo, portanto, que os estabelecimentos arrolados por *Teixeira*, o que aponta para certa imprecisão quanto ao surgimento do cheque. Até então, o depósito e a retirada de numerários eram feitas pessoalmente pelo cliente na frente do banqueiro. As retiradas por escrito, com a ausência do depositante, não eram vistas com bons olhos, porquanto as ordens para serem processadas tais retiradas poderiam ser falsificadas. Daí a relutância e a cautela dos banqueiros em aceitá-las tranquilamente. Ressalte-se que a palavra *cheque* não era conhecida. *Polizza di tavola* nas cidades de Messina e Palermo, ou ainda *cedula di cartulario* em Gênova e Milão, como enfatiza a Doutrina.

(1) REQUIÃO, Rubens. *Op. cit.*, p. 474.

(2) COVELLO, Sérgio Carlos. *Prática do cheque*. São Paulo: EDIPRO,1999. p. 12.

(3) TEIXEIRA, Egberto Lacerda. *A nova lei brasileira do cheque*. São Paulo: Saraiva, 1985. p. 3. Quanto à denominação "Camera de S. George", Rubens Requião prefere usar "Casa de São Giorgio" (*Op. cit.*, p. 3) e André Luiz Santa Cruz Ramos, "Casa de São Jorge" (*Op. cit.*, p. 352).

O tempo encarregou-se de institucionalizar a prática do cheque, o que veio a significar mais flexibilidade e velocidade nas operações bancárias. Hoje em dia, não se contesta seu uso. Apenas se toma uma série de cuidados para garantir a maior credibilidade desse documento e tornar mais eficaz a sua circulação no mercado financeiro, já que se trata de um papel extremamente popularizado, muito diferente, pois, do tempo dos Médici.

Na trajetória do cheque, até chegar aos dias modernos, os belgas compram briga com os ingleses a respeito desse instituto. Afirmam os primeiros que o cheque, conhecido com o nome flamengo de *bewijs*, já era desde muito tempo utilizado na Bélgica pelos seus banqueiros, cabendo aos ingleses simplesmente copiá-lo. A rainha Elizabeth teria enviado à cidade de Anvers uma missão de banqueiros, no ano de 1557, com aquela finalidade. De semelhante empreitada teria surgido o cheque, introduzido nas Ilhas Britânicas por Tomas Grescham, após o que se desenvolveram as *Goldsmith notes,* de pagamento à vista e entregues pelos ourives. Assim, grego ou romano, belga ou inglês, além de francês, o certo é que o cheque se internacionalizou, em nada hoje lhe importando a origem.

1.3. Ainda sobre a origem do cheque

Não se restringem aos comentários anteriores as especulações em torno da origem do cheque. As *lettere di pagamento* italianas, bem como os *Kassierbriefje* (letras de caixa) holandeses, ocupam espaço nessa discussão quase sem fim. De modo preciso, e mesmo oportuno, recorre *Wille Duarte Costa* à seguinte observação de *Cunha Peixoto*: "Verifica-se que o cheque tem raízes pouco conhecidas, podendo dele dizer-se o que advertia De Turri... a respeito da letra de câmbio: assemelha-se a um rio formado por vários pequenos e conhecidos afluentes, mas que não pode afirmar com precisão o lugar e a data do nascimento".[(4)]

Exsurge de tantas hipóteses o fato de que no curso da História, mormente nos tempos modernos, o cheque iniciou um processo de consolidação como ordem de pagamento, na fase em que o papel dos bancos tendia a expandir-se e a firmar-se, cada vez mais, no mundo dos negócios. Dentro desta trajetória comercial, cambiária, não seria incorreto arrematar que o cheque não se contenta com uma origem única. Vários são seus berços, mas nenhum é facilmente identificável com primazia sobre os outros. Nesse sentido, há de permanecer um título "apátrida", ou de muitas pátrias, tudo decorrente das tantas necessidades, em inúmeras partes do mundo, de fazer circular o crédito e dinamizar o comércio internacional.

1.4. O cheque no sistema francês e no inglês

Ainda que o cheque moderno possa ter uma origem não inglesa, temos de levar em consideração que foi na Inglaterra que a sua difusão foi mais notável, até porque o papel deste país foi da maior relevância para o desenvolvimento do capitalismo no século XIX. Observe-se, todavia, que o direito inglês, à semelhança do americano, não estabelece grande diferença entre cheque e letra de câmbio, pois o primeiro não passa de uma letra cujo sacado é um banco. Claro que não é essa a única diferença, porque o banco, na qualidade de depositário, não honra o cheque com seus próprios recursos, mas com aqueles de seus

(4) Cit. por COSTA, Wille Duarte. *Op. cit.*, 2003. p. 325.

depositantes, salvo na hipótese em que lhes concede previamente crédito, como no caso do chamado cheque especial.

Como lembra *Alfredo Morles Hernández*, foi a França o primeiro país a regular legislativamente o cheque, através de lei de 14 de junho de 1865, que traz a seguinte definição para semelhante papel: "o escrito (documento) que sob a forma de mandado de pagamento serve ao sacador para efetuar a retirada a seu favor ou a favor de um terceiro, do total ou de parte dos fundos levados a crédito de sua conta com o sacado, e disponíveis".[5]

Assim visto, o cheque no direito anglo-americano conceitua-se como uma letra de câmbio sacada contra um banco, ao passo que nos demais direitos inspirados no francês esses dois documentos tomaram um rumo no qual a Doutrina busca estabelecer uma distinção mais refinada entre ambos.

1.5. Origem do nome cheque

Discute-se a etimologia da palavra *cheque*, se de origem do inglês *to check*, que significa verificar, conferir, ou do francês *échequier*, isto é, dar baixa, retirar, a exemplo do que acontece no jogo de xadrez. Com base em *Pontes de Miranda*, domina na Doutrina a opinião de que o nome *cheque* vem mesmo do verbo inglês *to check*. Eminentes comercialistas pátrios invocam o posicionamento de *Miranda*, para quem se trata de mera fantasia "a explicação do nome pela forma das mesas dos banqueiros, que pareciam tabuleiros de xadrez", ao que aludem *Waldirio Bulgarelli*[6] e *Rubens Requião*[7], lembrando ambos, ainda, a posição de *Souza Pinto*, autor do *Dicionário da Legislação Comercial Brasileira* (1892), ao sustentar a origem da palavra do inglês *to check*. A controvérsia, contudo, não se restringe a essa discussão. Basta recordar *Roberto Goldschmidt*,[8] que alude à origem árabe ou persa do nome *cheque* (2002. p. 720), uma origem demasiadamente remota, que não explicaria satisfatoriamente o curso deste papel nos dias atuais.

2. Significado econômico do cheque

2.1. A circulação do cheque

Não há dúvida de que nessa moderna fase da economia contemporânea é o cheque, ao lado da duplicata, o título de crédito de maior circulação, ao menos sob o prisma do Direito Cambiário brasileiro. Trata-se, assim, de um fato da maior relevância na medida em que, a um só tempo, simplifica e dinamiza a circulação monetária. Faz muito tempo que caiu o requisito da diversidade de lugares (*distancia loci*) entre a emissão e o pagamento para caracterizar o cheque, como na Idade Média.[9] Hoje em dia, serve de instrumento de pagamento, nas suas mais variadas facetas, a concorrer, pois, com o dinheiro e o cartão de crédito, outro símbolo do mundo hodierno. O cheque destaca-se como um documento que possibilita a

(5) HERNÁNDEZ, Alfredo Morles. *Op. cit.*, p. 1972.
(6) BULGARELLI, Waldirio. *Op. cit.*, p. 304.
(7) REQUIÃO, Rubens. *Op. cit.*, p. 472.
(8) GOLDSCHMIDT, Roberto. *Op. cit.*, 2002. p. 720.
(9) OLIVEIRA, José Alcibíades Perrone de. *Op. cit.*, 1999. p. 193.

retirada de fundos em poder do sacado, tanto pelo próprio correntista como também por seu portador, além de permitir o pagamento a distância. Assim, o cheque emerge na prática bancária como um instrumento posto ao alcance dos correntistas com a finalidade de estes poderem dispor de seus montantes da maneira mais cômoda possível, honrando os seus compromissos, sem que para tanto lancem mão diretamente da moeda.

O cheque, como reforça *Waldirio Bulgarelli* com base na boa doutrina, desempenha sua principal função ao proporcionar os ajustes por compensação, substituindo a moeda. Destarte, o cheque exerce o papel de uma verdadeira moeda escritural, ao lado da fiduciária.[(10)]

Por tudo isso, justifica-se a posição de tantos economistas e homens de negócio acerca do papel do cheque, que é encarado nesses segmentos como um documento útil e necessário. Vislumbram-se, pois, as seguintes vantagens na sua utilização:

a) economia de tempo, visto que com uma simples ordem de pagamento movimenta-se uma quantidade ilimitada de numerários, o que facilita a realização das mais diversas transações, comerciais ou não;

b) simplificação e dinamização da circulação monetária, conforme expusemos acima, até porque o cheque circula por endosso;

c) segurança. Esse item pode ser encarado de dois pontos de vista. O primeiro diz respeito ao emitente, que se livra de transportar um monte de papel-moeda, substituindo-o meramente pelo cheque. Já o segundo modo de ver a segurança coloca-se do lado do beneficiário. Daí o cuidado legal de cercar o cheque de toda a credibilidade, a ponto de considerar crime a sua emissão sem suficiente provisão de fundos, ou a frustração do seu pagamento (art. 171 do Código Penal). Como comporta o aval, esse instituto empresta ao cheque maior garantia. Por outro lado, existe a figura do cheque visado, por exemplo, que confere mais credibilidade ao documento em pauta (embora, reconheça-se, seja uma modalidade de cheque em decadência). Além disso, os empresários alicerçam-se cada vez mais em órgãos de informação que podem alertá-los dos eventuais emitentes contumazes de cheques sem fundo;

d) comodidade. Assim, ao lado da segurança, o cheque traz em seu bojo o elemento *comodidade*. O transporte de grandes quantias em papel-moeda não é apenas arriscado. É, outrossim, incômodo. Por sua natureza, o cheque resolve esse problema, ao facilitar os pagamentos, revelando, destarte, sua excepcional contribuição à consecução dos negócios, dentro do espírito do mundo moderno, a exigir, cada vez mais, eficiência e celeridade.

2.2. Inexistência de curso forçado

Como lembra *Rubens Requião*, a despeito da existência de todo um arsenal jurídico-administrativo que vise a garantir e a ampliar a credibilidade do cheque, este não tem o poder liberatório da moeda, pois ninguém é obrigado a receber o cheque em pagamento. Vale, portanto, dizer, que apenas a moeda tem curso forçado. "O uso do cheque se explica pela

(10) BULGARELLI, Waldirio. *Op. cit.*, p. 305.

facilidade com que mobiliza os valores monetários", arremata o consagrado comercialista.[11] Essa é, igualmente, a posição defendida por *Luiz Emygdio F. da Rosa Jr.* Todavia, relembra esse autor que durante a vigência da Lei n. 8.002/1990, que vedava a recusa da venda de mercadorias diretamente a quem se dispusesse a comprá-la através de pagamento imediato. Destarte, o cheque visado e o cheque bancário eram vistos como pagamento em moeda corrente (art. 1º, § 2º, I do mencionado instrumento legal). Entretanto, essa lei foi revogada pelo art. 92 da Lei n. 8.884/1994, sobre prevenção e repressão às infrações contra a ordem econômica e, como observa *Luiz Emygdio F. da Rosa Jr.*, não reproduziu a vedação de recusa de pagamento através de cheque visado ou bancário.[12] Voltaremos a analisar esse tema no item "Cadastro de emitentes de cheques sem fundo", nesta parte do trabalho.

2.3. Uso do cheque na atualidade

A despeito de seu vasto emprego nas atividades modernas, o cheque vem encontrando cada vez mais barreiras à sua utilização. Mesmo assim, seu uso ainda é consideravelmente extenso. Isso é tanto verdade na medida em que compulsemos a lista dos títulos de crédito publicada em jornais de grande circulação e que se refere ao protesto. Nela predominam a duplicata e o cheque. Mal se mencionam a letra de câmbio e a nota promissória, os títulos de crédito por excelência. Hoje, portanto, despontam em seus lugares um título de crédito que comporta longa discussão sobre a sua natureza (o cheque) e outro (a duplicata), que é um documento criado pelo Direito brasileiro, causal, de forte aceitação nos negócios.

Destarte, se os títulos de crédito inconfundíveis, como a letra de câmbio e a nota promissória, perderam o seu poder de uso no correr do tempo, por motivos já analisados nos capítulos imediatamente anteriores, é o caso de dizer que o cheque já começou a experimentar uma restrição em sua abrangência. Alguns fatores vêm contribuindo para tais mudanças, a saber:

a) a crescente utilização do cartão de crédito. Ressaltamos que uma das condições para o largo emprego do cheque foi a sua comodidade, ao lado da sua segurança e de sua *tradução* em dinheiro vivo. Semelhante raciocínio pode ser desenvolvido em relação ao cartão de crédito, até pelo planejamento da data de pagamento das faturas. Caracteriza-se pelo limite financeiro instituído por sua administradora, levando-se em consideração a renda do titular do cartão, à semelhança do crédito concedido ao correntista por uma instituição financeira.

Pode-se arguir que em muitos países o cartão de crédito desbancou o dinheiro vivo, pois este cartão serve, inclusive, para identificação do consumidor. Não esquecer que nos Estados Unidos, por motivos de práticas terroristas, a não utilização do cartão de crédito chega a provocar suspeitas;

b) se o recurso ao cartão de crédito é capaz de limitar o uso do cheque, é conveniente realçar que as operações eletrônicas ocupam, em um crescendo, mais espaço nos negócios. Nessa perspectiva podemos arrolar algumas dessas práticas: 1) o chamado

(11) REQUIÃO, Rubens. *Op. cit.*, p. 479.

(12) ROSA JR., Luiz Emygdio F. da. *Op. cit.*, 2000. p. 469.

cheque eletrônico, que é o pagamento de uma compra ou de algum serviço mediante cartão de determinado banco. Por esse expediente, o titular da conta bancária, ao invés de emitir um cheque, dá ordem à instituição bancária, para creditar diretamente na conta do estabelecimento favorecido; 2) a transferência entre contas, quando o correntista remete em favor de outrem determinado valor, sem necessidade de emissão de cheque; 3) a remessa interbancária, através do documento bancário (DOC); 4) a transferência eletrônica disponível (TED), que é uma ordem para transferência de recursos entre bancos, na qual os valores são disponibilizados ao favorecido no mesmo dia da transação;

c) a compra via internet;

d) outras operações bancárias via internet ou por telefone.

As transações aqui sumariamente descritas reforçam a discussões em torno da descartularização dos títulos de crédito, o que, pelo descrito, pode incluir o próprio cheque. Semelhante discussão envereda pela natureza do cheque e de sua condição de documento. Entendemos que aqui não é o lugar certo para essa avaliação, pois se trata de um problema complexo e não é em poucas palavras que iremos fornecer respostas adequadas. Um desafio a enfrentar é exatamente este: como conciliar o conceito de título de crédito com o avanço da informática e o aumento da velocidade dos negócios.

2.4. Em busca de uma segurança maior para o cheque

O Banco Central, no escopo de assegurar maior credibilidade ao cheque, decidiu incluir em cada uma de suas folhas, não mais a data da abertura da conta-corrente, que diga respeito a determinado talonário. Em lugar de tal data aparece aquela que corresponde a quando o correntista ingressou no sistema bancário. Isso em consonância com o art. 1º da Resolução n. 3.279, de 29 de abril de 2005, de lavra do Banco Central do Brasil, que estabelece deverem as instituições financeiras, a pedido dos respectivos clientes, fazer constar nos cheques, seguida da expressão "cliente bancário desde", a data do primeiro contrato bancário celebrado, seja na modalidade de depósito à vista ou naquela de depósito em poupança, em que o cliente conste como titular ou um dos titulares, independente de ser na própria instituição financeira, ou em outra do mesmo conglomerado, ou, ainda, em qualquer das demais instituições financeiras.

Na verdade, a mencionada resolução vem na esteira da Resolução n. 3.252, de 16 de dezembro de 2004, de iniciativa do Conselho Monetário Nacional — CVM. Determina semelhante instrumento que as instituições financeiras mantenedoras de contas de depósito à vista devem indicar nos talonários de cheques de seus correntistas, a expressão "Cliente do Sistema Financeiro Nacional desde" a data do mais antigo contrato referente a conta de depósitos, a operação de crédito ou arrendamento mercantil celebrada entre o cliente e a instituição financeira, ou pertencente ao mesmo conglomerado, como também com qualquer outra instituição financeira ou outro tipo de instituição que funcione por autorização do Banco Central.

Ditos procedimentos são dos mais convenientes, pois a pessoa física ou jurídica pode trocar de instituição bancária, o que pode fazer começar a contagem de seu tempo a partir da nova abertura. Ora, quanto maior o tempo de correntista, maior a confiança depositada no emitente do cheque. Existem, inclusive, estabelecimentos empresariais que fixam um prazo mínimo de tempo da abertura da conta de depósito para a aceitação do cheque. Daí o acerto das medidas tomadas pelo Banco Central no âmbito da confecção dos cheques. Ainda dentro dessa preocupação, impende acrescentar a Circular do Banco Central n. 3.284, de 5 de maio de 2005, que autoriza a inclusão da logomarca do correntista no próprio cheque.

3. Evolução legislativa do cheque

3.1. Instrumentos legais

Na história bancária brasileira deixam-se apontar determinados instrumentos legais que documentam a evolução do cheque no Brasil. Assim, promoveremos uma incursão na legislação pertinente, buscando trazer a lume o desenvolvimento normativo desse título de crédito, como veremos a seguir:

a) O primeiro instrumento legal a respeito do cheque antecede ao próprio Código Comercial, de 1850. Trata-se do Decreto n. 435, de 13 de novembro de 1845. Esse decreto aprovou o regulamento do Banco da Província da Bahia, sem usar, todavia, a palavra *cheque*. De acordo com o art. 14, § 7º, esse estabelecimento receberia "gratuitamente dinheiros de quaisquer pessoas para lhes abrir contas correntes, e verificar os respectivos pagamentos e transferências, por meio de cautelas cortadas dos talões, que devem existir no Banco, com a assinatura do proprietário na tarja, contanto que tais cautelas não sejam de quantia menor de cem mil-réis";

b) Lei n. 1.083, de 22 de agosto de 1860 —Não há nessa lei nenhuma referência específica à palavra *cheque*. Ao invés de tal menção tratava de "recibos e mandatos ao portador, passados para serem pagos na mesma praça em virtude de contas correntes, contanto que sejam de quantia superior a 50$000". Como se depreende do texto citado, esse diploma legal aponta para a necessidade de os títulos ao portador dependerem de autorização legislativa. No entanto, acrescente-se que os títulos que seguem essa forma foram praticamente excluídos do Direito brasileiro. Veja-se, por exemplo, a Lei n. 8.021/90 que, no seu art. 4º, põe fim às ações ao portador;

c) Decreto n. 917, de 24 de outubro de 1890 (Lei de Falência, que revogou, por sinal, a III Parte do Código Comercial (*Das Quebras*). Esse decreto refere-se ao cheque da forma como o entendemos hoje, ao dizer que: "Consideram-se dívidas líquidas e certas: a) as indicadas no art. 247 do Decreto 737, de 25 de novembro de 1850; b) as obrigações ao portador (debêntures) e os respectivos coupons para pagamentos de juros emitidos pelas sociedades comanditárias por ações; c) os bilhetes à ordem pagáveis em mercadoria; d) os *warrants*; e) os recibos dos trapicheiros; f) os cheques";[13]

d) Decreto n. 149-B, de 20 de julho de 1893. Neste instrumento legal aparece igualmente a palavra *cheque*, porém dentro de um contexto mais definido, além de um simples enunciado. É que o aludido decreto mantém o valor mínimo de 50$000, conforme a Lei n. 1.083, de 1860. Além do mais, dito documento devia ser passado nos termos do

(13) BULGARELLI, Waldirio. *Op. cit.*, p. 305.

modelo anexo ao Decreto n. 3.323, de 22 de outubro de 1864, para ser pago na mesma praça, em virtude de contas correntes. A partir daí, o uso do termo *cheque* vai tornar-se mais corriqueiro;

e) Decreto n. 190-B, de 1893, que outrossim faz alusão ao cheque;

f) Decreto n. 2.591, de 07 de agosto de 1912, que, finalmente, regulamentou o instituto jurídico do cheque, tornando-se, destarte, a primeira lei brasileira basicamente destinada ao cheque;

g) Decreto n. 22.924, de 12 de julho de 1933, que modifica os prazos de apresentação dos cheques (30 dias para a mesma praça e 60 dias para outras);

h) A Lei Uniforme de Genebra, promulgada pelo Decreto n. 57.595, de 07 de janeiro de 1966, cujo art. 3º é do seguinte teor: "O cheque é sacado sobre um banqueiro que tenha fundos à disposição do sacador e em harmonia com uma convenção expressa ou tácita, segundo a qual o sacador tem o direito de dispor desses fundos por meio de cheque". Pelo conteúdo desse artigo é visível a conceituação, embora indireta, do cheque como meio de pagamento;

i) Lei n. 7.357, de 02 de setembro de 1985 (a chamada Nova Lei do Cheque). Visa sobretudo a um tratamento mais disciplinado da questão do cheque, e a dar unidade a uma legislação mais dispersa, representada pela própria Lei Uniforme de Genebra, além dos Decretos n. 2.591 e n. 22.924, respectivamente de 1912 e 1933. A atual Lei do Cheque resultou do Projeto 118/1977, estribada na contribuição elaborada pelo grupo de trabalho da Confederação Nacional da Indústria — CNI. Impende ainda dizer das limitações impostas ao legislador pátrio, visto que o Brasil é signatário da Convenção de Genebra, de 1931;

j) Decreto n. 1.240, de 15 de setembro de 1994, que aprova a Convenção Interamericana sobre Conflito de Leis em Matéria de Cheque.

3.2. *Advertência*

Obviamente esse rol de instrumentos legais não exaure a legislação sobre cheque, em vigor ou não. Trata-se de um mero indicativo, por existirem outros instrumentos, aos quais se junta um punhado de resoluções do Banco Central.

3.3. *Competência do Conselho Monetário Nacional em matéria de cheque*

Assinale-se que, consoante o teor do art. 69 da lei do Cheque, fica ressalvada a competência do Conselho Monetário Nacional para expedir normas relativas à matéria bancária relacionada com o cheque, nos termos e nos limites da legislação específica.

3.4. *A Lei do Cheque e a LUG*

A Doutrina vem observando, dada a maior atualidade da Lei do Cheque, que a LUG caiu em desuso, o que não significa a sua derrogação, conforme consigna *Arnaldo Rizzardo*,[14]

(14) RIZZARDO, Arnaldo. *Op. cit.*, p. 187.

arrimado em *Fran Martins.* É preciso, porém, sublinhar que parte da Doutrina até propõe o esquecimento da LUG, em virtude da contribuição da Lei n. 7.357/1985.(15)

Instrumento legal mais recente, a nova Lei do Cheque disciplinou uma legislação dispersa, incluindo o revogado Decreto n. 2.591/1912, e impôs-se à própria Lei Uniforme de Genebra, por seus aspectos mais modernos e atuais.

3.5. Modelo do cheque

Os cheques apresentam um modelo padronizado, com o escopo de impedir que um banco qualquer criasse o seu próprio, o que acarretaria dificuldades no momento da compensação, entre outros problemas, tamanho o volume dos cheques descontados por este sistema. Assim, o Conselho Monetário Nacional, ao acatar deliberação do Banco Central, estabeleceu para o cheque o modelo único. Surgiu, destarte, o *Sistema de Caracteres Magnéticos Codificados em Sete Barras (CMC-7).* Foram baixadas pelo Banco Central as Circulares n. 104, de 29 de novembro de 1967, e n. 131, de 17 de outubro de 1969, que entraram em vigor a partir de 1º de janeiro de 1971. Consoante essas circulares a folha do cheque deve ter, obrigatoriamente, 175 mm de comprimento, e altura de 80 mm, havendo tolerância de 1 mm, para mais ou para menos.

4. O cheque e a conta-corrente bancária

O instituto do cheque está ligado à existência de uma conta-corrente bancária ou de instituição financeira equiparada a banco. Assim, o cheque decorre de um contrato de abertura da mencionada conta-corrente, celebrado entre o cliente e a organização bancária, ou de negócio jurídico posterior, seja expresso ou tácito.

Releva assinalar que a antiga Lei n. 2.591/1912 admitia o cheque contra o comerciante, prática esta que nunca se consumou nos meios de negócio, mesmo porque seria como se o cheque desempenhasse o papel de uma letra de câmbio. Destarte, desde o momento em que o cheque se difundia no Brasil ele se ligou mesmo a uma instituição bancária, não só tendo em vista os costumes internacionais, mas, ainda, a própria lógica concernente a este papel.

O contrato de conta-corrente é considerado uma operação passiva do banco (ao lado do contrato de depósito e do de redesconto). É um contrato mediante o qual a instituição bancária se obriga a receber valores remetidos por clientes ou por terceiros, além de executar as ordens de pagamento advindas desse mesmo cliente, desde que haja suficiente provisão de fundos, ou ainda porque o banco se deliberou a colocar determinado volume de crédito à sua disposição.

4.1. Características do contrato de conta-corrente

Com base no conceito emitido no item anterior, o contrato de conta-corrente destaca-se por ser *bilateral, consensual, oneroso, comutativo, de execução continuada* e *normativo:*

(15) O Código Civil, ao tratar do tema "título de crédito", reconhece, por força do seu art. 903, não ter nenhum efeito sobre o cheque, regido que é por lei especial.

a) é um contrato bilateral por implicar obrigações não só para o banco como também para o cliente. As obrigações assumidas pelo estabelecimento bancário dizem respeito à prestação dos serviços de caixa, eventualmente ao pagamento de juros e ao registro de entrada e de saída de valores, mantendo essas informações sempre atualizadas. Reservam-se aos clientes os seguintes deveres: pagamento de comissões e ressarcimento de despesas, acatamento das normas impostas na movimentação de valores, além da obrigação de pagar os juros, se a conta-corrente se tornar negativa;

b) é um contrato *consensual* (para alguns, *real*, em face da necessidade da remessa), pois se aperfeiçoa pelo encontro das vontades, sem que seja imprescindível a entrega do dinheiro;

c) é um contrato *oneroso* e não poderia ser de outra forma, por tratar-se de um contrato celebrado no âmbito do Direito Comercial e Bancário. O banco cobra do cliente juros, previamente estabelecidos no contrato ou aplicando-se índices oficiais, caso a conta-corrente se apresente com saldo negativo, além de uma taxa de manutenção da própria conta. Os clientes ainda estão sujeitos ao pagamento dos talonários de cheques utilizados, bem como a uma penalidade pecuniária se emitirem cheques inferiores a um determinado valor ou, ainda, se emitirem uma quantidade de cheque superior à convencionada;

d) é contrato *comutativo* porque há proporcionalidade nas prestações devidas pelas partes, uma à outra. Além do mais, estas prestações são determinadas e previsíveis;

e) caracteriza-se, por outro lado, por ser um contrato de *execução continuada*, com ou sem prazo de vencimento nele estipulado;

f) finalmente é *normativo*, por disciplinar relações futuras que proporcionam negócios diferentes, como depósitos, retiradas e remessas, ocorridos dentro da conta-corrente bancária.

5. Depósito e conta-corrente

Ao tratarmos do contrato de conta-corrente acreditamos ser de bom alvitre proceder à distinção entre o depósito e a conta-corrente. Para tanto tencionamos socorrer-nos da lição de *Arnaldo Rizzardo*, nesse particular: "Presta-se o depósito bancário a confusões com a conta-corrente, designada popularmente para expressar a custódia de dinheiro pelo banco, que fará os lançamentos mediante anotações constantes e sucessivas. Acontece, no entanto, que depósito envolve custódia, guarda, proteção, enquanto a conta-corrente nada mais representa que os lançamentos de todas as movimentações, ou o extrato das movimentações, desde as retiradas até as novas entradas, ordens de pagamento, transferências etc. Através desta, executa o banco o mero papel de registrador dos lançamentos, recebendo dinheiro ou pagando dentro das disponibilidades da conta. Cuida-se de uma atividade secundária, que se insere dentro de outra relação jurídica negocial".[16] Segundo ainda *Arnaldo Rizzardo*, considera-se uma cláusula de um outro contrato, pela qual se representam graficamente as operações de registros efetuadas pela instituição onde há um segundo contrato. Por outro

(16) RIZZARDO, Arnaldo. *Op. cit.*, p. 30.

lado, os registros, ou anotações, se inserem em um contrato de depósito, ou então em um contrato de abertura de crédito, ou mesmo em um contrato de cobrança, ou de desconto bancário, ou ainda de empréstimo, dentre outras espécies. Com isso se tem um levantamento de todos os lances e movimentos, e assim resulta uma prestação de contas da vida do contrato considerado principal.[17]

Essa longa abordagem serve, antes de tudo, para estabelecer, com clareza, a distinção entre os dois contratos confrontados. Aqui, interessa-nos esclarecer a situação referente à conta-corrente, objetivo sem dúvida alcançado na lição de *Arnaldo Rizzardo*. Se principal ou acessório, no caso importa menos, pois o que temos sobretudo de considerar é sua amplitude no mundo moderno.

6. Tipos de conta-corrente

Dentro da perspectiva do conteúdo do item anterior, acrescente-se que o costume bancário conhece determinados tipos de conta-corrente, usuais nos negócios do dia a dia. Essas espécies de conta-corrente têm suas características próprias, a depender dos motivos que lhe deram origem ou do número de correntistas que a contrata. No primeiro caso, podemos falar em contas-correntes quanto à *provisão*; no segundo, quanto à *titularidade*. No que se refere à primeira hipótese, temos a conta-corrente com provisão de fundos e a conta-corrente a descoberto.

A conta-corrente com provisão é a mais comum de todas e decorre da celebração de um contrato de depósito entre o cliente e a instituição bancária. Logicamente essa conta deve ser alimentada pelo cliente no curso da relação jurídica estabelecida, já que o banco pode encerrá-la na falta de suficiente provisão, pois esse foi o motivo através do qual nasceu dita conta.

Por seu turno, a conta-corrente a descoberto apresenta outras características, visto que o cliente pode lançar mão de valores que não são seus, mas constituem uma determinada quantia que o banco lhe coloca à disposição, tal como acontece com a assinatura de um acordo visando à concessão do denominado cheque especial que, de fato, implica um contrato de abertura de crédito. O banco fixa um determinado limite dentro do qual o correntista pode sacar os recursos previamente liberados, pois não tem que negociá-los mais especificamente com o gerente. Em outras palavras: o dinheiro já está na conta. Certo que o saldo médio desempenha um papel relevante na fixação do teto em pauta. Óbvio que estará sujeito ao pagamento de juros, pelo dinheiro tomado emprestado, e às despesas de renovação do contrato, dentro de certo período. O cheque utilizado nesse tipo de conta difere do cheque comum, pois, até certo limite, pode ser garantido pelo banco sacado, o que o torna mais aceitável nas transações comerciais de um modo geral.

Quanto à *titularidade*, mencionem-se as seguintes espécies de conta:

a) conta unipessoal,

b) conta-corrente conjunta,

c) conta conjunta fragmentária,

d) conta-corrente conjunta solidária.

---

(17) *Idem.*

6.1. *Conta-corrente unipessoal*

A conta unipessoal é aquela que, como o nome indica, pertence a apenas um correntista titular, que é quem pode movimentá-la. Ou então um seu procurador devidamente habilitado para fazê-lo. As contas através das quais a Administração Pública paga salários, proventos e outras vantagens a seu pessoal, bem como aposentadorias e pensões, caracterizam-se por serem unipessoais, não permitindo o órgão público a presença de um segundo titular. Trata-se de uma medida acautelatória, mediante a qual os governos enxergam uma fórmula de controlar os recebimentos pelos próprios servidores dos valores depositados a seu favor.

6.2. *Conta-corrente conjunta*

Já a conta-corrente conjunta possui mais de um titular. É conhecida por *conta conjunta simples* ou então por "conjunta tipo e". A referência à conjunção coordenativa aditiva "e" serve para mostrar que não é suficiente a existência de apenas uma assinatura. Convém dizer que se não houver estipulação quando da celebração do contrato de abertura da conta-corrente, exige-se, para a sua movimentação, a firma de todos os seus titulares, sem exceção de nenhum deles. Por causa dessa situação peculiar, observa *Paula Ponces Camanho* "que o banco não pode compensar um crédito que tenha sobre apenas um dos titulares da conta com o crédito que todos os contitulares desta, em conjunto, têm perante o banco".[18] No entanto, os correntistas podem acordar quanto ao modo de proceder-se à referida movimentação. Delineiam-se, no particular, três hipóteses:

a) a obrigatoriedade da presença da firma de todos os titulares, não apenas quando da emissão do cheque, mas em todas as transações referentes à conta-corrente, como requisição de talonário, de saldos, ou para dar ordens de pagamentos;

b) a obrigatoriedade da assinatura de certo número de titulares, sem que sejam especificados nominalmente;

c) a obrigatoriedade de conter a assinatura de um ou mais titulares, nominalmente especificados, em conjunto com um dos demais alternadamente.[19]

6.3. *Conta conjunta fragmentária*

A conta conjunta fragmentária não é usual nos meios bancários. Caracteriza-se por reservar o direito a cada correntista de sacar isoladamente até determinado limite convencionado entre os correntistas. No caso de valor superior ao avençado, a emissão de uma ordem ou de um cheque só pode ser realizada por todos os co-titulares. A vantagem desse tipo de conta-corrente verifica-se no caso de falecimento de um dos correntistas, pois, em função dessa modalidade, pode-se determinar a quota pertencente ao espólio.[20] Por outro lado, observa *Arnaldo Rizzardo* que a conta conjunta fragmentária se aplica às contas de sócios de empresas, portanto às contas abertas em seus nomes. Seria uma conta de natureza comercial, empresarial.[21]

---

(18) CAMANHO, Paula Ponces. *Do Contrato de Depósito Bancário (Natureza jurídica e alguns problemas de regime)*. Coimbra: Almedina,1998. p. 235.

(19) COVELLO, Sérgio Carlos. *Op. cit.*, 1999. p. 15.

(20) *Idem.*

(21) RIZZARDO, Arnaldo. *Op. cit.*, p. 70.

6.4. Conta conjunta solidária

A conta conjunta solidária, apelidada nos meios bancários de "conta conjunta tipo e/ou", é aquela que, tendo mais de um titular, pode ser movimentada isoladamente por qualquer deles, não importa se total ou parcialmente. Chama-se também, por isso mesmo, de *conta-corrente indistinta*, exatamente por comportar essa forma de movimentação. Os titulares de semelhante conta são credores solidários da instituição bancária, porque cada um deles tem a faculdade de exigir a prestação integral e esta libera o devedor para com todos eles.[22]

7. Abertura da conta-corrente

A expressão *firmar um contrato de conta-corrente* soa mais feliz e tecnicamente melhor do que dizer-se *abrir uma conta-corrente*, posto que essa seja muito mais frequente no linguajar cotidiano. Logicamente a utilização pelo correntista do cheque vai depender da existência da conta-corrente, cheque este que pode ser substituído pelo cartão bancário, de saque ou depósito, de crédito ou de débito, contanto que se trate de um meio eficiente para alguém proceder à movimentação de sua conta. Ajuntem-se a isso as facilidades postas à disposição do cliente via internet ou por telefone.

O banco apresenta ao futuro correntista uma ficha-proposta e um cartão de firma, os quais devem ser assinados pelo interessado.

Por sua vez, o Banco Central, ao baixar a Resolução n. 2.025/1993, seguindo orientação do Conselho Monetário Nacional, alterada pela Resolução n. 2.747/2000, exigiu que na ficha-proposta, fossem contidas, no mínimo, as seguintes informações:

1 – a qualificação dos depositantes;

2 – seus endereços residencial e comercial completos;

3 – o número do telefone, bem como o código do DDD (discagem direta a distância);

4 – as fontes de referência consultadas;

5 – a data da abertura da conta com seu respectivo número;

6 – a assinatura dos depositantes.

Independente disso, o banco pode estabelecer certas condições, a saber:

a) autorização para que se cobre semestralmente do correntista uma taxa prefixada, na hipótese de a conta permanecer inativa por mais de 180 dias;

b) reserva por parte da instituição bancária de um direito de compensação mais amplo que aquele atribuído por lei;

c) obrigação de o cliente utilizar apenas os formulários de cheque que o banco lhe fornece;

---

(22) CAMANHO, Paula Ponces. *Op. cit.*, 1998. p. 237.

d) presunção de que os avisos expedidos pela agência bancária ao endereço fornecido pelo cliente serão considerados como recebidos, salvo se houver comunicação de mudança de endereço;

e) obrigação que recai sobre o cliente de devolver ao banco os talonários de cheque porventura não utilizados, extinto o contrato;

f) estipulação de uma garantia que venha a cobrir eventual saldo devedor;

g) fixação de juros a serem cobrados pelo banco sobre o saldo devedor;

h) estipulação de comissões devidas pelo correntista por causa de serviços prestados.

As referidas resoluções do Banco Central, a de número 2.025/1993 e a de número 2.747/2000, ainda estabelecem regras sobre a obrigatoriedade da instituição bancária de informar o correntista sobre a rescisão do contrato de conta de depósitos, por iniciativa de uma das partes. Destarte, na ficha-proposta devem vir com toda a clareza, no mínimo, as seguintes disposições:

1 – comunicação prévia de forma escrita da intenção de rescindir o contrato;

2 – prazo visando à adoção das providências voltadas para tal rescisão;

3 – devolução à instituição financeira das folhas de cheque em poder do correntista, ou da apresentação de sua declaração de que as inutilizou;

4 – manutenção pelo correntista de fundos suficientes para pagamento assumidos com a instituição ou por força de disposições legais;

5 – expedição de aviso por parte da instituição, inclusive por meio eletrônico, com a data do efetivo encerramento do contrato da conta de depósitos à vista.

8. Liberdade de escolha

A conta-corrente é um contrato, que é, de regra, uma figura jurídica de livre celebração. Isso quer dizer que, se um cliente optar por um determinado banco para a abertura de uma conta-corrente, o inverso é também verdadeiro, já que semelhante contrato é *intuitu personae*, de sorte que é essencial a figura do correntista para a sua efetivação. Porém, não somente a figura do correntista. É que a instituição bancária é igualmente livre na escolha dos seus clientes. Essa observação decorre do fato de que ninguém é obrigado a contratar. Portanto, só se estabelece uma relação jurídica entre o banco e o cliente se houver encontro de vontade das partes envolvidas.

Tal constatação procede ainda que se alegue desenvolver o banco atividade de serviço público, o que é inegável, e que por tal fundamento não seria lícita a recusa da prestação de serviços. É inconteste que o sistema bancário desempenha o papel de coadjuvante da vida financeira do Estado e constitui um de seus instrumentos de viabilização de sua política econômica. Nem assim o banco se encontra fora das relações comerciais e da contratualidade.

Não implicam serviço público, pois a tarefa bancária se caracteriza "por *parâmetros de eficiência, de rendibilidade e de dinamismo*", como lembra *Paula Ponces Camanho.*[23]

Tornando-se cada vez mais seletivos, caminham os bancos realmente para a recusa de muitos clientes, considerados não interessantes à instituição.

9. Obrigações do banco

Vimos que o contrato de conta-corrente é um contrato de natureza acessória, pois resulta de outra relação jurídica negocial, seja de um contrato de depósito, de abertura de crédito, de cobrança etc. Na hipótese de derivar de um contrato de depósito ou de cobrança é evidente que a primeira obrigação do banco é restituir a quantia creditada a favor do correntista, na mesma espécie monetária, quando o cliente a requerer, ou então nos termos dos prazos avençados. Semelhante obrigação é cumprida pela instituição bancária através de remessa de fundos ao cliente ou então via acatamento de ordens de pagamento, a exemplo de cheques e de transferências bancárias.

A obrigação do banco de colocar à disposição do cliente uma série de serviços de caixa parece a alguns autores como acessória. Tal é o ponto de vista de *Cabrillac* e *Rives-Lange*, conforme citação de *Paula Ponces Camanho.*[24]

Sob o prisma do simples contrato de conta-corrente, podemos aduzir que essa obrigação (a da prestação ao cliente dos serviços de caixa), contudo, decompõe-se em várias outras, a saber:

a) registrar contabilmente tanto as entradas quanto as saídas de fundos;

b) fornecer ao correntista talão de cheque ou cartão eletrônico através dos quais o cliente pode movimentar a sua conta;

c) pagar os cheques e acatar as ordens do cliente;

d) efetuar transferências;

e) informar ao cliente as movimentações ocorridas na conta-corrente através do envio de seu respectivo extrato;

f) abonar juros sobre o saldo disponível, havendo prévia estipulação nesse sentido;

g) proceder ao pagamento das contas de água, luz, telefone, tributos e de tudo aquilo que for acordado com o cliente;

h) manter Cadastro Geral de Ocorrências com o objetivo de ordenar o curso normal de cheques de seus correntistas e talonários emitidos pela instituição financeira (Res. n. 2.537, de 26 de agosto de 1998, do Banco Central).

---

(23) Observa a autora com pertinácia: "Além disso, as razões que impõem uma obrigatoriedade de contratação no que respeita aos serviços públicos — respeitarem os bens essenciais da vida e exercerem-se em regime de exclusivo — não se verificam no caso dos bancos. De facto, a abertura de uma conta bancária não é um bem essencial da vida e, ao contrário do que acontece com as empresas fornecedoras de água e energia eléctrica, a actividade bancária não é exercida exclusivamente por uma entidade. O cliente, ao ver recusada a celebração de um contrato de depósito, numa determinada instituição bancária, pode sempre dirigir-se a uma outra, solicitando nesta a abertura de conta" (*Op. cit.*, p. 112-113).

(24) CAMANHO, Paula Ponces. *Op. cit.*, 1998. p. 109.

10. Obrigações do correntista

Sem dúvida que a principal obrigação do correntista é a manutenção de suficiente provisão de fundos para garantir o efetivo exercício da movimentação da conta. Por princípio não se pode admitir a sua movimentação sem esta condição. Obriga-se ainda o correntista a:

a) utilizar os cheques padronizados para a movimentação da conta;

b) emitir os cheques de forma correta, em letras e números, assinando-os de maneira regular, do próprio punho ou através de chancela mecânica;

c) comunicar ao banco, por escrito, qualquer mudança de endereço ou telefone;

d) respeitar as normas bancárias, a exemplo daquelas referentes ao horário de atendimento ao público e o uso de formulários padronizados;

e) comunicar ao banco a perda ou extravio de cheques;

f) guardar o talonário com o maior cuidado, evitando-se, assim, sua perda, extravio ou furto;

g) pagar as taxas convencionadas de acordo com os serviços de caixa prestados;

h) pagar gastos e comissões decorrentes do contrato de conta-corrente.(25)

11. Ordem de pagamento ou título de crédito?

11.1. Questão polêmica

Uma questão que ainda hoje frequentemente se coloca diz respeito à polêmica se o cheque se constitui em uma ordem de pagamento simplesmente ou se se trata, por outro lado, de um título de crédito. Dentro desses pontos de vista, poderemos começar a dirimir as dúvidas que envolvem o instituto do cheque, apresentando um elenco de regras e características assim resumidas: define-se como uma ordem de pagamento à vista; sua apresentação deve ser feita em curto prazo a contar da data da sua emissão; semelhante emissão supõe a existência de suficiente provisão de fundos no banco sacado; o banco está proibido de assumir responsabilidades cambiárias, como aceite ou aval; o cheque, ao ser sacado sobre um banco, o que lhe concede idoneidade, permite-se cumprir aquelas funções de meio de pagamento.(26)

Outro comercialista europeu enfatiza igualmente o papel do cheque como ordem de pagamento: "O cheque é um título que contém uma ordem de pagamento dirigida ao banco onde o sacador dispõe de conta com saldo adequado e é pago por força de mandato que o depositante de fundos conferiu ao seu banco, com a abertura da conta...

---

(25) Cf. COVELLO, Sérgio Carlos. *Op. cit.*, 1999. p. 20.

(26) BAIRRADAS, Gumercindo Dinis. *A Proteção Penal do cheque. Regime actual.* Coimbra: Almedina, 1998. p. 11-13.

O cheque é sempre pagável à vista, no dia da apresentação, ainda que dele conste data de emissão posterior...".[27]

Nessa direção encontra-se, igualmente, o comercialista argentino *Gómez Leo*, que sustenta ser o cheque um instrumento de pagamento à vista: Trata-se de um título de crédito que encerra uma ordem de pagamento pura e simples dada contra um banco no qual o sacador dispõe de fundos depositados em sua conta-corrente ou de autorização para sacar a descoberto.[28]

No item *Modalidades de cheques*, constataremos que a legislação argentina admite o *cheque de pago diferido* que, de certa forma, lembra o pós-datado brasileiro. O mencionado cheque no direito argentino, veremos, opõe-se ao cheque *común*, no conceito que nos transmite *Gómez Leo*, que devemos entender como meramente *cheque*.

11.2. Teorias sobre a natureza jurídica do cheque. O cheque como ordem de pagamento

As posições assumidas pelos comercialistas citados apontam para a interpretação do cheque como uma ordem de pagamento. E não se trata meramente de uma interpretação que se resuma a um ou outro país, no caso Portugal ou Argentina. A doutrina alemã é enfática sobre essa questão, ao assumir a postura de que o cheque é mero instrumento de pagamento e não título de crédito. Assim é que na divisão dos *Wertpapiere* reconhecidos pela legislação da Alemanha o cheque vale tão somente como meio de pagamento.[29] Assim, delineia-se teoria de que o cheque é simples título de exação, de vida mais que curta, documento que se extingue com o seu pagamento pelo banco sacado. Em conformidade com a lei brasileira, o cheque é "a ordem incondicional de pagar quantia determinada" (Lei n. 7.357/1985, art. 1º, II. Ver também o art. 42, *caput*, do mesmo instrumento legal, que prescreve ser o cheque pagável à vista). Logo, o Direito brasileiro não acolhe de pronto o cheque como um título de crédito.

O desafio que se nos impõe é avaliar o alcance do preceito insculpido naquele diploma legal e comparar esse alcance com a prática do cheque para além de uma mera ordem de pagamento. É com que pretendemos ocupar-nos no subitem seguinte, quando buscaremos investigar como o cheque, sem deixar de ser ordem de pagamento, desempenha, outrossim, o papel de título de crédito. Voltaremos a esse tema no item *Paralelo entre o cheque e a letra de câmbio*, ainda neste capítulo.

11.3. O cheque como título de crédito impróprio

Não se pode negar ao cheque a qualidade de instrumento de pagamento, antes de tudo, o que se evidencia em sua própria conceituação legal. Ora, é de se acrescentar, porém, que à sua natureza original se somou outra função: a de título de crédito, através da qual passou a ser utilizado em crescente escala. Então, para considerarmo-lo como tal é mais que suficiente

---

(27) MATIAS, Armindo Saraiva. *Direito Bancário*. Coimbra: Editora Coimbra, 1998, p. 101-102.

(28) LEO, Osvaldo R. Gómez. *Instituciones de Derecho Cambiario. El cheque. Tomo III*. Buenos Aires: Depalma, 1985. p. 13.

(29) BROX, Hans. *Op. cit.*, 1999. p. 219.

a mera observação da realidade, embora o art. 28 do Decreto n. 57.595, de 7 de janeiro de 1966, prescreva que o cheque é pagável à vista, regra também acolhida na Lei de Cheque brasileira, como já enfatizamos.

Ocorre, não obstante, que no âmbito das atividades econômicas descobriu-se a maior flexibilidade do cheque, que exibia determinadas vantagens em relação à nota promissória, até pela existência do banco sacado, o que fazia a sua cobrança mais cômoda, dispensando o cliente de voltar ao estabelecimento comercial ou de serviços, e livrando-o de um cobrador a bater-lhe à porta. Também poupava ao empresário a tarefa de colocar o título em cobrança. Destarte, a simples apresentação do cheque ao banco indicado parecia a melhor solução para tais problemas. Como conclusão, o cheque tornou-se verdadeiro sucedâneo da nota promissória, ao menos no sentido aqui descrito, dando causa, pois, ao surgimento do cheque *pós-datado*.

Não se diga, porém, que a comodidade tenha sido o único motivo da substituição da nota promissória pelo cheque (veremos, ainda neste capítulo, que a semelhança desse papel seria maior com a letra de câmbio). O que levou o cheque a uma difusão mais larga foi a garantia maior que ele acarreta, pois a lei brasileira define como delito a emissão de cheque sem a devida provisão de fundo, bem como a frustração do seu pagamento, consoante o Código Penal, art. 171.

Após semelhante discussão cabe-nos concordar, sem maiores relutâncias, com a conclusão a que chegou *Waldirio Bulgarelli*: "Realmente, é difícil deixar de considerá-lo título de crédito, pelas razões já expostas, não convencendo aquelas que lhe negam tal condição, pelo fato de ser, muitas vezes, emitido em favor próprio, sem circulação. Temos para nós que se ajustando aos elementos vivanteanos está apto para circular; e se tal não ocorre não o desvirtua como título de crédito, sendo que esse argumento poderia ser empregado a contrário senso, afirmando-se que pelo fato de muitas notas promissórias ou letras de câmbio não circularem (note-se que podem ser emitidas a favor do próprio sacador e conter a cláusula não à ordem) deixariam de ser títulos de crédito".[30]

Enfatiza ainda o mencionado autor que o cheque, seguindo como título de crédito, afastou-se do formalismo rígido do Direito Cambiário, emergindo como um *título específico*, tal qual a duplicata, por exemplo, possuindo, pois, um regime próprio, autônomo.[31] Dentro desse diapasão, desponta, obviamente, a construção de uma nova teoria jurídica do cheque, aquela que o encara como um título de crédito, ainda que *específico*.

Ponderações pertinentes acerca do cheque como título de crédito foram feitas também por *Fran Martins*, que averba: "Não deve, em princípio, o cheque ser considerado um verdadeiro título de crédito, já que o fator crédito não existe de modo abstrato e sim está ligado à circunstância de possuir o sacado, a quem a ordem de pagamento é dada, importâncias que na realidade pertencem ao depositante. No entanto, o cheque se beneficia de princípios e institutos próprios dos títulos de crédito, podendo circular através de endosso. Havendo

(30) BULGARELLI, Waldirio. *Op. cit.*, p. 309.

(31) *Idem.*

circulação, aparece o elemento crédito, ficando o endossante vinculado à responsabilidade do pagamento da importância mencionada no documento. Por essa razão, o cheque tem sido considerado um título de crédito impróprio, isto é, um documento que, embora não ateste, originariamente, uma pura operação de crédito, com a sua circulação faz uso desse elemento, sujeitando os que participam dessa circulação ao direito próprio, garantidor da obrigação decorrente do título".[32]

Resulta de semelhante explanação que se o cheque para *Waldirio Bulgarelli* é um tipo *específico*, para *Fran Martins* se trata de um título *impróprio*. Na esteira da discussão posta, diríamos que, por força de lei, não podemos conceituar o cheque como um título de crédito *próprio*. No entanto, na sua plena definição haveremos certamente de considerar as ponderações dos mestres ressaltados.

Ainda assim, enxergaríamos um problema. Se admitimos o cheque como um título abstrato, é como dizer que se trata de um título de crédito próprio, como o fizemos no Capítulo I, no item *Classificação dos títulos de crédito*. Talvez fosse mais recomendável rotulá-lo de título de crédito próprio peculiar.

Importa sublinhar, ainda, nesta discussão, a questão da circulabilidade do cheque e da sua transmissão por endosso (ver o subitem *Endosso*, ainda neste capítulo). Quando aludimos ao cheque como título de crédito impróprio, temos em mente que tal papel pode ser negociado através do endosso, o que reforça, pois, o cheque como título de crédito.

11.4. O cheque como título de crédito, ainda que não circule

Lembra *Luiz Emygdio F. da Rosa Júnior* a existência de uma terceira teoria acerca da natureza jurídica do cheque. O cheque é visto como um título de crédito ainda que não circule, desde que emitido em favor de terceiro. Tal documento possui, em geral, uma vida brevíssima.[33] Para esse autor, o cheque será sempre um título de crédito, salvo se empregado pelo emitente como mero instrumento de retirada de fundos, isto é, quando emitido em favor do sacador, por ninguém poder confiar ou desconfiar de sua própria pessoa. Conclui dizendo que toda a discussão pertinente à natureza jurídica do cheque decorre da confusão que se faz entre sua função econômica e sua estrutura jurídica.[34]

Nessa perspectiva assevera, em primeiro plano, por que razões o cheque deve ser considerado um título de crédito e argumenta que estão presentes no cheque os dois elementos caracterizadores do crédito: a) a confiança depositada pelo beneficiário na pessoa do emitente; b) o prazo, embora de vida curta, e que se conta desde o momento da emissão do cheque até a sua apresentação ao banco sacado.[35] Acrescenta, ainda, em segundo plano: "...o fato de o cheque ser ordem de pagamento à vista não o desnatura como título de crédito porque a cambial com vencimento à vista não deixa de ter essa natureza, ainda que seja apresentada para pagamento no dia seguinte ao da emissão".[36]

(32) MARTINS, Fran. *Op. cit.*, 2006. p. 282.

(33) ROSA JR., Luiz Emygdio F. da. *Op. cit.*, 2000. p. 509.

(34) *Ibidem*, p. 209-510.

(35) *Ibidem*, p. 510.

(36) *Idem*.

Em terceiro plano, releva o citado autor que o cheque é um documento formal, abstrato, título de apresentação, e a ele se aplicam os princípios nucleares pertinentes aos títulos de crédito, a exemplo da literalidade, da autonomia e da incorporação.[37] Sem hesitação, ainda acrescentaríamos outra qualidade do cheque, lembrada por *Pontes de Miranda*: a de que o cheque é título de prestação fungível, pois não representa certa coisa. Diz respeito a quantia certa, que deve estar em fundo disponível.[38] Por tudo isso, salvo algumas peculiaridades assinaladas por parte da Doutrina, a conclusão a que se chega, de um modo geral, é a de que o cheque há de ser encarado como título de crédito, sem que se desconstitua como ordem de pagamento à vista. Daí por que os compêndios jurídicos que se debruçam sobre esse assunto só podem aperfeiçoar-se se incluírem o cheque no rol de suas preocupações.

11.5. O cheque como título de crédito peculiar

Isso posto, resta-nos concordar com a definição de cheque como título de crédito, a despeito de certas restrições apontadas pela Doutrina. Assim, seria despropositado negar ao cheque a qualidade de título de crédito, considerando superada, neste particular, mas nunca desinteressante, a discussão em torno desse problema, sobretudo pela posição tomada pela Doutrina, digamos assim, de maneira preponderante e convincente. Em conclusão, o cheque é um título de crédito *peculiar*, indo além de uma simples ordem de pagamento.

Essa interpretação sobre a natureza do cheque foi reforçada por uma decisão do Superior Tribunal de Justiça (STJ), ao julgar procedente uma ação de indenização proposta por uma pessoa física contra uma sociedade mercantil (REsp 223.486). Deu ensejo à ação o fato de a referida sociedade apresentar o cheque pós-datado antes da data previamente avençada. Não dispondo o cheque, naquela oportunidade, de suficiente provisão de fundo, viu-se a emitente incluída no sistema de proteção ao crédito. Irresignada, bateu a prejudicada às portas da justiça. Decidiu o STJ a favor da emitente, condenando a parte ré a pagamento de indenização.

Não se pode ocultar o caráter polêmico da decisão, já que a atitude da empresa foi tomada na esteira da lei, que define o cheque como ordem de pagamento à vista. Portanto, uma atitude apoiada nos preceitos do ordenamento jurídico brasileiro. Aparentemente, o aludido tribunal envereda por uma decisão que desconsideraria a norma segundo a qual o cheque é ordem de pagamento à vista. Se o cheque pós-datado surge no bojo do costume acatado e praticado pela sociedade, há de se atentar que o discutido acórdão empresta ao mencionado costume uma força extraordinária, em virtude de tal precedente jurisprudencial.

Na verdade, a polêmica não é tão nova. A 1ª Câmara Criminal do Tribunal de Alçada de Minas Gerais, julgando a apelação n. 17.130, em 28 de novembro de 1988, assim se pronunciou: "A emissão de cheque pré-datado vinculado a compromisso comercial é simples garantia de dívida e não ordem de pagamento à vista, descaracterizando o estelionato...". Outra decisão, essa, porém do STJ, revela o seguinte teor: "O cheque pós-datado, emitido em

---

(37) *Idem.*

(38) MIRANDA, Pontes de. *Tratado de Direito Privado,* 2. ed. Rio de Janeiro: Borsoi, 1962. p. 8-9.

garantia de dívida, não se desnatura como título cambiariforme, nem tampouco como título executivo extrajudicial. Precedentes do STJ" (STJ. REsp 67.206-6. DJU de 23.10.1995).[(39)]

12. Natureza contratual do cheque pós-datado

12.1. Dupla natureza do cheque pós-datado

O imediatamente exposto leva-nos a uma reflexão. É que a decisão do STJ não descaracteriza o cheque como ordem de pagamento à vista. Ela cerra fileira com a doutrina predominante no Direito Comercial que reconhece duas naturezas no cheque pós-datado. Uma é de natureza cambiária; a outra, contratual. Destarte, teria sido a parte ré condenada por desrespeitar o segundo aspecto (o contratual) de dito cheque. De fato, firma-se o contrato entre o empresário e o cliente no instante em que esse último passa o cheque e o primeiro o recebe, seja por causa de um contrato de compra e venda, seja em função de um serviço prestado, ou por qualquer outro motivo. Ora, assim o portador se compromete a apresentar o cheque na data conveniada e o emitente se obriga a ter suficiente provisão de fundos nessa mesma data, ainda que o contrato entre eles celebrado seja meramente tácito. Constitui, portanto, um acordo de vontade entre os envolvidos, o que, contudo, não descaracteriza o cheque como ordem de pagamento à vista. Tanto é que o sacado o paga na hipótese de haver fundos do emitente em seu poder. Resta, porém, a questão contratual, de excepcional relevância, como abordaremos a seguir.

12.2. A noção de contrato e o cheque pós-datado

Os contratos são regras estabelecidas entre as partes, com a mútua criação de direitos e obrigações. Chega a ser denominado lei entre as partes. Daí a expressão latina: *pacta sunt servanda.* "Contrato, no sentido lato, é a concorde manifestação de duas ou mais pessoas em situação antagônica entre si para o escopo de constituírem, modificarem ou extinguirem uma relação jurídica. É a mesma noção de negócio jurídico bilateral". Eis a clássica conceituação com que nos brinda *J. X. Carvalho de Mendonça.*[(40)]

André Franco Montoro arrola-o entre as normas individuais, ao lado das sentenças e dos testamentos, na base mais inferior da hierarquia das leis.[(41)] O contrato é, pois, fonte de obrigações, tais como as declarações unilaterais de vontade, os atos ilícitos, a própria lei, por sinal a mais importante. Nesse sentido, assevera *Washington de Barros Monteiro*, que a lei, em última análise, é fonte primária e única das obrigações. "Assim", observa o ilustre civilista, "as obrigações decorrentes do contrato são obrigações que resultam da lei, porque é a lei que disciplina os contratos, sujeitando-os a um estatuto jurídico; os contratos

(39) Mais recentemente, o STJ brindou-nos com o seguinte acórdão: Superior Tribunal de Justiça. 3ª Turma. REsp 707.272/PB, Rel.: Min. Nancy Andrighi. Pub. DJ de 21.3.2005. Civil Recurso especial. Cheque pré-datado. Apresentação ante do prazo. Compensação por danos morais. — Não ataca o fundamento do acórdão o recurso especial que discute apenas a natureza jurídica do título cambial emitido e desconsidera o posicionamento do acórdão a respeito de existência de má-fé na conduta de um dos contratantes. — A apresentação do cheque pré-datado antes do prazo estipulado gera o dever de indenizar, presente, como no caso, a devolução do título por ausência de provisão de fundos. Recurso especial não conhecido".
Destarte, o tema parece suscitar uma polêmica das mais interessantes, como continuaremos a ver.

(40) MENDONÇA, J. X. Carvalho de. *Op. cit.*, 1955. p. 445.

(41) MONTORO, André Franco. *Introdução à ciência do direito.* São Paulo: Revista dos Tribunais, 2003. p. 450.

não são reconhecidos senão porque a lei os sanciona e garante".[42] No que tange à parêmia *pacta sunt sevanda*, *Washington de Barros Monteiro* a vê com cuidado, pelo sentido social da norma jurídica. Reforça a tese de que a previsão contratual não tem valor absoluto e não tem poderes de superar o justo.[43]

É nesse diapasão que sobressaem as consequências do não cumprimento da obrigação, se não for justificado, o que importa lesão de direito, e faculta o prejudicado a buscar o ressarcimento do dano praticado pelo inadimplente. Vislumbram-se, assim, os instrumentos legais postos à disposição do emitente do cheque pós-datado.

Nesse sentido, a lição de *Fábio Ulhoa Coelho*: "Além da responsabilidade pelos danos materiais experimentados pelo consumidor, cabe a condenação do credor do cheque pós--datado de apresentação precipitada, pelos danos morais que o emitente sofre na hipótese de devolução por insuficiência de fundos. A comunicação aos bancos de dados mantidos pelo empresariado, para a proteção do crédido (SERASA, Telecheque etc.) ou a inscrição no Cadastro de Emitentes de Cheques sem Fundo (CCF) envolve, normalmente, o consumidor em situação de extremo constrangimento... Tais constrangimentos justificam a condenação do tomador do cheque pós-datado, no pagamento de indenização moral".[44]

Daí se depreende que o comentado acórdão do STJ não constitui uma surpresa, pois espelha o pensamento preponderante na Doutrina. Também não se esconda que o Código Civil de 1916, art. 159, já determinava que quem, por ação ou omissão voluntária, negligência ou imprudência, violasse direito, ou causasse prejuízo a outrem, ficava obrigado a reparar o dano. A mesma regra está contida no novo Código Civil, em seu art. 186 (v. também o art. 927, *caput*, deste mesmo instrumento legal). Assim, a decisão daquele tribunal ataca o inadimplemento de cláusula (não escrita) de natureza contratual, questão que se desenrola no âmbito meramente civil do ordenamento jurídico brasileiro, embora com consequências inegáveis no campo do Direito Cambial.

12.3. A Súmula n. 370 do STJ

Em recente decisão (fevereiro de 2009), o Superior Tribunal de Justiça publicou a Súmula n. 370, dentro do espírito de decisões tomadas anteriormente a respeito do cheque pós-datado. Entre os julgados precedentes pode ser citado um de 1993: o caso do REsp 16.855, que já afirmava: à "apresentação do cheque pré-datado antes do prazo estipulado gera o dever de indenizar, presente, como no caso, a devolução do título por ausência de fundos".

A mencionada Súmula n. 370 ganhou a seguinte redação: "Caracteriza dano moral a apresentação antecipada do cheque pré-datado".

Dessa forma, o STJ consolida a sua opinião, já demonstrada em inúmeros jugados, o que servirá de base para decisões de juízes de 1º grau e dos tribunais estaduais.

(42) MONTEIRO, Washington de Barros. *Curso de direito civil.* São Paulo: Saraiva, 2003. p. 3.

(43) *Ibidem*, p. 10.

(44) COELHO, Fábio Ulhoa. *Op. cit.*, p. 443.

12.4. Desdobramento das implicações do cheque pós-datado

Nesse debate sobre a natureza contratual do cheque pós-datado, é imprescindível que indaguemos sobre o papel do endossatário, isto é, se lhe cabe a apresentação do documento na data acordada entre passador e beneficiário. Na hipótese de o endossatário ter ciência de que se trata de um cheque pós-datado, e por isso mesmo, dos prejuízos que acarretará ao emitente, por sua atitude de apresentar o papel a destempo, responderá solidariamente com o tomador. Esclareça-se, todavia, que não lhe poderá ser imputado inadimplemento contratual, por não haver celebrado nenhuma convenção com o emitente, mas por prática de verdadeiro ato ilícito, à luz do mencionado art. 186 do novo Código Civil.

Despojado, no entanto, da culpa *lato sensu,* pressuposto que é da responsabilidade civil, por não ter conhecimento o endossatário da postergação da data de apresentação do cheque, não há como infligir-lhe alguma cominação de cunho indenizatório. Voltaremos a esse assunto pertinente ao cheque pós-datado em outros itens, a exemplo de *O cheque como título de crédito "imperfeito"*, ainda neste capítulo.

Impende, por outro lado, acrescentar que o uso do cheque pós-datado não é um fenômeno exclusivamente brasileiro. Nesse sentido, veja-se *Becerra León,* ao abordar tal prática na Colômbia. Ao lembrar que o cheque é sempre pago à vista (art. 717 do Código de Comercio), qualquer anotação contrária se terá por não posta. Assim, se o portador do cheque o apresentar fora do prazo convencionado com o emitente, pode aquele ingressar com ação cambiária com o fito de cobrar o valor do título, além do valor de 20% sobre seu importe, mais juros de mora, desde que o cheque tenha sido protestado oportunamente. Não é concedido ao emitente fundamentar sua defesa, alegando data posterior inserida no título.(45)

No que concerne à Venezuela, a prática do cheque pós-datado é frequente, pois o próprio comerciante, com intuito de concretizar os negócios, incentiva tal costume. Para *Alfredo Morles Hernández,* os bancos venezuelanos não estão autorizados por lei a pagar prematuramente os cheques pós-datados. Fazendo-o, os bancos estariam desconhecendo o *pactum de non petendo* celebrado entre sacador e tomador, embora reconheça que tal acordo não obrigue a terceiros. Ainda assim arremata: "El banco, si desea pagar anticipadamente el cheque postdatado, podría ampararse en el carácter de orden a la vista que la ley le asigna a este título, argumento que no es, sin embargo, absolutamente cierto en el derecho venezolano, ya que la propia ley admite el cheque a término vista. Por tal razón, si el tomador del cheque postdatado presenta este al cobro anticipadamente, lo aconsejable es que el banco rehuse el pago aunque existan fondos disponibles, haciendo constar que lo rechaza por 'presentación anticipada' o por 'fecha falsa'".(46)

Todavia, o ilustre comercialista venezuelano, ao analisar a situação do cheque pós-datado em outros países, a exemplo do Brasil, México, Argentina, Itália e Espanha, sublinha claramente as suas posições legais, apoiadas na Lei Uniforme de Genebra, que considera o cheque uma ordem de pagamento à vista. No específico caso argentino, gostaríamos de remeter o leitor ao item Cheque no sentido restrito, em que abordamos a questão do cheque de pago diferido.

---

(45) LEÓN, Becerra. *Op. cit.*, p. 292-293.

(46) HERNÁNDEZ, Alfredo Morles. *Op. cit.*, p. 1992.

13. Pessoas do cheque

Percebemos pelo próprio conceito de cheque, aqui desfilado, que o cheque comporta basicamente a presença de três pessoas, a saber: a) o emitente, sacador ou passador (aquele que dá a ordem de pagamento, ao emitir o cheque); b) o sacado (o banqueiro, o estabelecimento bancário); c) o tomador, beneficiário ou portador (a favor de quem se deu a emissão do cheque).

13.1. Papel do emitente

O emitente é aquele que emite ou saca o cheque. Tudo em conformidade ao que preceitua o art. 1º, VI, da Lei n. 7.357/1985, que estipula como um dos requisitos essenciais do cheque a assinatura do sacador (emitente), o que, aliás, apenas refletia o previsto na Lei Uniforme de Genebra (art. 1º, al. 6ª). Acrescente-se, porém, que a Lei do Cheque consagra a possibilidade de a assinatura do sacador ser substituída por chancela mecânica ou ainda outro processo equivalente (v. art. 1º, parágrafo único, do citado instrumento legal).

13.2. O sacado

O sacado é sempre um banco, ou instituição que lhe seja assemelhada. O antigo decreto n. 2.591, de 1912, consagrava o saque de cheques não apenas contra bancos, mas igualmente contra comerciantes. A Lei Uniforme de Genebra, ao disciplinar a questão do sacado, introduziu comando normativo, segundo o qual o cheque é sacado sobre um banqueiro que tenha fundos à disposição do sacador (art. 3º), equiparando à palavra "banqueiro" as pessoas ou instituições assemelhadas por lei aos banqueiros.

Tal dispositivo foi incorporado à Lei do Cheque brasileira, que assevera, em seu art. 3º, ser o cheque emitido contra banco, ou instituição financeira que lhe seja equiparada, sob pena de não valer como cheque.

13.3. O que é, mesmo, instituição financeira equiparada a banco?

É o caso de postularmos uma resposta adequada a tal indagação. Seu conteúdo certamente não está na Lei de Reforma Bancária (Lei n. 4.595/1964, arts. 17 e 18), como parece a alguns. É que o seu art. 18 arrola as seguintes instituições financeiras:

– estabelecimentos bancários oficiais ou privados;

– sociedades de crédito, financiamento e investimento;

– caixas econômicas;

– cooperativas de crédito;

– seção de crédito das cooperativas que dela disponham.

O que está estipulado no seu art. 17 é que essas instituições financeiras estão submetidas à legislação em vigor, que foram descritas, como vimos, em seu art. 18. Em momento algum está dito que as sociedades de crédito, financiamento e investimento se igualam a banco, com o intuito de celebrar contrato de conta-corrente. Estribado em *Sidou*, concorda *Waldirio Bulgarelli* que as caixas econômicas e as cooperativas de crédito se equiparam aos bancos.[(47)] Arrimado em *Eunápio Borges*, acrescenta aquele autor ainda a casa bancária, contudo não mais recepcionada no sistema financeiro brasileiro.[(48)]

13.4. O beneficiário

O beneficiário é aquele, por seu turno, a favor de quem é dada a ordem de pagamento. Ajunte-se que a figura do beneficiário pode confundir-se com a do próprio emitente que, neste caso, dá ordens a seu favor.

Além das pessoas aqui mencionadas (emitente, sacado e beneficiário), o cheque comporta ainda as figuras do avalista e do endossante. Trataremos delas nos itens respectivos sobre aval e endosso, mais adiante.

14. Capacidade civil para a emissão do cheque

14.1. Regras do Código Civil

São as regras contidas no Direito Civil aquelas que vão nortear a questão da capacidade das pessoas de emitirem cheque, antes estabelecendo, é lógico, algum tipo de contrato com a instituição bancária.

A primeira observação a ser feita é que no plano do Direito Civil conhece-se a existência de dois tipos de capacidade: a) a capacidade de direito ou de prazo e b) a capacidade de exercício ou de fato. Todos têm direito. Quanto a isso não sobressai nenhuma dúvida. O problema consiste na questão, contudo, de nem todos poderem, por alguma razão, exercer esse direito. Daí a divisão das pessoas em capazes e incapazes, subdividindo-se essa última categoria em absolutamente incapazes e relativamente incapazes. Todas as pessoas são capazes de ter direito na vida civil, exatamente por serem pessoas. A capacidade de fato condiciona-se à capacidade de direito. Ninguém pode exercer o direito sem ser capaz de adquiri-lo. A recíproca, contudo, não é verdadeira. Tecnicamente chama-se a impossibilidade do exercício do direito de *incapacidade*.[(49)]

Enfatiza *Maria Helena Diniz* que o instituto da incapacidade visa a proteger os que são portadores de uma deficiência jurídica apreciável, graduando a forma de proteção.[(50)] Tal forma assume o caráter de representação para os absolutamente incapazes. Em se tratando dos relativamente incapazes, ocorre a assistência, visto que podem atuar na vida civil, desde que sejam autorizados.

É dentro dessa perspectiva aqui delineada que analisaremos as situações seguintes, procurando ponderá-las dentro do ordenamento jurídico brasileiro. Assim, despontam os casos que exigem considerações especiais, à luz da lei:

(47) BULGARELLI, Waldirio. *Op. cit.*, p. 310.

(48) *Ibidem*, p. 308.

(49) GOMES, Orlando. *Introdução ao Direito Civil*. Rio de Janeiro: Forense, 1988. p. 172.

(50) DINIZ, Maria Helena. *Curso de Direito Civil brasileiro*. v. 1. São Paulo: Saraiva, 2004. p. 143.

a) o menor não emancipado. O menor de 16 anos é considerado absolutamente incapaz. Não pode, por isso mesmo, movimentar nenhuma conta-corrente. Nesse mister, como nos outros, há de ser representado por seus pais ou responsáveis. Não só a movimentação da conta, pois, mas todos os atos pertinentes à conta-corrente hão de exigir a presença do responsável, desde a assinatura de um contrato bancário, passando pelo recebimento do talonário e emissão de cheques. Já o menor com mais de 16 anos e menos de 18 pode celebrar contrato bancário, desde que assistido pelos pais ou responsáveis.

O Banco Central tem mostrado constante preocupação a respeito, o que se depreende de vários documentos de lavra dessa instituição. Exemplo disso é a circular n. 1.528, de 14 de agosto de 1989, que estipula em seu item 2 que, no caso de conta titulada por menor, além da sua qualificação, também deverá ser identificado o responsável que o assistir ou o representar. Regra semelhante está contida na Resolução n. 2.537, de 26 de agosto de 1998, em seu art. 1º, inciso II, § 1º. Segundo tal resolução, nos casos de conta titulada por menor, pessoa não responsável ou economicamente dependente, devem constar os dados do responsável e, em se tratando de conta conjunta, os dados do primeiro titular.

Insurge-se *Sérgio Carlos Covello* contra a prática levada a efeito por certos bancos que criaram a carta de anuência, através da qual o responsável autoriza o menor a movimentar a conta-corrente. Algumas instituições bancárias inserem a autorização no próprio contrato, colhendo a assinatura do responsável. Essa prática derivou do fato de vários menores disporem de alguns recursos para a sua própria manutenção, a exemplo de estudantes, muitos morando longe da família. No entanto, essa anuência é inócua, lembrando o citado autor que os bancos podem ser chamados para responder por suas consequências. Propõe que o legislador crie a capacidade especial para o menor operar com a conta-corrente, à semelhança do que ocorre com o Decreto n. 24.427, de 1934, que permite aos maiores de 16 anos movimentar depósitos populares na Caixa Econômica.[51]

b) os pródigos. Por serem considerados relativamente incapazes (os pródigos não dispõem da capacidade de administrar os seus bens), é imprescindível a presença do seu representante legal para a celebração do contrato de depósito (e do decorrente contrato de conta-corrente) com a instituição financeira. O pródigo pode levar uma vida normal. A exceção prevista pela lei na condução dos seus negócios consiste exatamente na questão da administração de seus bens;

c) os silvícolas. O Código Civil de 1916 considerava os silvícolas relativamente incapazes, e por isso necessitavam ser assistidos, de acordo com o art. 6º do antigo Código Civil. Eles podiam atuar na vida civil, desde que autorizados, o que valia também para os casos de celebração de contratos bancários. O Código Civil de 2002 não inclui os silvícolas entre os relativamente incapazes. O parágrafo único do seu art. 4º estipula que a capacidade dos índios será regulada por legislação especial;

d) os analfabetos. Os analfabetos podem ser titulares de conta-corrente e podem emitir cheques. É imprescindível, todavia, que exerça esse direito através de um mandatário com poderes especiais, a ser constituído mediante instrumento público,

(51) COVELLO, Sérgio Carlos. *Op. cit.*,1999. p. 40.

em conformidade com o que preceitua o art. 1º, VI, da Lei 7.357/1985. Não se admite a assinatura a rogo, a pedido do analfabeto;

e) os psiquicamente enfermos. Estes se enquadram entre os absolutamente incapazes, valendo para eles o preceito legal que impõe a presença de seu curador para a celebração de qualquer contrato;

f) deficientes visuais. Não se discute a importância das funções desenvolvidas pelos deficientes visuais na sociedade. Muitos exercem profissionais liberais, inclusive na seara da advocacia. O cego pode manter conta-corrente e celebrar contratos de natureza bancária. Exige-se, porém, para isso que ele disponha de um representante legal, de um mandatário, através de quem ele exerce os seus direitos;

g) os falidos. Como observa *Maria Helena Diniz*, o falido não pode celebrar contrato de depósito (do qual, como vimos, o de conta-corrente surge como um contrato de natureza acessória), porque seus bens lhe escapam da administração, situação que perdura até a sua reabilitação judicial ou que venha a cessar o seu estado de quebra;[52]

h) mulher casada. Há certa impertinência em mencionar-se a mulher casada em semelhante rol. O problema existia, porém, em face do art. 6º do vetusto Código Civil, que considerava a mulher casada como relativamente incapaz. Esse artigo, que determinava a assistência marital para a mulher praticar certos atos da vida civil, inclusive de natureza comercial, só foi derrogado com a Lei n. 4.121, de 27 de agosto de 1962, conhecida como *Estatuto da Mulher Casada*. A Carta Magna em vigor, de 1988, equipara a mulher ao homem, dirimindo qualquer dúvida a respeito.

Polêmica era a situação anterior, pois boa parte da Doutrina entendia que a mulher casada não podia celebrar contrato bancário, a despeito de ter esse direito reconhecido pelo Decreto n. 11.820, de 1915, e pelo Decreto n. 24.427, de 19 de junho de 1934, que, por sinal, igualava a mulher aos maiores de 16 anos, permitindo-lhes movimentação de depósitos nas caixas econômicas.

15. Requisitos do cheque

No que respeita à emissão e à forma do cheque, a Lei Uniforme relativa ao cheque estabelece, já no art. 1º, as seguintes regras, listando o que esse papel deve conter:

1. A palavra "cheque" inserta no próprio texto do título e expressa na língua empregada para a redação deste título;
2. O mandato puro e simples de se pagar uma quantia determinada;
3. O nome de quem deve pagar (sacado);
4. A indicação do lugar em que o pagamento se deve efetuar;
5. A indicação da data e do lugar em que o cheque é passado;
6. A assinatura de quem passa o cheque (sacador).

(52) DINIZ, Maria Helena. *Op. cit.*, 2004. p. 157 *et seq.*

Essas regras estão igualmente contidas no art. 1º da Lei n. 7.357/1985. No entanto, cabe-nos fazer alguns reparos. Assim é que a Lei do Cheque, em seu art. 1º, III, preferiu dizer "o nome do banco ou da instituição financeira que deve pagar (sacado)", ao invés da redação atribuída pela Lei Uniforme: "o nome de quem deve pagar (sacado)". Essa alteração tem sua razão de ser, porque atrela o cheque a um banco ou instituição financeira, diferentemente do que ocorria na legislação anterior (Decreto n. 2.591/1912). É que, pelo art. 1º do aludido instrumento legal, o cheque tanto podia ser emitido contra bancos, como também contra comerciantes, desde que o sacador dispusesse de fundos em seu poder. Destarte, a nova Lei do Cheque proclama, com mais precisão, o alcance de dito papel, delimitando os seus limites, ao excluir os comerciantes do rol dos sacados.

Registre-se que o requisito referente ao item III ("o mandato puro e simples de pagar uma quantia determinada"), conforme a Lei Uniforme, foi substituído na Lei n. 7.357/1985 pela seguinte redação: "a ordem incondicional de pagar quantia determinada", reforçando-se, com isso, o conceito de cheque como ordem (incondicional) de pagamento, diretamente traduzido do texto inglês (inconditional order), já que, como observou o Relatório da Comissão de Redação da Lei Uniforme, o termo *mandato* fora usado na sua acepção vulgar e não em seu sentido jurídico perfeito.(53)

Logicamente é imprescindível o uso da denominação *cheque*, até porque o título de crédito deve identificar-se claramente, ostentando o seu nome, e o cheque não constitui nenhuma exceção.

Já vimos a questão do cheque como *ordem de pagamento*. Como se sabe, a quantia a ser paga expressa-se no cheque de duas formas: a) por algarismos, e b) por extenso. Estipula o art. 12 da Lei do Cheque que, em havendo divergência entre as quantias indicadas, prevalece a que for expressa por extenso. Na hipótese de a quantia ser indicada mais de uma vez, quer na forma numérica, quer por extenso, há de prevalecer aquela de menor valor.

Por outro lado, as circulares n. 1.825/1990 e n. 2.094/1991, do Banco Central, dispensam a grafia, por extenso, dos centavos. De acordo com esses instrumentos infralegais, em caso de coincidência das figuras do sacador e do beneficiário, pode-se usar a expressão *ao emitente*.

Evidentemente que de posse do cheque, e no momento de descontá-lo, o beneficiário precisa saber o nome da instituição sacada, para proceder à liquidação do primeiro, ou direto no caixa, ou mediante outras formas de cobrança mediante lançamento contábil (crédito em conta, transferência ou compensação). Ao efetuar o depósito do cheque, o portador faz a indicação do banco sacado, dando seu número no respectivo recibo.

A despeito de o art. 2º da Lei do Cheque determinar que o título a que falte qualquer dos requisitos enumerados no artigo precedente não vale como cheque, é de mencionar-se que a lei tornou suprível o local de pagamento. Na ausência de indicação especial, consoante seu inciso I, considera-se como lugar do pagamento aquele designado junto ao nome do sacado. Na hipótese de serem designados vários lugares, o cheque é pagável no primeiro deles. Na falta de qualquer indicação, entende-se como lugar de pagamento o lugar de

(53) Cf. BULGARELLI, Waldirio. *Op. cit.*, p. 312-313.

sua emissão. É igualmente suprível o lugar da emissão do cheque, pois o inciso II, em seu comando normativo, estipula que, não indicado o lugar de emissão, considera-se emitido o cheque no lugar indicado junto ao nome do emitente. Postas essas considerações, verifica-se que os dois requisitos aqui analisados não são essenciais ao cheque.

A assinatura do emitente é indispensável, é requisito essencial, permitindo a legislação, no seu lugar, constar aquela de seu mandatário, com poderes especiais, em conformidade com o art. 1º, VI da Lei n. 7.357/1985. A Resolução n. 885, de 22 de dezembro de 1983, do Banco Central, exige sejam registrados nos cheques emitidos por pessoas físicas ou jurídicas os números do CPF (Cadastro das Pessoas Físicas) e CGC (Cadastro Geral dos Contribuintes) — hoje CNPJ (Cadastro Nacional das Pessoas Jurídicas) —, se tais pessoas forem alcançadas pela obrigatoriedade das respectivas inscrições. A Resolução n. 2.537/1998, do Banco Central, exige sejam inscritos nos formulários dos cheques, abaixo do nome do correntista, além de seu número de CPF ou CGC (hoje CNPJ), o número, o órgão expedidor e a sigla da unidade da Federação referente ao documento de identidade constante da ficha-proposta, se se tratar de pessoas físicas. Além do mais, em qualquer caso, a data de abertura da respectiva conta de depósito.

Determina, outrossim, essa resolução que na hipótese de conta titulada por menor, pessoa não responsável ou economicamente dependente, devem constar os dados do responsável. Em se tratando de conta conjunta, é obrigatório que no cheque se façam constar os dados do primeiro titular.

15.1. Assinatura por processo mecânico

O parágrafo único do art.1º da lei acima citada admite que a assinatura do emitente ou de seu mandatário com poderes especiais pode ser constituída por chancela mecânica ou processo equivalente, desde que na forma da legislação específica. No particular, as regras pertinentes foram agrupadas na Resolução n. 885, de 22 de dezembro de 1983, de lavra do Banco Central. Assim se expressa o comando normativo de tal resolução pertinente à chancela mecânica: "É permitido que a assinatura do cheque seja impressa por processo mecânico — ou seja, por chancela mecânica, também denominada assinatura ou autenticação mecânica, consistindo na reprodução exata da assinatura de próprio punho, resguardada por características técnicas, obtidas por máquinas especialmente destinadas a esse fim, mediante processo de compressão..."

Diz textualmente a referida resolução que a utilização de semelhante chancela deve ser procedida de convenção entre as partes (emitente, ou endossante, e o banco sacado), na qual se deve:

I – observar as normas de segurança estatuídas;

II – limitar o uso da chancela a cheques fornecidos pelo próprio banco, quando se tratar de emissão, ou por outro banco, quando se tratar de endosso;

III – eximir, obrigatoriamente, o banco da responsabilidade pelo uso indevido da chancela;

IV – admitir cláusula que regule a contratação de seguro dos riscos cabíveis.

Exige a mesma resolução que a assinatura mecânica deve ser previamente registrada em ofícios de notas do domicílio do usuário, que deve conter:

— o fac-símile da chancela mecânica acompanhado do exemplar da assinatura do próprio punho devidamente abonada segundo os preceitos legais existentes;

— o dimensionamento do clichê;

— as características gerais e particulares do fundo artístico;

— a descrição pormenorizada da chancela.

16. Falta de poderes do emitente

No que tange a esse tema, verificam-se duas situações distintas: a) ausência de poderes de mandato; b) excesso de poderes de quem emite ou endossa. Qualquer dessas duas situações não obriga o representado, vinculando, entretanto, o que assinou. Esse fato constitui a regra do art. 11 da Lei Uniforme de Genebra (LUG). O referido comando normativo foi repetido no art. 14 da nova Lei do Cheque. Dessa forma, obriga-se pessoalmente aquele que assinar cheque como mandatário ou representante, sem dispor de poderes para tal, ou se se exceder no uso de poderes a ele legalmente confiados. Pagando, contudo, o cheque, assume tal pessoa os mesmos direitos daquela em cujo nome assinou.

17. Assinatura falsa

A aposição em um cheque de uma assinatura falsa ou falsificada ou de pessoa fictícia, bem como a assinatura de um incapaz, não torna o cheque um documento nulo. Isso por causa dos princípios da autonomia das obrigações e da independência das assinaturas, como alerta *Rubens Requião.*[54] Na verdade, essa conclusão baseia-se também no que dispõe o art. 10 da Lei Uniforme, segundo o qual se o cheque contiver assinaturas de pessoas incapazes de se obrigarem por cheque, assinaturas falsas, assinaturas de pessoas fictícias, ou assinaturas que por qualquer outra razão não poderiam obrigar as pessoas que assinarem o cheque, ou em nome das quais ele foi assinado, as obrigações dos outros signatários não deixam por esse fato de serem válidas. O mesmo sentido legal paira sobre o art. 13 da Lei n. 7.357/1985, que preceitua serem autônomas e independentes as obrigações contraídas do cheque. Estipula, igualmente, que "a assinatura de pessoa capaz cria obrigações para o signatário, mesmo que o cheque contenha assinatura de pessoas incapazes de se obrigar por cheque, ou assinaturas falsas, ou assinaturas de pessoas fictícias, ou assinaturas que, por qualquer outra razão, não poderiam obrigar as pessoas que assinaram o cheque, ou em nome das quais ele foi assinado".

(54) REQUIÃO, Rubens. *Op. cit.*, p. 487.

Destarte, a ninguém é lícito arguir a ilegalidade do cheque se esse contiver assinatura falsa, falsificada, fictícia ou de incapaz. *Rubens Requião*,[55] *Luiz Emygdio F. da Rosa Jr.*[56] e *Waldirio Bulgarelli*[57] sustentam a tese da concorrência de culpa, baseados em julgados, quando se trata do pagamento do cheque pelo sacado com assinatura falsificada. Nesse particular, assevera *Waldirio Bulgarelli*: "A responsabilidade pelo pagamento do cheque, com assinatura falsa, em princípio é do sacado (banqueiro), mas o Supremo Tribunal vem abrandando o rigor absoluto dessa presunção, para admitir, em certos casos, a concorrência de culpa (Súmula n. 28, STF)".[58] Segundo a aludida Súmula, o banco é responsável pelo pagamento de cheque falso, ressalvadas as hipóteses de culpa exclusiva ou concorrente do correntista. A regra mestra está contida no parágrafo único do art. 39 da Lei do Cheque, que estabelece: "Ressalvada a responsabilidade do apresentante..., o banco sacado responde pelo pagamento do cheque falso, falsificado ou alterado, salvo dolo ou culpa do correntista, do endossante ou do beneficiário, dos quais poderá o sacado, no todo ou em parte, reaver o que pagou".

O pensamento dominante na Doutrina afasta-se da concepção radical que sustenta a total responsabilidade da instituição bancária em honrar o pagamento do cheque falsificado. Admitem os mais eminentes autores a culpa concorrente, levando-se em conta, inclusive, a negligência do correntista (*culpa in eligendo* e *culpa in vigilando*). *Luiz Emygdio F. da Rosa Jr.* lembra o caso da falsificação perfeita da firma do emitente em um cheque subtraído por negligência do correntista, sublinhando que se a falsidade não puder ser constatada mediante simples inspeção ocular do cheque, mas apenas através de perícia grafotécnica, o banco não responde pelos danos causados ao cliente, se forem provadas a negligência do cliente e a ausência de falsidade grosseira.[59]

Disso deflui que somente em havendo culpa concorrente os valores dos cheques devem ser reembolsados por metade por ambas as partes.

18. Assinatura com pseudônimo

Admite-se, ao menos por parte da Doutrina, a abertura da conta-corrente sob pseudônimo, podendo aquela ser movimentada por um nome de fantasia que, por vezes, se impõe ao verdadeiro nome da pessoa, mais conhecida, pois, pelo nome adotado. É imprescindível, no entanto, que fiquem devidamente anotados na instituição bancária tanto o nome verdadeiro quanto o de fantasia do correntista. E não apenas esse último nome.

19. Abono da assinatura

Se verificar a autenticidade da firma do correntista pode constituir um sério problema para o banco, imagine-se quando se trata da assinatura do endossante, que nem seja cliente do banco. Nessa hipótese, a autenticidade há de ser confirmada por outro cliente ou então por outra instituição bancária. Porém, como lembra *Waldirio Bulgarelli*, verifica-se a autenticidade da firma igualmente para constatar-se a existência de poderes quando se

(55) REQUIÃO, Rubens. *Op. cit.*, p. 487-488.

(56) ROSA JR., Luiz Emygdio F. da. *Op. cit.*, 2000. p. 579 *et seq.*

(57) BULGARELLI, Waldirio. *Op. cit.*, p. 314.

(58) *Ibidem*, p. 314.

(59) ROSA JR., Luiz Emygdio F. da. *Op. cit.*, 2006. p. 601.

trata de administradores de sociedades ou mandatários.[60] É de tudo isso, pois, que emerge a questão do *abono* da assinatura. Sublinhe-se que semelhante abono é dado sem cláusula de responsabilidade para o abonador. Repele a Doutrina a interpretação de *João Eunápio Borges*, para quem o abono é considerado, "formal e consubstancialmente", um aval (*Waldirio Bulgarelli*,[61] ; *Rubens Requião*,[62]). Destarte, consoante acórdão publicado na Revista dos Tribunais (196/432), o abono constitui, de fato, "mero expediente para facilitar o pagamento de cheques". Ainda sobre o abono, restaria acrescentar a ponderação de *Rubens Requião*, segundo a qual o correto seria o banco exigir o reconhecimento da firma de apresentante desconhecido por tabelião, prática, contudo, não acatada pelas instituições bancárias.[63]

MODELO DE CHEQUE

Banco	Agência	Número da conta	Número do cheque	R$
018	010	0000 - 0	XX - 0000000	

Pague por este cheque a quantia de ______________________________

a ______________________________

______________________________ou à sua ordem

BANCO DA CIDADE S/A ______________, ______ de ______ de 20____

Rua dos Voluntários, 399.

Brasília

____

José Arruda dos Santos

CPF 000 000 000 00

DI 1.000.0000.000 SP/PE

20. Paralelo entre o cheque e a letra de câmbio

20.1. Um exemplo europeu

É uma constante entre os comercialistas o estabelecimento de uma comparação entre o cheque e a letra de câmbio, bem mais mesmo que com a nota promissória. Isso decorre do caráter trilateral de ambos (a existência de um sacador, de um beneficiário e de um sacado), ao passo que na nota promissória a estrutura das partes é mais simples, por ser apenas composta de emitente e beneficiário.

No direito alemão, considera-se bem diferente a função econômica da letra de câmbio e do cheque: quem saca uma letra de câmbio precisa de dinheiro; quem emite um cheque, tem dinheiro. "Essa diferença da letra de câmbio como instrumento de crédito para o cheque como meio de pagamento mostra a diferente regulamentação legal entre eles", arremata *Hans Brox*.[64] Essa posição também é sustentada por *Karl-Heinz Gursky*.[65]

(60) BULGARELLI, Waldirio. *Op. cit.*, p. 314.
(61) BULGARELLI, Waldirio. p. 314.
(62) REQUIÃO, Rubens. *Op. cit.*, p. 489.
(63) *Idem.*
(64) BROX, Hans. *Op. cit.*,1999. p. 336.
(65) GURSKY, Karl-Heinz. *Op. cit.*,1997. p. 104.

Essa postura doutrinária decorre da Lei de Cheque alemã, em seu art. 1º (Scheckgesetz, de 14 de agosto de 1933), que define o cheque como um meio de pagamento, emitido contra um sacado, que é uma instituição bancária. Assim, o fato de o cheque dispor de um sacado em sua conceituação, isso o faz semelhante à letra de câmbio. Sem querermos fugir de uma comparação mais jurídica entre os dois documentos e sem perdermos de vista a vinculação do cheque com a instituição bancária, não seria despropositado dizer que o cheque é uma espécie de letra de câmbio bancária, afirmação que se baseia na semelhança entre os dois títulos, a despeito de outras diferenças, como veremos no item imediatamente seguinte.

A legislação alemã, temerosa em ver o cheque utilizado como um título de crédito, reflete o desejo do legislador de evitar tal fato, tornando o cheque pagável à vista (art. 28). Inexiste, pois, o cheque pós-datado. Na hipótese de uma indicação no cheque, concedendo, por exemplo, um prazo de pagamento, essa não torna o cheque inválido. A indicação em si considera-se não escrita.

O artigo seguinte estipula os prazos dentro dos quais o cheque há de ser apresentado Assim, se o cheque é emitido na própria Alemanha, o período de apresentação é de 8 dias. Esse prazo sobe para 20 dias, se a emissão ocorre dentro da própria Europa, e para 70 dias se passado em outra parte do mundo. Após o decurso desses prazos, o cheque pode ser revogado pelo emitente (art. 32).

20.2. O caso brasileiro

Nessa esfera comparativa passemos ao exemplo brasileiro e apraz-nos selecionar o texto de um dos mais ilustres mestres do Direito Comercial brasileiro, que transcrevemos *in verbis:* "Como a letra de câmbio, o cheque é ordem de pagamento. Identifica-se com ela por ser um título formal, exarado por escrito com os requisitos legais; completo, por valer por si mesmo, autônomo, e, dessarte, transmissível por via de endosso. Distingue-se em que a letra de câmbio pode ser emitida para pagamento à vista, a tempo certo de data ou a tempo certo de vista; e o cheque é sempre, e necessariamente, de pagamento à vista".(66)

Obviamente *Waldemar Ferreira* não está sozinho nessa comparação, pois a Doutrina a ela recorre frequentemente, enfatizando precisamente esse paralelo para o que chamamos a atenção do leitor.

Duas ponderações, porém, a fazer: uma primeira, pertinente à comparação do cheque com a letra de câmbio; a segunda, quanto a seu caráter de pagamento à vista. Ora, a letra de câmbio é uma cambiária por excelência, o que não se verifica com o cheque. No momento da sua emissão (da letra de câmbio), não é imprescindível que o obrigado principal (o aceitante) já disponha de suficiente provisão de fundos, como deve ocorrer com o cheque. O aceitante na letra de câmbio obriga-se a pagar na data combinada. Já no caso do cheque, o banco sacado só efetua o pagamento se o passador dispuser de fundos que possam tornar a ordem de pagamento exequível. A lei brasileira não reconhece o cheque pós-datado (v. item *Cheque no sentido restrito,* subitem *Cheque pós-datado*), para a qual o cheque é sempre uma ordem de pagamento à vista.

(66) FERREIRA, Waldemar. *Op. cit.,*1962. p. 88.

De volta a *Waldemar Ferreira*, vê-se que o ilustre mestre reconhece o caráter de título de crédito do cheque: "Sobre ser simples instrumento de pagamento, poderá o cheque se revestir da natureza de título de crédito, quando, endossado, penetre no mercado de valores. Tem o endosso a virtude de engajar nele a responsabilidade do próprio sacador, quando o saca em benefício de terceiro; ou quando este, por via de endosso, em preto ou em branco, transfere a terceiro".[67]

Esses argumentos podemos ver ainda em *Luis Vicente Cernicchiaro*, ministro aposentado do Superior Tribunal de Justiça (STJ), ao concluir que o cheque, malgrado a polêmica doutrinária, adquiriu o *status* de título de crédito. Essa polêmica faz com que, de um lado, surja a corrente, segundo a qual o cheque não pode ser conceituado como título de crédito, pois a sua provisão, diversamente com o que ocorrer com a letra de câmbio, deve existir no momento da emissão, ao que, aliás, já nos referimos. Tal imposição legal faz do cheque um instrumento de pagamento.

Por outro lado, o cheque é aceito também como título de crédito. O referido autor repete os argumentos de *Waldemar Ferreira* quanto ao endosso, pois o cheque passa a representar valor, persistindo a responsabilidade do emitente (sacador)."Torna-se, então, diz, instrumento de circulação econômica. Acrescentam os defensores desse segundo pensamento: a lei revestiu o cheque de requisitos de forma de modo a garantir a expressão de fundo".[68]

Destarte, considerar o cheque um título de crédito não parece ser nenhuma aberração, porquanto não lhe faltam a literalidade, a autonomia e a cartularidade, fazendo lembrar, pois, o ensinamento de *Vivante*. Por outro lado, convém assinalar, é difícil evitarmos as discussões em torno do tema do cheque como título de crédito, pois a todo momento não nos faltará oportunidade para acendermos a polêmica.[69]

21. A revogação no cheque como elemento diferenciador da letra de câmbio

No cheque cabe a revogação, também chamada contraordem, que é de iniciativa exclusiva do emitente e tem a ver com o prazo legal de apresentação do cheque. Esse instituto não existe na letra de câmbio, que não o comporta. Em se tratando desse último título, não se fala em prazo de apresentação, até porque a apresentação da letra ao sacado só é imprescindível se o prazo para o seu vencimento contar exatamente do momento da apresentação do título ao sacado. O tema em pauta será abordado por nós no item *Revogação e oposição*.

22. Enquadramento do cheque nas características dos títulos de crédito

A discussão em torno do cheque como título de crédito, e não como instrumento de simples ordem de pagamento, não parece ter fácil conclusão. Acrescente-se, porém, que,

(67) FERREIRA, Waldemar. *Op. cit.*,1962. p. 93.

(68) CERNICCHIARO, Luis Vicente. Cheque pré-datado no Brasil. In: *Doutrina 6*. Rio de Janeiro. 1998.

(69) SARMENTO, Walney Moraes. *Op. cit.*, 2003. p. 193 *et seq.*

na esteira desta discussão, a Doutrina se inclina, quase sem exceção, a admiti-lo como tal. Assim, no que concerne às características dos títulos de crédito e o enquadramento nelas do cheque, vale a pena transcrever, *in verbis*, a lição de *Luis Vicente Cernicchiaro* nesse particular: "Não há dúvida, o cheque é instrumento formal de pagamento. O emitente, ao expedir ordem ao sacado, sendo esta honrada, quita o débito com o beneficiário. Nada impede, contudo, o beneficiário, em vez de apresentá-lo ao sacado, mediante endosso, transferi-lo a terceiro. Neste ponto, evidencia-se a autonomia — própria do título de crédito. Com efeito, o endossatário é titular do crédito, independente da causa jurídica da relação preexistente. Cada obrigação que deriva do título é autônoma relativamente às demais. Evidencia-se a autonomia.

O exercício do direito do emitente, ou do endossatário, reclama a exibição do documento. Configura-se a cartularidade.

Ademais, o titular do direito só pode reclamá-lo consoante o que estiver escrito, reduzido a termo. Aqui, faz-se presente a literalidade.[(70)]

Para reforçar, cumpre citar a velha lição de *Carlos Fungêncio da Cunha Peixoto*, na qual já se lia: "O cheque, pois, a não ser que seja emitido a favor próprio, representa sempre a execução ou liquidação de uma obrigação anterior. Todavia, não exerce a função de pagar, mas a de fazer pagar por intermédio de um terceiro. O emitente, portanto, obriga-se a resgatá-lo, caso o sacado não o faça; assume a responsabilidade de um crédito próprio, pessoal... Daí ser verdade indiscutível que este título tem duas funções: uma principal, a de título de exação, e outra, tão importante quanto a primeira, de título de crédito".[(71)]

Como observado, as restrições doutrinárias a respeito de encarar o cheque como título de crédito tendem a esvair-se entre os comercialistas. Em resumo, é quase pacífica a aceitação do cheque nessas duas dimensões: a) de um lado, o cheque é ordem de pagamento, que é a sua conceituação do ponto de vista estritamente legal; b) de outro lado, é título de crédito, pelas razões aqui aduzidas. Para fortalecermos tal posição, recorreremos, também, a *Rubens Requião*, que, após analisar os argumentos de *Waldemar Ferreira*, pondera que, se a lei lhe estabeleceu requisitos de fundo e de forma, o cheque vale mais como título de crédito do que como simples ordem de pagamento.[(72)]

Como se não bastassem esses argumentos, com o escopo de convencer-nos da qualidade do cheque como título de crédito, acrescentaríamos o modo de ver de *José Paulo Leal Ferreira Pires*, sob cujo ângulo, o cheque *especial* (garantido) — do qual nos ocuparemos no item *Cheques no sentido restrito* — caracteriza esse papel como título de crédito. É que, aduz, o cheque especial funciona como um título de crédito na relação banco-cliente, pois se o saldo da conta se apresentar negativo, a instituição bancária honra seu pagamento.[(73)]

---

(70) CERNICCHIARO, Luis Vicente. *Op. cit.*,1998. p. 234-235.

(71) PEIXOTO, Carlos Fungêncio da Cunha. *O cheque: doutrina, jurisprudência, legislação e prática*. Rio de Janeiro: Forense, 1952, p. 38.

(72) REQUIÃO, Rubens. *Op. cit.*, p. 478.

(73) PIRES, José Paulo Leal Ferreira. *Op. cit., 2001.* p. 151.

23. O cheque como título de crédito "imperfeito"

Malgrado a aceitação do cheque como título de crédito, em conformidade com a profundidade da argumentação apresentada, a controvérsia não está superada em toda a sua extensão. Assim é que convém ressaltar a postura de *J. M. Othon Sidou*, para quem o cheque não é um título de crédito. Ora, não desconhecendo o ilustre mestre os novos rumos que tomou a utilização do cheque no âmbito dos negócios, preferiu designá-lo como título de crédito imperfeito, resguardando, destarte, a sua real qualidade de ordem de pagamento à vista, o que não impede de atentar para aquele novo atributo do mencionado papel.(74) É imprescindível, contudo, uma observação: no item "Classificação dos Títulos de Crédito" incluímos o cheque como título abstrato, logo perfeito. Por que seria imperfeito? Do ponto de vista de *J. M. Othon Sidou*, que assim o enxerga, isto é, como um título de crédito atípico. Não do nosso, por concordarmos com a maior parte da Doutrina. Por isso não existe nenhuma contradição. Por vezes brindamos os alunos com esse enigma: será o cheque um título de crédito imperfeito perfeito? Por quê? Que razões podem ser invocadas para justificar-se tal assertiva?

Voltando à questão geral do cheque como título de crédito, acrescente-se que esse novo atributo não escapou à perspicácia de *Grumecindo Diniz Bairradas* , que, de maneira incisiva, vislumbra, na caracterização do cheque, sua qualidade como título de crédito, advinda do que ele chama de constatação da realidade. São suas palavras: "Afirmar que, na sociedade de nossos dias, apesar de ser um instrumento de pagamento por natureza, o cheque passou a ser usado, em grande escala, como instrumento de crédito, é o resultado da mera constatação da realidade".(75)

Então, ao assumir o cheque a função de título de crédito, mais por força do costume e, de certa forma, de leis civis que de comerciais, de conformidade com a Doutrina já exposta, o cheque não se despe de sua prerrogativa de ordem de pagamento à vista, o que o torna umbilicalmente ligado ao sistema bancário. Prova disso são as consequências que advêm para o banco quando acontece a devolução indevida de um cheque por parte da instituição financeira.(76) Inúmeros julgados têm entendido ser justa a proposição de ações indenizatórias pelas pessoas físicas ou jurídicas prejudicadas, prejuízo não apenas moral, o que já seria suficiente para alguém passar ao encaminhamento da ação, com isso pretendendo que a corporação financeira pague pelo seu erro.

É preciso, todavia, fincar pé em uma posição: para o sacado (o banco) o cheque será por definição uma ordem de pagamento à vista, não se lhe imputando nenhuma responsabilidade por assumir, obrigatoriamente, esse modo de ver legal, por normas oriundas do Direito Comercial. O cheque somente se reveste da função de título de crédito como resultado de um contrato celebrado entre as partes (sacador e beneficiário), por força de regras instituídas pelo Direito Civil (parte dos contratos). É uma situação que, à primeira vista, pode parecer paradoxal, porque, poder-se-ia dizer, estaríamos diante de um fato algo esdrúxulo, uma

(74) SIDOU, J. M. Othon. *Op. cit.*,1998. p. 09.

(75) BAIRRADAS, Grumecindo Diniz. *Op. cit.*,1998. p. 18.

(76) RIEZZO, Barbosa. *Do cheque. Teoria, Legislação, Jurisprudência e Prática.* São Paulo: Lexbook, 1998. p. 15.

invasão praticada pelo Direito Civil no território próprio do Direito Comercial. É que o Direito, por sua tradição e pelo seu caráter filosófico e científico, precisa dar respostas para os problemas novos que surjam no correr do tempo e na evolução da sociedade. Ora, o Brasil é signatário da Convenção de Genebra que legislou sobre o cheque. Então não lhe cabe fazer nenhuma alteração legal que venha a modificar o conceito internacional do cheque. Esse problema, aliás, não afeta apenas o Brasil, mas todos os países em que o cheque destronou a nota promissória. Direito Civil e Direito Comercial não se opõem. Antes se entrelaçam, como bem demonstra o presente caso. Ao remeterem o problema da criação do cheque como título de crédito para a parte dos contratos no Código Civil, quem sabe se os legisladores e os doutrinadores não estão fazendo uma homenagem a *Lieb* e *Thol* (e também a Vivante), quando enxergam na criação do título de crédito a manifestação da vontade do emitente e do beneficiário?

24. Modalidades de cheques

24.1. Esclarecimento

Talvez não exista um título de crédito que se preste a uma variação tão grande de denominações como o cheque. Essa variação tem a ver com a ampla utilização do cheque, que se ajusta às mais diversas situações. Uns são aceitos com mais restrições; outros inspiram mais confiança, originada da garantia que um banco lhe oferece. Talvez seja possível agrupar essas variações em dois blocos, correspondendo o primeiro ao cheque propriamente dito, *stricto sensu*, enquanto o segundo se prende àqueles documentos assemelhados ao cheque, ou que lhe lembrem a finalidade. Ora, no primeiro caso o cheque está ligado a um contrato bancário de conta-corrente. A outra categoria extrapola essa constatação. Trata-se do cheque *lato sensu*, e aí o seu significado pode tomar rumos diversos, como veremos.

Advirta-se, porém, que a Lei do Cheque só faz referência especial às seguintes modalidades: a) cheque visado; b) cheque administrativo; c) cheque cruzado, e d) cheque para se levar em conta. As outras espécies conhecidas decorrem ora do costume, ora de situações especiais ou mesmo de legislações estrangeiras. Constituem tipos cuja apreciação foi por nós considerada oportuna. Veremos que, em muitos casos, as espécies a serem arroladas têm largo curso na vida quotidiana.

Cheque quer dizer comodidade, facilidade, ausência de burocracia na sua cobrança etc. Por isso é que atualmente se existe um título de crédito que chame a atenção do comercialistas é exatamente o cheque, cuja definição, de certa forma polêmica, há de provocar um crescente interesse no seu campo de conhecimento, o que tende a enriquecer as discussões a seu respeito.

Assim, é dentro dessa perspectiva que podemos mencionar no primeiro grupo (o cheque *stricto sensu)* as seguintes modalidades, a saber:

a) cheque comum;

b) cheque especial;

c) cheque marcado;

d) cheque cruzado;

e) cheque visado;

f) cheque para levar em conta;

g) cheque passado por conta de terceiro;

h) cheque avulso;

i) cheque pós-datado;

j) cheque de pago diferido;

k) cheque imputado;

l) cheque "memorandum";

m) cheque domiciliado.

Observe-se que nesta classificação todas as espécies de cheque estão sempre vinculadas a uma conta-corrente.

Se o cheque, no seu sentido estrito, pode ostentar tamanha variação de modalidades, tudo em decorrência do costume cada vez mais difundido de o utilizarem nas mais diversas transações, comerciais ou não, é outrossim longo o rol dos tipos de documentos que quiçá impropriamente tragam o nome de cheque:

a) cheque circular;

b) cheque administrativo;

c) cheque de viagem;

d) cheque fiscal;

e) cheque de poupança;

f) cheque postal;

g) cheque documentário;

h) cheque eletrônico.

Passemos, agora, a estudá-los em sua dimensão própria, começando pelos cheques que reunimos na primeira categoria.

25. Cheque no sentido restrito

25.1. Cheque comum

É o cheque propriamente dito. É aquele a que o titular da conta-corrente faz jus para poder movimentá-la, após sua abertura em uma agência bancária. É um cheque de circulação cada vez mais restrita, por só possuir como garantia a honestidade do emissor.

25.2. Cheque especial

Essa modalidade difere do comum, pois resulta de um contrato entre o sacado e o correntista, garantindo o banco o pagamento desse papel até um determinado limite, a depender do cadastro do cliente, no qual o banco deposita certa confiança. Vem de regra acompanhado por um cartão magnético, em cujo espaço estão insertas determinadas informações sobre sua validade ou se é de movimentação nacional ou internacional etc. Em resumo, podemos dizer que o cheque especial não é nada mais nada menos que o cheque comum ostentando alguma forma de privilégio. Na verdade, o nome mais correto para designá-lo, como vimos, aliás, pela conceituação acima, é *cheque garantido*, por se tratar de um cheque com provisão garantida. Seu uso decorreu de práticas bancárias, cujas origens remontam aos começos do século XX.

Atualmente, as instituições bancárias estão furtando-se ao pagamento do cheque garantido, pelos muitos prejuízos que enfrentaram. Como na folha de cada cheque consta a data da abertura da conta-corrente, inspirará tanto mais confiança aquele correntista que ostentar data mais antiga daquela abertura.

Quanto ao cliente em si, *cheque especial* significa que o banco lhe colocou à disposição certo numerário, do qual lançará mão de acordo com suas necessidades. Passa a simples convenção entre correntista e banco, sem garantir, contudo, o pagamento de dito cheque.

25.3. Cheque marcado

Essa modalidade de cheque permite ao portador, assim o desejando, a faculdade de conceder prazo ao banco sacado, que pode pagar o cheque certo dia, o que não significa, porém, aceite por parte do banco. A sua prática não é comum, pois somente ocorre em circunstâncias especiais, tal como um afluxo anormal de clientes, o que se denomina "correria aos bancos", como lembra *Amador Paes de Almeida.*[(77)]

A antiga lei do cheque, isto é, a de n. 2.591, de 1912, disciplinava essa espécie de cheque. Decorria do consentimento do portador ao sacado a fim de este último marcar o cheque para um determinado dia, exonerando com esta atitude todos os demais responsáveis.

Semelhante recurso estava ao alcance do sacado no momento da apresentação do cheque, na hipótese de não dispor de quantidade suficiente de dinheiro em caixa. Observe-se que o sacado não se recusa ao pagamento do cheque, mas solicita ao seu portador uma dilação, por ocasião a uma "correria aos bancos", como já mencionado. Daí *Rubens Requião* lembrar-se de uma velha expressão revivida por *Waldemar Ferreira*, quando cognominou tal dilação de "prazo de suspiro".[(78)]

A dilação aludida deixava-se identificar geralmente através da expressão "bom para tal dia". Tal marcação, assevera *Amador Paes de Almeida*, equivale a um verdadeiro aceite, pois vincula com isso diretamente o sacado e não mais o emitente (sacador) no que chama de

(77) ALMEIDA, Amador Paes de. *Op. cit.*, 2006. p. 154.

(78) REQUIÃO, Rubens. *Op. cit.*, p. 524.

inequívoca desnaturação do instituto.[79] Nesse diapasão, lembra o referido autor que a Lei n. 7.357/1985, fiel à Convenção de Genebra, é taxativa, quando não admite a marcação do cheque, enfatizando no seu art. 6º: "O cheque não admite aceite, considerando-se não escrita qualquer declaração nesse sentido". Na verdade, *Amador Paes de Almeida* estaria fazendo uma comparação desse cheque com a letra de câmbio e não admitindo propriamente o seu aceite, o que ele próprio sustenta como impertinente.[80]

Procedendo dessa forma, portanto, isto é, marcando o cheque, o sacado que até então não tinha nenhuma relação de débito, nenhuma obrigação para com o portador, passava a ser o responsável exclusivo pelo pagamento do cheque. Diferentemente de *Amador Paes de Almeida* que, como vimos, fala de verdadeiro aceite, *Rubens Requião* prefere interpretar tal medida como novação.[81]

Nem a Lei Uniforme nem a nova Lei do Cheque (Lei n. 7.357/1985) contemplam o cheque marcado. Nem por isso o portador está proibido de concordar com a dilação proposta pelo sacado. Daí a advertência da boa Doutrina de que o cheque marcado decorre de uma convenção extracartular a envolver sacado e portador, que pode acordar com a dilação do prazo por ato volitivo. Isso não quer dizer, porém, que se esteja restabelecendo a lei anterior, pois o acerto entre as partes não pode cambiariamente ser rotulado de cheque marcado.

25.4. Cheque cruzado

O cheque cruzado é aquele atravessado por dois traços paralelos e só poderá ser pago a um banco. Se o cruzamento contiver o nome de um determinado banco, apenas a esse banco poderá ser efetuado o pagamento. Observe-se, portanto, que existem duas modalidades de cruzamento: a) geral ou ao portador e b) especial (chamados também, respectivamente, em branco e nominal). Na primeira hipótese o cheque é meramente atravessado pelos referidos traços; na segunda, insere-se o nome da instituição financeira, à qual o cheque será pago. Registre-se que o cruzamento não é uma faculdade exclusiva do emitente, porque o portador poderá igualmente tomar essa providência, até para a sua garantia. Semelhante procedimento faz com que o cheque cruzado seja destinado ao serviço de compensação bancária.

Essa modalidade de cheque foi adotada pelos banqueiros ingleses do século XIX (*crossed check*) e foi plenamente acatada em nível mundial, transpondo rapidamente as fronteiras da Inglaterra, tornando-se, pois, um documento de aceitação internacional. A origem desse fato está no *Bill Exchange Act*, de 1882, e tinha como escopo, além da agilização dos serviços de compensação, emprestar ao cheque uma garantia maior, em caso de perda, furto ou roubo do título.

A Lei Uniforme, em seu art. 38, refere-se expressamente ao cheque cruzado, estipulando textualmente: "Um cheque com cruzamento geral só pode ser pago a um banqueiro ou a um cliente do sacado e, se no cruzamento contiver o nome de um banco, só a este poderá ser feito o pagamento".

---

(79) ALMEIDA, Amador Paes de. *Op. cit.*, 2006. p. 154.

(80) *Idem.*

(81) REQUIÃO, Rubens. *Op. cit.*, p. 524.

A Lei n. 7.357, de 1985, ocupa-se da questão do cheque cruzado por todo o seu Capítulo V.

Assevere-se que a irrevogabilidade do cruzamento está garantida no art. 44, § 3º, da aludida Lei n. 7.357/1985. A função de tal cruzamento é evitar o pagamento do cheque a portador ilegítimo, sendo crime de falsificação de documento particular a sua inutilização, consoante o art. 289 do Código Penal.

25.5. Cheque visado

Essa modalidade de cheque concede uma garantia maior ao portador, pois é levado imediatamente a débito do emitente e as provisões são colocadas à disposição do portador legitimado. Na vizinha Argentina, denomina-se *cheque certificado* (arts. 48 e 49 da *Nueva Ley de Cheques*, n. 24.452, de 22 de fevereiro de 1995).

Sobre o problema da contraordem no cheque visado, registre-se que a Lei n. 2.591, de 1912, não a admitia, daí por que o Supremo Tribunal haver decidido que nesse tipo de cheque não cabia o recurso da contraordem sem motivo legal, não a aceitando em razão de sua *causa debendi*. A Lei do Cheque em vigor consagra-a (art. 7º, § 1º). Ajunte-se que esta modalidade de cheque vem sendo substituída pelo cheque administrativo.

25.6. Cheque para levar em conta

É aquele emitido com uma cláusula impeditiva de que seu desconto seja realizado em dinheiro. Para isso basta que o emitente insira nesse documento uma declaração contendo os termos *para levar em conta* ou *para ser creditado em conta*, ou ainda quaisquer outras referências semelhantes. Essa inscrição há de ser feita no anverso do cheque, de maneira transversal. Trata-se, como se vê, de um cheque escritural, pois ao sacado só cabem duas alternativas: ou promove a sua liquidação por lançamento do crédito em conta, ou o transfere de uma conta para outra, via compensação.

Suas origens estão no direito alemão, surgindo de uma lei de 11 de março de 1908 (*nur zur Verrechnung*). Depois passa ao direito inglês (*account of pay*) e ao francês (*chèque de virement*) e é consagrado pela Lei Uniforme como uma das modalidades usuais desse meio de pagamento.

Perdurou por muito tempo controvérsia de caráter doutrinário acerca do reconhecimento pela lei brasileira da referida modalidade, a despeito de estar prevista na Lei Uniforme, em seu art. 39, que reza:

> O sacador ou o portador de um cheque podem proibir o seu pagamento em numerário, inserindo na face do cheque transversalmente a menção "para levar em conta" ou outra equivalente.
>
> Neste caso o sacado só pode fazer a liquidação do cheque por lançamento de escrita (crédito em conta, transferência duma conta para outra ou compensação). A liquidação por lançamento de escrita vale como pagamento.
>
> A inutilização da menção "para pagar em conta" considera-se como não feita.

O sacado que deixar de observar as disposições acima referidas é responsável pelo prejuízo que daí possa resultar até uma importância igual ao valor do cheque.

A controvérsia gerada em torno do cheque para levar em conta teve suas raízes na Lei n. 2.591, de 1912, que não lhe fazia a menor referência. Entretanto, com o advento da Lei n. 7.385, de 1985, dirimiu-se a divergência doutrinária. É que o seu art. 46 é taxativo, ao dizer: "O emitente ou portador podem proibir que o cheque seja pago em dinheiro, mediante a inscrição transversal, no anverso do título, da cláusula 'para ser creditado em conta' ou outra equivalente. Nesse caso, o saque só pode proceder a lançamento contábil (crédito em conta, transferência ou compensação), que vale como pagamento. O depósito em conta de seu beneficiário dispensa o respectivo endosso".

Em outras palavras: A lei brasileira do cheque acata, consequentemente, as disposições contidas na Lei Uniforme, o que tornou completamente sem sentido qualquer discussão concernente a esse tipo de cheque que, a partir de 1985, passou a enquadrar-se nas normas em vigor no Brasil sobre esse título de crédito.

Se o cheque para levar em conta mantém semelhança com o cruzado no sentido de evitar qualquer risco de pagamento indevido, pois ambos não podem ser pagos diretamente no caixa, há de sublinhar-se a existência de certas dessemelhanças. Assim é que o cheque cruzado pode ser ao portador (dentro, obviamente, dos limites legais) ou nominal, transmite--se por endosso e pode ser creditado na conta de qualquer portador legitimado. Já o cheque para levar em conta deve ser nominal, não comporta endosso e por isso mesmo o crédito só pode ser efetuado na conta do beneficiário.

Como se vê, trata-se de um cheque que guarda certa semelhança com o cruzado, embora se registre igualmente a existência de diferenças, que lhe asseguram sua plena identificação.

25.7. Cheque passado por conta de terceiro

A Doutrina enfatiza a existência dessa modalidade de cheque com base na legislação cambiária brasileira. Reforce-se que a legislação pátria já admitia a emissão da letra de câmbio por ordem e conta de terceiros, em conformidade com o estipulado no art. 1º, IV do Decreto n. 2.044/1908. Para ocorrer dita possibilidade é imprescindível o terceiro manter entendimento com o sacado para que este possa cumprir a ordem emanada do título, debitando o valor indicado no cheque na conta desse terceiro, em conformidade com o art. 9º, inciso II, da Lei n. 7.357/1985. Ressalte-se que se trata de um mandato sem representação, visto que o sacador não assina o cheque na qualidade de representante do terceiro que, por isto mesmo, não responde perante o portador.[82]

25.8. Cheque avulso

É aquele cheque que o correntista adquire diretamente do caixa na agência bancária, para preenchimento no ato e pronto recebimento da quantia. Era mais comum, ao tempo

(82) As normas pertinentes a esse tipo de cheque são aquelas coligidas nas alíneas 1ª e 2ª do art. 6º da LUG.

em que o correntista esquecia seu talão de cheque, ou no momento não dispunha dele. Hoje, com a introdução do uso mais largo do cartão eletrônico perdeu muito a sua finalidade. Também serve para movimentação de numerários colocados eventualmente à disposição de alguém.

25.9. Cheque pós-datado

Define-se como sendo a cártula, cuja data ostentada não corresponde à da emissão, pois indica dia posterior. É o popular "pré-datado" e não é conhecido na lei brasileira, embora a sua prática se alastre cada vez mais na economia. Melhor, sem dúvida, a denominação *cheque pós-datado.*[(83)]

Vê-se, pela explicação do ilustre mestre, que a expressão correta é *cheque pós-datado* e não *pré-datado*, expressão vulgar, mais corrente.

Enfatize-se, entretanto, que a legislação brasileira (Lei n. 7.357/1985, em seu art. 32, além do art. 28 da Lei Uniforme) diz taxativamente que o cheque é pagável no dia da sua apresentação, mesmo antes do dia indicado como data de sua emissão.

A despeito da omissão legislativa o cheque pós-datado tomou consistência e não se pode afirmar que essa consistência se baseia meramente no costume. Tal cheque se impõe pelas normas do Direito Civil, mormente pela parte dos contratos, como adverte *Barbosa Riezzo.*[(84)]

Logicamente o banco sacado não pode furtar-se ao pagamento do cheque apresentado na forma da lei e com provisão de fundos. Ou atestar a sua inexistência, se for o caso. Fica claro, destarte, que o banqueiro não toma parte de tal contrato, que a ele não é relativo. Em função disso, o emissor nada pode fazer contra a instituição financeira, para a qual esse papel continua sendo uma ordem de pagamento à vista. A ação judicial adequada há de ser ajuizada contra aquele que infringiu o pacto contratual, estribada no que preceitua o art. 186 do Código Civil, que estipula: "Aquele que, por ação ou omissão voluntária, negligência ou imprudência, violar direito ou causar dano a outrem, ainda que exclusivamente moral, comete ato ilícito". Semelhante dispositivo corresponde ao art. 159 do Código Civil de 1916.

Além do próprio Código Civil, mencione-se o Código de Defesa do Consumidor (Lei n. 8.078, de 11 de setembro de 1990), instrumento legal que visa a garantir aos cidadãos a observância de seus direitos perante empresários de um modo geral. Poderíamos concluir com a afirmativa de que o chamado cheque pós-datado constitui um contrato entre as partes envolvidas. Assim, concordamos com *Paulo Leonardo Vilela Cardoso* quando ele, ao expressar o seu ponto de vista sobre esse problema, assevera o seu elemento contratual, se emitido para pagamento em data aprazada, pois há um pacto celebrado entre emitente e destinatário, nesse particular.[(85)]

---

(83) É esta a lição que podemos tirar de J. M. Othon Sidou: "Pré (latim, prae) é afixo que denota anterioridade, antecipação, contraposto a Pós (latim, post), que indica ato ou fato futuro. Tanto quanto pré-natal significa antes do nascimento, uma ordem, qualquer ordem, expedida posto diem, indica que ela deverá ser executada na ou a partir da data indicada, não antes" (*Op. cit.*).

(84) RIEZZO, Barbosa. *Op. cit.*, p. 11-13.

(85) CARDOSO, Paulo Leonardo Vilela. *Op. cit.*, 2000. p. 05.

25.10. O Banco Central e a questão do cheque pós-datado

Há quem veja uma disposição do Banco Central em reconhecer a existência do cheque pós-datado. O problema está na revogação da Resolução n. 2.154, de 27 de abril de 1995. Ainda que tal resolução não empregue a expressão *cheque pós-datado*, a ele se refere, na medida em que vedou às instituições do Sistema Financeiro Nacional a realização de operações de crédito garantidas com cheques e de desconto de cheques, bem como a prestação de serviço de custódia física e eletrônica de cheques. Em assim sendo, o Banco Central pareceu reconhecer a figura do cheque pós-datado. É isso que sugere a Resolução n. 2.352, de 22 de janeiro de 1997, através da qual o aludido banco revoga a citada Resolução n. 2.154.[86]

25.11. Cheque de pago diferido

Diferentemente da lei brasileira, a Argentina consagra o cheque pós-datado, chamando-o de cheque de pago diferido, com as implicações que veremos em seguida. Assim é que a Lei n. 24.452 (*Nueva Ley de Cheques*) insere, em seu art. 54, o seguinte comando normativo: "(Texto según Ley n. 24.760, que rige a partir del 13-I-97). El cheque de pago diferido es una orden de pago, librada a fecha determinada, posterior a la de su libramiento, contra una entidad autorizada en la cual el librador a la fecha de vencimiento debe tener fondos suficientes depositados a su orden en cuenta corriente o autorización para girar en descubierto. Los cheques de pago diferido se libran contra las cuentas de cheques comunes".

Na lei argentina, *cheque común* corresponde simplesmente a cheque na legislação brasileira. Assinale-se que a citada Lei n. 24.452 estipula que o cheque comum é sempre pago à vista. "Toda mención contraria se tendrá por no escrita" (art. 23).

Daí se vê que o *cheque de pago diferido* é diferente do común. Não é o mesmo papel, o que já o torna diverso do cheque pós-datado brasileiro. Basta ver que o mencionado art. 54 da lei do vizinho país impõe que o *cheque de pago diferido* deverá conter seus requisitos essenciais "en formulario similar, aunque distinguible, del cheque común". Por isso, a exigência da denominação *Cheque de pago diferido* claramente inserta no texto do documento.

De tudo isso se conclui que o legislador argentino procurou evitar a circulação do cheque *común* em sua modalidade pós-datada, criando um tipo próprio, que guarda, todavia, uma larga semelhança com a espécie usual.

Curiosamente é de observar-se que se a lei brasileira não adota o cheque pós-datado, contemplando porém a argentina o *cheque de pago diferido*, existe no Brasil o costume da emissão daquele cheque sem o devido respaldo legal, enquanto no país platino existe a norma jurídica que institui esse último cheque, sem que, entretanto, a sua prática tenha ganho um significativo número de adeptos.

25.12. Cheque imputado

Previsto na legislação argentina (art. 47 da Lei n. 24.452). O emitente ou o portador de um cheque pode expressar o destino do seu pagamento, ao insertar no dorso ou em folha

(86) Cf. CERNICCHIARO, Luis Vicente. *Op. cit.*,1998. p. 237-238.

de alongamento a indicação concreta e precisa da imputação. Essa cláusula produz efeitos exclusivamente entre quem a inserta e o portador imediato, sem originar responsabilidade para o sacado pelo descumprimento da imputação. Só o destinatário da imputação pode endossar o cheque e, nesse caso, o título mantém sua negociabilidade.

25.13. Cheque documentário

Esse tipo de cheque é emitido para acompanhar documentos de comércio, a exemplo de conhecimento de embarque, mencionados no título e com a finalidade de ser descontado mediante endosso a um banqueiro, com o consequente endosso do documento representativo da mercadoria. Não perfilhado pela LUG.[87] Divergindo dessa opinião está *Luiz Emygdio F. da Rosa Jr.*, para quem os cheques documentários são pagos por não banqueiros, a exemplo de comerciantes. Esses cheques devem ser apresentados juntamente com determinados documentos, como o conhecimento marítimo ou a fatura, se regulares. Tais cheques são atualmente vedados no Direito brasileiro, por força do art. 3º da Lei n. 7.357/1985, que estipula só poder ser o cheque emitido contra banco, ou instituição financeira que lhe seja equiparada.[88]

25.14. Cheque "memorandum"

Essa espécie de cheque não é consagrada pela lei cambiária brasileira, mas é acolhida pela legislação norte-americana. Trata-se de uma modalidade espúria de cheque mediante a qual o emitente se compromete a embolsar o portador caso o sacado não o faça à apresentação, no dia assinalado.[89]

25.15. Cheque domiciliado

É o cheque pago em domicílio de terceiro. Nesse caso, tanto pode ser o lugar em que o sacado tenha domicílio, ou outro, se o terceiro for banco ou instituição financeira assemelhada. "Justifica-se a emissão de cheque para ser pago em praça distinta do lugar do domicílio do emitente, quando neste lugar o emitente não tenha fundos disponíveis".[90] O sacado tem, por outro lado, de estar de acordo, pois não é obrigado a pagar o cheque em localidade na qual o emitente não disponha de fundos. Vale ressalvar que é necessária a manifestação da vontade do portador, que não é obrigado a aceitar o cheque com dita cláusula. No entanto, trata-se muitas vezes de fato consumado quando o cheque lhe chega às mãos. Por outro lado, como lembra *Luiz Emygdio F. da Rosa Jr.*, o legislador brasileiro não exercitou a faculdade de reserva prevista no art. 10 do Anexo II da LUG. Destarte, a Lei de Cheque (art. 11) só admite ser um banco o terceiro incumbido de realizar o pagamento do cheque domiciliado.[91]

---

(87) SIDOU, J. M. Othon. *Op. cit.*,1998. p. 232.

(88) ROSA JR., Luiz Emygdio F. da. *Op. cit.*, 2006. p. 631.

(89) SIDOU, J. M. Othon. *Op. cit.*,1998. p. 132-133.

(90) ROSA JR., Luiz Emygdio F. da. *Op. cit.*, 2006. p. 548.

(91) *Idem.*

26. Cheque no sentido amplo

26.1. Cheque circular

Esse tipo de cheque dispõe de uma garantia dada pelo próprio banco, que por ele se responsabiliza. Surge no direito italiano (*assegno circolare)* e deve ser pago por qualquer agência do banco emitente, ou ainda por qualquer de seus correspondentes nos mais diversos lugares constantes do título. Conforme o Real Decreto (italiano) de 21 de dezembro de 1933, art. 82, al. 1ª, trata-se de um documento de crédito à ordem, cuja emissão por uma instituição financeira deve ser autorizada pela autoridade competente. As somas já são por elas disponíveis no momento da emissão e o título é pagável à vista por qualquer correspondente indicado pelo emitente. O cheque circular guarda certa semelhança com o cheque administrativo (v. item imediatamente seguinte), pois confundem-se as figuras do sacador e do sacado. Existem, contudo, certas diferenças que emprestam maiores garantias ao cheque circular, cuja emissão depende de autorização administrativa.

26.2. Cheque administrativo

O cheque administrativo é também chamado de cheque bancário (*banker's draft),* ou de tesouraria. Talvez seja o cheque que comporte a maior variação de designações, como cheque de administração, cheque de caixa (*cashier's check*), cheque de direção (*manager'check),* cheque "comprado", cheque-recibo (equivalente ao *assegno quietanza* do Direito Cambiário italiano).[92] *Amador Paes de Almeida* ainda o conceitua como autocheque.[93] Consiste em um cheque que pode ser emitido contra o próprio banco sacador. Tal procedimento se baseia no art. 6º da Lei Uniforme, que diz textualmente não poder ser o cheque passado sobre o próprio sacado, salvo no caso em que se trate de um cheque sacado por um estabelecimento sobre outro estabelecimento bancário, pertencente ao mesmo sacador. Nesse tipo de cheque emitente e sacado são as mesmas pessoas. É um título destituído de uma estrutura de saque ou de uma ordem de pagamento, assemelhando-se mesmo a uma nota promissória à vista.

Essa modalidade de cheque lembra o *assegno circolare* italiano, do qual se originaria.[94] Entrou na legislação brasileira através do Decreto n. 24.777, de 14 de julho de 1934, de acordo com o que preceitua o seu art. 1º. Por esse decreto os bancos ficaram autorizados a emitir cheques contra as suas próprias agências, nas suas sedes ou nas filiais ou agências. A exigência legal diz que esse cheque não pode ser ao portador.

Note-se, porém, que o decreto citado não regulamenta a questão do cheque administrativo. Foi a lei cambiária italiana, em seus artigos 82 a 86, que lhe deu a merecida regulamentação. Na verdade, a lei italiana contempla, no particular, dois tipos de cheque: o *assegno bancario* (cheque bancário) e o *assegno circolare* (cheque circular). O primeiro guarda semelhança com a letra de câmbio; o segundo, com a nota promissória, com o que, como já vimos, o cheque administrativo mais se parece.

---

(92) SIDOU, J. M. Othon. *Op. cit.*,1998. p. 134, e ao cheque comandita — p. 131.
(93) ALMEIDA, Amador Paes de. *Op. cit.*, 2006. p. 159.
(94) Cf. BULGARELLI, Waldirio. *Op. cit.*, p. 336.

O cheque administrativo veio a ser disciplinado no Brasil pelo Decreto n. 24.777, de 14 de julho de 1934, com apenas dois artigos, dizendo, entretanto, taxativamente o seguinte:

> Art. 1º Os bancos e firmas comerciais podem emitir cheques contra as próprias caixas nas sedes ou nas filiais e agências.
>
> Esses cheques não poderão ser ao portador, e regular-se-ão, em tudo o mais, pela Lei do Cheque.
>
> Art. 2º. Revogam-se as disposições em contrário.

Basta que se acrescente que a Lei n. 7.357/1985 admite no seu art. 9º, III, que o cheque pode ser emitido contra o próprio banco sacador e, corroborando a legislação anterior, impõe que tal cheque não seja ao portador, sem obviamente mencionar as firmas comerciais.

O cheque administrativo é também apelidado de *cheque comprado*, como visto, pois o interessado se vale do expediente de dirigir-se a uma agência bancária com o escopo de *comprar o cheque*, mediante débito em sua conta bancária.

É comum observar-se na Doutrina uma discussão a respeito do cheque administrativo. *Amador Paes de Almeida* chega a trazer à tona determinadas argumentações que poriam em dúvida a condição de cheque do cheque administrativo, lembrando posição de certos comercialistas, que se basearam na tese de que ninguém pode dar ordem a si mesmo.(95) Por outro lado, a pluralidade de sucursais bancárias em nada desfaz a unidade da pessoa jurídica, no caso uma determinada instituição bancária. A despeito das controvérsias em torno do cheque administrativo, que também deve ostentar no verso a sua destinação, a doutrina acaba acatando-o como cheque. Se se pode dizer que o cheque administrativo se constitui em uma exceção à regra, não há como ocultar que a lei o admite, fato suficiente para garantir a existência dessa modalidade.

26.3. Cheque de viagem

É aquele em que o estabelecimento bancário desempenha também o duplo papel de emitente e sacado. Surgiu em 1912, tendo sido criado por James C. Fargo. É disponível para pessoas que se deslocam de um país para outro, ou mesmo para o território de um mesmo país, em viagem de negócio ou de turismo. O cliente recorre a esse tipo de cheque para a sua garantia pessoal, pois o livra de portar numerários e pode ser descontado em qualquer parte do mundo. É o cheque viajeiro, muito conhecido internacionalmente sob a denominação *traveller's check*. O comprador dessa modalidade de cheque, ao proceder à sua aquisição, assina em sua parte superior. Para descontá-lo, em qualquer praça, seu possuidor identifica-se, apondo, de novo, a sua assinatura, desta vez ao pé do cheque. Conferida essa com a primeira, o cheque vem a ser pago. Por medida de segurança, esses cheques de ordinário não são negociáveis. Não é fora de comum, porém, o seu desconto em hotéis internacionais e em agências de viagens.

A Instrução n. 237, de 1963, de lavra da antiga Superintendência da Moeda e do Crédito (SUMOC), antecessora do atual Banco Central, é que disciplinou originariamente esse tipo de cheque.

---

(95) ALMEIDA, Amador Paes de. *Op. cit.*, 2006. p. 160.

26.4. *Cheque fiscal*

Ocorre no âmbito do Direito Tributário e é regido por legislação própria. É usado pela Fazenda Nacional com o escopo de devolver volumes tributários recolhidos a mais, sobretudo na esfera do imposto de renda.

26.5. *Cheque de poupança*

Trata-se de uma designação notadamente imprópria, pois o cheque de poupança vem a ser de fato um documento (recibo) para movimentação de conta de poupança, em conformidade com o art. 3º, I, do Decreto-lei n. 70, de 21 de novembro de 1966.

26.6. *Cheque postal*

Se o Decreto 24.777/1934 autorizava as sociedades mercantis a emitir cheques contra si mesmas, seguindo o mesmo princípio contido no art. 1º do Decreto 2.591/1912 ("A pessoa que tiver fundos disponíveis em banco ou em poder de comerciantes, sobre eles, em favor do próprio ou de terceiro"), a Lei Uniforme, no seu art. 30 (anexo II), acolhe o cheque postal, nos seguintes termos: "Qualquer das Altas Partes Contratantes reserva-se o direito de excluir, no todo ou em parte, da aplicação da Lei Uniforme os cheques postais e os cheques especiais quer dos Bancos emissores, quer das caixas do Tesouro, quer das instituições públicas de crédito, na medida em que os instrumentos acima mencionados estejam submetidos a uma legislação especial".

Por seu turno, a Lei n. 7.385/1985, no seu art. 66, prevê o cheque postal, preceituando: "Os vales ou cheques postais, os cheques de poupança e assemelhados, e os cheques de viagem regem-se pelas disposições especiais a eles referentes".

Assim, pode haver emissão de cheques nos quais a empresa de correios desempenhe o papel de banco, isto é, funcione como sacada. Dessa forma, é lícito conceituar o cheque postal como aquele que é descontado pelo seu portador em alguma agência de correio, desde que tal procedimento seja acolhido em dispositivo legal.

26.7. *"Cheque eletrônico"*

As atividades desenvolvidas na moderna sociedade de consumo criou um novo jargão na linguagem empresarial e bancária: o cheque eletrônico, que constitui uma modalidade de pagamento instantâneo de uma operação de compra ou de prestação de serviço em determinado estabelecimento, cujo sistema de cobrança está ligado ao banco no qual o cliente tem conta. Ele faz passar o cartão no equipamento próprio do citado estabelecimento, e o crédito lhe é transferido automática e imediatamente, quando a senha desse cliente é digitada, bastando, para isso, que haja fundos disponíveis. Logicamente, o *cheque eletrônico* não é nenhuma espécie de cheque, por não ser um documento adequado, por faltar-lhe a característica da cartularidade etc. É mais uma comodidade posta à disposição do público pelo desenvolvimento e avanço dos meios de computação, entre outras formas de conforto ao alcance dos consumidores.

27. Cheque incompleto

Logicamente, quando falamos do cheque incompleto não estamos mencionando nenhuma modalidade de cheque. Queremos dizer, com isso, que falta ao menos um dos requisitos que caracterizam este documento. Verdade que o art. 16 da Lei do Cheque a ele se refere nos seguintes termos: "Se o cheque, incompleto no ato da emissão, for completado com inobservância do convencionado com o emitente, tal fato não pode ser oposto ao portador, a não ser que este tenha adquirido o cheque de má-fé".

É mais uma vez o Direito atuando para resguardar as prerrogativas do terceiro de boa-fé, que nada tenha a ver se o cheque foi preenchido pelo beneficiário em desacordo com o avençado entre ele e o emitente. É o caso do cheque firmado em branco, algo decorrente da confiança reinante entre o titular da conta-corrente e o beneficiário. É evidente que no caso de furto ou roubo não se pode alegar boa-fé, dadas as circunstâncias específicas do fato. Porém, se houve apenas quebra da confiança entre as partes mencionadas, disso não tem a menor culpa o portador legal do cheque.

28. Cheque ao portador

Reza o art. 8º, III, da Lei do Cheque, que se pode estipular no cheque que seu pagamento pode ser feito ao portador. Trata-se claramente de lei cambial. Neste caso, a circulação do cheque verifica-se por mera tradição, ao passar de mão em mão. Podemos aduzir, contudo, que leis posteriores interferiram em semelhante norma, como veremos. Mencionemos a Lei n. 8.021/1990, que inova no particular ao introduzir preceito cuja finalidade é colocar um fim nos títulos ao portador, ao vedar o pagamento ou resgate de qualquer título ou aplicação a beneficiário que não seja identificado. Dentro do quadro aqui delineado é que *Gladston Mamede* ensaia a seguinte indagação: será o fim do cheque ao portador? Ao manifestar sua resposta, o insigne comercialista sustenta que não e argumenta que a Lei n. 8.021/1990 é norma de natureza fiscal. Tal norma, para produzir efeitos sobre o Direito Cambiário, há de guardar conformidade com os seus princípios.[96]

Ao confrontar as duas leis em destaque, *Gladston Mamede* questiona se a norma contida na Lei n. 8.021/1990 torna inválida a cártula criada de acordo com o estipulado no art. 8º, III, da Lei do Cheque. Sua resposta é não e conclui: "Embora reconheça que o título não possa ser pago na boca do caixa, ou apresentado à câmara de compensação, de tal forma, parece-me ser lícito utilizar-se da possibilidade de indicação de pagamento alternativo para solucionar o dilema". Recomenda, assim, que o beneficiário acrescente à expressão ao portador ou equivalente o seu nome, antecedido da conjunção *ou*, como da forma que segue: ao portador ou a Fulano de tal.[97]

Eduardo Botallo desenvolve raciocínio semelhante, ao comparar o discutido preceito da Lei do Cheque, desta vez confrontando-o igualmente com a Lei n. 9.069/1995, art. 69,

(96) MAMEDE, Gladston. *Op. cit.*, 2005. p. 263.

(97) *Idem.*

cujo teor é o seguinte: "A partir de 1º de julho de 1994, fica vedada a emissão, o pagamento e a compensação de cheque de valor superior a R$ 100,00 (cem reais), sem identificação do beneficiário". Assevera o mencionado autor que a Lei do Cheque é de natureza comercial, privada, pois trata das características estruturais do cheque, enquanto o segundo diploma legal evidenciado se prende ao sistema monetário, porquanto se destina a banir o anonimato do mercado financeiro, mas convivendo sem antagonismo ou incompatibilidades. Por fim, observa: "Dentro desta perspectiva, não causa espécie sustentar-se a indiscutível legitimidade do cheque ao portador no círculo do negócio privado, sem prejuízo do dever de identificação do beneficiário (caso o valor ultrapasse os R$ 100,00) no momento em que deva ser apresentado para resgate ou compensação junto à instituição financeira sacada".(98)

Portanto, a despeito de poder circular sob a forma ao portador, aquele cheque, cujo valor exceda a R$ 100,00 (cem reais), há de ter o seu beneficiário identificado no momento da sua cobrança diretamente no caixa ou mediante sua apresentação à câmara de compensação.

29. Cheque com pluralidade de exemplares

O cheque há de circular em uma única via. Perdura, porém, a hipótese de o cheque ser emitido em vários exemplares, quando se tratar de cheque nominal emitido em um determinado país para ser pago em outro. Esses exemplares têm de ser numerados e correspondem a uma mesma obrigação. Isso quer dizer que o pagamento de quaisquer das vias circulantes quita todas as demais. Registre-se que esse recurso referente à emissão do cheque é cada vez mais raro.

30. Circulação do cheque

O cheque, por ser um título de crédito, admite sua transmissibilidade. No particular, podemos mencionar os seguintes tipos de cheque:

a) nominais. Há duas modalidades de cheques nominais, sendo uma *à ordem* e a outra *não à ordem*. Os primeiros são endossáveis e os segundo, não. Não há necessidade de vir impressa nos cheques essa cláusula. A Lei do Cheque é muito clara a esse respeito, ao inserir no seu art. 17 que o cheque pagável a pessoa nomeada com ou sem cláusula expressa "à ordem" é transmissível por via de endosso. Tal endosso pode ser branco ou preto. Ressalte-se que a Lei do Cheque não limita o número de endosso, embora se trate de um documento a ser apresentado ao estabelecimento bancário em até 30 dias de sua emissão, se da mesma praça; ou até 60 dias, se de praça distinta;

b) nominais não à ordem. Esses cheques hão de ostentar qualquer tipo de proibição de endosso. Assim, é imprescindível que a cláusula de não endosso venha expressa,

---

(98) BOTALLO, Eduardo. *Cheque pós-datado e ação de anulação e substituição de título ao portador.* Revista da Faculdade de Direito de São Bernardo do Campo, n. 5, p. 56-57, 1999.

seguindo o nome do beneficiário, a exemplo de não endossável" e "proibido o endosso". Qualquer endosso que vier a ser aposto no cheque não pode ser levado em consideração pelo sacado. Sua transmissão dá-se somente pela forma e com os efeitos da cessão civil;

c) ao portador (quando título de pequeno valor). Esses últimos são os mais fáceis de circular. As restrições aos cheques ao portador começaram com a Lei n. 8.021/1990, que determinava a necessidade de serem identificados os beneficiários desses títulos com valor superior a 100 BTN (R$ 100,00). Também a Lei n. 9.069, de 29 de junho de 1995, que instituiu o Plano Real, proibiu a emissão, pagamento e compensação de cheque sem identificação do beneficiário, cujo valor superasse R$ 100,00.

31. Pagamento *pro solvendo* ou *pro soluto*?

O cheque é ordem de pagamento à vista, antes de ser um título de crédito. Sua função primeira consiste em extinguir uma obrigação. Para isso é necessário que se proceda ao pagamento. O cheque constitui um título *pro soluto* e não *pro solvendo,* segundo *Rubens Requião.* Consequência disso é que a dívida que ele se propõe a pagar só se extingue se o cheque for de fato pago, a menos que o seu portador tenha convencionado que ele põe fim à obrigação fundamental.(99) *Luiz Emygdio F. da Rosa Jr.*, por sua vez, assevera que a emissão do cheque pode ter caráter *pro soluto* se ficar expressamente pactuado que sua emissão e entrega ao beneficiário têm o condão de pôr fim a obrigação que gerou a sua emissão, independentemente de sua apresentação ao estabelecimento bancário sacado. Fora dessa hipótese, o cheque é *pro solvendo,* porquanto, salvo prova de novação, a emissão ou a transferência de tal documento não exclui a ação fundada na relação causal (v. Lei do Cheque, art. 62), pelo fato de coexistirem as duas relações (a causal e a cambiária), que só vão extinguir-se com o pagamento do cheque pelo estabelecimento sacado.(100) Para *Wille Duarte Costa,* o cheque é *pro solvendo* e não *pro soluto* e o autor exemplifica dizendo que se o pagamento do aluguel for com cheque sem fundo o aluguel não ficará quitado.(101)

32. Juros no cheque

A legislação brasileira não contempla a possibilidade de previsão de juros no cheque. Ao invés, considera semelhante estipulação como não escrita, em conformidade com o teor do art. 10 da Lei do Cheque.

No que respeita, contudo, à correção monetária e aos juros de mora é legal a cobrança de ambos.(102)

(99) Cf. REQUIÃO, Rubens. *Op. cit.*, p. 509.

(100) ROSA JR., Luiz Emygdio F. da. *Op. cit.*, 2000. p. 497-498.

(101) COSTA, Wille Duarte. *Op. cit.*, 2003. p. 354.

(102) Nesse sentido: Tribunal de Justiça do Estado de São Paulo. Acórdão. Data: 10 de novembro de 2008. MONITÓRIA — Cheques prescritos — Correção monetária devida desde quando deveriam ser pagos — Juros — Correta fixação do índice de 1% (art. 406, do CC) — Incidência a partir da citação — Decisão mantida... no tocante à correção monetária, esta não significa um "*plus*" que se acrescenta, mas um "*minus*" que se evita: referida questão foi muito bem analisada no voto elucidador, proferido pelo E. Ministro Sálvio de Fiqueiredo Teixeira, do E. Superior Tribunal de Justiça no REsp n. 43.055-0-SP, do qual se destaca: "A correção

33. Endosso

33.1. Sentido do endosso

Transmite-se por via de endosso o cheque pagável a pessoa nomeada, com ou seu cláusula expressa "à ordem", de acordo com o que assevera o art. 17 da Lei 7.357/1985. Evidentemente que não é essa a única função do endosso (a transmissibilidade do título), pois os endossantes tomam parte da relação cambiária, nela assumindo sua responsabilidade de coobrigados. O longo período disponível para a apresentação do cheque (30 dias, se da mesma praça; 60, se de praça diversa) facilita a sua negociação.

33.2. Limite de endosso

Na esteira da discussão sobre a natureza do cheque, não nos faltou oportunidade de pôr em relevo se o cheque é uma simples ordem de pagamento ou título de crédito, imbuído da negociabilidade, da circulabilidade. Recai, entretanto, sobre o cheque, consoante o que preceitua o art. 17, I, da Lei n. 9.311, de 24 de outubro de 1996, uma limitação quanto ao número de endosso, que não pode ultrapassar a um. Trata-se de instrumento legal que instituiu a Contribuição Provisória sobre Movimentação ou Transformação de Valores e de Créditos e Direitos de Natureza Financeira (CPMF). Decorrência dessa medida aí introduzida é a restrição imposta ao cheque quanto à sua circulação. Se o objetivo de tal lei era evitar a evasão do tributo em tela, entende *Costa* que tal medida fere a Lei Uniforme de Genebra e cerceia a liberdade e o direito de propriedade do contribuinte (2004. p. 343-344). Esclareça-se que semelhante limitação do endosso foi prevista para durar 13 meses, a contar após decorridos 90 dias da data da publicação da lei mencionada. Posteriormente, a Lei n. 9.539, de 12 de dezembro de 1997, ampliou a validade da CPMF para 24 meses, contados a partir de 23 de janeiro de 1997, observadas as disposições da Lei n. 9.311/1996. Novos diplomas legais trataram do assunto (Lei n. 10.306/2001; Medida Provisória n. 2.158-35/2001), além da Emenda Constitucional n. 21/1999, e da de n. 37/2002.[103]

monetária, consoante assente neste Tribunal, não é acréscimo, constituindo imperativo econômico, ético e jurídico, destinada a manter o equilíbrio das relações e evitar o enriquecimento sem causa, razão por que sua incidência independe de lei específica autorizativa".

Idem: "CORREÇÃO MONETÁRIA — Dívida de valor decorrente de inadimplemento contratual — Verba devida a partir do efeito prejuízo — Incidência já admitida antes mesmo do advento da Lei 6.899/81". (RT 673/178, STJ, Ministro Sálvio de Figueiredo Teixeira).

Com estas considerações, a correção é devida desde o vencimento da dívida.

E enquanto os juros moratórios, estes são devidos desde a data do vencimento de cada título, sob pena de enriquecimento ilícito do devedor. Considerando que os cheques possuem data de vencimento nos anos de 2005 e 2006, durante a vigência do atual Código Civil (2002, os juros são devidos em 1% (art. 406), desprezado o percentual do antigo Código Civil (art. 1.262 do CC de 1916).

Portanto, pela versão da inicial, porque os cheques circulam, não podem ser opostas exceções pessoais, está autorizada a cobrança, como reconheceu a sentença, se a apelante reconhece ter emitido a cambial, outra não poderia ser a solução da lide, confirma-se por seus próprios e jurídicos fundamentos.

Por tais razões negam provimento ao recurso.

(103) Dentro desse emaranhado, vale a pena citar o posicionamento de Gladston Mamede: "...as emendas constitucionais mencionadas prorrogaram a vigência da Lei n. 9.311/96, pura e simplesmente, ao passo que o citado art. 17I fala que a limitação a um único endosso vigorará durante "o período de tempo previsto no art. 20"; lendo o art. 20, descobre-se tratar-se do "período de tempo correspondente a 13 (treze) meses, contados após decorridos 90 (noventa) dias da data da publicação desta Lei". Ora, há no art. 20, veja-se, um período certo de tempo, que começou em 1997 e concluiu-se em 1998, não podendo ser prorrogado. Não há, porém, tese jurídica viável a esse respeito, considerando a tendência hodierna de interpretação extensiva (prefiro dizer interpretação generosa, comumente em favor do Estado), assim, interpretar-se-á o artigo 20 pelo que não diz: o período de vigência da contribuição provisória" (*Op. cit.*, p. 278).

Em tal diapasão, só nos resta concordar com *Wille Duarte Costa*, quando sublinha o absurdo dessa contribuição,[(104)] e com *Rubens Requião*, ao acentuar existir no Brasil a tendência de transformar tributos provisórios em permanentes...[(105)]

33.3. Endosso parcial

O endosso do cheque tem por um de seus fins transferir o título, na sua inteireza, considerando-se nulo o que reduza o valor por ele representado, ou submeta sua transmissão a qualquer condição restritiva (Lei Uniforme, art. 15, n. I; Lei n. 7.357/1985, art. 18, § 1º). A incondicionalidade e a indivisibilidade são, com efeito, requisitos substanciais do endosso.

33.4. Endosso e responsabilidade do endossante

Não há necessidade de aqui discutirmos a regra introduzida no novo Código Civil no que tange à exclusão da responsabilidade do endossante no que diz respeito ao pagamento do título, na hipótese de não ser honrado pelo obrigado principal. Destarte, toda aquela argumentação que colocamos à disposição do leitor no capítulo sobre letra de câmbio (capítulo II) cabe agora, quando voltamos nossa atenção para o cheque. Vale a pena relembrar o teor do art. 914 do aludido diploma legal, segundo o qual, "ressalvada cláusula expressa em contrário, constante do endosso, não responde o endossante pelo cumprimento da prestação constante do título". A norma soa um tanto quanto inócua, porque lei geral não revoga lei especial. Por outro lado, a redação de semelhante artigo nem sequer prima pela elegância. Sem maiores delongas, remetemos o leitor ao citado capítulo, poupando-nos, portanto, de repetições.

33.5. Endosso pelo sacado

Não vale também o endosso feito pelo sacado, porque só lhe cabe cumprir a ordem que lhe é dirigida pelo emitente. O banco não integra a relação jurídica própria do cheque. Se a instituição bancária assim procedesse, estaria dando o aceite ao cheque, o que é vedado pelo art. 6º da referida Lei do Cheque, que considera não escrita qualquer declaração nesse sentido. Por outro lado, não vale o endosso ao sacado, pois o a ele realizado produz apenas o efeito de quitação, salvo no caso de o sacado possuir vários estabelecimentos e o endosso ser feito em favor de estabelecimento diverso daquele contra o qual o cheque foi emitido. O endosso, resumindo, só se admite quando feito pelo emitente ou outro coobrigado do cheque, tudo em conformidade com o art. 18, § 1º, da Lei do Cheque (v. também a LUG, art. 15, *caput* e alíneas); (v. igualmente o subitem *Endosso-quitação*).

34. Modalidades de endosso

O endosso pode assumir diferentes espécies. Assim será em *preto*, se mencionar o nome da pessoa a quem se transfere a propriedade do cheque, e em *branco*, se não designar a pessoa

(104) COSTA, Wille Duarte. *Op. cit.*, 2003. p. 344.

(105) REQUIÃO, Rubens. *Op. cit.*, p. 372.

beneficiária da transmissão. Se o endosso é em branco pode o portador: a) completar o cheque com o seu nome ou com o de outra pessoa; b) endossá-lo de novo, em branco ou a outra pessoa; c) transferi-lo a um terceiro sem completar o endosso e sem endossar. Entrementes, o endosso pode não transmitir o título ao endossatário, mas tão somente conferir-lhe o encargo de, em nome do endossante, praticar os atos relacionados com a vida do cheque, a exemplo do mandato civil. É o que se denomina *endosso-mandato*, que, como lógico, não torna o endossante responsável para com o endossatário. O endosso mandato se identifica pela cláusula "valor em cobrança", "para cobrança", "por procuração", ou qualquer outra que implique apenas mandato.

Cumpre observar, ainda, que o mandato contido nesse tipo de endosso se não extingue pela morte ou superveniente incapacidade legal do mandante (Lei Uniforme, art. 23, al. 3ª; Lei n. 7.357/1985, art. 26, parágrafo único).

O endosso deve ser firmado no cheque, ou numa folha a este ligada, e assinada pelo endossante, ou seu mandatário com poderes especiais. A assinatura do endossante, ou de seu mandatário com poderes especiais, pode ser constituída por chancela mecânica ou processo equivalente. Se o endosso for em branco, para sua validade bastará a assinatura do endossante lançada no verso do cheque ou em folha que lhe seja anexa. Se em preto, poderá ser firmado, indistintamente, no verso ou anverso do cheque.

Por outro lado o endossante garante o pagamento do cheque. Contudo, ele pode proibir um novo endosso, quando então, ocorrendo a violação do veto, não garante o pagamento do cheque às pessoas a quem ele haja sido posteriormente transferido.

34.1. Data do endosso

A data de endosso não constitui requisito formal indispensável à sua validade. No entanto, não poderemos subestimar as vantagens de natureza jurídica da sua inserção, o que impede que mãos estranhas venham a utilizar-se de data diversa correspondente à da efetiva transmissão.

34.2. Conferência das assinaturas

O banco não está obrigado a conferir a assinatura dos endossantes, mesmo porque nem dispõe de mecanismos para isso. O cheque circula, passando, assim, por diversas mãos. Não cabe ao sacado conferir as autenticidades das várias firmas constantes do cheque. Obriga-se, porém, a verificar a regularidade da série dos endossos.

Wille Duarte Costa chama a atenção para os riscos que podem acometer o beneficiário, na hipótese de ser desapossado do cheque e, com isso, ter a sua assinatura falsificada.[(106)] *Rubens Requião*, por seu turno, invoca a Súmula n. 28 do Supremo Tribunal Federal que preceitua: "O estabelecimento bancário é responsável pelo pagamento do cheque falso, ressalvadas as hipóteses de culpa exclusiva ou concorrente do correntista". Ainda sobre a

(106) COSTA, Wille Duarte. *Op. cit.*, 2003. p. 345-346.

citada súmula, enfatiza o acatado comercialista que o seu parágrafo único, em sua parte final, diz que "o banco sacado responde pelo pagamento do cheque falso, falsificado ou alterado, salvo dolo ou culpa do correntista, do endossante ou do beneficiário, dos quais poderá o sacado, no todo ou em parte, reaver o que pagou". Depreende-se, pois, de semelhante súmula, que é objetiva a responsabilidade do sacado que pagou pelo cheque com esses vícios, ressalvada a hipótese de ter sido vítima de dolo ou culpa do correntista, endossante ou beneficiário.(107)

34.3. Finalidade

Caso conste no cheque a sua finalidade, isto é, e para pagamento de conta cambial, tributos, fatura ou outro compromisso qualquer que tenha levado à emissão do cheque, o endosso a favor de quem foi emitido e a liquidação do cheque pelo sacado provam a extinção daquela obrigação. É o cheque servindo, pois, de recibo, nas condições ora descritas.

34.4. Endosso-caução

A modalidade do endosso-caução é inadmissível no cheque, por tratar-se de ordem de pagamento à vista, como o é de seu ponto de vista legal. Em consequência disto, "no es juridicamente posible entregar cheque como garantía de pago ni como prenda de una obligación".(108)

34.5. Endosso posterior

Se ocorrer o endosso após o protesto do cheque ou após o prazo legal de sua apresentação, tal endosso produz apenas efeito de cessão. Em se tratando de endosso sem data, a presunção é de que se deu anteriormente ao protesto ou ao prazo legal de apresentação do cheque.

34.6. Endosso-quitação

É clara a norma inserida no parágrafo segundo do art. 18 da Lei do Cheque, segundo a qual o endosso ao sacado vale apenas como quitação. Ocorre ressalva, porém, se o sacado possuir vários estabelecimentos e o endosso for feito em favor de estabelecimento diferente daquele contra o qual o cheque foi emitido. Significa aí que esse endosso não é translativo da propriedade do título, pelo fato de o sacado não ter colocado o título em circulação. Averba *Luiz Emygdio F. da Rosa Jr.*:"A mencionada norma tem o condão apenas de esclarecer que se o cheque for apresentado a estabelecimento do sacado... diverso daquele que corresponda ao seu lugar de pagamento..., aquele deve entregar o cheque ao estabelecimento do lugar de pagamento".(109) Assim, a vida do cheque só se extingue na medida em que se proceda a seu pagamento na agência em que este deve ser efetuado.

(107) REQUIÃO, Rubens. *Op. cit.*, p. 514.
(108) LEÓN, Bezerra. *Op. cit.*, p. 263.
(109) ROSA JR., Luiz Emygdio F. da. *Op. cit.*, 2000. p. 538.

34.7. Endosso em cheque ao portador

Se o cheque for ao portador, em conformidade com o art. 8º, III, e parágrafo único da Lei do Cheque, não há indicação do beneficiário. Também se considera cheque ao portador o emitido em favor de pessoa nomeada com a cláusula "ou ao portador", ou expressão equivalente. O cheque ao portador não necessita de endosso para ser transmitido, bastando a simples tradição manual (*traditio brevi manu).* É claro dispositivo legal, segundo o qual "o endosso num cheque passado ao portador torna o endossante responsável, nos termos das disposições que regulam o direito de ação, mas nem por isso converte o título em um cheque" à ordem (art. 23 da Lei do Cheque). Esse é o conteúdo de cunho legal pertinente ao assunto ora em análise.

34.8. Endossante e pagamento do cheque

Dispõe o art. 21 da Lei do Cheque que, salvo disposição em contrário, o endossante garante o pagamento. Ele pode, porém, escapar dessa responsabilidade. Basta que declare expressamente não assumir a obrigação de pagar. Destarte ao endossar o cheque, deve fazer seguir ao nome do endossatário os dizeres *sem minha responsabilidade*, ou declaração semelhante. Reza ainda o parágrafo único do art. 21 que o endossante pode proibir novo endosso e neste caso não garante o pagamento a quem seja o cheque posteriormente endossado.

34.9. Efeitos do endosso no não pagamento do cheque

Em caso de não pagamento do cheque, podemos assinalar os seguintes efeitos do endosso:

a) para o endossante resta simplesmente o direito de regresso contra os endossantes anteriores;

b) para o endossatário, que é o beneficiário, a situação é diversa, pois ele pode propor ação contra as pessoas que se obrigaram pelo cheque. Ou então contra apenas uma delas. Em outras palavras: a ação pode ser de natureza coletiva ou assumir uma postura individual, a depender do interesse e da vontade do beneficiário.

34.10. Dispensa do endosso

Pode ocorrer a dispensa do endosso nos seguintes casos:

a) quando o titular do cheque, indicado no seu anverso, o deposita na sua própria conta-corrente. Nesse caso não se justifica o endosso;

b) para depósito na agência de origem ou entre agência interligada, em nome do beneficiário final indicado no verso do cheque;

c) quando se tratar de pagamento de compromisso em nome do beneficiário ou do beneficiário final;

d) quando se tratar de depósito ou pagamento de compromisso em nome do emissor, na hipótese de cheque nominativo ao banco;

e) no caso do beneficiário não alfabetizado;

f) no caso do beneficiário que esteja impedido fisicamente de escrever;

g) se se tratar de beneficiário juridicamente incapaz.

35. Aval

35.1. O aval e o cheque

Como título de crédito, o cheque comporta o instituto do aval, que é lançado no próprio cheque ou então na sua folha de alongamento. A pessoa do avalista deve indicar quem ela se propõe a avalizar. Na falta dessa informação, entende-se que o emitente é a figura avalizada.

Como adverte *Luiz Emygdio F. da Rosa Jr.*, não é comum a dação do aval no cheque, especialmente o aval parcial, com o que se quer limitar a obrigação cambiária do avalista, admitida por dispositivo legal.[(110)] Por sua vez, *Sebastião José Roque* sublinha que parece estranho o aval em um título que contenha ordem de pagamento à vista, mas acaba por reconhecer a sua utilidade em certas circunstâncias, quando o favorecido, por não conhecer o emitente, pode exigir o exercício desse instituto por um amigo deste, seu conhecido, com o escopo de emprestar ao cheque uma garantia maior.[(111)]

35.2. Aval parcial

Legalmente é possível a concessão do aval parcial no cheque, segundo os arts. 29 a 31 da Lei do Cheque. Por isso mesmo, não há como invocar a aplicabilidade do art. 890 do Código Civil, que veda, expressamente, o emprego do aval parcial. Se o aval no cheque já é raro, mais raro ainda é o aval parcial. Intromissão à parte do Código Civil, não seria indiferente realçar que o aval parcial é de difícil concretização. Além do mais, há os que o consideram de flagrante inutilidade.[(112)] Há que aduzir — no âmbito desta discussão — que o devedor não pode impor o aval parcial. Concordar com ele é mera faculdade do credor, do beneficiário do cheque. A regra geral, em qualquer título de crédito, é de que nenhum credor aceite o aval parcial. É mesmo possível que ele venha a exigir a presença de mais de um avalista, para aumentar a garantia do pagamento do título.

O aval parcial presta-se, pois, à crítica de encerrar uma contradição à luz do art. 31 da Lei do Cheque. Ora, como pode o avalista se obrigar da mesma maneira que o avalizado se aquele concede aval parcial? É uma razoável indagação de que se vale *Wille Duarte Costa.*[(113)]

---

(110) ROSA JR., Luiz Emygdio F. da. *Op. cit.*, 2006. p. 560.

(111) ROQUE, Sebastião José. *Op. cit.*, p. 132.

(112) COSTA, Wille Duarte. *Op. cit.*, 2003. p. 348.

(113) *Idem.*

Finalizaríamos o assunto com o seguinte comentário: o aval parcial é instituto descartado dos costumes comerciais, de prática inconcebível nos meios empresariais. A polêmica ora suscitada parece defluir dos deslizes do Código Civil de 2002 que, ao descer às minúcias do Direito Cambiário, incorre, aqui e ali, em equívocos e incoerências. Destarte, o mencionado instrumento legal trouxe à baila um instituto esquecido, não utilizado. Legisla, mais uma vez, sobre tema praticamente alijado do campo do Direito Comercial.

35.3. Cuidados para evitar-se confusão entre aval e endosso

A fim de evitar-se confusão com o endosso, o aval deve ser aposto no anverso do cheque, bastando a mera assinatura do avalista. Se aposto em folha de alongamento, é importante que venha acompanhado da fórmula *por aval*, ou expressão semelhante, para que tal instituto não seja confundido com outro. Impera, portanto, a necessidade da clareza do ato praticado.

O aval não deve confundir-se com a fiança, a despeito de guardarem elementos comuns entre si. Como lembra *Fran Martins*, o aval é uma obrigação de garantia própria dos títulos cambiários ou dos a eles equiparados. Não se confunde com as demais garantias do direito comum, se bem que possua certos pontos de contato com outras garantias, como a fiança difere, igualmente, da natureza jurídica de outras garantias, como o endosso.[114]

35.4. Limitação do aval

O Código Civil de 2002 inovou quanto à questão do aval, sobre o qual passou a recair a limitação da outorga uxória ou marital, se o avalista for casado. Tal é a regra contida no art. 1.647, em seu inciso III. Daí decorre que o aval concedido por um dos cônjuges, sem o consentimento do outro, pode ser invalidado, a menos que o regime de casamento vigente for o de separação absoluta dos bens. Essa invalidação pode ser provocada até pelos herdeiros, à semelhança do que ocorre com a fiança.

Dispõe o Código Civil, em seu art. 1.648, que o juiz poderá suprir a outorga, caso um dos cônjuges denegue o consentimento sem motivo ou quando lhe seja impossível a concessão. Estipula, ainda, o art. 1.649: "A falta de autorização, não suprida pelo juiz, quando necessária (art. 1.647), torna anulável o ato praticado, podendo o outro cônjuge, pleitear--lhe a anulação, até dois anos depois de terminada a sociedade conjugal". A aprovação torna válido o ato, desde que feita por instrumento público, ou particular, autenticado, consoante seu parágrafo único. Cumpre ao que prestar-se ao papel de avalista estar atento às novas normas, bem como o avalizado.

35.5. Paralelo entre aval e fiança

De volta, porém, a uma comparação entre aval e fiança, sobressaem determinadas diferenças essenciais. A fiança constitui uma garantia acessória. Daí lembrar *Sérgio Carlos Covello* que os vícios internos da obrigação estancam a obrigação do fiador.[115] O aval é literal

(114) MARTINS, Fran. *Op. cit.*, 1997. p. 155-156.

(115) COVELLO, Sérgio Carlos. *Op. cit.*,1999. p. 59.

e autônomo, com vida própria e serve para reforçar a relação jurídica em um negócio cartular. Emerge como garantia cambial, ao passo que a fiança é garantia contratual. Pormenorizando as diferenças entre os dois institutos, poderemos estabelecer as seguintes comparações:

a) como já enunciado, a fiança é concedida para garantir contratos. Assim, situa-se ela naquela parte do Direito Civil destinada ao estudo dos contratos, enquanto o aval é aposto em um título de crédito;

b) a fiança pode ser dada em um documento à parte, ao passo que o aval há de ser colocado no próprio título. Em conformidade com a regra adotada pelo Direito brasileiro, esse instituto deve ser lançado no corpo da cártula, ou então em folha anexa (folha de alongamento). Nunca, porém, fora do título;

c) a fiança é contrato acessório; o aval, autônomo. O contrato é definido como uma convenção estabelecida entre duas ou mais vontades, com o intuito de produzir determinados efeitos na esfera jurídica. Um contrato para ser autônomo, como o aval, tem de subsistir independentemente. Diverso da fiança, de caráter acessório, como se presta em um contrato de locação, sem o qual não tem razão de ser.

Rubens Requião atenta para o fato de que a Lei Uniforme que acompanha o Decreto n. 57.663, de 1966, se refere no seu art. 32 ao dador do aval como responsável da mesma maneira que a pessoa por ele afiançada. Trata-se, contudo, de uma tradução errônea do francês *garant*. Não obstante, a própria lei mencionada vai reconhecer a falha da tradução, ao impor que a obrigação do aval se mantém, "mesmo no caso de a obrigação que ele garantiu ser nula por qualquer razão que não seja um vício de forma".(116) Em se tratando do instituto da fiança, esse não poderia resistir à nulidade da obrigação principal, que serviu de motivo da garantia em apreço;

d) observe-se, ainda, que na fiança é necessária a formalização da obrigação do fiador, por escrito, ao passo que no aval basta o lançamento da assinatura do avalista na cártula;

e) na fiança, a responsabilidade é, de regra, de caráter subsidiário, a não ser que haja estipulação em sentido contrário. No que tange ao aval, a responsabilidade é sempre solidária;

f) na fiança, qualquer que seja o regime de comunhão de bens, exige-se, desde o Código Civil anterior, a participação de ambos os cônjuges no ato de sua concessão. No caso do aval bastava a assinatura de um deles. Note-se, porém, que o cônjuge que não lançou o seu aval tinha a sua meação resguardada por força de lei, tal como preconiza o art. 3º da Lei n. 4.121, de 1962 (Estatuto da Mulher Casada), segundo o qual "pelos títulos de dívida de qualquer natureza, firmado por um só dos cônjuges, ainda que casados pelo regime de comunhão universal, somente responderão os bens particulares do signatário e os comuns até o limite de sua meação". Quis dessa forma o legislador proteger aquele cônjuge que não se envolveu com as obrigações assumidas pelo companheiro. Como visto, a situação foi alterada pelo novo Código Civil, que impôs limitação marital ou uxória ao aval, o que expusemos no subitem *Limitação do aval*;

---

(116) REQUIÃO, Rubens. *Op. cit.*, p. 421.

g) a fiança define-se como garantia pessoal (*in personam*). Por outro lado, o aval garante o título (*in rem*).[117]

35.6. A questão dos avalistas simultâneos e sucessivos

Logicamente o cheque enfrenta a mesma situação aventada quanto à natureza dos avalistas. Como já visto no capítulo referente à letra de câmbio, existem avalistas simultâneos quando todos eles garantem diretamente o avalizado, ao passo que os avalistas sucessivos se definem como uns sendo avalistas de outros, isto é, trata-se de aval de aval.

Se do ponto de vista cambiário, como já exposto, não há diferença entre essas duas modalidades de avalistas, já que o credor pode cobrar daquele que desejar (v. LUG, art. 32, 1ª al.), do modo de ver extracambiário altera-se o quadro, pois se se tratar de avalistas simultâneos não se pode falar em solidariedade cambiária entre os avalistas, mas sim a do direito comum, porque o avalista que honrou sua obrigação só pode reaver dos outros a parte que lhe cabe na divisão da dívida entre eles. Em se tratando, todavia, de avalistas sucessivos, o que vier a pagar reserva-se o direito de cobrar inteiramente a importância do avalista imediatamente anterior.

36. Protesto

36.1. Funções do protesto

É muito importante para o Direito Cambiário que certas obrigações sejam formalizadas de modo inequívoco. Como os atos cambiários são realizados entre devedor e credor, torna-se difícil, senão impossível, assegurar uma prova do ato que ocorreu reservadamente e sem ostentação. A prova só poderia ser colhida no Juízo contencioso, mediante prévia propositura de medida judicial.

O protesto constitui precisamente um ato oficial e público que comprova e exigência do cumprimento daquelas obrigações cambiárias, constituindo-se em prova plena. A certidão do protesto lavrado pelo oficial público é de fato, por princípio, inquestionável.

Na lição de *Battaglini*, explica-se o protesto como "um ato solene, pelo qual a lei impõe a forma escrita *ad substantiam*, mediante o qual se certifica, de um lado, o exercício do direito cambiário de parte do portador ou do detentor do título (no caso de falta de aceite), ou de qualquer outro interessado (no caso de falta de pagamento) e, de outro lado, o inadimplemento ou mais genericamente, a resposta negativa do obrigado cambiário".[118]

O protesto constitui, portanto, elemento fundamental para o exercício do direito de regresso.

Existe o protesto obrigatório, conservatório ou necessário, e o protesto facultativo ou probatório; o primeiro tem função conservatória do direito e o segundo, extracambiário, tem função apenas probatória.

É competente para extrair o protesto o oficial do lugar em que o cheque deva ser pago.

---

(117) SARMENTO, Walney Moraes. *Curso de Direito Comercial*. Salvador: UNEB, 1999, v.1. p. 207-208.

(118) Cit. por REQUIÃO, Rubens. *Op. cit.*, p. 435.

No caso de protesto por falta de pagamento, o título deve ser entregue ao oficial do protesto no primeiro dia útil seguinte ao do seu vencimento, consoante o Decreto n. 2.044/1908, art. 28.

36.2. Sustação do protesto

Outro problema que está implantado no atual Direito Cambiário, entre nós, é a questão da *sustação do protesto*. Se o cancelamento ocorre a *posteriori*, a sustação visa a impedir a consumação do protesto.

Em relação ao cheque, o protesto é *facultativo* quando se visa ao emitente e seu avalista, bem como aos endossantes e seus avalistas, na condição de ter sido apresentado em tempo hábil e com a recusa devidamente comprovada mediante declaração nesse sentido aposta no próprio cheque feita pelo banco sacado ou pela câmara de compensação. É a conhecida alínea 11. É *necessário* na hipótese da ausência dessa declaração, mesmo no que concerne ao emitente, caso não tenha sido apresentado em tempo hábil ao sacado, quando existia suficiente provisão de fundos.[119]

A Lei n. 7.357, de 1985, operou modificações no fundo e na forma, na disciplina da conservação dos direitos em matéria de cheque, antes condicionada aos ditames do Decreto n. 2.044, de 1908.

Ao aderir as Convenções de Genebra, o Brasil assegurou-se da reserva facultada no artigo 20, do anexo II, e por imperativo daquela lei cambiária centralizou no protesto o vestíbulo da perseguição judicial.

A nova lei, ao assentar no artigo 47 que o portador pode promover a execução do cheque contra o emitente e seu avalista e contra os endossantes e seus avalistas, dispensa o protesto se a recusa de pagamento é comprovada por declarações do sacado, escrita e datada sobre o cheque, com a indicação do dia de apresentação, ou, ainda, por declaração escrita e datada por câmara de compensação. Qualquer dessas declarações, no direito novo, produz os efeitos do protesto.

36.3. Cláusula "sem protesto"

É facultativa a introdução no cheque da cláusula "sem protesto", ou "sem despesa", em conformidade com o art. 50 da Lei do Cheque e do art. 43 da Lei Uniforme de Genebra. O escopo de semelhante cláusula é o de dispensar o portador de promover o protesto quando da execução do cheque. Exige-se, não obstante, que o cheque seja apresentado no prazo legal, e observados os avisos contidos no art. 49 da Lei do Cheque. Se a cláusula for de lavra do emitente produz efeito em relação a todos os obrigados no cheque. Se decorrer da vontade do endossante ou do avalista só produz efeito em relação a quem a lançou. Na hipótese de o portador proceder ao protesto o título que dispuser da cláusula em tela, as despesas correm por sua conta. Contudo, respondem por essas despesas todos os obrigados, se a cláusula é lançada por endossante ou avalista.

(119) SARMENTO, Walney Moraes. *Op. cit.*, 2000. p. 179-180.

36.4. Protesto odioso no cheque

É, em linguagem extrajurídica, o protesto facultativo.[120]

37. Pagamento do cheque

37.1. Prazos. O exemplo brasileiro

No específico caso brasileiro, existem dois prazos distintos dentro dos quais o cheque deve ser apresentado para pagamento. Se da mesma praça sua apresentação deve ser efetuada em 30 dias, a contar da data de sua emissão. Contudo, se de outra praça, esse prazo salta para 60 dias.

Se o beneficiário deixa de apresentá-lo no prazo estabelecido em lei, a ordem não perde a eficácia, e o banqueiro paga-a, desde que haja fundos e inexista revogação (contraordem) da ordem de pagamento por parte do sacador. O beneficiário perde, entretanto, o direito de regresso contra endossantes e avalistas, mas conserva o seu direito em relação ao sacador (emitente).

37.2. O prazo de pagamento em Portugal

Na Lei Uniforme de Genebra relativa ao cheque, no dispositivo referente aos prazos de apresentação do cheque, estipulou-se que esses prazos foram objeto de reserva, levando-se em conta as peculiaridades dos países e das regiões. Destarte, se tomarmos o exemplo de Portugal, veremos que existe uma substancial mudança no que tange àqueles prazos. O art. 28 da lei portuguesa estabelece três prazos distintos, refletindo a situação dos países europeus:

— de 8 dias, se o cheque for apresentado no país onde foi passado;

— de 20 dias, se o cheque for passado em um país diferente, porém da mesma parte do mundo;

— de 70 dias, se o lugar do pagamento e o lugar da emissão se situarem em partes diversas do mundo. No entanto, os cheques passados em um país europeu e pagáveis em um país à beira do Mediterrâneo, ou vice-versa, são considerados como passados e pagáveis na mesma parte do mundo.

37.3. Uma comparação Brasil/Argentina

De volta ao exemplo brasileiro, acrescente-se que não se trata de nenhum modelo para a América Latina como um todo. Assim, a lei argentina, como a brasileira, estabelece dois prazos básicos, de 30 e 60 dias, contados da data de emissão do cheque. O primeiro refere-se aos cheques emitidos dentro do território argentino, ao passo que o segundo diz respeito àqueles papéis criados fora das fronteiras. É o que dispõe a Lei n. 24.452, que disciplina o uso do cheque, com as modificações introduzidas pela Lei n. 24.760, de 13 de janeiro de 1997.

---

(120) BUSCATO, Wilges. *Op. cit.*, 2001. p. 80.

Parece, por conseguinte, que o legislador interno, para fixar os respectivos prazos de apresentação, levou em conta, entre outros critérios, a dimensão de seu próprio país, ou de sua distância de outros, no que resultou em prazos diferentes, como acabamos de ver nos exemplos citados.

Valeria a pena mencionar que o Código de Comércio venezuelano, no art. 492, dispõe que o cheque deve ser pago dentro de oito dias seguintes à data da emissão no mesmo lugar em que foi passado; se for pago em lugar distinto de onde foi passado, esse prazo estende-se a 15 dias. Por seu turno, a Colômbia estabelece um prazo maior: 15 dias para a apresentação do cheque, se da mesma praça, e de 30 dias, se de outra praça no país (art. 718 do Código de Comércio).

38. Pagamento parcial do cheque

38.1. Aspectos legais

A legislação internacional sobre o cheque admite o seu pagamento parcial, o mesmo ocorrendo no plano nacional. No primeiro caso, mencionem-se o art. 34, alínea 2ª da Lei Uniforme de Genebra e o art. 7º, n. 4, da Convenção sobre Conflitos de Leis. No segundo, o art. 38, parágrafo único, da Lei n. 7.357/1985.

No caso da lei brasileira, estabelece o comando normativo contido no seu art. 38 o seguinte:

> O sacado pode exigir, ao pagar o cheque, que este lhe seja entregue quitado pelo portador.
>
> Parágrafo único. O portador não pode recusar pagamento parcial, e, nesse caso, o sacado pode exigir que esse pagamento conste do cheque e que o portador lhe dê a respectiva quitação.

Obviamente trata-se de uma *faculdade* do banco, e não de uma obrigação. O conteúdo normativo presente no referido artigo e parágrafo da Lei do Cheque aponta para essa interpretação, pois diz que o portador não pode recusar pagamento parcial. Isso só ocorre se o banco se deliberar a fazê-lo, na hipótese de o emitente não dispor de suficiente provisão de fundos, mas apenas de uma parte. Em outras palavras: exercendo o banco o seu direito de pagar parcialmente o cheque, não cabe ao portador recusar essa forma de pagamento. Para esse, sim, o recebimento é obrigatório.

38.2. Faculdade e costume

É interessante ressaltar que o costume bancário solidificado por todo o tempo é de não pagar o cheque parcialmente, embora, como vimos, possa fazê-lo. Prefere simplesmente não proceder ao pagamento e devolvê-lo estribado na justificativa de insuficiente provisão de fundo.

Malgrado a postura dos bancos em não utilizar tal faculdade, ela existe no texto legal. *Luiz Emygdio F. da Rosa Jr.* pondera que tal procedimento constitui exceção à regra de que o credor não pode ser obrigado a receber pagamento parcial, como já estatuído na Parte Primeira — revogada — do Código Comercial, em seu art. 431; bem como no Código Civil de 1916, art. 889.[121] O aludido artigo do velho código corresponde ao de n. 314 do diploma

(121) ROSA JR., Luiz Emygdio F. da. *Op. cit.*, 2000. p. 571-572.

de 2002. Anotemos, porém, em relação ao cheque, vê-se o portador compelido a aceitar esse tipo de pagamento, embora o sistema bancário prefira não lançar mão dessa faculdade.

39. Pagamento de cheques mutilados ou com borrões

Em procedimento prudente, os bancos costumam recusar o pagamento dos cheques que apresentam vários tipos de problema, como mutilações, borrões ou rasuras, o que é perfeitamente compreensível. É conveniente observar nesse contexto que a antiga Lei do Cheque (Decreto n. 2.591, de 1912) admitia o pagamento de cheques na situação descrita, desde que o sacado pedisse explicações ou garantias para efetuar esse pagamento. Essa regra, criticada pela doutrina, foi mantida pela nova lei (a de n. 7.357, de 1985), cujo art. 41 nos brinda com o seguinte teor: "O sacado pode pedir explicações ou garantia para pagar cheque mutilado, rasgado ou partido, ou que contenha borrões, emendas e dizeres que não pareçam formalmente normais". Portanto, proceder ao pagamento de um cheque em tal estado é uma faculdade do banco, desde que respaldado nas regras reunidas no citado art. 41 da atual Lei do Cheque, o que funciona como uma garantia da própria instituição bancária, resguardando-se, assim, nos seus direitos.

40. Pagamento do cheque em moeda estrangeira

A questão do pagamento de cheque em moeda estrangeira está disciplinada no art. 42 da Lei do Cheque (v., também, LUG, art. 36, Anexo II, art. 17). Dentro do prazo de apresentação, consoante a Lei do Cheque, o cheque é pago em moeda brasileira ao câmbio do dia do pagamento, em conformidade com a legislação especial. Esclareça-se que, se o cheque não for pago na data de sua apresentação, o parágrafo único do art. 42 resguarda o portador das oscilações cambiais. Destarte, ele pode optar entre o câmbio da data da apresentação e o da data do pagamento, obviamente elegendo aquele que lhe for mais vantajoso.

41. Revogação e oposição

41.1. Esclarecimento preliminar

Esses institutos ligados aos cheques aqui mencionados constituem modalidades diferentes de evitar-se o seu pagamento, não sendo, pois, para confundir-se um com o outro. Esse assunto está disciplinado nos arts. 35 e 36 da Lei do Cheque. Denominador comum entre eles é obviamente a existência de motivo relevante que leve alguém a valer-se de uma dessas prerrogativas.

Isso quer dizer que, embora abstrato, o cheque, uma vez emitido, não chega a constituir um documento inquestionável, como nos lembra *Rubens Requião.*[122] Seu pagamento pode ser evitado, legalmente, invocando-se dois institutos. Um é a *revogação*, conhecida também como *contraordem*; outro, a *sustação*, ou *oposição*. São situações diferentes às quais aludiremos em seguida.

Comecemos, pois, pela *revogação*.

(122) REQUIÃO, Rubens. *Op. cit.*, p. 525.

41.2. Revogação

A questão da revogabilidade do cheque não encontrou na doutrina internacional uma acolhida uniforme e unânime no que concerne à sua conceituação e extensão, passando mesmo de um polo a outro nos direitos de tantos países, o que acentua o seu caráter polêmico. Para darmos uma visão sucinta desse problema, e da discórdia jurídica que desencadeou, é que nos servimos do esquema desenvolvido por *Luiz Emygdio F. da Rosa Jr.*,[123] no qual estão presentes as divergências nacionais em face do assunto aqui trazido. O mencionado autor menciona as legislações da França, da Inglaterra e da Alemanha, conforme exporemos em seguida:

41.2.1. Legislação francesa

A lei cambiária francesa *não* admitia, de forma alguma, a revogabilidade do cheque, por ser ordem de pagamento dada pelo emitente ao sacado para pagar o cheque ao beneficiário, considerado cessionário da provisão existente no banco desde a sua emissão. Esse sistema visava também a proteger os interesses de adquirentes de boa-fé. Com o mesmo propósito foi adotado em outros países, a exemplo da Bélgica e do México.

41.2.2. Legislação inglesa

Admitia a qualquer tempo a revogabilidade do cheque, sendo seguida pelos Estados Unidos e Argentina, por exemplo. Tal ponto de vista se baseava no pressuposto de que o portador era considerado como mero mandatário do emitente. Essa revogabilidade absoluta, ainda que apoiada nas sanções penais e na indenização por perdas e danos a que se sujeita o emitente-revogante, tinha a desvantagem de retirar a segurança do cheque.

41.2.3. Legislação alemã

Por esta legislação só admitia a revogação do cheque após o decurso de prazo de sua apresentação, sendo seguida pela lei austríaca de 1906.

A Lei Uniforme acabou por consagrar, após longa discussão, a posição alemã que, como vimos, só admitia a revogação do cheque após o vencimento do prazo para a sua apresentação. Ocorre, contudo, que a Lei Uniforme de Genebra levou em consideração as divergências imperantes sobre a revogabilidade do citado papel e foi flexível quanto a essa questão. Destarte, o art. 16, alínea 1ª, do Anexo II, facultou às Partes Contratantes a introdução da revogação a qualquer tempo (como no sistema inglês), ou a sua proibição (tal como no sistema francês). Para isso, foi derrogado o art. 23 da LUG.

41.3. Conceito de revogação

O que vem a ser mesmo *revogação? Revogação,* também chamada *contraordem,* é prerrogativa que cabe tão somente ao emitente do cheque e só faz efeito após o termo final do prazo de apresentação. Consubstancia-se através de aviso epistolar, dirigido ao banco sacado, ou de notificação judicial ou extrajudicial. Em qualquer desses documentos devem ser expostas as razões motivadoras do ato.

(123) ROSA JR., Luiz Emygdio F. da. *Op. cit.*, 2000. p. 558-559.

A finalidade da revogação é a extinção do cheque, definitivamente. No entanto faz-se necessário trazer alguns problemas referentes à *revogação* (ou *contraordem*). Não resta dúvida de que ela pode ser dirigida à instituição bancária a qualquer momento, e só pelo sacador. Acrescente-se, de antemão, que os seus efeitos só ocorrem após decorrido o prazo de apresentação do cheque. Já abordamos essa questão quando tratamos do cheque visado, concluindo pela sua inocuidade, pois, como se sabe, se o beneficiário de tal cheque não providenciar sua cobrança durante o período legal da apresentação volta automaticamente o numerário para a conta do emitente.

De fato, o banco só toma conhecimento de tal medida após expirar aquele prazo. Nunca antes. Na verdade, o motivo que provoca a revogação é a não apresentação do cheque em tempo hábil, por um motivo qualquer, que nem interessa ao emitente. Em outras palavras: quem provoca a revogação é o próprio portador, por não providenciar a cobrança desse papel no prazo estipulado. Só a partir desse evento é que aquele instituto fará surtir o efeito desejado, que é a extinção do cheque. Antes disso é inócuo, inofensivo. Prova disso é que o portador legitimado tem o direito de insistir no pagamento do cheque. Por seu turno falece ao estabelecimento bancário todo recurso jurídico visando a evitar seja pago dito cheque.

41.4. Sustação do cheque

Já a *sustação,* ou *oposição,* pode ser de iniciativa do sacador do cheque ou de seu beneficiário. Além do mais, diferentemente da *revogação,* a *sustação* acontece durante o prazo da apresentação do cheque, caracterizando-se por ser de efeito imediato. Logicamente, a pessoa que proceder à sustação desse papel também deverá basear-se em relevantes razões de direito.

Se bem fundamentada, o banco sacado não pode frustrar-se ao cumprimento da ordem. Destarte, ele permanece alheio a possível lide judiciária entre emitente e sacador, que porventura venha a travar-se.

42. Critérios para sustação do cheque

A Resolução n. 2.537, de 26 de agosto de 1998, de iniciativa do Banco Central, dispõe sobre o procedimento que deve ser observado em caso de sustação do cheque. Assim, estabelece o seu art. 2º que "a sustação (ou oposição) ao pagamento de cheques deve ser realizada mediante solicitação escrita do interessado à instituição financeira, com as razões motivadoras do ato ou justificativa fundada em relevante razão de direito, na forma da lei". Isto quer dizer que não basta qualquer alegação para proceder-se à sustação do pagamento desse papel. Aquela deve estribar-se em um motivo convincente, legalmente amparado (caso de perda, roubo, extravio do cheque ou outro acontecimento para o que se invoque a autoridade da lei).

O parágrafo único do citado artigo diz ser admissível que as solicitações de sustação de cheques sejam realizadas em caráter provisório por telefone ou por meio eletrônico, hipótese em que seu acatamento será mantido pelo prazo máximo de 2 (dois) dias úteis, após o que, caso não confirmadas por escrito, a instituição financeira deverá considerá-las inexistentes.

42.1. *A sustação como gênero*

Não é pacífica na Doutrina a identificação entre oposição e sustação, pois a sustação seria o gênero e a oposição, espécie, ao lado da revogação. Assim, falaríamos, em linhas gerais, de sustação do cheque, o que poderá ter lugar dentro das hipóteses aludidas: a) revogação ou contraordem e b) oposição, como formula *Coelho*, que assevera: "Autorizam, em geral, a sustação os fatos de desapossamento indevido do talão de cheques ou do título já emitido (assim a perda, o roubo, o furto, a apropriação indébita etc.). Note-se que infundada sustação do pagamento do cheque tem os mesmos efeitos penais da emissão do cheque sem fundo: isto é, caracteriza crime de estelionato (CP, art. 171, § 2º). O emitente que a realiza, portanto, deve ter consistentes razões jurídicas para tanto..."(124)

Com certeza seria mais pertinente se, em vez de empregar o termo *sustação*, houvesse o eminente jurista pátrio eleito a palavra *oposição*, mais adequada para conter os fatos acima descritos, conforme teor da página 444, pois *sustação*, como sustenta o tratadista em pauta, é de sentido genérico. Nem se trata, de nossa parte, de guerrear o desmembramento da sustação em revogação e oposição, mas de prantear pelo uso mais claro dos conceitos.

Com o escopo de dirimir dúvidas em torno do assunto, parece-nos razoável determo-nos na norma inserta no art. 35 da Lei n. 7.357/1985 (Lei do Cheque), que reza:

> O emitente do cheque pagável no Brasil pode revogá-lo, mercê de contraordem dada por aviso epistolar, ou por via judicial ou extrajudicial, com as razões motivadoras do ato.
>
> Parágrafo único. A revogação ou contraordem só produz efeito depois de expirado o prazo de apresentação e, não sendo promovida, pode o sacado pagar o cheque até que ocorra o prazo de prescrição, nos termos do art. 59 desta Lei.

Percebe-se, claramente, que o artigo transcrito da Lei do Cheque, em seu parágrafo único, considera revogação e contraordem expressões sinônimas. Em seguida, para que possamos continuar a comparação entre esse instituto e a oposição, passemos ao regramento insculpido no art. 36 da lei em questão:

> Mesmo durante o prazo de apresentação, o emitente e o portador legitimado podem fazer sustar o pagamento, manifestando ao sacado, por escrito, oposição fundada em relevante razão de direito.
>
> § 1º A oposição do emitente e a revogação ou contraordem se excluem reciprocamente.
>
> § 2º Não cabe ao sacado julgar da relevância invocada pelo oponente.

Pelo exposto, há uma nítida diferença entre a revogação ou contraordem e a oposição ao pagamento. Ao distinguir um instituto do outro, sustenta *Carlos Henrique Abrão* que a revogação decorre de manifestação singular de vontade do eminente, que visa a obstaculizar o saque do respectivo cheque, dentro das razões fundadas. E arremata: "... imprescindível se faz destacar que somente o emitente pode se valer da faculdade de impedir o pagamento do cheque, desde que esteja lastreado em um motivo plausível, sem dar azo a que o sacado entre no âmago de sua declaração volitiva".(125)

---

(124) COELHO, Fábio Ulhoa. *Op. cit.*, 2002. p. 445.

(125) ABRÃO, Carlos Henrique. *Contraordem e oposição no cheque.* São Paulo: Liv. e Ed. Universitária de Direito, 2002. p. 31.

Já sobre a oposição assim se manifesta *Carlos Henrique Abrão*: "Na contraordem é *conditio sine qua non* de sua validade a expiração do prazo vinculado à apresentação do cheque, ao passo que na oposição, de modo contrário, há imediata produção de efeito. Baseada em relevante razão de direito, cujo bosquejo não pode ser questionado pelo sacado, a oposição é medida de cunho automático e eficácia plena, devendo ser elaborada por escrito dirigida à instituição financeira".(126)

Acrescenta *Rubens Requião*, por sua vez, que a revogação implica extinção do cheque.(127) Porém só produz efeito após expirado o prazo de apresentação do cheque: de 30 dias, se for da mesma praça, ou de 60 dias, se de outra. Destarte, pelo que foi apresentado e comentado, parece-nos sobressair com eficácia e clareza as dessemelhanças encontradas em ambos os institutos.

42.2. Posição da Doutrina

A Doutrina inclina-se por considerar *sustação* sinônimo de *oposição*, e talvez contribua para isso o aparecimento do verbo *sustar* no aludido art. 36. Assim é que *Rubens Requião* traz a seguinte nota de pé de página: "A revogação (contraordem) e oposição (sustação) do cheque foram reguladas, no campo administrativo, pela Resolução n. 2.537, de 26 de agosto de 1998, e pela Resolução n. 2.747, de 28 de junho de 2000, ambas do Banco Central".(128) É bem ostensiva a forma de discussão do tema por *Gladston Mamede.*(129) A postura de *Luiz Emydgio F. da Rosa Jr.* é a de encarar como sinônimos *sustação* e *oposição*.(130) A mesma observação há de ser feita em relação a *Waldo Fazzio Jr.*,(131) como igualmente a *Wille Duarte Costa*(132) e a *Arnaldo Rizzardo.*(133) Já *Waldirio Bulgarelli* prima por ater-se à Exposição de Motivo sobre a atual Lei do Cheque, referindo-se aos institutos da revogação ou contraordem e da oposição ao pagamento, sem fazer menção à sustação, nem como gênero, nem como espécie. Na transcrição que faz do art. 36 da Lei do Cheque é que põe em relevo a frase "o emitente e o portador legitimado podem fazer sustar o pagamento", artigo este que regula a oposição.(134)

42.3. Cancelamento do cheque

Na verdade, não se trata de cancelamento do cheque, mas da folha do cheque, já que o cheque não foi emitido. Por isso não cabe falar de revogação ou oposição, pois esses institutos só se aplicam ao cheque passado pelo correntista, dentro das formalidades legais, mas não às folhas em branco que, por um motivo ou outro (perda, roubo, extravio), escaparam das mãos de seu legítimo possuidor. Se não é revogação ou sustação, há que falar de cancelamento, com base no art. 3º, § 2º, da Resolução 2.747/2000 do Banco Central. A agência bancária deve

(126) *Ibidem*, p. 33-34.
(127) REQUIÃO, Rubens. *Op. cit.*, p. 525.
(128) *Ibidem*, p. 524.
(129) MAMEDE, Gladston. *Op. cit.*, 2005. p. 296-300.
(130) ROSA JR., Luiz Emygdio F. da. *Op. cit.*, 2000. p. 567-568.
(131) FAZZIO JR., Waldo. *Op. cit.*, p. 434.
(132) COSTA, Wille Duarte. *Op. cit.*, 2003. p. 353.
(133) RIZZARDO, Arnaldo. *Op. cit.*, p. 209.
(134) BULGARELLI, Waldirio. *Op. cit.*, p. 321-325.

ser procurada pelo correntista. Este apresentará declaração escrita sobre o motivo de seu requerimento, a exemplo de perda, extravio, desapossamento. Com base nisso, a instituição procederá ao cancelamento das folhas, conforme relação levada pelo cliente.

43. Alterações no cheque

A Lei Uniforme de Genebra não fez reserva do dispositivo sobre alteração no texto do cheque. Assim é que o art. 51 da LUG está copiado no *caput* do art. 58 da Lei n. 7.357/1985: "No caso de alteração do texto do cheque, os signatários posteriores à alteração respondem nos termos do texto alterado e os signatários anteriores, nos do texto original". A Lei do Cheque acrescentou, como parágrafo único: "Não sendo possível determinar se a firma foi aposta no título antes ou depois de sua alteração, presume-se que o tenha sido antes".

Parece que estamos diante do que poderíamos apelidar de *normas surpreendentes*, até porque o cheque jamais se revelou como um impetuoso papel circulatório. A isso seja acrescido que é complicado alterar a literalidade do cheque, o que emerge como mais um argumento de que a regra em pauta é difícil de ser levada à prática. Em outras palavras; é norma impraticável e chega a causar estupefação na Doutrina.

44. Implicações penais do cheque

O não pagamento de um título de crédito não constitui problema penal, resolvendo-se tanto no âmbito civil quanto no comercial. Tal não se dá, contudo, com o cheque, de implicações penais, o que o coloca tanto nos aludidos âmbitos civil e comercial, como ainda no criminal. O lado delituoso do cheque está claramente disposto no art. 171 do Código Penal. É um crime alternativo, uma vez que a conduta típica se desdobra em duas hipóteses: a) o ato da emissão do cheque sem suficiente provisão de fundos, colocando-o em circulação sem numerário que permita ao banco sacado fazer-lhe o pagamento; b) ou o ato de frustração do seu pagamento, seja mediante a retirada de numerários antes do saque, seja oferecendo oposição ou contraordem.

Todavia, o que é mesmo que se entende por fundos disponíveis? Três tipos de respostas podemos obter para essa indagação:

1) os créditos constantes na conta-corrente do emitente que não estejam subordinados a termos;

2) o saldo exigível de conta-corrente contratual;

3) a soma advinda de contrato de abertura de crédito.

Como lembra *Roque*, devemos entender que essas considerações abrangem os mais diversos tipos de contratos bancários, que proporcionem um crédito do sacador contra o sacado, constante de fundos disponíveis, o que confere ao correntista o direito de emitir cheques.(135)

---

(135) ROQUE, Sebastião José. *Op. cit.*, p. 127.

O fato da emissão do cheque sem fundo é uma questão, pois, que merece longa discussão, à qual se junta o conteúdo da Súmula n. 246 do Supremo Tribunal Federal, que diz: "Comprovado não ter havido fraude, não se configura o crime da emissão de cheques sem fundo". É que muitas vezes o sacador não tem a menor intenção de lesar o favorecido porque podem ocorrer fatores alheios à sua vontade, como um atraso no pagamento ou mesmo a apresentação do cheque antes do dia combinado, o que não é incomum. Significa que o emitente não teve a intenção de fraudar, de praticar o delito, o que, obviamente, não o isenta do cumprimento da prestação.(136)

Veja-se que é indispensável o pagamento da dívida corporificada no cheque antes do recebimento da denúncia para que se extinga a punibilidade do ato delituoso. Nesse sentido, a Súmula n. 554, do STF, assevera: "O pagamento de cheque emitido sem provisão de fundos, após o recebimento da denúncia, não obsta o prosseguimento da ação penal". Continua, destarte, a ação decorrente do delito de estelionato praticado, situação diversa da que se afigura na hipótese ressaltada no acórdão antes referido, este de lavra do STJ.

45. Cadastro de emitentes de cheques sem fundo

Uma das maiores preocupações com respeito ao cheque está exatamente na sua garantia. Sua confiabilidade não interessa apenas às autoridades públicas ou aos bancos e às atividades empresariais em geral. A sociedade como um todo está atenta para esse problema. Inúmeros estabelecimentos comerciais consultam agentes de informações antes de aceitar um cheque, pelo risco disso decorrente.

Como lembra *Fábio Ulhoa Coelho*, o cheque não é papel de curso forçado, pois ninguém está obrigado a recebê-lo contra a sua vontade. Na vigência da Lei n. 8.002/90, o cheque não podia ser recusado como meio de pagamento, nas relações de consumo, na hipótese de tratar-se da modalidade de visado ou administrativo, ou ainda no caso de a mercadoria ser entregue após a sua liquidação. Assevere-se, porém, que com a revogação da citada lei pelo art. 92 da Lei n. 8.884, de 11 de junho de 1994, deixou de ser possível qualquer menção de aceitação obrigatória desse título de crédito.(137) Nesse sentido, podemos invocar ainda *Rubens Requião*,(138) conforme expusemos no item "Significado econômico do cheque", subitem "Inexistência de curso forçado".

Acrescente-se que a última lei referida transformou o Conselho Administrativo de Defesa Econômica (CADE) em autarquia e dispõe basicamente sobre a prevenção e a repressão às infrações contra a ordem econômica. A implementação dessa autarquia foi objeto da Lei n. 9.021, de 30 de março de 1995.

(136) Dentro da assertiva acima formulada convém mencionarmos acórdão decidido pela Sexta Turma do Superior Tribunal de Justiça, em recurso ordinário em *habeas corpus*, em 14 de março de 2000, como segue: "Não constitui crime de estelionato, na modalidade prevista no art. 171, § 2º, VI, do Código Penal, a emissão de cheque sem provisão de fundos e a sua entrega ao credor como garantia de dívida, sendo certo que para a configuração de tal delito é imprescindível a prática da fraude para a obtenção da vantagem ilícita.
Efetuado o pagamento do crédito tributário antes do recebimento da denúncia, resulta extinta a punibilidade do crime contra a ordem tributária, *ex vi* do art. 34, da Lei n. 9.249/1995".

(137) Cf. COELHO, Fábio Ulhoa. *Op. cit.*, 2007. p. 281.

(138) REQUIÃO, Rubens. *Op. cit.*, p. 479.

45.1. Relação entre cheque pós-datado e insuficiência de provisão de fundo

As estatísticas apontam para um perigo maior de devolução por falta de suficiente provisão de fundos que recai sobre os cheques pós-datados. Consoante estudos da SERASA, com base em 1,5 milhão de cheques pós-datados, emitidos entre fevereiro de 2000 e fevereiro de 2001, a probabilidade de um cheque à vista ser devolvido é de 0,22%. Tal risco sobe, no entanto, a 3,17% se se tratar de um pós-datado de 61 a 90 dias. Esse percentual se eleva a 10,34% para os cheques pós-datados emitidos com prazo superior a 180 dias.

Vários fatores podem contribuir para um maior risco que acomete os cheques pós-datados, como o próprio adiamento do seu "vencimento".

46. O Banco Central e a questão do Código de Defesa do Consumidor. Os direitos de clientes e correntistas

A automação dos serviços bancários trouxe, de um lado, maior eficácia no atendimento a clientes e correntistas, e de outro lado, certas inconveniências.

Além disso, o sistema bancário vinha e vem resistindo a obedecer a normas instituídas pelo Código de Defesa do Consumidor. Em decorrência dessa postura é que o Banco Central se dispôs a disciplinar o assunto. Acabou por fazer publicar um minicódigo de defesa do cliente bancário.

47. Ações cambiárias

47.1. Tipos

Em conformidade com a Lei do Cheque, no seu capítulo VII, podemos mencionar dois tipos de ações cambiárias no que respeita ao cheque: a) a ação de execução, disciplinada no art. 47 da referida lei, além das disposições contidas em seus arts. 51 a 54; b) a ação de enriquecimento sem causa (art. 61), de procedimento ordinário ou sumário. A essas ações cambiárias junta-se uma ação de natureza causal, já que o art. 62 da Lei n. 7.357/1985 ressalta que "salvo prova de novação, a emissão ou a transferência do cheque não exclui a ação fundada na relação causal, feita a prova do não pagamento". Passemos, em seguida, a uma melhor caracterização desses tipos de ações, com o escopo de comparar uma com outra.

47.2. Ação de execução

Via de regra, a cobrança do cheque dá-se através de propositura da ação de execução. Emerge como a ação adequada e nela não se discute o motivo da emissão do cheque, visto que esse título de crédito é abstrato. Destarte, não há necessidade de invocarem-se as razões da sua criação (*causa debendi)* perante a autoridade judicante. O título em questão reveste-se das qualidades de certo, líquido e exigível. Daí o devedor, seja o emitente, o avalista ou o endossante, encontrar-se na obrigação de honrar o seu compromisso, que é pagar. Na referida ação o devedor, que é o executado, é citado com o intuito de pagar a dívida no prazo de 24 horas. Não o fazendo, são penhorados bens de sua propriedade que forem necessários para garantir o pagamento do credor, que constitui a figura do exequente.

O prazo para a propositura de semelhante ação é de 6 meses, contado do término do prazo de apresentação. O portador perde o direito à ação de execução se não apresentar o cheque ao banco em tempo hábil, tendo o emitente fundos disponíveis no referido período e os deixou de ter em razão de fato que não lhe seja imputável (ver art. 47, II, § 3º, da Lei n. 7.357/1985).

Ainda de acordo com o citado instrumento legal, fatos não imputáveis ao emitente são a intervenção decretada pelo Banco Central, ou a sua liquidação extrajudicial, decretada por essa mesma instituição. Ou ainda a falência do banco sacado, de acordo com a Lei n. 6.024/1967 (ver *Luiz Emygdio F. Rosa Jr.*(139); *Waldirio Bulgarelli,*(140) *Rubens Requião*(141)). Dada essa hipótese, o titular de direito lançará mão de outra modalidade de ação, em defesa de seus direitos, a exemplo da ação de enriquecimento.

O processo de execução obedece ao disposto no art. 646 e seguintes do Código de Processo Civil.

Sua petição inicial será instruída em conformidade com o que preceitua o art. 282 do referido Código:

> A petição inicial indicará:
>
> I – o juiz ou tribunal a que é dirigida;
>
> II – os nomes, prenomes, o estado civil, profissão, domicílio, residência do autor e do réu;
>
> III – o fato e os fundamentos jurídicos do pedido;
>
> IV – o pedido com as suas especificações;
>
> V – o valor da causa;
>
> VI – as provas com que o autor pretende demonstrar a verdade dos fatos alegados;
>
> VII – o requerimento para a citação do réu.

Para a propositura da ação de execução dispensa-se o protesto, se a recusa do pagamento do cheque apresentado em tempo hábil é comprovada pela declaração do sacado ou da câmara de compensação, dada no próprio cheque, indicando-se o dia de sua apresentação (art. 47, II, da Lei do Cheque). O protesto só se torna necessário se o devedor for comerciante e dele queira pedir-se a falência.

47.3. Ação de enriquecimento

Muitos a elas acrescentam o adjetivo *ilícito*. Contra essa denominação insurge-se *Sebastião José Roque*, preferindo apelidá-la de *ação de enriquecimento indevido.*(142) *Fran Martins*

(139) ROSA JR., Luiz Emygdio F. da. *Op. cit.*, p. 624.

(140) BULGARELLI, Waldirio. *Op. cit.*, p. 344-345 e p. 417.

(141) REQUIÃO, Rubens. *Op. cit.*, p. 528.

(142) ROQUE, Sebastião José. *Op. cit.*, 1997. p. 136.

também prefere designá-la *ação de enriquecimento ilícito.*[(143)] Outros chamam-na ação por locupletamento. É a Lei de Cheque, em seu art. 61, que disciplina tal medida. Perdidas as condições para a propositura da ação de execução, cabe ao portador do cheque propor a ação em tela, de rito comum, e portanto mais longa e complexa que a executiva.

47.4. Legitimação passiva

Em se tratando da ação de enriquecimento, devemos sublinhar que ela só pode ser proposta contra emitente e endossantes. Pontifica *Fran Martins* que, neste caso, o prejudicado não poderá agir, contudo, contra os avalistas. Assim se manifesta o consagrado professor, justificando o seu ponto de vista: "... porque esses são sempre obrigados cambiários e, prescrito o cheque, o documento perde a sua natureza cambiária para transformar-se em um quirógrafo comum. Daí não ser devida a ação de locupletamento contra os avalistas, sejam eles do emitente ou dos endossantes, pois o aval, instituto cambiário, perece com a descaracterização do cheque como título cambiariforme..."[(144)]

Essa lição de *Fran Martins* deixa clara mais uma limitação da ação de enriquecimento, pois, além de perder a maior simplicidade e celeridade da ação de execução, ela restringe o universo dos demandados, porque deles se excluem, como vimos no depoimento acima, os avalistas comprometidos no título.

Luiz Emygdio F. da Rosa Jr., ao excluir o avalista da legitimação passiva, discorre que ele não se locupleta com o não pagamento do cheque, motivo suficiente para justificar tal exclusão. Eis a sua opinião a respeito: "... a sua obrigação não decorre de causa alguma mas apenas de mero ato de liberalidade, tanto que o art. 25 do Anexo II da LUG a ele não se refere como devedor que tenha feito 'lucros ilegítimos' com o não pagamento do cheque. Assim, não cabe a ação de enriquecimento ilícito em face de avalista".[(145)]

Arremata dessa forma o citado comercialista, parecendo, assim, estar trazendo argumentos convincentes para embasar o seu entendimento.

48. Ação de natureza causal

48.1. Ação causal

A ação causal a ser proposta pelo credor embasa-se no art. 62 da Lei do Cheque. Constitui ação de cobrança do cheque e, até antes de entrar em vigor o Código Civil de 2002, tinha um prazo de 20 anos. Contava-se esse prazo a partir da data em que prescreveu o prazo de propositura da ação de execução. É uma ação fundada na relação causal que motivou o cheque. Daí *Luiz Emygdio F. da Rosa Jr.* observar que em se tratando de ação causal não é bastante a apresentação do cheque, pois há de mostrar-se a prova do negócio jurídico que levou à assunção da obrigação cambiária. Fora da ação cambial, o cheque não pode ser invocado como prova em si mesmo. Ademais, não cabe ação causal quando o cheque

(143) MARTINS, Fran. *Op. cit.*, 1997. p. 122.
(144) MARTINS, Fran. *Op. cit.*, p. 1124.
(145) ROSA JR., Luiz Emygdio F. da. *Op. cit.*, p. 645.

for passado com natureza *pro soluto,* dado em pagamento. Nesse caso, implica novação, "extinguindo a obrigação ínsita na relação subjacente que gerou o cheque e fazendo surgir uma nova obrigação, decorrente do cheque".(146)

48.2. Ação monitória

Como lembra *José Paulo Leal Ferreira Pires*(147), a ação de que dispõe o credor, hodiernamente, é a ação monitória, quando não mais couber a ação de execução. Cabe a ação monitória toda vez que o titular de direito deixar passar o prazo para a propositura da ação de execução e quando dispõe de uma confissão de dívida por escrito. Trata-se de uma ação inspirada no direito processual italiano. Incorporou-se ao Direito brasileiro através da promulgação da Lei n. 9.079, de 14 de julho de 1995, que introduziu no Código de Processo Civil brasileiro os arts. 1.102A a 1.102C. Assim, consoante o art. 1.102A do Código de Processo Civil, a ação monitória compete a quem pretender, com base em prova escrita sem eficácia de título executivo, pagamento de soma em dinheiro, entrega de coisa fungível ou de determinado bem móvel. Munido desse instrumento, o juiz determina, de plano, o pagamento da dívida, que deve ser paga no prazo de 15 dias. Acrescente-se que, dentro do prazo mencionado, o réu poderá oferecer embargos, que suspenderão a eficácia do mandado inicial. Não se efetuando tal pagamento e não havendo embargo do réu, o mandado de pagamento passa a mandado executivo, isto é, mandado de penhora, avaliação e leilão de bens do devedor.

Na hipótese de o réu cumprir o mandado, ficará isento de custas e honorários advocatícios. Por outro lado, os embargos independem de prévia segurança do juízo e serão processados nos próprios autos, pelo procedimento ordinário. Ajunte-se, outrossim, que, rejeitados os embargos, se constituirá, de pleno direito, o título executivo judicial, intimando--se o devedor e prosseguindo-se na forma do Livro II, Título II, Capítulos II ("Da execução para entrega de coisa", arts. 621-631) e IV ("Da execução por quantia certa contra devedor solvente", arts. 646-731) do CPC.

Como salienta *Wille Duarte Costa*, a ação monitória é mista, sendo um processo de conhecimento com prevalente função executiva. Aduz o ilustre comercialista: "Daí a necessidade de ser inserida a origem do débito ou causa de pedir no contexto próprio do processo de conhecimento, mesmo estando evidenciada a demonstração de que o cheque foi devolvido por insuficiência de fundos. Mas é preciso, para tanto, conhecer a relação jurídica que ensejou a emissão do cheque. Não há, na espécie, como sustentar que o título e suas declarações são autônomas".(148)

Dessa forma, a ação monitória, posta à disposição dos credores, emerge como um instrumento processual bem mais ágil, ao facilitar as pretensões daqueles que, tendo perdido o prazo para propositura de ação de execução, podem agora recorrer à ação mencionada.(149)

(146) ROSA JR., Luiz Emygdio F. da. *Op. cit.*, 2000. p. 636.

(147) PIRES, José Paulo Leal Ferreira. *Op. cit.*

(148) COSTA, Wille Duarte. *Op. cit.*, 2003. p. 373.

(149) Em se tratando de cheque, ver Tribunal de Justiça do Distrito Federal e dos Territórios. Acórdão. Data do Julgamento: 18 de junho

49. Defesa na ação do cheque

49.1. Introdução

Como se trata de um título cambiariforme, decorre daí que a defesa na ação do cheque só pode ser exercida se estribada no direito pessoal do acionado contra o acionante. Assim, o art. 25 da nova Lei do Cheque, que repete, aliás, o art. 22 da LUG, admite, de forma indireta, que o réu argua, nos embargos, exceções pessoais contra o autor. A lei cambiária brasileira (que é o Decreto n. 2.044/1908) já trazia, no seu art. 51, esse princípio: "Na ação cambial, somente é admissível defesa fundada no direito pessoal do réu contra o autor, em defeito de forma do título e na falta de requisito necessário ao exercício da ação".

Deixando de lado a última possibilidade aventada no citado art. 51 do decreto acima aludido, por ser de natureza meramente processual, o que vai despertar a nossa atenção está no âmbito das exceções pessoais e das exceções comuns a todos os devedores. É que o item *falta de requisito necessário ao exercício da ação*, se aplica não apenas à ação cambiária executória, mas, evidentemente, às ações em geral, de conformidade, aliás, com o que preceitua o art. 3º do Código de Processo Civil (CPC), que diz textualmente: "Para propor ou contestar ação é necessário ter interesse e legitimidade". Claro que as ações cambiais não fogem à dita regra.

Já no que respeita às exceções pessoais, convém dizer que o direito pessoal do réu contra o autor se fundamenta na relação obrigacional existente entre o devedor, que é o réu, e o autor, que se identifica na figura do credor. É uma defesa que cabe a um certo réu contra um certo autor, conforme enfatiza *Fran Martins*. Brinda-nos esse emérito autor com a seguinte observação: "Se, nas relações pessoais do réu contra o autor, houver motivo para que a obrigação daquele não seja cumprida em favor deste (como, por exemplo, no caso de o réu ser credor do autor, quando ocorreria a compensação), tal defesa pode ser apresentada pelo réu para fugir ao cumprimento da obrigação decorrente do cheque".[150]

No que concerne à defesa baseada em *defeito da forma do título*, alega-se que, para ter validade, o cheque deve revestir-se de certos requisitos essenciais, de acordo com norma consagrada no art. 2º da Lei do Cheque. Na verdade, esse artigo aborda a falta do lugar de pagamento e a falta do lugar de emissão. Elementos não essenciais, portanto. Sua falta pode ser sanada de acordo com as regras fixadas em tal artigo.

Luiz Emygdio F. da Rosa Jr., por seu turno, assevera que o devedor do cheque só pode arguir, nos embargos, *exceções pessoais*, que são aquelas de natureza individual, que ele exemplifica com a falsidade e falsificação de assinatura, coação, simulação, fraude, ilicitude, ausência de *causa debendi*, exceção do contrato não cumprido. Por outro lado, menciona o citado autor as *exceções comuns* a todos os devedores, como vício de forma, prescrição, decadência, pagamento etc.[151]

---

de 2008. 4ª Turma. AÇÃO MONITÓRIA — Embargos — Cheques Prescritos — Causa Debendi — Súmula n. 299 do STJ — Ônus da Prova. O cheque prescrito é suficiente para embasar a monitória (Súmula n. 299 do STJ), não havendo, assim, necessidade de declinar-se a causa debendi que originou o crédito, ainda que decorrido o prazo de dois anos para o ajuizamento da ação de locupletamento. Apresentando o autor prova formal de seu crédito (cheques prescritos), incumbe ao réu demonstrar a ocorrência de qualquer fato impeditivo, modificativo ou extintivo do direito incorporado naqueles títulos.

(150) MARTINS, Fran. *Op. cit.*, p. 125.

(151) ROSA JR., Luiz Emygdio F. da. *Op. cit.*, 2006. p. 649-650.

49.2. Inoponibilidade das exceções

O princípio da inoponibilidade das exceções está consagrado no art. 25 da nova Lei do Cheque, ao estabelecer que quem for demandado por obrigação resultante de cheque não pode opor ao portador exceções fundadas em relações pessoais com o emitente, ou com os portadores anteriores, salvo se o portador o adquiriu conscientemente em detrimento do devedor. É mais uma vez o ordenamento jurídico nacional atuando em defesa do terceiro de boa-fé, como aliás já explicado no item "Inoponibilidade das exceções", no capítulo I desse trabalho. Vale a pena lembrar que no âmbito do Direito em geral, e no caso que aqui mais nos interessa, o Direito Cambiário, os interesses deste terceiro de boa-fé encontram, para a sua proteção, a eficaz acolhida da lei.

50. Observações finais

No Brasil o cheque popularizou-se quiçá demasiadamente, inclusive com a variação do cheque pré-datado. Já observamos que nenhum papel dispõe de tantos adjetivos, a qualificá-lo, como o cheque, quando tratamos das suas mais diversas modalidades. Hoje, contudo, o cheque parece estar em declínio, pelo avanço da utilização dos cartões de crédito no comércio ou nos serviços, a exemplo do que ocorre nos Estados Unidos, no Canadá e mesmo no Brasil. Se a utilização do cheque pode ser considerada cômoda, pela mesma razão se pode recorrer ao cartão de crédito, através do qual é possível a escolha de determinada data de pagamento pelo seu titular. O próprio cartão bancário, quando não utilizado como cartão de crédito, transformasse em cartão de débito, daí resultando o apelidado *cheque eletrônico.*

Os serviços de compensação abarrotam os estabelecimentos bancários, que procuram disciplinar o problema. A utilização de meios eletrônicos de pagamento contribui, outrossim, para uma emissão menor do número de cheques.

Assim, a tendência aqui abordada tende a tomar corpo, reduzindo a participação do cheque nos negócios realizados.

51. Jurisprudência

Supremo Tribunal Federal — STF. Súmula n. 28: "O estabelecimento bancário é responsável pelo pagamento do cheque falso, ressalvadas as hipóteses de culpa exclusiva ou concorrente do correntista".

Supremo Tribunal Federal — STF. Súmula n. 521: "O foro competente para o processo e julgamento dos crimes de estelionato, sob a modalidade da emissão dolosa de cheque sem provisão de fundos, é o do local onde se deu a recusa do pagamento pelo sacado".

Supremo Tribunal Federal — STF. Súmula n. 600: "Cabe ação executiva contra o emitente e seus avalistas, ainda que não apresentado o cheque ao sacado no prazo legal, desde que não prescrita a ação cambial".

Superior Tribunal de Justiça — STJ. Súmula n. 48: "Compete ao juízo do local da obtenção da vantagem ilícita processar e julgar crime de estelionato cometido mediante falsificação de cheque".

Superior Tribunal de Justiça — STJ. Súmula n. 233: "O contrato de abertura de crédito, ainda que acompanhado de extrato de conta-corrente, não é título executivo".

Superior Tribunal de Justiça — STJ. Súmula n. 299: "É admissível ação monitória fundada em cheque prescrito".

Superior Tribunal de Justiça — STJ. REsp 612539/ES; Recurso Especial 2003/0210181-8. Terceira Turma. Data do julgamento: 03.04.2007. DJ de 07.05.2007. Ementa: Comercial. Processo Civil. Ausência de ofensa ao art. 535 do CPC. Ilegitimidade ativa. Reexame de provas. Súmula n. 7. Ação Monitória. Causa da dívida. Cheque prescrito até para Ação de Locupletamento.

— Não há ofensa ao art. 535 do CPC se, embora rejeitando os embargos de declaração, o acórdão recorrido examinou todas as questões pertinentes.

— Em recurso especial não se examinam provas.

— Para propor ação monitória não é necessário comprovar previamente a causa de emissão do cheque que a instrui.

— "É admissível ação monitória fundada em cheque prescrito" (Súmula n. 299).

Acórdão: Vistos, relatados e discutidos os autos..., acordam os Ministros da Terceira Turma do Superior Tribunal de Justiça na conformidade dos votos e das notas taquigráficas a seguir, por unanimidade, não conhecer do recurso especial, nos termos do voto do Sr. Ministro Relator (Dr. Humberto Gomes de Barros).

Superior Tribunal de Justiça — STJ. Ação Monitória. Cheque prescrito. Na ação monitória fundada em cheque prescrito (Súmula n. 299 — STJ) é desnecessária a demonstração da causa de sua emissão, cabendo ao réu o ônus da prova da inexistência do débito. Com esse entendimento, a Turma conheceu do recurso e deu-lhe provimento para afastar a extinção do feito sem julgamento de mérito e determinar o regular processamento da ação pelas instâncias ordinárias. REsp 801.715 — MS. Julgado em 24.10.2006.

Superior Tribunal de Justiça — STJ. REsp 296.555/PB. Cheque. Devolução indevida. Inscrição em cadastros de crédito. Dano moral. Prova do prejuízo. Desnecessidade.

A devolução de cheques com suficiência de fundos e a inscrição do nome do cliente em cadastros de restrição ao crédito gera o dever de indenizar por dano moral, independentemente da prova objetiva do abalo à honra e à reputação sofrida pela autora, situação que se permite facilmente perceber... Julg. em 12.03.2002. DJ de 20.05.2002.

Superior Tribunal de Justiça — STJ. REsp 43.513/SP. Cheque. Execução. Autonomia. *Causa debendi.* Investigação. Possibilidade.

I – A autonomia e independência do cheque em relação à relação jurídica que o originou é presumida, porém não absoluta, sendo possível a investigação da *causa debendi* e o afastamento da cobrança quando verificado que a obrigação subjacente se ressente de embasamento legal.

II – A pretensão de simples recurso de prova não enseja recurso especial.

III – Recurso especial não conhecido.

Julg. em 07.02.2002. DJ de 15.04.2002.

Superior Tribunal de Justiça — STJ. REsp 258.808- PR. Cheque. Apresentação posterior à data fixada para apresentação. Inexistência da perda da força executiva.

Não perde a força executiva quanto ao emitente o cheque apresentado posteriormente à data fixada para apresentação, salvo se provado que o emitente tinha fundos no período "e os deixou de ter, em razão de fato que não lhe seja imputável". Julg. em 17.05.2001. DJ de 13.08.2001.

Superior Tribunal de Justiça — STJ. Conflito de competência. Processual Penal. Cheque sem fundos para pagamento de débito reconhecido em reclamação trabalhista. Data da decisão: 12/04/2000.

Compete à Justiça Estadual o processo e julgamento do crime de emissão de cheque sem provisão de fundos para pagamento de dívida em reclamação trabalhista, sendo beneficiária a parte reclamante. Conflito conhecido, para declarar competente o juízo suscitado.

Superior Tribunal de Justiça — STJ. Processo Civil. Direito Comercial. Cheque pós-datado. Executividade. Lei 7.357/85, art. 32. Prescrição. Interrupção. CPC, art. 219, parágrafo. 3º. Entendimento do Tribunal. Precedentes. Recurso desacolhido.

I – Não sendo imputável ao autor culpa pela demora na prolação do despacho ordinatório de execução, considera-se interrompida a prescrição na data em que foi protocolada a inicial.

II – A prorrogação prevista no § 3º do art. 219, CPC, somente se mostra exigível se, transcorrido o prazo estipulado no § 2º do mesmo artigo, ainda subsistirem providências a cargo do autor necessárias à efetivação do ato citatório.

III – O cheque pós-datado emitido em garantia de dívida não se desnatura como título cambiariforme, tampouco como título executivo extrajudicial.

IV – A circunstância de haver sido aposta no cheque data futura, embora possua relevância na esfera penal, no âmbito dos Direitos Civil e Comercial traz como única consequência prática a ampliação real do prazo de apresentação.

Superior Tribunal de Justiça — STJ. Execução ajuizada por portador de cheque. Terceiro de boa-fé. Embargos do devedor oferecidos pelo emitente, alegando descumprimento do negócio subjacente, rejeitados pela sentença e acolhidos em segundo grau de jurisdição.

O cheque é título literal e abstrato. Exceções pessoais, ligadas ao negócio subjacente, somente podem ser opostas a quem tenha participado do negócio. Endossado o cheque a terceiro de boa-fé, questões ligadas à *causa debendi* originária não podem ser manifestadas contra terceiro legítimo portador do título. Lei 7.357, artigos 13 e 25. Recurso especial conhecido e provido, para restabelecimento da sentença de improcedência dos embargos.

Tribunal de Justiça do Distrito Federal e dos Territórios. 2ª Turma Recursal dos Juizados Especiais Cíveis e Criminais do D.F. Registro do Acórdão n. 308046. Rel.: Luis Gustavo B. de Oliveira. Julg. em 29.04.2008. Pub. DJU de 17.06.2008. p. 199. Cheque. Ação de anulação de protesto e reparação por dano material e moral. Princípio da abstração, autonomia e da inoponibilidade das exceções pessoais. Operação de redesconto. Qualidade de endossatário. Titular dos direitos e obrigações emergentes da cártula.

— São da natureza dos títulos de crédito determinados atributos ou princípios, como da abstração e autonomia, razão pela qual guardam total desvinculação da relação jurídica fundamental.

— Uma decorrência deles é a inoponibilidade de exceções pessoais ao terceiro portador do título. No caso das operações de redesconto, onde o comerciante entrega o cheque com vencimento futuro para a instituição financeira, que antecipa o valor, descontados os encargos contratuais, há verdadeiro endosso. Neste caso, o endossatário passa a ser o legítimo titular de todos os direitos e obrigações emergentes da cártula.

— O emitente do cheque não pode recusar o pagamento do título ao portador ou endossatário de boa-fé, alegando descumprimento na prestação do serviço contratado ou vício no produto adquirido do primeiro beneficiário.
— Recurso improvido.

Tribunal de Justiça do Distrito Federal e dos Territórios. 4ª Turma Cível. Registro do Acórdão n. 306607. Rel.: José de Aquino Perpétuo. Julg. em 21.05.2008. Pub. DJU de 28.05.2008. p. 197. Ação de locupletamento. Preliminar: Ilegitimidade passiva do emitente dos títulos. Rejeitada. Responsabilidade solidária da faturizada e endossante pela solvabilidade dos cheques. Previsão contratual em sentido contrário. Ilegitimidade passiva das empresas faturizadas. Recursos improvidos.

1) Na ação de locupletamento, a legitimidade passiva do emitente dos cheques decorre da própria literalidade do art. 15 da Lei n. 7.357/85, segundo o qual o emitente é o garante do pagamento, considerando-se não escrita a declaração pela qual se exima dessa garantia.

2) O contrato de fomento mercantil, usualmente denominado *factoring*, caracteriza-se como negócio jurídico comercial e financeiro, por via do qual o contratante (faturizado) cede ao contratado (faturizador) créditos provenientes de vendas mercantis, assumindo este o risco de os não receber, tendo como contraprestação o pagamento de determinada comissão pelo cedente do crédito.

3) A responsabilidade da empresa faturizada limita-se à existência e legitimidade do título. No pertinente à sua quitação, é de responsabilidade da sociedade de fomento mercantil, notadamente quando há cláusula expressa no respectivo contrato.

Tribunal de Justiça do Distrito Federal e dos Territórios. 2ª Turma Cível. APC DF. Registro do Acórdão n. 278874. 2ª Turma Cível. Rel.: Carlos Rodrigues. Julg. em 25.07.2007. Pub. DJU de 28.08.2007. p. 120. Prestação de serviço. Defeito. Cheque emitido como promessa de pagamento. Anulação. Cancelamento de protesto. Dano moral.

1. Sem a prova do prejuízo, não há como deferir a anulação do processo, se não se está diante de nulidade cominada. 2. A impossibilidade jurídica do pedido, como uma das condições da ação, somente se reporta àquelas situações nas quais a pretensão deduzida vá de encontro aos princípios basilares sobre os quais está assentado o próprio ordenamento jurídico. 3. Nas relações de consumo não se admite a prestação do serviço defeituoso, ensejando ao consumidor o direito à restituição do que pagou, bem ainda reparação dos prejuízos decorrentes da má qualidade do serviço prestado — CDC, art. 14. 4. Apelação conhecida. Preliminares rejeitadas. No mérito, negou-se provimento. Decisão: Negar provimento. Unânime.

Tribunal de Justiça do Distrito Federal e dos Territórios. 2ª Turma Cível. APC DF. Registro do Acórdão n. 276981. Julg. em 22.06.2007. Rel.: J. J. Costa Carvalho. Pub. DJU de 26.07.2007, p. 98. Processual Civil. Ação Monitória. Cobrança lastreada em cheque prescrito. Inépcia da inicial. Inocorrência. Ausência de declinação da *causa debendi*. Irrelevância. Inversão do ônus da prova.

1. O cheque prescrito é prova hábil a embasar a Ação Monitória, prescindindo, na inicial, da demonstração da relação jurídica subjacente ao negócio entre as partes. 2. Cabe ao embargante alegar e provar supostos fatos impeditivos, modificativos ou extintivos do direito do autor, nos termos do art. 333 do CPC. 3. Negou-se provimento ao recurso. Decisão: Conhecer e negar provimento ao recurso. Unânime.

Tribunal de Justiça do Distrito Federal e dos Territórios. 6ª Turma Cível. APC DF. Registro do Acórdão n. 279155. Julg. em 27.06.2007. Rel.: Sandra de Santis. Pub. DJU de 30.08.2007. p. 108. Embargos à Execução. Título de crédito. Cheque emitido como garantia de cláusula contratual. Ausência de circulação. Perda da natureza cambiária. Sentença reformada.

1. É possível a discussão da causa que deu origem ao cheque entre as partes primitivas do negócio. Afasta-se a autonomia e abstração do título de crédito. 2. Incontroverso que os cheques não foram emitidos como ordem de pagamento à vista, mas sim como garantia de pagamento de cláusula contratual, evidencia-se a perda da natureza cambiária. 3. Apelo provido. Decisão: Dar provimento ao recurso, unânime.

Tribunal de Justiça do Distrito Federal e dos Territórios. Segunda Turma Recursal dos Juizados Especiais Cíveis e Criminais do D. F. ACJ DF. Registro do Acórdão n. 275197. Rel.: Jesuíno Rissato. Julg. em 05.06.2007. Pub. DJU de 28.07.2007. Processo Civil. Civil. Ação de cobrança. Prova do pagamento. Ônus do devedor. Sentença reformada.

1. De conformidade com o art. 333, II, do CPC, incumbe ao réu o ônus da prova quanto à existência de fato impeditivo, modificativo ou extintivo do direito do autor. 2. Em se tratando de ação de cobrança estribada em cheques, embora prescritos, e estando a defesa fundamentada na quitação da dívida, deve o devedor apresentar prova convincente do pagamento alegado, em face da verossimilhança da dívida que os títulos de crédito exprimem. 3. Não apresentando o devedor recibo de quitação nem sequer documento escrito, firmado pelo credor, não se mostra suficiente para isentá-lo do pagamento apenas os depoimentos das duas testemunhas ouvidas, por sinal um sócio do devedor e a mulher deste, as quais afirmam que o devedor, em determinada época, pagou quantia em dinheiro ao credor, sem saber informar se tal pagamento efetivamente dizia respeito aos cheques anexados aos autos. Decisão: Dar provimento ao recurso. Unânime.

Tribunal de Justiça do Distrito Federal e dos Territórios. 2ª Turma Cível. APC DF. Registro do Acórdão n. 272547. Julg. em 16.05.2007. Rel.: Ângelo Passareli. Pub. DJU 05.06.2007. p. 130. Civil e Processual Civil. Ação Monitória. Cheque prescrito. Cabimento. *Causa debendi*. Desnecessidade. Inexistência do débito. Ônus da prova a cargo do réu. Contrato de *factoring*. Cheque desvinculado do objeto contratual. Avalista. Ilegitimidade passiva *ad causam*. Sentença mantida.

1) A Jurisprudência pacificou o entendimento da admissibilidade da Ação Monitória fundada em cheque prescrito, culminando na edição do Enunciado 299 do E. Superior Tribunal de Justiça.

2) Não se exige, na Ação Monitória fundada em cheque prescrito, a enunciação da *causa debendi*, bastando a juntada da própria cártula. Em tais casos, a prova da inexistência do direito do autor compete ao réu.

3) Ainda que haja contrato de *factoring*, do qual conste "avalista", esta garantia não se estende a título de crédito desvinculado da avença.

4) Confirma-se a ilegitimidade passiva do garantidor, não se discutindo, no caso, a incidência da Súmula n. 26 do C. STJ.

Decisão: Conhecer dos recursos. Negar provimento a ambos. Unânime.

Tribunal de Justiça do Distrito Federal e dos Territórios. Primeira Turma Recursal dos Juizados Especiais Cíveis e Criminais do D. F. ACJ DF. Registro do Acórdão n. 271772. Julg. em 17.04.2007. Rel.: Sandoval Oliveira. Pub. DJU de 29.05.2007. Direito Comercial. Título de crédito. Cheque. Endosso em branco. Legitimidade do portador para a execução. Abstração.

1) O endosso em branco, lançado em título com a cláusula "à ordem", legitima o possuidor a promover a execução judicial do crédito nele contido.

2) Eventual descumprimento de contrato, referente à relação jurídica anterior entre o embargante e o endossante, não é oponível a terceiro de boa-fé, que, em face do princípio da abstração, está desobrigado de demonstrar a *causa debendi*.

3) Recurso conhecido e improvido. Sentença confirmada.

Decisão: Conhecer. Improver o recurso. Unânime.

Tribunal de Justiça do Distrito Federal e dos Territórios. APC DF. Registro do Acórdão n. 274523. 6ª Turma Cível. Julg. em 11.04.2007. Rel. Sandra de Santis. Pub. DJU de 21.06.2007. p. 127. Consignação em pagamento. Cheques. Desconhecimento do credor do título de crédito. Artigo 335, III, do Código Civil.

1) É cabível a Ação Consignatória nos casos de dívida cujo credor é desconhecido.

2) A faculdade de o devedor do título de crédito depositar a importância devida junto à autoridade competente é processualmente exercitável, desde que observados os requisitos de validade do respectivo título.

3) Recurso provido.

Decisão: Dar provimento ao recurso, unânime.

Tribunal de Justiça Distrito Federal e dos Territórios. 1ª Turma Cível. Agravo de instrumento —20.10.2005. Ac. Unân. DJ de 24.11.2005.

Processo Civil. Comercial. Anulação de títulos. Cheque sustado. Cancelamento de protesto. Prazo. Prescrição. Circulação do título. Exceção do contrato não cumprido. 1. É defesa a oposição de exceções pessoais ao terceiro de boa-fé portador do título. As defesas pessoais somente são admitidas quando comprovada a má-fé do adquirente, sendo do emitente do cheque o ônus da prova. 2. O protesto do cheque deve ser realizado antes da expiração do prazo de apresentação, sendo inadmissível a sua realização fora do prazo legal, mormente quando o título se encontra fulminado pela prescrição. 3. Cabe ao autor o ônus da prova do fato constitutivo do seu direito. 4. Ausente prova inequívoca do direito do recorrente, incabível a antecipação dos efeitos da tutela antecipada pretendida no pedido inicial. 5. Agravo não provido.

Tribunal de Justiça do Distrito Federal e dos Territórios. Ag. de instrumento n. 20050020074060 1ª Turma Cível. Ac. unân. Rel.: Flávio Rostirola. Julg. em 24.10.2005. DJ, 24.11.2005. Cheque. Sustação. Oposição de exceções pessoais admitidas somente se comprovada má-fé do adquirente.

Processo civil. Comercial. Anulação de títulos. Cheque sustado. Cancelamento de protesto. Prazo. Prescrição. Circulação do título. Exceção do contrato não cumprido. 1. É defesa a oposição de exceções pessoais ao terceiro de boa-fé portador do título. As defesas pessoais somente são admitidas quando comprovada a má-fé do adquirente, sendo do emitente do cheque o ônus da prova. 2. O protesto do cheque deve ser realizado antes da expiração do prazo de apresentação, sendo inadmissível a sua realização fora do prazo legal, mormente quando o título se encontra fulminado pela prescrição. 3. Cabe ao autor o ônus da prova do fato constitutivo do seu direito. 4. Ausente prova inequívoca do direito do recorrente, incabível a antecipação da tutela pretendida no pedido inicial. 5. Agravo não provido.

Tribunal de Justiça de Pernambuco. 1ª Câmara Cível. Apelação cível. Acórdão n. 65987-0. Rel.: Etério Galvão. Julg. em 21.03.2007. Civil e Processual Civil. Embargos à Execução. Excesso de Penhora. Emissão de cheque pré-datado. Desconsideração do título.

Emissão de cheque pré-datado. A existência de título executivo, cheque, dada sua natureza, ordem de pagamento à vista, não comporta discussão em torno de sua causa subjacente. Sua autonomia e representatividade dão suporte à obrigação cambial que representa, não havendo por que se perquirir do motivo do não pagamento. Suscitação de excesso de execução da penhora. Não conhecimento, em face dos embargos não serem os meios adequados para tal fim. Entendimento doutrinário. No Direito Processual Civil vige a permissibilidade da ampla defesa, em sede de embargos à execução fundada em título extrajudicial, podendo a embargante alegar, além das matérias constantes do art. 741 do CPC, qualquer outra que lhe seja lícito aduzir em defesa no processo de conhecimento. Caberá ao devedor-embargante o ônus da prova de suas alegações, eis que a posição do credor é especial, para fazer valer o seu direito, nada tendo que provar, já que o título executivo extrajudicial de que dispõe é prova cabal de seu crédito. Ocorre que o embargante não se desincumbiu do seu ônus probatório a que alude o artigo 333, inciso II do CPC. Recurso não provido. Decisão unânime.

Tribunal de Justiça da Bahia. 1ª Câmara Cível. Ap. Cível. Acórdão n. 8.611. Proc. 4.402-8. 2004. Rel.: Des. Robério Braga. Ação de cobrança. Cheques prescritos. Títulos não apresentados à instituição financeira. Inadequação da via eleita. Recurso improvido.

Para que o cheque sirva como título hábil à propositura de ação de cobrança, necessário se faz a comprovação de que foi apresentado, sem êxito, para desconto junto ao banco contra o qual foi emitido, a fim de que reste comprovado o não pagamento do mesmo.

Tribunal de Justiça do Rio Grande do Sul. 1ª Turma Recursal Cível. Rel. Heleno Tregnago Saraiva. Julg. em 30.11.2006. Responsabilidade Civil. Cheques pré-datados. Apresentação antecipada. Devolução das cártulas por insuficiência de fundos. Dano moral. Ocorrência. Redução do quantum indenizatório para atentar aos valores habitualmente fixados pelas normas recursais. Dano moral caracterizado pela apresentação antecipada de cheque pré-datado e que resultou na devolução da cártula por insuficiência de fundos. Recurso provido parcialmente.

Tribunal de Justiça do Rio Grande do Sul. Ac. 3ª Turma Recursal Cível. Ação de cobrança. Cheques. Alegação de que teriam sido emitidos em garantia de venda em consignação. Julg. em 13.07.2004.

A emissão de cheque significa o reconhecimento da existência de dívida e concordância quanto a seu valor. Somente mediante prova convincente, a cargo do emitente do título de crédito, é possível desfazer a presunção de liquidez e certeza decorrente da emissão do cheque. Tendo a emitente alegado que os cheques foram emitidos em garantia, em razão de suposta venda em consignação, caberia a ela o ônus de provar suas alegações. Recurso provido.

Tribunal de Justiça de Santa Catarina. 3ª Câmara de Direito Comercial. Apelação Cível 2003.021112-8, julg. em 03.05.2007.

Apelação Cível. Ação Monitória. Embargos rejeitados. Crédito oriundo de contrato para desconto de cheques. Ausência de títulos ou de instrumento que comprove a efetiva operação (Borderô). Carência de ação. Extinção da demanda. Recurso provido. Para atender ao requisito de prova escrita hábil a ensejar a ação monitória, o contrato para desconto de títulos necessita estar acompanhado dos títulos devolvidos pelo banco sacado ou de instrumento que comprove a efetiva operação realizada entre os contratantes (borderô), não preenchendo tal exigência apenas o contrato original e o demonstrativo de débito confeccionado unilateralmente pelo credor, uma vez que não representam, a princípio, a existência de um crédito líquido e exigível.

Tribunal de Justiça de Santa Catarina. 1ª Câmara de Direito Comercial. Apelação Cível 2000.022559-2, julg. em 11.12.2003. Embargos à execução de título extrajudicial. Cheque assinado pelo devedor. Preenchimento da data da emissão pelo credor. Irrelevância.

O preenchimento da data de emissão do cheque pelo credor, desde que anterior ao ajuizamento da ação de execução, não compromete a sua eficácia executiva. O cheque, como título de crédito que é, goza de presunção júris tantum de certeza e liquidez, competindo ao devedor produzir prova robusta e cabal acerca da cobrança extorsiva de juros e do pagamento, sob pena de se sujeitar aos efeitos da execução forçada. Inexistindo nos autos documento de quitação, ainda que parcial, assinado pelo credor, e tendo este a posse do título, deduz-se a exigibilidade da cambial, ainda mais quando os fatos narrados pelo devedor não foram bem delineados, falha esta que nem mesmo a dilação probatória seria capaz de suprir.

Tribunal de Justiça de Santa Catarina —1ª CC. Ac. 987905-5. Rel.: Des. Trindade dos Santos. DJSC de 06.04.1999. p. 16. Execução. Cheque. Embargos desacolhidos. Ilegitimidade ativa da exequente. Prescrição do título sob execução. Excesso de execução e anatocismo. Alegações rejeitadas. Sentença reformada parcialmente. Apelo em parte acolhido.

Tratando-se de assinatura aposta por terceiro no verso, só pode ela ser considerada aval se seguida ou antecedida das palavras por aval ou equivalentes. O aval por mera assinatura somente é admissível se escrito no anverso do título de crédito. Sendo a empresa de factoring detentora do título legitimador da ação de execução, não lhe é lícito exigir, como forma de demonstrar a sua legitimidade ativa e como condição, mesmo, de executoriedade do título em seu poder, a apresentação dos documentos relativos à operação de factorização que deram ensejo à emissão da cártula em cobrança, pena de afronta às prerrogativas cartulares de autonomia e literalidade do título embasador da execucional. Para a configuração da prescrição do cheque exequendo, o que deve ser considerado, apenas, é a data nele aposta como sendo o da sua emissão e não o fato de integrar-se ele a talonário cujos demais cheques foram emitidos muito antes da mencionada data. Não há como, em sede recursal, examinar-se as alegações referentes a matérias invocadas nos embargos à execução, se sobre elas os apelantes apenas fizeram referências vagas, sem fornecerem as razões de fato e de direito que autorizam a sua aceitação. A impugnação específica das matérias é requisito inarredável, para que, sobre elas, se manifeste a instância recursal.

Decisão: Por votação unânime, dar provimento parcial ao recurso. Custas na forma da lei.

Tribunal de Alçada de Minas Gerais. 7ª Câmara Cível. Ap. Cível 410.652.5. Julg. em 12.02.2004. Execução por título extrajudicial. Cheque. Embargos do devedor. *Causa debendi.* Ônus da prova. Mútuo. Juros excessivos. Anatocismo. Pessoa jurídica não integrante do sistema financeiro. Agiotagem. Ilicitude do crédito. Título viciado. Extinção do processo.

— O empréstimo de dinheiro efetuado por pessoa jurídica não integrante do sistema financeiro, mediante pagamento de juros abusivos, constitui agiotagem, vedada por lei, sendo causa de extinção do processo de execução, por falta dos atributos de liquidez, certeza e exigibilidade do título — O cheque é prova escrita, por excelência, para ensejar o manejo da ação de execução, devendo o executado comprovar que aquele tem origem na prática de anatocismo —Tendo o próprio exequente confessado, mesmo que de forma indireta, que praticava a cobrança de juros acima do permitido, bem como anatocismo, o cheque que tem origem em tal cobrança não pode ser executado, por ser objeto de ato ilícito.

Tribunal de Alçada de Minas Gerais. 6ª Câmara Cível. Ap. Cível 412.036-9. Julg. em 12.02.04. Embargos do devedor. Cheque. Discussão em torno de sua *causa debendi.*

— O cheque é título formal, autônomo, abstrato, que contém declaração unilateral de vontade enunciada pelo sacador por uma ordem de pagamento à vista, em dinheiro, dirigida ao sacado, em benefício do portador, correspondente à importância indicada. — Somente em hipóteses excepcionais é admissível examinar-se, na execução do cheque, a sua *causa debendi*, uma vez que ele representa uma ordem de pagamento à vista, sendo sua simples emissão o reconhecimento do débito, pelo emitente, o qual ordena ao banco o seu pagamento. — O portador nada tem a provar a respeito de sua origem. Ao devedor é que, suscitada a discussão do negócio subjacente, cumpre o encargo de provar que o seu título não tem causa, ou que sua causa é ilegítima, devendo, outrossim, fazê-lo por meio de prova robusta, cabal e convincente, porquanto, ainda na dúvida, o que prevalece é a presunção legal da legitimidade do título cambiário. — Alegações inconsistentes com o intuito de discutir a *causa debendi* do cheque exigido através de ação de execução não subsistem ante a autonomia da cambial.

Tribunal de Justiça de Minas Gerais. Indenização. Dano Moral. Cheque pós-datado. TAMG. 5ª Câmara Cível. Ap. 100931-9- BH. Rel.: Juiz Aloysio Nogueira. V.u. Julg. 27.04.1995. DJ. de 09.08.95.

A apresentação prematura do cheque a estabelecimento bancário, resultando em encerramento de conta do emitente, acarreta ao responsável obrigação indenizatória por dano moral, que deve ser fixada de acordo com a gravidade da lesão, intensidade de culpa ou dolo do agente e condições socioeconômicas das partes.

Tribunal de Alçada Cível de São Paulo. Dano moral. Indenização. Instituição financeira. Contrato de abertura de crédito em conta-corrente. Banco que, sem comunicar o cancelamento da avença, procede à devolução de cheques por insuficiência de fundos. Inadmissibilidade se demonstrado que o cliente, na data da apresentação das cártulas, contava com saldo em conta e o pagamento dos títulos não extrapolaria o limite de crédito concedido. Verba devida. RT 995/220. www.biblioteca.tj.sp. gov.br — Acesso em 12.08.2007.

Tribunal de Alçada Cível de São Paulo. Apelação Cível n. 753.018-3. Relator: Juiz Itamar Gaino, julg. 01.02.1998 (Jurisprudência do Tribunal de Alçada Cível do Estado de São Paulo — JTACSP 176/104-109). Execução. Cheque.

Executividade presente, ainda que emitido com data futura. Incidência do art. 32 da Lei n. 7.357, de 1985, a identificar a validade e eficácia do título, de onde decorre o seu enquadramento no art. 585, I do CPC. Improcedência dos embargos reconhecida. Recurso neste aspecto improvido.

Tribunal de Alçada Cível do Rio de Janeiro. 7ª C. Ac. 7.902/96. Reg. 4.451-2. Rel. Juiz Galdino Siqueira Netto. Julg. 18.09.96. Talão de cheque entregue pelo banco sem a devida precaução, nunca tendo estado em poder do correntista. Emissão de cheque no valor R$ 520,00 para compras em loja de vestuários, no qual consta a autora da cobrança como favorecida. Assinatura grosseiramente falsificada.

Não há como responsabilizar o réu/correntista pela emissão reconhecidamente fraudulenta.

52. Quadro sinóptico

	Letra de câmbio	Nota promissória	Duplicata	Cheque
Conceito	Ordem de pagamento que alguém dirige a outrem a fim de que pague a um beneficiário indicado a soma nela determinada.	Promessa de pagamento que o devedor faz ao credor (beneficiário).	Título cuja justificativa se encontra em contrato de venda mercantil ou de prestação de serviços.	Ordem de pagamento à vista dirigida a um banco em que o sacador disponha de suficiente provisão de fundos.
Histórico	Sua origem remonta, do ponto de vista ocidental, à Idade Média.	Idem.	Já mencionada no Código Comercial, na revogada Parte Primeira. Invenção do Direito Comercial brasileiro que veio a ter larga ressonância no mundo dos negócios. Fase legislativa tumultuada de 1908 a 1968.	Origem tímida já no final do século XIV. De regra, até então, a retirada de numerários era feita pelo cliente na frente do banqueiro. A Bélgica reivindica a sua origem no século XVI. Papel da Itália, da Holanda e da Inglaterra. Consolidação de seu uso a partir do século XIX.
Legislação básica	Dec. 2.044/1908. Lei Uniforme de Genebra.	Idem.	Lei 5.474/1968.	Lei 7.357/1985. Lei Uniforme de Genebra.
Natureza do título	Abstrato.	Idem.	Causal.	Abstrato.
Extensão do título	Nacional e internacional.	Idem.	Título de circulação nacional. Legislação de outros países adotam documentos semelhantes, a exemplo de Argentina, Colômbia, Portugal e França.	Nacional e internacional.

Modelo padrão	–	–	Determinado pelo art. 27 da Lei 5.474/1968. Resolução 102, de 26.11.1968, do Banco Central do Brasil.	Determinado pela Resolução 104, do Banco Central do Brasil. Ver também Resolução 131 da mesma instituição, de 17 de outubro de 1969.
Pessoas envolvidas	Sacador, sacado e beneficiário. As pessoas do sacador e do beneficiário podem coincidir.	Emitente e beneficiário.	Sacador e sacado.	Sacador, sacado e beneficiário. As figuras do sacador e do beneficiário podem coincidir.
Situação do sacado	O sacado não é obrigado a aceitar a letra. O aceite como ato de livre manifestação da vontade.	Não existe sacado; tampouco aceite.	O aceite é obrigatório por parte do sacado se houver perfeito cumprimento das cláusulas contratuais pelo sacador.	O banco sacado é mero depositário e só paga se o correntista dispuser de suficiente provisão de fundo, ou de crédito. Inexiste aceite no cheque.
Pluralidade de exemplares	Admissibilidade.	Inadmissibilidade.	No caso de perda ou extravio da duplicata o vendedor obriga-se a extrair triplicata. A triplicata poderá ser emitida, também, em caso de não devolução, consoante o art. 31 do Dec. 2.044/1908.	Admite-se a pluralidade de exemplares no cheque quando se tratar de cheque nominal emitido em um determinado país para ser pago em outro.

Modalidades do título	Letra de câmbio plenamente aceita pelo sacado; letra de câmbio com aceite por intervenção; letra de câmbio não aceitável.	Somente promessa de pagamento.	Duplicata mercantil e duplicata de prestação de serviços.	A) cheque em sentido restri--to: cheque comum, cheque especial, cheque cruzado. B) cheque em sentido amplo: cheque administrativo, cheque de viagem.
Vencimento	À vista, a dia certo, a certo termo de vista, a certo termo de data.	À vista, a dia certo, a certo termo de data.	A vista, à data certa nela fixada.	À vista (ver discussão sobre cheque pós--datado).
Função	Facilitação do crédito.	Idem.	Utilização mais restrita: em contrato de compra e venda mercantil e de prestação de serviços.	Legalmente título de exação. Comodidade e segurança na utilização de recursos.
Utilização do título	Em pequena escala, a nível nacional. Mais empregado nos negócios internacionais.	Uso atual mais restrito. Sofre concorrência do cheque pós--datado e do cartão de crédito.	Uso de cunho empresarial. No caso de duplicata de prestação de serviços, também por fundações, por profissionais liberais e eventuais prestadores de serviço.	Uso em larga escala, inclusive na modalidade de cheque pós--datado. Sofre concorrência dos cartões de crédito e de débito.
Aval	Instituto cambiário praticado no título para garantir seu pagamento.	Idem.	Idem.	Prática incomum, quando se trata do cheque.
Endosso	Instituto cambiário praticado no título para fazê-lo circular.	Idem.	Idem.	Limitado a um endosso por força do art. 17, I, da Lei 9.311/1996.

Protesto	Por falta de aceite, de pagamento ou de devolução. Também no caso de aceite qualificado.	Por falta de pagamento.	Por falta de aceite, de devolução e de pagamento.	Por falta de pagamento.
Prazo para o protesto (necessário)	O título deve ser apresentado ao cartório de protesto no primeiro dia útil após o seu vencimento, ou da recusa do aceite, ou no caso de aceite qualificado.	O título deve ser apresentado ao cartório de protesto no primeiro dia útil após o vencimento.	O protesto deve ser feito até 30 dias após o vencimento do título.	A declaração do banco de inexistência de suficiente provisão de fundo dispensa o protesto.
Implicações penais	–	–	Em caso de emissão de duplicata simulada (infração tipificada no art. 172 do CP). Duplicata emitida sobre venda de coisa futura assemelha-se à duplicata simulada.	Crime de estelionato (art. 171 do CP), no caso de emissão de cheque sem suficiente provisão de fundo ou de frustração de seu pagamento.

Capítulo VI

A REPRESENTAÇÃO DE MERCADORIAS EM TÍTULOS DE CRÉDITO

1. Introdução

Os títulos com os quais nos ocuparemos agora são aqueles representativos de mercadorias, a saber: *warrant*, conhecimento de depósito e conhecimento de transporte, cujas peculiaridades passaremos a analisar, ressaltando a sua dimensão dentro do Direito Cambiário. Constituem, por definição, títulos causais.

Gladston Mamede chama a atenção para o significado da palavra *conhecimento* e alerta-nos de que não é suficiente para o Direito aclamar esse título de crédito como simples declaração do recebimento de uma mercadoria. Não é simples prova escrita com o intuito de afirmar que lhe foi entregue determinada mercadoria. É um recibo, como atesta o dicionarista. No entanto, é mais que tudo isso. Em Direito, desenvolve-se uma evolução técnica importante, sustenta o autor citado, com base na Doutrina, corroborando-a, ao frisar que o termo conhecimento, no escalão jurídico, é empregado, de ordinário, para os títulos negociáveis.(1) Como todos os títulos de crédito são, por definição, negociáveis, concluiríamos que o nome *conhecimento* parece mais aplicável a títulos representativos de mercadorias que, como títulos de crédito, revestem-se, também, do caráter de circulabilidade.

2. *Warrant* e conhecimento de depósito

2.1. *Aspectos gerais*

Waldemar Ferreira cognominou essas cártulas de *títulos armazeneiros*,(2) exatamente em função de suas origens e destinação. A extração desses dois títulos está disciplinada pelo Decreto n. 1.102, de 21 de novembro 1903, o mesmo que trata da organização das empresas de armazéns gerais. Como se sabe, esse tipo de empreendimento destina-se a armazenar mercadorias, de regra fungíveis, daí resultando um contrato de depósito, em consonância com os arts. 1.265 a 1.287 do velho Código Civil (v. art. 627 *et seq.* da Lei n. 10.406/2002).

---

(1) MAMEDE, Gladston. *Op. cit.*, 2005. p. 417.

(2) FERREIRA, Waldemar. *Op. cit.*,1962. p. 423.

O Código Comercial também regulava essa modalidade de contrato, sob a denominação contrato de depósito mercantil, em seus arts. 280 a 286, de sua Parte Primeira, revogada pelo Código Civil de 2002. Semelhante contrato vem a ser a razão principal da emissão do *warrant* e do conhecimento de depósito que, como se depreende desse processo, são títulos de natureza causal, a exemplo da duplicata, guardando até certa semelhança com a fatura e a já referida duplicata. Assim, o *warrant* e o conhecimento de depósito têm como causa e origem o contrato de depósito mercantil, ao passo que a duplicata mercantil se fundamenta no contrato de compra e venda.

Solicitada pelo depositante, a empresa de armazéns gerais emite, em um só ato, os dois títulos. Essa emissão dá-se em caráter facultativo, não sendo de natureza obrigatória. Extraídos, contudo, de um ato único, esses documentos podem separar-se posteriormente, caindo em mãos diversas.

De posse dos dois títulos, o depositante correrá em busca de crédito, que é seu objetivo. *Warrant* é palavra inglesa, como se sabe, e significa penhor, confiança, garantia. É um papel garantido pela mercadoria entregue para depósito, constituindo um penhor para ele, o que justifica seu nome. Embora a legislação brasileira proíba o emprego de termos estrangeiros, a vasta utilização deste termo na linguagem comercial corrente acabou por homologar o seu uso.

As empresas de armazéns gerais exercem atividade de interesse público, não podendo, por conseguinte, estabelecer distinção entre depositantes. Só poderão recusar o depósito por motivo justo, como inexistência de espaço para novas acomodações, a inadequação do armazém para certos tipos de mercadorias, conforme regulamento interno, ou o risco de danos para artigos já depositados.

A verificação e o exame das mercadorias depositadas são facultados a todos os interessados, não apenas aos seus proprietários, como também aos estabelecimentos bancários, por acolherem os *warrants*, ou eventuais compradores.

2.2. Requisitos dos títulos

Além da designação *à ordem*, esses títulos devem conter os seguintes requisitos:

1) a denominação de sua emitente, uma empresa de armazéns gerais, bem como sua sede;

2) o nome, a qualificação e o domicílio do depositante, ou, se for o caso, de terceiro por este indicado;

3) o lugar e o prazo do depósito. É facultado aos contratantes deliberarem sobre a transferência da mercadoria para outro armazém da emitente, mesmo em localidade diversa. Ocorrendo essa hipótese, deverão constar no *warrant* e no conhecimento de depósito as seguintes anotações:

a) o local da transferência da mercadoria depositada;

b) as despesas resultantes de tal iniciativa, inclusive as referentes ao seguro contra riscos;

4) a natureza, a quantidade e a qualidade dos artigos entregues para depósito, designados pelos nomes mais usados nessas atividades e tudo que disser respeito a marcas e indicações próprias para o estabelecimento de sua identidade, ressalvadas as peculiaridades das mercadorias depositadas a granel;

5) o nome da companhia de seguro e do valor segurado;

6) a data da emissão e assinatura da emitente.

Os títulos referidos são bens penhoráveis. Porém não podem sofrer penhora os bens que respaldaram as suas respectivas extrações.

2.3. *Endosso nos títulos*

O conhecimento de depósito e o *warrant* circulam por meio de endosso em preto ou em branco, à semelhança da letra de câmbio e da nota promissória. Endossando o beneficiário os dois títulos, transfere para o endossatário a mercadoria e o crédito. Se transferir apenas o *warrant,* cede tão somente o crédito, permanecendo a mercadoria como seu penhor. Transferindo apenas o conhecimento de depósito, está cedendo o direito de propriedade da mercadoria.

Restando-lhe o *warrant,* poderá o seu titular negociar crédito na praça. Ocorre, então, a seguinte situação: o endossatário do conhecimento de depósito torna-se, como já indicado, proprietário dos bens, mas não pode entrar na sua posse, sem a apresentação simultânea do *warrant* à empresa de armazéns gerais, já que, sem esse último título, só dispõe do direito de domínio sobre a mercadoria. Em resumo: a retirada da mercadoria condiciona-se à apresentação de ambos os documentos. Ainda de acordo com a inteligência do Decreto n. 1.102, de 2003, ao portador do conhecimento de depósito é permitido retirar a mercadoria antes do vencimento da dívida constante do *warrant,* consignando no armazém geral o principal e juros até o vencimento e pagando os impostos fiscais, armazenagens vencidas e mais despesas.

A Lei n. 5.764, de 16 de dezembro de 1971 (Lei do Cooperativismo), desbancou a exclusividade da emissão do *warrant* e do conhecimento de depósito, de que desfrutavam as empresas de armazéns gerais, ao estender tal faculdade às cooperativas, sociedades de pessoas, sem objetivo lucrativo e de natureza civil. O novo Código Civil empresta-lhe o caráter de sociedade simples (art. 982, parágrafo único).

Acresça-se, contudo, que o direito de que desfrutam as cooperativas de emitirem *warrant* e conhecimento de transporte não é automático, como se fosse próprio de qualquer sistema cooperativo. Se atentarmos para o citado instrumento legal, veremos que existem exigências básicas para isso, de acordo com o que preceitua o art. 82 da Lei do Cooperativismo, consagrando textualmente o princípio de que a cooperativa que se dedicar a vendas em comum poderá registrar-se como armazém geral e, nessa situação, expedir conhecimento de depósito e *warrant,* "para os produtos de seus associados conservados em seus armazéns, próprios ou arrendados, sem prejuízo da emissão de outros títulos decorrentes de suas atividades normais, aplicando-se, no que couber, a legislação específica".

Emergem, claramente, as condições básicas para a emissão desses títulos: a) a cooperativa deve dedicar-se a vendas em comum dos produtos de seus associados; b) a cooperativa há de registrar-se como armazém geral. E só nessa condição assume a prerrogativa ora discutida.

Corroborando o acima dito, o parágrafo primeiro do mencionado art. 82 enfatiza que os armazéns da cooperativa se equiparam aos armazéns gerais, isto é, desempenham as suas funções, cumprem as suas mesmas obrigações, "ficando os componentes do Conselho de Administração ou Diretoria Executiva, emitente do título, responsáveis pessoal e solidariamente, pela boa guarda e conservação dos produtos vinculados, respondendo criminal e civilmente pelas declarações constantes do título, como também por qualquer ação, ou omissão que acarrete o desvio, deterioração ou perda dos produtos".

Daí considerarmos necessário, por cautela, proceder a tais comentários a fim de que fique suficientemente esclarecida a faculdade na qual se abrigam as cooperativas de emitir conhecimento de depósito e *warrant* e as condições imprescindíveis para o exercício de tal prerrogativa.

3. Conhecimento de transporte

3.1. Conceito

Também denominado conhecimento de frete. Trata-se de um documento emitido por uma empresa de transporte que comprova o recebimento por essa de uma mercadoria a ser entregue no lugar de destino combinado. Antes de ser um título de crédito, o conhecimento de frete original prova, em primeiro lugar, o recebimento de uma dada mercadoria e a obrigação da empresa de entregá-la no seu lugar de destino. Como observa *Rubens Requião*, a transformação de um mero documento probatório em título de crédito decorreu da própria necessidade do comércio, que o fez circular mediante endosso.(3) Esse conhecimento é regido pelo Decreto n. 19.473, de 10 de dezembro de 1930. Pelo endosso, em preto ou em branco, transfere-se a propriedade do título e, consequentemente, da mercadoria. Sua apreensão equivale à apreensão dos bens que representa. Também se infere do citado decreto que o conhecimento de transporte é título de crédito.

3.2. Conhecimento marítimo

Até para uma melhor compreensão histórica do conhecimento de transporte, ressalve-se que ele teve o seu primeiro regulamento no Código Comercial, em seu art. 575, Parte Segunda, não revogada pelo novo Código Civil, que trata do comércio marítimo. Daí a sua denominação conhecimento marítimo. Por dispositivo contido no mencionado artigo, esse título de crédito há de ser datado e nele constarão os seguintes requisitos:

a) o nome do capitão, o do carregador e consignatário (se o título for à ordem, pode omitir-se esse último nome);

(3) REQUIÃO, Rubens. *Op. cit.*, p. 575.

b) a qualidade e a quantidade dos objetos de carga, suas marcas e números, anotados à margem;

c) o lugar da partida e o do destino, com declaração das escalas, havendo-as;

d) o preço do frete e primagem, se esta for estipulada, e o lugar do pagamento;

e) a assinatura do capitão e do carregador.

Discorrendo sobre o conhecimento marítimo, assim se expressa *Gladston Mamede*: "Para sua validade como título cambial ou como título executivo, é fundamental que o conhecimento demonstre liquidez e certeza. O artigo 582 do Código Comercial, por exemplo, permite que o capitão declare, no conhecimento, o número, peso ou medida do que lhe foi entregue e que são desconhecidos, caso não existam ou haja dúvida na contagem. Afinal, se o carregador convém em tal declaração, o capitão ficará somente obrigado a entregar no ponto da descarga as mercadorias que se acharem na embarcação pertencentes ao mesmo carregador, sem que ele tenha direito para exigir mais carga; salvo se provar que houve desvio da parte do capitão ou da tripulação".[(4)]

Diferentemente da postura de *Rubens Requião* e de *Gladston Mamede*, *Waldirio Bulgarelli* lamenta o fato de o Código Comercial ter entrado em vigor antes de funcionar a malha ferroviária brasileira, o que distorceu o sentido de transporte. Observação semelhante faz *Amador Paes de Almeida*, ao asseverar que o incipiente transporte terrestre não despertou no legislador de 1850 maior interesse, embora regulasse a atividade dos condutores de gêneros e comissários de transportes.[(5)] Ainda segundo *Waldirio Bulgarelli*, foi só com o Decreto n. 19.473/1930 que efetivamente se introduziu o conhecimento de transporte como título de crédito.[(6)]

3.3. Requisitos do conhecimento de transporte

Assim, de volta ao citado decreto, cumpre-nos dizer que, título de crédito que é, o conhecimento de transporte obedece aos requisitos que lhe são próprios, e que nele devem estar insertos, a saber (além da denominação "Conhecimento de Transporte") os seguintes:

1 – o nome, ou denominação da empresa emissora;

2 – o número de ordem;

3 – a data de sua emissão;

4 – os nomes do remetente e do consignatário, por extenso;

5 – o lugar da partida e do destino;

6 – a descrição das mercadorias (quantidade, peso, marca etc.);

7 – a importância do frete, se paga ou a pagar, e o lugar e a forma do pagamento;

8 – a assinatura do empresário ou de seu representante.

---

(4) MAMEDE, Gladston. *Op. cit.*, p. 359-360.

(5) ALMEIDA, Amador Paes de. *Op. cit.*, 1998. p. 269.

(6) BULGARELLI, Waldirio. *Op. cit.*, p. 487.

Por força da Lei n. 8.088/1990, o conhecimento de transporte deve ostentar a forma nominal. Ademais, o seu endosso deve ser em preto. Por outro lado, em decorrência do Decreto n. 20.454/1931, pode nele ser inserida a cláusula não à ordem, o que impede a sua transmissão por endosso.[(7)]

3.4. *Conhecimento aéreo*

O Decreto n. 32, de 1966, conhecido como Código do Ar, instituiu o conhecimento aéreo, mas sem revogar o já mencionado Decreto n. 19.473/1930. O que houve foi uma adaptação do conhecimento de transporte às peculiaridades das empresas aéreas. Esse documento há de conter os seguintes requisitos, além da denominação "Conhecimento Aéreo":

1 – o lugar e a data da emissão;

2 – os pontos de partida e destino;

3 – o nome e o endereço do expedidor;

4 – o nome e endereço do transportador;

5 – o nome e endereço do destinatário;

6 – a natureza da carga;

7 – o número, acondicionamento, marcas e numeração dos volumes;

8 – o peso, quantidade, o volume ou dimensão;

9 – o preço da mercadoria, quando a carga for expedida contra pagamento no ato da entrega, e, eventualmente, a importância das despesas;

10 – o valor declarado, se houver;

11 – o número das vias do conhecimento;

12 – os documentos entregues ao transportador para acompanhar o conhecimento;

13 – o prazo de transporte, dentro do qual deverá o transportador entregar a carga no lugar de destino, e o destinatário ou expedidor retirá-la.

Acrescente-se que o mencionado título, até prova em contrário, faz presumir a conclusão do contrato, bem como o recebimento da carga e as condições do transporte.

3.5. *Conhecimento de transporte multimodal de carga*

O transporte multimodal de carga foi regulado pela Lei n. 9.611/1998 e conceitua-se como sendo aquela forma de transporte submetida a um tipo único de contrato, embora utilizando-se de mais de uma modalidade de transporte (rodoviário, ferroviário, aéreo, marítimo). Este deve obedecer às ordens emanadas do Ministério dos Transportes e poderá atuar em nível nacional e internacional, com recursos próprios ou ainda por meio de terceiros.

---

(7) REQUIÃO, Rubens. *Op. cit.*, 2003. p. 576.

A emissão do conhecimento de transporte multimodal é de competência do referido operador. Esse título de crédito pode ser criado em várias vias. Porém, só a via original é negociável. Poderá ser ao portador, contrariando, destarte, as leis brasileiras que, de um modo geral, sobressaem como infensas a essas formas de papéis mobiliários, quase sempre proibindo-os.

Ajunte-se que se trata de um contrato real, porquanto o recebimento da carga aperfeiçoa o contrato de transporte, o que embasa a criação do título em pauta. Fazem parte dos seus requisitos a indicação dos serviços prestados no Brasil e no Exterior, bem como a cláusula "negociável" ou "não negociável" na via original.

Com a tendência da economia em globalizar-se cada vez mais, esse título vem tendo muitas oportunidades de emprego, na proporção do crescimento das atividades comerciais no mundo.

MODELO DE "WARRANT"

COMPANHIA PAULISTA DE ARMAZÉNS GERAIS

Sede:

Rua dos Voluntários, nº 325

Cidade.: São Paulo CEP: 01296 - 000

" WARRANT" À ORDEM

Nº .... Data da entrada ..../............../..............

Ficam depositadas sob nº.............................. pelo

Sr. ...., morador em .... , rua

...., nº..............., as mercadorias abaixo

especificadas, procedentes de .... e seguras

contra o risco de incêndio na Cia. ....

sob apólice nº .... de .... propriedade.

Quant., espécie, marca	Núm. e peso bruto dos vols.
....	....
....	....
....	....

Quant.e qualidade da mercadoria-	Valor da merc. conf. fatura	Outras indicações de ident. da merc.	Natureza do envoltório
....	....	....	....
....	....	....	....
....	....	....	....

O "Warrant" será liquidado e executado pelos processos extrajudiciais determinados no respectivo reg. ....

Em .... de .... de ....

....

O "Warrant" corresponde ao certificado de depósito me foi endossado pela quantia de $..........

ao juro de... %, pagável ....

O Comissário ....

COMPANHIA PAULISTA DE

ARMAZÉNS GERAIS

SEDE: SÃO PAULO

"WARRANT" À ORDEM

Nº .... Data da entrada ..../.........../..........

Ficam depositadas sob nº .... pelo

Sr. .... , morador em .... , rua

..........................., nº ...., as mercadorias abaixo

especificadas, procedentes de .... e seguras contra o risco de incêndio na Cia. ....

sob apólice nº .... de .... propriedade.

Quant., espécie e marca	Núm. e peso bruto dos vols.
....	....
....	....
....	....

Qual. e quant. da merc.	Val. da merc. conf. fat.	Out. ind. de ident. da merc.	Natureza do envoltório
....	....	....	....
....	....	....	....
....	....	....	....

Transcrição do primeiro endosso do " Warrant"

Data da insc. ..../.........../.............. Vencimento em

........./........../.........

Cessionário ....

Importância garantida ....

MODELO DE CONHECIMENTO DE DEPÓSITO

COMPANHIA ....
Sede....................................

RECIBO DE DEPÓSITO

Nº.......................

PRAZO DE DEPÓSITO

Talão nº................
Livro de entrada e saída
Nº........... Fls. .... de .... de......... de.......... a .... de .... de...............

A COMPANHIA ...... declara que nesta data recebeu do Sr. ...., domiciliado em ...., as mercadorias abaixo descritas, que ficam depositadas no armazém ...., à rua .... nº ...., nos termos da Lei nº 1.102, de 21 de novembro de 1903 e do regulamento dos Armazéns, cujas prescrições o depositante aceita para regular o presente depósito.

Nº do despacho	Data	Procedência	Nº do lote	Volumes	Natureza da Mercadoria	Peso	Estado dos envoltórios e outras indicações
....	....	....	....	....	....	....	
....	....	....	....	....	....	....	
....	....	....	....	....	....	....	

Seguro contra fogo na importância de R$ ....
na COMPANHIA ....
ARTIGO Nº .... DO REGULAMENTO INTERNO

A importância declarada para o seguro indica apenas o valor inicial, garantindo à Cia. a cobertura do seguro conforme as oscilações do mercado.

Em caso de sinistro a indenização será baseada nos preços oficiais da Bolsa de Mercadorias da cidade de....................., do dia do sinistro e de acordo com as condições das apólices respectivas.

Este recibo deverá ser devolvido quando for requisitada a retirada total da mercadoria ou apresentado para anotações no verso se a retirada for parcial.

Aos .... de .... de.......

....
As. do Diretor

TAXAS

	R$:	R$:
Armazenagem	....	....
Seguro	....	
Carreto	....	....
Ensaque	....	....
Sacos novos	....	....
Rebenefício	....	....

MODELO DE CONHECIMENTO DE TRANSPORTE

EMPRESA RODOVIÁRIA NORTE - SUL LTDA.

Cargas, encomendas, bagagens, transporte de mercadorias, de domicílio a domicílio, em autocaminhões

FILIAL: .... *MATRIZ:* .... *AGÊNCIA:* ....

Em .... *de* .... *de* ....

Remetente: ....

Rua: .... *nº* .... *cidade* ....

Destinatário: ....

Rua: .... *nº*.............. *cidade* ....

Destino: ....

Observações: ....

....

Nº	*Marca*	*Quant.*	*Espécie*	*Designação*	*Quilos*

CONHECIMENTO

Nº ....

Série ....

ENTREGA

Frete ....

Redespacho ....

Cálculo até ....

....

Frete *R$*..............

Taxa

Mínima *R$*..............

Ad Valorem *R$*..............

Despacho *R$*.............

Imposto *R$*............

Seguro *R$*.............

Redespacho *R$*.............

Total *R$*.............

VALOR: *R$* ....

....

Nota Fiscal *Nº*

Guia *Nº*

IMPORTANTE .... *no caso de desastre ou incêndio a EMPRESA apenas assumirá responsabilidade pelas mercadorias seguradas por autorização de ambas as partes. Mediante taxa módica, a EMPRESA fará o seguro de suas mercadorias, garantidor desses riscos.*

Digitador:	*Conferente:*	*Despachante:*
....	....	....

RECEBI da EMPRESA RODOVIÁRIA NORTE - SUL LTDA.

as mercadorias constantes do conhecimento nº .... *série nº*.................

....

(Datar, assinar e devolver pelo portador)

Capítulo VII

Títulos imobiliários

Contam-se entre os títulos imobiliários a letra imobiliária, a letra hipotecária e a cédula hipotecária, cujas peculiaridades faremos desfilar em seguida. A Lei n. 9.514/1997, que dispõe sobre o Sistema de Financiamento Imobiliário, criou o certificado de recebíveis imobiliários. Em seguida, a Medida Provisória n. 2.223/2001 instituiu a letra de crédito imobiliário e a cédula de crédito imobiliário. Por seu turno, a Lei n. 10.931, de 2 de agosto de 2004, consolidou, no ordenamento jurídico brasileiro, os dois últimos títulos aqui mencionados.

1. Letra imobiliária

1.1. Origens do título. Seus requisitos

A criação desse título de crédito está ligada à necessidade de levantar recursos para a implementação da política da casa própria e está disciplinada pela Lei n. 4.380, de 21 de agosto de 1964. Desde muito tempo sofre a concorrência das cadernetas de poupança, outro meio de captação de recursos para o setor imobiliário, estando praticamente em desuso. Constituem promessa de pagamento e seus valores são corrigidos de acordo com índices fixados pelo Governo Federal. Na sua confecção, devem constar como seus requisitos:

I) a denominação "Letra Imobiliária";

II) o nome de seu emitente, com sua sede, capital social e reservas, bem como o total de recursos de terceiros e de aplicações;

III) o valor do título;

IV) a data do vencimento e a taxa de juros;

V) o número de inscrição no Livro de Registro do Emitente;

VI) a assinatura do emitente, ou de seus representantes legais;

VII) o nome da pessoa a quem a letra deve ser paga.

O endosso aposto em uma letra imobiliária não faz surtir efeitos cambiários, sendo somente de natureza civil, isto é, sem nenhuma responsabilidade para o endossante decorrente desse ato. Este obriga-se, tão somente, a garantir a veracidade do título e não o seu pagamento.

2. Letra hipotecária

2.1. Conceituação

A letra hipotecária é um tipo de título de crédito emitido por instituições financeiras credenciadas a conceder créditos hipotecários que lhe servem de garantia. Modernamente é regida pela Lei n. 7.684, de 1988. No entanto, uma legislação mais antiga já a disciplinava. Trata-se do Decreto n. 370, de 2 de maio de 1890, editado para aprovar o Decreto n. 169-A, de 19 de janeiro desse mesmo ano. Estabelecia aquele decreto que "os empréstimos em que se devem fundar as letras hipotecárias não se podem celebrar senão sobre primeira hipoteca". Assim, considerava "feitos sobre primeira hipoteca, em todo e qualquer caso, os empréstimos destinados ao pagamento de quaisquer dívidas do mutuário, uma vez que a escritura do contrato seja inscrita em primeiro lugar e sem concorrência".

Por sua natureza é um título causal, por vincular-se a hipoteca ou hipotecas, pois exatamente um dos requisitos desse título é a identificação dos créditos hipotecários e dos seus respectivos valores, o que lhe respalda a emissão. O valor nominal da letra hipotecária não poderá ser superior ao do crédito hipotecário. Seu vencimento não poderá exceder ao do crédito.

A despeito da garantia real, fundada nos imóveis hipotecados, a letra hipotecária poderá ainda dispor de garantia fidejussória adicional, também chamada garantia pessoal, concedida por uma instituição financeira. Assim, esse título de crédito pode ser também garantido pela fiança ou pelo aval. Não se admite cobrança regressiva contra o endossante, que se obriga, contudo, a garantir a veracidade desse documento.

2.2. Condições para sua emissão

De acordo com o que preceitua o art. 5º da Lei n. 7.684/1988, o Banco Central baixou a Circular n. 1.393/1988, estabelecendo as seguintes condições para a emissão de letras hipotecárias:

a) essa emissão será privativa das instituições que atuam na concessão de financiamentos com recursos do Sistema Financeiro de Habitação;

b) a garantia será representada pela caução de créditos hipotecários das instituições de que trata a alínea anterior, garantidos por primeira hipoteca;

c) o prazo mínimo será de 180 dias;

d) o controle far-se-á pelo valor presente;

e) a instituição financeira deverá manter controles extracontábeis que permitam a identificação dos créditos garantidores das letras emitidas.

2.3. Requisitos da letra hipotecária e formas de emissão

Modernamente a letra hipotecária é emitida sob a forma nominativa e endossável e deve ostentar os seguintes requisitos:

I) o nome da instituição financeira que emitiu o título e a assinatura de seus representantes legais;

II) o número de ordem, o local e a data de emissão;

III) a denominação "Letra Hipotecária";

IV) o valor nominal e a data do seu vencimento;

V) a forma, a periodicidade e o local de pagamento do principal, da atualização monetária e dos juros;

VI) os juros, que poderão ser fixos ou flutuantes;

VII) a identificação dos créditos hipotecários caucionados e seus respectivos valores;

VIII) o nome do titular, se nominativa, e a declaração de que a letra circula por endosso, se endossável.

Assinale-se que, a critério do credor, a letra hipotecária poderá simplesmente ser registrada de forma escritural na instituição que a emitiu, dispensando-se, destarte, a emissão do certificado. Dada essa hipótese, a letra hipotecária não poderá, rigorosamente, ser considerada um título de crédito, por faltar-lhe a cartularidade (remetemos o leitor ao item *A discussão hodierna em torno da cartularidade*, no Capítulo I).

As letras hipotecárias não tiveram grande aceitação, a despeito de bem estruturadas legalmente. Para provar que não teve a voga esperada nos negócios pertinentes, basta dizer que somente pouquíssimas vezes elas se deram ao luxo de ser usadas. No entanto, nunca foram revogadas e de quando em quando se ouve a notícia de seu lançamento no mercado. Em resumo, constituem títulos de crédito especiais, emitidos que são com garantia imobiliária, por instituições que atuam com recursos do Sistema Financeiro de Habitação (SFH), dentro da perseguição das metas instituídas pela política habitacional brasileira.

3. Cédula hipotecária

3.1. Conceito e legislação

Esse título de crédito foi criado através do Decreto n. 70, de 21 de novembro de 1966, sendo igualmente regulamentado pela Resolução n. 228, de 4 de junho de 1972, de lavra do Banco Central. Tal resolução estabeleceu que os bancos de investimento com capital e reservas livres iguais ou superiores a 30 milhões de cruzeiros, a Caixa Econômica Federal e os bancos de desenvolvimento poderão emitir ou endossar cédulas hipotecárias destinadas à negociação no mercado de capitais, obedecendo às normas constantes do Decreto-lei n. 70, de 21 de janeiro de 1966. Essas instituições obrigam-se solidariamente pela boa liquidação do crédito, responsáveis que são ora pela emissão do título, ora por seu endosso. Determinou, ainda, a referida resolução (item II, b) que as cédulas hipotecárias deverão ter o prazo de vencimento mínimo de dois anos, a contar da data de sua emissão.

A cédula hipotecária consiste em um título de crédito nominativo, que encerra uma promessa de pagamento, à semelhança da nota promissória. Diferentemente dessa, porém, a cédula hipotecária é um título causal, pois decorre de hipoteca inscrita em cartório de registro de imóveis e representa os respectivos créditos hipotecários. É o que reza o art. 10 do referido Decreto n. 70/1966, acrescentando que dita cédula poderá ser emitida pelo credor hipotecário, nos seguintes casos:

a) operações empreendidas no Sistema Financeiro de Habitação;

b) hipotecas de que sejam credores instituições financeiras em geral, e companhias de seguro;

c) hipotecas entre outras partes, desde que a cédula hipotecária seja originariamente emitida em favor das já mencionadas instituições financeiras e companhias de seguro.

Sua criação deu-se dois anos após o surgimento da letra imobiliária, destinando-se, outrossim, a facilitar a aquisição da casa própria e a captar recursos financeiros no mercado, com o intuito de capitalizar o setor. Se a Lei n. 4.380/1964 instituiu a sociedade de crédito imobiliário e a letra imobiliária, coube ao Decreto n. 70/1966 a criação da associação de poupança e empréstimo e da cédula hipotecária.

3.2. Características

O beneficiário desse título é sempre uma instituição financeira, a exemplo de uma caixa econômica ou de um banco de investimento, ou mesmo uma companhia de seguro. Por trás dessas operações estão os financiamentos concedidos às associações de poupança e empréstimo, destinados à aquisição da casa própria. O imóvel financiado garante, assim, em hipoteca, o empréstimo concedido. A transferência da propriedade da cédula hipotecária efetua-se apenas mediante endosso em preto, e o seu efeito é o de cessão civil. É que endossante e emitente continuam solidariamente responsáveis pela liquidação do crédito, ressalvada a hipótese de que avisem ao devedor hipotecário, e o segurador, quando houver, de cada emissão ou endosso, até 30 dias após a sua realização. Tal aviso poderá ser feito por carta, entregue mediante recibo ou enviada pelo Registro de Títulos e Documentos, ou então via notificação judicial.

Consoante o art. 27 do aludido decreto-lei, a emissão ou o endosso de cédula hipotecária com infringência do aí disposto constitui, seja para o emitente, seja para o endossante, crime de estelionato, o que os sujeita às sanções previstas no art. 171 do Código Penal.

Institui o mesmo instrumento legal que a cédula hipotecária poderá ser integral ou fracionária. Na primeira modalidade, representa a totalidade do crédito hipotecário; na segunda, parte dele. Fica entendido, nesse caso, que a soma do principal das cédulas hipotecárias fracionárias emitidas com base em determinada hipoteca não poderá ultrapassar, em nenhuma hipótese, o valor do crédito garantido.

Por seu turno, veda-se a emissão de cédulas hipotecárias sobre hipotecas em cujos contratos não estejam previstas as seguintes obrigações do devedor:

a) conservar o imóvel hipotecado em condições normais de uso;

b) pagar nas épocas próprias todos os impostos, taxas, multas, ou quaisquer outras obrigações que recaiam ou venham a recair sobre o imóvel;

c) manter o imóvel segurado por quantia no mínimo correspondente ao do seu valor monetário corrigido.

3.3. Requisitos do título

A cédula hipotecária deverá conter obrigatoriamente no seu anverso os seguintes requisitos:

I) nome, qualificação e endereço do emitente, e do devedor;

II) número e série da cédula hipotecária, com indicação da parcela ou totalidade do crédito que represente;

III) número, data, livro e folhas do registro geral de imóveis em que foi inscrita a hipoteca e averbada a cédula hipotecária;

IV) individualização do imóvel dado em garantia;

V) valor da cédula, como previsto nos arts. 10 e 12, juros convencionados e multa estipulada para o caso de inadimplemento;

VI) número de ordem da prestação a que corresponder a cédula hipotecária, quando houver;

VII) data do vencimento da cédula hipotecária ou, quando representativa de várias prestações, seus vencimentos de amortização e juros;

VIII) autenticação feita pelo oficial do registro geral de imóveis;

IX) data da emissão e as assinaturas do emitente, com a promessa de pagamento do devedor;

X) lugar do pagamento do principal, juros, seguros e taxas (art. 15).

A designação "Cédula Hipotecária" foi inserida no título por determinação do Banco Central, em conformidade com a já mencionada Resolução n. 228/1972.

A cédula hipotecária deverá ostentar no seu verso a menção ou locais apropriados para a data ou datas das transferências por endosso; o nome, assinatura e endereço do endossante; o nome, qualificação, assinatura e endereço do endossatário; as condições do endosso e a designação do agente recebedor e sua comissão. Vinculada ao Sistema Financeiro de Habitação (SFH), a cédula hipotecária ainda conterá, no verso, a indicação dos seguros obrigatórios.

Por outro lado, a cédula hipotecária obedece ao modelo determinado pelo Banco Central. Contudo, se sua origem e circulação ficarem restritas ao Sistema Financeiro de Habitação, esse título poderá continuar seguindo as normas baixada pelo antigo Banco Nacional de Habitação.

4. Certificado de recebíveis imobiliários

4.1. Origem e características

O título de crédito ora mencionado foi criado, como já dito, pela Lei n. 9.514/1997. O certificado de recebíveis imobiliários (CRI) é título de crédito nominativo, sendo de livre negociação, circulando, em função disso, por endosso. Constitui uma promessa de pagamento em dinheiro e é lastreado em créditos imobiliários. Só pode ser emitido por companhias securitizadoras (art. 6º.). Determinado banco financia a aquisição ou a construção de um imóvel, do que lhe resulta um crédito que constitui o valor do financiamento. Ocorre que a instituição financeira negocia esse crédito com uma companhia de capitalização. A companhia fraciona o crédito em diversos títulos que serão negociados no mercado, onde podem ser adquiridos por investidores. O valor total de sua emissão não pode ultrapassar o montante dos créditos levantados ou lastreados em operações efetivadas com financiadores ou incorporadores imobiliários. Quanto a seus resgates, isso ocorrerá nos prazos convencionados. Esse título ostenta as seguintes características:

I) nome da companhia emitente;

II) número de ordem, local e data de emissão;

III) denominação "Certificado de Recebíveis Imobiliários";

IV) forma escritural;

V) nome do titular;

VI) valor nominal;

VII) data de pagamento ou, se emitido para pagamento parcelado, discriminação dos valores e das datas de pagamento das mais diversas parcelas;

VIII) taxa de juros, fixa ou flutuante, e datas de sua exigibilidade, admitida a capitalização;

IX) cláusula de reajuste, observada a legislação pertinente;

X) lugar do pagamento;

XI) identificação do Tempo de Securitização de Créditos que lhe tenha dado origem.

4.2. Registro, negociação e garantia

Consoante o diploma legal mencionado, o registro e a negociação do CRI efetuar-se-ão através de sistemas centralizados de custódia e liquidação financeira de títulos privados.

A depender do disposto no termo de Securitização de Créditos, o CRI pode ter garantia flutuante, o que lhe assegurará privilégio geral sobre o ativo da companhia securitizadora, sem impedir a negociação dos bens que compõem esse ativo (art. 7º, § 2º).

4.3. Securitização de créditos imobiliários

Esse processo constitui uma operação pela qual esses créditos são expressamente vinculados à emissão de uma série de títulos, mediante Termo de Securitização de Créditos, de responsabilidade de uma companhia securitizadora. Desse termo constarão os seguintes elementos:

a) a identificação do devedor e o valor nominal de cada título que lastreie a emissão, com a individuação do imóvel a que esteja vinculado e a indicação do Cartório de Registro de Imóveis em que esteja registrado e respectiva matrícula, bem como a indicação do ato pelo qual o crédito foi concedido;

b) a identificação dos títulos emitidos;

c) a constituição de outras garantias de resgate dos títulos da série emitida, se for o caso (art. 8º).

4.4. Instituição do regime fiduciário

O financiamento do que trata a Lei n. 9.514/1997, que dispõe sobre o Sistema Financeiro Imobiliário (SFI), distingue-se do que está disciplinado na Lei n. 4.380/1964, que trata do Sistema Financeiro de Habitação (SFH). O grande marco diferencial está exatamente na garantia pela alienação fiduciária do crédito em conformidade com o comando normativo insculpido no art. 9º. da Lei n. 9.514 mencionada, que faculta à companhia securitizadora a instituição de regime fiduciário sobre créditos imobiliários, com o intuito de lastrear a emissão de certificados de recebíveis imobiliários. Funciona como agente fiduciário uma instituição financeira ou companhia autorizada pelo Banco Central. Beneficiários são os adquirentes dos títulos lastreados nos recebíveis, objeto desse regime.

5. Letra de crédito imobiliário

5.1. Histórico

Na esteira da Lei n. 9.514/1997, a Medida Provisória 2.223/2001 criou a letra de crédito imobiliário e a cédula de crédito imobiliário. Suas presenças na legislação brasileira vão ser confirmadas através da Lei n. 10.931/2004. Quem pode emiti-las são instituições financeiras autorizadas pelo Banco Central do Brasil. A letra de crédito imobiliário (LCI) pode ser emitida independente de transmissão efetiva, isto é, pode fugir ao princípio da cartularidade. Sua criação é lastreada em créditos imobiliários garantidos por hipoteca, bem como pela alienação fiduciária de coisa imóvel. Esse título confere aos seus tomadores direito de crédito pelo valor nominal, juros, e, se for o caso, atualização monetária nele estipulados em conformidade com o que preceitua o art. 12 *(caput)* do mencionado instrumento legal.

5.2. Características

A letra de crédito imobiliário (LCI) é emitida na forma nominativa. Transfere-se mediante endosso em preto. Impende dizer que o endossante só responderá pela veracidade do título, não cabendo contra ele direito de cobrança regressivo.

O título em questão há de conter:

I) o nome da instituição emitente e as assinaturas de seus representantes;

II) o número de ordem, o local e a data de emissão;

III) a denominação "Letra de Crédito Imobiliário";

IV) o valor nominal e a data de vencimento;

V) a forma, a periodicidade e o local de pagamento do principal, dos juros e, se for o caso, da atualização monetária;

VI) os juros, fixos ou flutuantes, que poderão ser renegociáveis, a critério das partes;

VII) a identificação dos créditos caucionados e seu valor;

VIII) o nome do titular; e

IX) a cláusula à ordem se endossável (art. 12, § 1º).

Enfatize-se, contudo, que o preceito introduzido no *caput* do art. 12, concernente à emissão do título sem tradição efetiva, só pode ocorrer a critério do credor. Prevalecendo a forma escritural, deverá esta ser registrada em sistemas de registro e liquidação financeira de títulos privados autorizados pelo Banco Central, de acordo com o § 2º do citado artigo.

Por seu turno, a LCI poderá ser atualizada mensalmente por índices de preço. Basta, para tanto, que seja emitida com prazo mínimo de trinta e seis meses. Consoante dispositivo legal, é vedado o pagamento dos valores relativos à atualização monetária apropriados desde a emissão, quando ocorrer o resgate antecipado, total ou parcial, em prazo inferior ao ora mencionado, da LCI emitida com previsão de atualização mensal por índices de preço (art. 13).

Acrescente-se, entretanto, que a lei em questão faculta ao Banco Central do Brasil estabelecer o prazo mínimo e outras condições para emissão e resgate da LCI, observado o conteúdo normativo do seu art. 13 (art. 16).

5.3. Garantias e prazos de vencimento

A letra de crédito imobiliário ainda poderá contar com garantia fidejussória adicional concedida por instituição financeira. Por outro lado, esse título poderá ser garantido por um ou mais créditos imobiliários. A soma, porém, do principal das LCI emitidas não poderá exceder o valor total dos créditos imobiliários em poder da instituição emitente.

Obviamente, a LCI não poderá ter prazo de vencimento superior ao prazo de quaisquer dos créditos imobiliários que lhe servem de lastro. Se assim não fosse, a garantia oferecida no momento da criação da letra estaria, ao menos, restringida, exatamente porque lhe faltaria um dos componentes da constituição do lastro aqui aludido.

Inclua-se, nesta exposição, que o crédito caucionado poderá ser substituído por outro crédito da mesma natureza por iniciativa do emitente da LCI, seja nos casos de liquidação ou vencimentos antecipados do crédito, seja por solicitação justificada do credor do título (art. 15).

6. Cédula de crédito imobiliário

6.1. Função e características

A finalidade da cédula de crédito imobiliário (CCI) é representar créditos imobiliários. É igualmente prevista na Lei n. 10.931/2004 (arts. 18 a 25). À semelhança da letra de crédito imobiliário, a CCI leva à captação de recursos com o escopo de promover o financiamento da construção civil, a necessitar de meios adequados para a sua expansão. Será de emissão do credor e poderá ser integral ou fracionária. No primeiro caso, representa a totalidade do crédito; no segundo, parte dele. A soma das CCI fracionárias emitidas em relação a cada crédito não pode exceder o valor total do crédito que representam. As CCI fracionárias são emitidas simultaneamente ou não, o que pode dar-se a qualquer momento antes do vencimento do crédito que representam (art. 18, parágrafos 1º e 2º).

6.2. Garantias

A CCI poderá ser emitida com ou sem garantia, real ou fidejussória. Admite, além da forma cartular, a escritural. Dada essa última hipótese, há de concretizar-se mediante escritura pública ou instrumento particular. Dito instrumento permanece custodiado em instituição financeira e registrado em sistemas de registro e liquidação financeira de títulos privados autorizados pelo Banco Central (parágrafos 3º e 4º).

Se o crédito imobiliário for garantido por direito real, a emissão da CCI será averbada no Registro de Imóveis da situação do imóvel, na respectiva matrícula, fazendo-se constar dela, exclusivamente, o número, a série e a instituição custodiante. Por seu turno, a contrição judicial que vier a recair sobre crédito representado por CCI será efetuada no registro da instituição custodiante ou mediante apreensão da respectiva cártula. Na circunstância de a CCI ser emitida na forma escritural, caberá à instituição custodiante identificar o credor, para que seja intimado da referida contrição. Tudo em consonância com os parágrafos 5º a 9º do art. 18.

6.3. Requisitos do título

A cédula de crédito imobiliário deverá ostentar os seguintes requisitos:

I) a denominação "Cédula de Crédito Imobiliário", quando emitida cartularmente;

II) o nome, a qualificação e o endereço do credor e do devedor e, no caso de emissão escritural, também o do custodiante;

III) a identificação do imóvel objeto do crédito imobiliário, com a indicação da respectiva matrícula no Registro de Imóveis competente e do registro da constituição da garantia, se for o caso;

IV) a modalidade da garantia, se for o caso;

V) o número e a série da cédula;

VI) o valor do crédito que representa;

VII) a condição de integral ou fracionária e, nessa última hipótese, também a indicação da fração que representa;

VIII) o prazo, a data do vencimento, o valor da prestação total, nela incluídas as parcelas de amortização e juros, as taxas, seguros e demais encargos contratuais de responsabilidade do devedor, a forma de reajuste e o valor das multas previstas contratualmente, com a indicação do local de pagamento;

IX) o local e a data da emissão;

X) a assinatura do credor, quando emitida cartularmente;

XI) a autenticação pelo Oficial do Registro de Imóveis competente, no caso de contar com garantia real; e

XII) cláusula à ordem, se houver (art. 19).

6.4. A CCI como título executivo extrajudicial

A CCI constitui título executivo extrajudicial. Sua exigibilidade dá-se pelo valor apurado com base nas cláusulas e condições pactuadas no contrato que lhe deu origem. Por seu turno, o crédito representado pela CCI será exigível por ação de execução, salvo no caso das hipóteses em que a lei venha a determinar procedimento especial, de natureza judicial ou extrajudicial, com o intuito de satisfazer o crédito e realizar a garantia (art. 20).

Impõe a Lei n. 10.931/2004 que a emissão ou a negociação da cédula em foco independe de autorização do devedor do crédito imobiliário que representa (art. 21). Já no que concerne à cessão do crédito que representa, dispõe o art. 22 que aquela poderá ser feita por meio de sistemas de registro e de liquidação financeira de títulos privados autorizados pelo Banco Central.

Estatui o parágrafo primeiro do art. 22 que a cessão do crédito representado por CCI implica automática transmissão das respectivas garantias ao cessionário, sub-rogando-o em todos os direitos representados pela cédula. Fica o cessionário, na hipótese de contrato de alienação fiduciária, investido na propriedade fiduciária.

Já o seu parágrafo segundo do mesmo artigo dispõe que a cessão de crédito garantido por direito real, quando emitida por CCI sob a forma escritural, está dispensada de averbação no Registro de Imóveis, aplicando-se, no que esta Lei não contrarie, o disposto nos arts. 286 e seguinte da Lei n. 10.406, de 10 de janeiro de 2002 — Código Civil brasileiro.

6.5. A CCI como objeto de securitização

A CCI pode ser objeto de securitização nos termos da Lei n. 9.514, de 1997, quando a cédula será identificada no Termo de Securitização de Crédito, com indicação de seu valor, número, série e instituição custodiante. Dispensa-se a enunciação das informações já constantes do título ou do seu registro na instituição custodiante (art. 23).

6.6. Resgate da dívida representada pela CCI

Vejamos, agora, a norma contida no art. 24, segundo a qual o resgate da dívida representada pela CCI se prova com a declaração de quitação, emitida pelo credor, ou, na falta desta, por outros meios admitidos em Direito.

Podemos observar que o conteúdo normativo de alguns artigos da Lei n. 10.931/2004 leva-nos a várias reflexões e empurra-nos para a seguinte polêmica: será que a cédula de crédito imobiliário preenche os requisitos de título de crédito?

Quem se dispõe a responder é *Gladston Mamede*,[(1)] que questiona sobre o regime jurídico da CCI, isto é, se está submetida às regras e aos princípios do Direito Cambiário. O problema a resolver é se se trata de um título de crédito próprio, à luz da legislação.

No entender do mencionado doutrinador, dois elementos apontam para uma dimensão cambiária da cédula em pauta, a saber: a) o próprio nome *cédula de crédito*, a remeter a títulos afins, a exemplo da cédula de crédito rural e da cédula de crédito industrial; b) a previsão inserida no art. 19, II, da Lei n. 10.931/2004 de que a cédula pode conter cláusula à ordem, se endossável. Por outro lado, outros elementos da cédula de crédito imobiliário inclinam-se para a sua constatação como um título de crédito impróprio, imperfeito ou mesmo *sui generis*, como: a) a possibilidade da emissão escritural do título, o que lhe retira a cartularidade; b) mesmo com a emissão da cártula, não se demonstra o pagamento da dívida por anotação no próprio título ou por sua entrega ao devedor. Vale a regra contida no art. 24; c) ademais, a transferência do crédito documentado pelas cédulas de crédito imobiliário, conforme o art. 24 da Lei n. 10.931/2004, não acontece por endosso, instituto típico do Direito Cambiário, mas por cessão de crédito, conforme teor do art. 22. Nesse caso, aplicam-se os arts. 286 *et seq.* do Código Civil e não os arts. 904 *et seq.* desse instrumento legal, voltados para os títulos de crédito (p. 454-455).

Daí a reserva, segundo o ilustre autor citado, ante a afirmação de que tal cédula pode conter cláusula à ordem, se endossável. A possibilidade jurídica do endosso impõe ao devedor a obrigação de tão somente pagar a quem lhe apresenta o título.[(2)]

A longa citação, ora transcrita, serve de base à inquietação de como o endosso aposto na cédula de crédito imobiliário poderá levar o devedor à situação de pagar o título mais de uma vez, o que aponta para um sério defeito técnico na lei posta aqui em discussão.

---

(1) MAMEDE, Gladston. *Op. cit.*, p. 454-455.

(2) Nesse sentido, acrescenta Gladston Mamede: "Se paga a outrem — mesmo que ao credor originário —, corre o risco de ver o título apresentado pelo endossatário e, então, deverá pagar novamente, segundo a máxima 'quem paga mal, paga duas vezes'... Os financiamentos imobiliários, contudo, são pagos de outra forma; via de regra, por boletos ou, mesmo, débito automático em conta. Fica claro, portanto, que o regulamento e a prática das cédulas de crédito imobiliário, com pagamentos comprováveis por todos os meios admitidos em direito... é incompatível com a figura do endosso e, principalmente, com as consequências jurídicas dele advindas, como o direito do credor endossatário ao crédito anotado na cártula pela simples apresentação do título no qual esteja registrada a assinatura do endossante ou dos endossantes, considerando, em abstrato, a figura da sequência de endossos. Esta condição específica do título torna inaplicável à cédula de crédito imobiliário os princípios da autonomia, independência e abstração" (MAMEDE, Gladston, 2005. p. 455).

6.7. *Hipótese de vedação de averbação*

Agora, e passando longe da discussão encetada no subitem imediatamente anterior, registremos que o art. 25 da Lei n. 10.931, de 2004, veda a averbação de emissão da CCI com garantia real quando houver prenotação ou registro de qualquer outro ônus real sobre os direitos imobiliários respectivos, inclusive penhora ou averbação de qualquer mandado ou ação judicial.

6.8. *Considerações finais*

Por outro lado, e não há como negar, o conceito de título de crédito tornou-se demasiado vago e de uma abrangência tal que comporta, segundo alguns, até bilhetes de transporte e entradas de cinema (vimos que consideramos tais papéis como comprovantes e títulos de legitimação, já no Capítulo I do livro). Por que não a cédula de crédito imobiliário? Acrescente-se a discussão sobre a cartularidade acerca do conceito de título de crédito no Código Civil de 2002, cujo art. 887 se inspira na conceituação de *Cesare Vivante*, conforme nosso ponto de vista emitido no item "A discussão hodierna em torno da cartularidade", no Capítulo I do presente trabalho.

Capítulo VIII

Títulos de Crédito Rural

1. Generalidades

Antes da institucionalização do crédito rural, o aperfeiçoamento dos contratos de financiamento rural decorria de escrituras públicas ou particulares, a depender das garantias que fossem oferecidas. Prevaleciam os comandos normativos contidos no Código Civil brasileiro.(1)

Ficava desde já patente a necessidade de albergar tais relações jurídicas em instrumentos legais mais específicos, com o intuito de disciplinar-se de forma consistente o crédito rural, além dos preceitos relativos presentes no Código Civil. Semelhante solução não foi encontrada de uma hora para outra, mas, pelo contrário, teve de percorrer um longo caminho, antes de chegarmos à lei pertinente, a chamada "Lei Institucionalizadora do Crédito Rural", como veremos em seguida. Passemos primeiramente a um enfoque cronológico da legislação e das medidas concernentes à questão em tela:

1) "Lei de Usura", que é, nada mais nada menos, o Decreto n. 22.626, de 7 de abril de 1933, que teve o mérito de fixar em 6% ao ano a taxa de juros aplicada aos empréstimos de natureza rural.

2) Lei n. 492, de 30 de agosto de 1937, que trouxe uma nova regulamentação para o penhor rural, ao simplificar a formalização de suas operações, criando a cédula rural pignoratícia. Caracterizava-se esse título, à época, por sua emissão pelo oficial do cartório de registro de imóveis, e não pelo mutuário, como atualmente acontece.

3) Lei n. 3.253, de 27 de agosto de 1957, que disciplinava o uso das cédulas rurais, quer as pignoratícias, quer as hipotecárias, dispensando as formalidades contratuais, bem como facilitando as operações em espécie, além de expressar no título mesmo as condições a que se sujeitava o financiamento e a relação dos bens oferecidos em garantia.

4) Criou-se em 1961 o Grupo de Crédito Rural, através do Memorando Presidencial GP, MF — 37/61, com o fito de avaliar a questão do financiamento rural e traçar estratégias para discipliná-lo. No relatório apresentado por esse grupo de trabalho foram

(1) Daí a pertinente observação de Benedito Ferreira Marques: "Os custos operacionais eram elevados, ainda mais quando se constituíram garantias de hipoteca, para as quais a lei civil exige escritura pública, além do respectivo e subsequente registro no cartório imobiliário competente. Vale dizer, o mutuário, além dos encargos financeiros a que se submetia perante o Banco, ainda suportava o pagamento dos emolumentos com a lavratura das escrituras e com o registro do ônus hipotecário. Nessas escrituras, se inseriam extensas e inúmeras cláusulas, visando à maior segurança possível para a entidade credora" (*Direito Agrário brasileiro*. Goiânia: AB Ed., 1999. p. 204).

arroladas as vantagens das cédulas de crédito rural em relação aos procedimentos que caracterizavam os contratos de penhor e hipoteca, a saber:

a) como títulos cambiários revestiam-se as cédulas rurais de segurança na sua circulação e rapidez na sua execução;

b) dispensavam a outorga uxória;

c) permitiam a constituição da hipoteca por instrumento particular;

d) permitiam igualmente a inscrição do penhor nas exatorias federais, evitando-se os inconvenientes dos serviços cartorais;

e) resultavam na redução das custas. Tudo isso como mais um passo dentro do processo de consolidação do uso e da aceitação dos títulos de crédito rural.

5) Lei n. 4.595, de 31 de dezembro de 1964, *Lei da Reforma Bancária*, que teve o seu papel na questão da disciplinação do crédito em geral, pois cria tanto o Banco Central quanto o Conselho Monetário Nacional.

6) O *Estatuto da Terra* que, em seu art. 73, VI, se refere expressamente à assistência financeira e creditícia com o escopo de estimular a produção agropecuária, "dentro das diretrizes fixadas para a política de desenvolvimento rural", conforme prevê o citado instrumento legal.

Foi em decorrência da Lei n. 4.829/1965, art. 36, parágrafo único, que o Conselho Monetário Nacional ganhou competência para regular a utilização de títulos de crédito no âmbito das operações rurais, atitude provavelmente influenciada pelos resultados satisfatórios alcançados para contratar os financiamentos agrários.

Não tardou muito e eis que o governo da União baixa o Decreto-lei n. 167, de 27 de fevereiro de 1967, ainda em vigor, com o fito de instituir os títulos de crédito rural garantidores das operações de financiamento rural. Dito instrumento legal revigora os títulos cambiais já criados e circulantes na área dos negócios rurais, além de criar outros, a exemplo da duplicata rural e da nota de crédito rural. Enquanto a primeira era usada por empresas rurais em operações de venda, a segunda destinava-se a facilitar aquelas operações desprovidas de lastro de garantias reais.

2. Conceito de crédito rural

O conceito de crédito rural vem à tona já no art. 1º do citado instrumento legal n. 4.829, de 1965, considerando como "... o suprimento de recursos financeiros por entidades públicas e estabelecimentos de crédito particulares a produtores rurais ou às suas cooperativas para aplicação nos objetivos indicados na legislação em vigor".

Como acentua *Benedito Ferreira Marques*, de cujo esquema nos servimos em seguida, sobrelevam duas características básicas na definição do crédito rural:

a) tal crédito constitui um *suprimento*, e sendo assim, parte-se do entendimento de que o beneficiário há de contar, em princípio, com parte de seus próprios recursos na consecução dos seus objetivos;

b) trata-se de um financiamento específico dirigido aos produtores rurais ou às suas cooperativas. Posteriormente, pessoas físicas ou jurídicas dedicadas a atividades de pesquisa, produção de sementes e mudas melhoradas, assim como a prestação de serviços mecanizados, foram incluídas como beneficiárias. Quanto aos objetivos traçados pelo crédito rural, podem ser mencionadas as seguintes prioridades: a) estímulo ao incremento ordenado dos investimentos rurais, no que se incluem o armazenamento, o beneficiamento e a industrialização dos produtos agropecuários; b) favorecimento ao custeio da produção e da comercialização dos bens;

c) criação de condições para o fortalecimento econômico dos produtores rurais;

d) incentivo à absorção dos métodos racionais de produção, com vista à elevação da produtividade e à melhoria do padrão de vida.

Decorre do que vimos que o financiamento rural se desdobra nas seguintes linhas de crédito:

a) de custeio, pois se volta à cobertura das despesas inerentes ao ciclo produtivo, agrícola ou pecuário, desde o preparo da terra ao armazenamento do produto, no que se inclui a aquisição de mudas, sementes, adubos, corretivos do solo e defensivos. No custeio pecuário estão cobertas até compras de sêmen, hormônio, produtos veterinários etc.;

b) de investimento, pois visa à formação de capital fixo ou semifixo. No primeiro caso, temos a implantação de culturas permanentes, compreendendo também pastagens, florestamento e reflorestamento, investimento em benfeitorias e infraestrutura. No segundo, a aquisição de animais de qualquer porte, de equipamentos e instalações de desgaste, por exemplo;

c) de comercialização, pois uma das finalidades do crédito é a de facilitar aos produtores rurais a colocação no mercado dos seus produtos, compreendendo do armazenamento ao transporte. O crédito rural ainda se destina à negociação de títulos decorrentes da venda da produção ou através de operações para garantia de preços mínimos determinados pela União.[(2)]

3. Classificação dos títulos de crédito rural

Em conformidade com a legislação em vigor podemos classificar os títulos de crédito rural nos segmentos seguintes, a saber: a) cédulas de crédito rural, divididas em cédula rural pignoratícia, cédula rural hipotecária, cédula rural pignoratícia e hipotecária; b) nota de crédito rural; c) duplicata rural e d) nota promissória rural.

Além desses títulos aqui enumerados, existem ainda o bilhete de mercadoria, a cédula de produto rural e a cédula de produto rural financeira, como veremos.

4. Cédulas. Contrato ou títulos de crédito?

Cumpre-nos esclarecer que as cédulas, de um modo geral, e não apenas as rurais, constituem títulos de crédito impróprios, imperfeitos, quiçá mais que impróprios, mais que

(2) *Ibidem*, p. 200-202.

imperfeitos. Basta verificarmos o posicionamento que assumimos no item "Classificação dos títulos de crédito", no Capítulo I do presente trabalho. Ora os títulos são abstratos (letra de câmbio, nota promissória, cujas causas não são levadas em consideração), ora são causais, pois são motivados por operações anteriores, como a duplicata, fruto de um contrato de compra e venda e de prestação de serviço, ou o conhecimento de depósitos e *warrant*, ligados a um contrato de depósito. Todavia, em se tratando das cédulas, ou mesmo das notas, deparamo-nos com um verdadeiro contrato, por vezes envolvendo inúmeros documentos, como no caso da cédula rural pignoratícia e hipotecária. Destarte, passa muito longe desses títulos a característica da independência, no que tange ao papel bastar por si próprio, sem depender de outros documentos. Com base nessa constatação, salta aos olhos que na criação desses títulos há, digamos assim, uma íntima parceria do Direito Cambiário e do Direito Contratual, como sublinha *Gladston Mamede*.(3)

Ainda o mesmo autor sobre o caráter cambiário das cédulas de crédito: "Aliás, a controvérsia em torno da qualidade, ou não de título de crédito, mereceu a avaliação abalizada do Superior Tribunal de Justiça, por sua Quarta Turma, que no Recurso Especial 215.265/GO, examinou a questão: De fato, ela o é. Ao rol constante do art. 585, I, do CPC, foram adicionados, conforme leis específicas, e a previsão do inciso VII do mesmo artigo, os títulos de crédito rural (Decreto 167/67) e os títulos de crédito comercial e industrial (Decreto n. 413/69).(4)

Ora, sustentamos que os títulos de crédito, perfeitos (próprios) ou imperfeitos (impróprios), necessitam de previsão legal, isto é, são tipificados em lei e por elas são assim chamados. Destarte, dentro mesmo do sentido amplo que emprestamos a títulos de crédito, é que não podemos negar às cédulas de crédito o epíteto, a denominação de títulos de crédito, o que não nos inibe de mostrar as distorções porventura existentes em sua conceituação.

5. Cédula rural pignoratícia

Como vimos, esse título de crédito foi criado pela Lei n. 492, de 30 de agosto de 1937. Uma inovação trazida era a possibilidade de circulação desse título, através do endosso em preto. Assim, podiam ser transferidos a terceiros os direitos de crédito, bem como a garantia emanada do penhor. Tais direitos poderiam ser exercidos contra o endossante e obrigados anteriores, que respondiam solidariamente pela obrigação.

O problema, contudo, não estava resolvido, devido à questão das garantias no crédito rural. Como nota *Waldirio Bulgarelli*, desconfia-se do produtor rural, pelas oscilações a que sua atividade econômica está sujeita, pois os bancos privados contentam-se em realidade é com a garantia hipotecária, lastreada na terra. Daí o relativo insucesso do título, mesmo com a promulgação da Lei n. 3.253, de 27 de agosto de 1957, à qual já tivemos oportunidade de nos referir. Se as inconveniências na prática persistiam, urgia uma solução com a finalidade de contornar esses problemas. Daí a promulgação do Decreto-lei n. 167, de 14 de fevereiro de 1967.(5)

---

(3) MAMEDE, Gladston. *Op. cit.*, 2005. p. 359.

(4) *Ibidem*, p. 359-360.

(5) BULGARELLI, Waldirio. *Op. cit.*, p. 500.

Definiu-se a cédula rural pignoratícia como um título de crédito contendo uma promessa de pagamento e garantida pelo penhor rural ou mercantil, constituído no próprio documento.

O penhor rural recai sobre uma série de bens, que poderão permanecer em mãos do emitente, na qualidade de fiel depositário. São passíveis de penhor rural as colheitas de vários tipos, os frutos armazenados, seja em estado natural ou beneficiados, madeira, lenha, carvão vegetal, animais de finalidade econômica, gêneros oriundos de produção econômica, além de equipamentos próprios do imóvel rural, a exemplo de veículos, frigoríficos, utensílios agrícolas etc.

Já no âmbito do penhor mercantil, igualmente chamado caução, estão os títulos de crédito, a saber: *warrants* e respectivos conhecimentos de depósito, notas promissórias, letras de câmbio, duplicatas, ações, cédulas de crédito rural e outras.

Por ser título de crédito, a cédula rural pignoratícia obedece a requisitos básicos para o seu aperfeiçoamento. São-lhe inerentes os seguintes:

I) denominação Cédula rural pignoratícia:

II) data e condições de pagamento; havendo prestações periódicas ou prorrogações de vencimento, acrescentar: "nos termos da cláusula Forma de Pagamento abaixo" ou "nos termos da cláusula Ajuste de Prorrogação abaixo";

III) nome do credor e cláusula à ordem;

IV) valor do crédito deferido, lançado em algarismos e por extenso, com indicação da finalidade ruralista a que se destina o financiamento concedido e a forma de sua atualização;

V) descrição dos bens vinculados em penhor, que se indicarão pela espécie, qualidade, quantidade, marca ou período de produção, se for o caso, além do local ou depósito em que os bens se encontrarem;

VI) taxas dos juros a pagar, e da comissão, se houver, e o tempo de seu pagamento;

VII) praça do pagamento;

VIII) data e lugar da emissão;

IX) assinatura do próprio punho do emitente ou de representante com poderes especiais.

Assinale-se, ainda, que a descrição dos bens vinculados à garantia poderá ser feita em documento à parte, em duas vias, consoante preceito contido no art. 14, parágrafo segundo do citado Decreto-lei 167/1967. Essas vias são assinadas pelo emitente e autenticadas pelo credor, fazendo-se, na cédula, menção a tal circunstância, logo após a indicação do grau do penhor e de seu valor global, de acordo com o aludido dispositivo legal.

Quando da emissão da cédula rural pignoratícia, deve-se proceder à sua inscrição no cartório de registro de imóveis competente, para que tenha eficácia contra terceiros. Manda a norma que seja o cartório cuja circunscrição corresponda ao lugar onde se situe o imóvel dos bens apenhados. Caso se trate de título emitido por cooperativa, dar-se-á a inscrição no cartório de registro de imóveis do domicílio do emitente, tudo em conformidade com a Lei dos Registros Públicos (Lei n. 6.015, de 31 de dezembro de 1973). Ocorrerá o cancelamento da inscrição nas seguintes hipóteses: a) por ordem judicial; b) após a quitação do título, nele lançada, ou ainda em documento separado.

6. Cédula rural hipotecária

Esse papel é regido também pelo Decreto-lei n. 167, de 1967, e distingue-se por fazer constar a constituição de uma hipoteca com o intuito de garantir o pagamento da dívida contraída. Diferentemente da hipoteca comum, que deverá ser inscrita no cartório imobiliário em que está registrada a escritura pública do bem onerado, a hipoteca cedular (assim é a sua denominação legal) se constitui na própria cédula rural hipotecária, sendo bastante esse documento para assegurar o pagamento da dívida contratada. Como os demais títulos, sujeita-se a observar seus requisitos básicos. Conforme o art. 20 do aludido instrumento legal, para que esse título de crédito tenha validade há de conter os seguintes requisitos, nele lançados:

I – a denominação "Cédula rural hipotecária";

II – data e condições de pagamento; havendo prestações periódicas ou prorrogações de vencimento, acrescentar: "nos termos da cláusula Forma de Pagamento abaixo" ou "nos termos da cláusula Ajuste de Prorrogação abaixo";

III – nome do credor e a cláusula à ordem;

IV – valor do crédito deferido, lançado em algarismo e por extenso, com indicação da finalidade ruralista a que se destina o financiamento concedido e a forma de sua utilização;

V – descrição do imóvel hipotecado com indicação do nome, se houver, dimensões, confrontações, benfeitorias, título e data de aquisição e anotações (número, livro e folha) do registro imobiliário;

VI – taxa dos juros a pagar e da comissão de fiscalização, se houver, e tempo de seu pagamento;

VII – praça do pagamento;

VIII – data e lugar da emissão;

IX – assinatura do próprio punho do emitente ou de representante com poderes especiais.

Observa ainda o mencionado Decreto-lei que se a descrição do imóvel, referida no item V, se processar em documento à parte, deverão constar também da cédula todas as indicações, exceto confrontações e benfeitorias. Por outro lado, a especificação dos imóveis hipotecados poderá ser substituída pela anexação à cédula de seus respectivos títulos de propriedade. Tal anexação há de ser mencionada expressamente na cédula, com a declaração de que esses títulos de propriedade são parte integrante da cédula até sua final liquidação.

Taxativo é o parágrafo único do art. 21, ao dizer:

Pratica crime de estelionato e fica sujeito às penas do art. 171 do Código Penal aquele que fizer declarações falsas ou inexatas acerca da área dos imóveis hipotecados, de suas características, instalações e acessórios, da pacificidade de sua posse, ou omitir, na cédula, a declaração de já estarem eles sujeitos a outros ônus ou responsabilidade de qualquer espécie, inclusive fiscais.

Tanto imóveis rurais quanto urbanos podem ser objeto de hipoteca cedular. A fim de que a cédula rural hipotecária venha a ter eficácia contra terceiros há de ser registrada no cartório de registro de imóveis, na circunscrição em que se localizar o imóvel hipotecado.

7. Cédula rural pignoratícia e hipotecária

Baseia-se no mesmo Decreto-lei n. 167, de 1967, e caracteriza-se por ostentar uma dupla garantia para o pagamento da dívida contraída: o penhor e a hipoteca, conforme descrito nos dois títulos imediatamente anteriores. Destarte, aplicam-se a esse título de crédito os princípios válidos para a cédula rural pignoratícia e a cédula rural hipotecária. A cédula rural pignoratícia e hipotecária abarca, portanto, bens móveis e imóveis. Nela constarão os seguintes requisitos:

I) denominação Cédula rural pignoratícia e hipotecária;

II) data e condições de pagamento; havendo prestações periódicas ou prorrogações de vencimento, acrescentar: "nos termos de cláusula Forma de Pagamento abaixo", ou "nos termos da cláusula Ajuste de Prorrogação abaixo";

III) nome do credor e a cláusula à ordem;

IV) valor do crédito deferido, lançado em algarismo e por extenso, com indicação da finalidade ruralista a que se destina o financiamento concedido e a forma de sua utilização;

V) descrição dos bens vinculados em penhor, os quais se indicarão pela espécie, qualidade, quantidade, marca ou período de produção, se for o caso, além do local ou depósito dos mesmos bens;

VI) descrição do imóvel hipotecado com indicação do nome, se houver, dimensões, confrontações, benfeitorias, título e data de aquisição e anotações (número, livro e folha) do registro imobiliário;

VII) taxa dos juros a pagar e da comissão de fiscalização, se houver, e tempo de seu pagamento;

VIII) praça do pagamento;

IX) data e lugar da emissão;

X) assinatura do próprio punho do emitente ou de representante com poderes especiais.

8. Nota de crédito rural

Esse título de crédito caracteriza-se pelo fato de não dispor de nenhuma garantia real, seja pignoratícia, seja hipotecária. Faz-se necessário, contudo, o seu registro no cartório de imóveis, pois só assim pode-se emprestar eficácia ao privilégio dessa nota contra terceiros sobre os bens discriminados no art. 1.563 do antigo Código Civil. O dispositivo que lhe confere privilégio está no art. 28 do Decreto-lei 167/1967, fato que a torna semelhante à duplicata rural (art. 53) e à nota promissória rural (art. 45), ambas decorrentes de operações de compra e venda de bens agrícolas. Os privilégios arrolados recaem sobre: I — os bens móveis do devedor, não sujeitos a direito real de outrem; II — os imóveis não hipotecados; III — o saldo de preço dos bens sujeitos a penhor ou hipoteca, depois de pagos os respectivos credores; IV — o valor do seguro e da desapropriação. Acrescente-se que o novo Código Civil não possui dispositivo diretamente correspondente ao aludido art. 1.563 do velho código. Consultem-se, neste sentido, os arts. 963 *et seq.* do Código Civil de 2002.

A nota de crédito rural vem a ser, por sua vez, uma forma de financiamento rural. Disciplina-se, como é consabido, pelo Decreto-lei n. 167, de 1967. É imprescindível que contenha os seguintes requisitos (art. 27):

I) denominação Nota de crédito rural;

II) data e condições de pagamento; havendo prestações periódicas ou prorrogações de vencimento acrescentar: "nos termos da cláusula Forma de Pagamento abaixo" ou "nos termos da cláusula Ajuste de Prorrogação abaixo";

III) nome do credor e a cláusula *à ordem*;

IV) valor do crédito deferido, lançado em algarismos e por extenso, com indicação da finalidade ruralista a que se destina o financiamento concedido e a forma de sua utilização;

V) taxas dos juros a pagar e da comissão de fiscalização, se houver, e tempo de seu pagamento;

VI) praça de pagamento;

VII) data e lugar da emissão;

VIII) assinatura do próprio punho do emitente ou de representante com poderes especiais.

9. Duplicata rural

Regida igualmente pelo já mencionado Decreto-lei n. 167, de 1967, emite-se a duplicata rural à semelhança da duplicata mercantil e da de prestação de serviços. A duplicata rural foi acrescida ao rol dos títulos já compilados na Lei n. 3.252/1957. É um título líquido e certo e envolve operações de vendas a prazo de bens agrícolas, extrativos ou pastoris, levadas a efeito diretamente por produtores rurais ou através de suas cooperativas, únicas pessoas a poder emiti-la. Isso feito, o vendedor entrega-la-á ao comprador ou lha remeterá, para que este a devolva, depois de assinada. Sua emissão, porém, é meramente facultativa, como se depreende do art. 46 do aludido Decreto-lei, emergindo, destarte, como mais uma alternativa de que dispõem agricultores e criadores para a utilização do crédito no financiamento de suas atividades, como observa *Fran Martins.*(6)

Embora inspirada na duplicata mercantil, não se pode arguir que as normas peculiares a esse título se transportem para a duplicata rural, como direito subsidiário. Até porque a sua emissão tem mero caráter facultativo, como já alertado. Daí decorre não ser obrigatória a extração de uma fatura, diferentemente, portanto, do que acontece nos casos de vendas mercantis a prazo (v. art.1º do Decreto n. 187/1936; v. art. 1º da Lei n. 5.474/1968, com as modificações introduzidas no art.1º do Decreto-lei n. 436/1969). Ora, se a duplicata rural não se baseia em qualquer documento (já a duplicata mercantil se fundamenta na fatura), conclui-se que a duplicata rural só é duplicata no nome, do que efetivamente se vale. Nem se presta à obrigatoriedade do aceite, valendo este, no caso, como aceite cambiário. É verdade, entretanto, que no art. 51 do Decreto-lei n. 167/1967 há uma referência ao aceite ("Quando não for à vista, o comprador deverá devolver a duplicata rural ao apresentante dentro do prazo de 10 (dez) dias contados da data de apresentação, devidamente assinada ou acompanhada de declaração por escrito, contendo as razões da falta de aceite"). Não esmiúça a questão, deixando-a vaga e imprecisa. Trata-se de um documento legal anterior à Lei n. 5.474/1968, que disciplina a norma em pauta, ainda que estipule assistir ao vendedor o direito de protestá-la por falta de aceite (parágrafo único do citado artigo).

Outras disposições referentes à duplicata mercantil vêm a ser mencionadas no Decreto--lei em questão, a exemplo da extração de novo documento que contenha a expressão "segunda via", que deve vir em linhas paralelas que cruzem o título, em caso de perda ou extravio da duplicata rural (art. 49). Consagra, ainda, o art. 54, a pena de reclusão por um a quatro anos, além da multa de 10% (dez por cento) sobre o respectivo montante, para quem expedir duplicata rural que não corresponda a uma venda efetiva dos bens.

A cobrança da duplicata rural ocorre mediante proposição de ação executiva.

Esse título também goza do privilégio especial, consoante teor do art. 53 do Decreto--lei n. 167/1967, o que nos leva aos bens arrolados no art. 1.563 do velho Código Civil, e agora nos remete aos arts. 963 *et seq.* do novo Código. Assim, em havendo execuções contra o devedor desses títulos, o credor terá preferência sobre a penhora de bens móveis ou imóveis do obrigado. Esse privilégio vai mais além, alcançando o valor de possível seguro ou desapropriação. Aplicam-se à duplicata rural as normas de direito cambial (algumas disposições da Lei de Duplicata, como vimos, e da Convenção de Genebra), inclusive quanto ao aval. Dispensa-se o protesto para assegurar o direito de regresso do portador contra endossantes e avalistas, em conformidade com o comando normativo contido no art. 60.

(6) MARTINS, Fran. *Op. cit.*, 1997. p. 227.

Tal como a nota promissória rural, a duplicata rural pode ser descontada em bancos, o que permite ao produtor o levantamento de fundos para incrementar as atividades rurais. Essa tarefa torna-se viável porque a duplicata rural é um título que circula por endosso, à semelhança, aliás, dos títulos de crédito em geral.

Configurando-se como um título de crédito rural especializado, para ser válida a duplicata rural deve exibir os seguintes requisitos, conforme o art. 48 do citado instrumento legal que a regula:

I) a denominação "Duplicata Rural";

II) a data do pagamento, ou a declaração de dar-se a tantos dias da data da apresentação, ou de ser à vista;

III) o nome e domicílio do vendedor;

IV) o nome e domicílio do comprador;

V) a soma a pagar em dinheiro, lançada em algarismos e por extenso, que corresponderá ao preço dos produtos adquiridos;

VI) a praça de pagamento;

VII) a indicação dos produtos objeto da compra e venda;

VIII) a data e o lugar da emissão;

IX) a cláusula à ordem;

X) o reconhecimento de sua exatidão e a obrigação de pagá-la para ser firmada do próprio punho do comprador ou representante com poderes especiais;

XI) a assinatura do próprio punho do vendedor ou de representante com poderes especiais.

A duplicata rural, por ser um título de crédito, pode ser negociada pelo vendedor, bastando o endosso do emitente. Em assim sendo, passa este a funcionar como sacador e beneficiário. O endosso leva, contudo, o sacador a coobrigar-se no pagamento do título, na hipótese de não ser o título solvido pelo obrigado principal, comprador, sacado ou aceitante.

10. Nota promissória rural

Esse título é também regrado pelo Decreto-lei n. 167, de 1967. Se guarda semelhança formal com a nota promissória comum, é de sublinhar-se que a nota promissória rural é um *título causal*, pois vincula-se a uma operação de cunho eminentemente econômico, que se reveste de um contrato de compra e venda de produtos agrícolas em geral. Destarte, estabelecendo um paralelo entre a nota promissória propriamente dita e a nota promissória rural, *Waldirio Bulgarelli* brinda-nos com o seguinte comentário, que transcrevemos *in verbis*: " Por ser ela exatamente uma espécie do gênero Nota Promissória, possui detalhes que podem apartá-la do título-padrão ou do título-modelo. Se não fosse assim, a Promissória Rural seria pura e *tout court* uma Nota Promissória e nada mais. Poderíamos lembrar, por exemplo, que ela contém no seu texto a descrição dos produtos negociados; isto acarreta a discutibilidade destes, coisa que não pode acontecer, normalmente, com a Nota Promissória, título puro ou abstrato, por excelência (...). A Promissória Rural é menos título de crédito do que a Nota Promissória".[7]

Daí a nossa afirmação de que a nota promissória rural é um título de crédito causal, não abstrato.

Como já foi esclarecido no item introdutório, a nota promissória rural estava amparada pelos privilégios contidos no art. 1.563 do antigo Código Civil, por força do art. 45 do Decreto-lei n.167/1967 (v. item "Nota de crédito rural").

A emissão desse papel decorre de três situações:

a) vendas a prazo de produtos agrícolas, extrativos ou pastoris, praticados por produtores rurais ou através de suas cooperativas;

b) aquisição por parte das cooperativas agrícolas de bens produzidos por seus cooperados;

c) entrega de bens de produção ou de consumo pela cooperativa aos seus associados.

Deverão constar na nota promissória rural os seguintes requisitos (art. 43):

I) denominação "Nota Promissória Rural";

II) data do pagamento;

III) nome da pessoa ou entidade que vende ou entrega os bens e à qual deve ser paga, seguido da cláusula à ordem;

IV) praça do pagamento;

V) soma a pagar em dinheiro, lançada em algarismos e por extenso, que corresponderá ao preço dos produtos adquiridos ou recebidos ou no adiantamento por conta do preço dos produtos recebidos para venda;

VI) indicação dos produtos objeto da compra e venda ou da entrega;

VII) data e lugar da emissão;

VIII) assinatura do próprio punho do emitente ou de representante com poderes especiais.

No caso da nota promissória rural cabe ação executiva para a sua cobrança.

11. Bilhete de mercadoria

Esse título de crédito é bem mais antigo, pois foi instituído pela Lei n. 165-A, de 1890, mas não chegou a ter o seu uso difundido no comércio, permanecendo como mero instituto morto, apenas citado no instrumento legal ora mencionado. Definiu-se como o escrito particular pelo qual alguém se obrigava a entregar ou fazer entregar à pessoa determinada, ou à sua ordem, em prazo fixo e lugar determinado, certa quantidade de gêneros comerciais, a preço estipulado.

(7) BULGARELLI, Waldirio. *Op. cit.*, p. 509.

Assim, nem é correto dizer que caiu em desuso, porquanto nunca circulou. Malgrado tal situação, a Lei n. 4.829, de 5 de novembro de 1965, refere-se ao bilhete de mercadoria, no seu art. 25, arrolando-o entre os institutos creditícios disponíveis, sempre que se queira constituir garantia para os empréstimos rurais.

A mesma Lei n. 165-A, de 1890, que regulou as condições de empréstimo sob penhor agrícola e criou o bilhete de mercadoria, equiparou-o à letra de câmbio. Trata-se, como já mencionado, de título à ordem, pagável em mercadoria, além de ostentar imprescindivelmente um vencimento fixo.

Constituem seus requisitos, além da inserção do seu próprio nome, a data, a qualidade das mercadorias consignadas, o nome da pessoa a cuja ordem se faz a consignação, sua época, o valor, em procedimento similar utilizado nas letras de câmbio.

A principal característica a destacar-se nesse título é a obrigação da entrega de determinadas mercadorias, ao invés de certo valor em dinheiro, como nos demais papéis de crédito (ver, no particular, o item imediatamente seguinte sobre *cédula de produto rural*).

Por fim, acrescente-se que nenhuma tentativa de estabelecê-lo no mercado conseguiu obter êxito. Destarte, trata-se de um título de crédito que não logrou aceitação entre os homens de negócio.

12. Cédula de produto rural

Esse título de crédito é relativamente novo no Direito brasileiro, pois foi instituído pela Lei n. 8.929, de 22 de agosto de 1994, e pode ser emitido pelo produtor rural, além de suas associações e cooperativas. Refere-se à promessa de entrega de artigos rurais, com ou sem garantia cedularmente constituída. Semelhante título fugiria às características cambiárias típicas. Seria um título *civil*, já que, por lei, o produtor rural exercia atividade *civil* e não comercial. No entanto o Código Civil de 2002 em seu art. 984 estatui que a sociedade que tenha por objeto o exercício de atividade própria de empresário rural, seja na hipótese de já estar constituída, ou na hipótese de ter sido transformada, de acordo com um dos tipos de sociedade empresária, pode requerer inscrição no Registro Público de Empresas Mercantis da sua sede. A outra hipótese, que vislumbramos, é manter-se fora de tal regime, conservando o seu caráter *civil*. Qualquer que seja a situação, a cédula de produto rural mantém a sua natureza cambiariforme, pois a esse papel são aplicadas as normas do Direito Cambiário.

Na hipótese de haver garantia de bens é imprescindível a sua descrição de forma precisa, especificada na própria cédula. É possível, porém, que semelhante descrição seja procedida em folha à parte, assinada pelo emitente. Nesse caso, faz-se na cédula menção a essa ocorrência. O subscritor desse título não se obriga a pagar uma certa quantia, mas a entregar uma determinada mercadoria. A cédula de produto rural (CPR) é um título líquido e certo. Torna-se exigível pela quantidade e pela qualidade dos bens nela previstos. Pode ser paga parceladamente, restando exigível tão somente o saldo.

Por outro lado, é também um título *causal*, por vincular-se aos produtos nele mencionados. Eis a lição de *Lutero de Paiva Pereira*:

Materializando um típico contrato de compra e venda a Cédula é emitida em razão de negócio dessa natureza havido entre credor e emitente, não havendo como afastar do título a causa da obrigação.

Privilegiar de forma exagerada a abstração da CPR, relegando a plano secundário sua causa primária, resultaria no afastamento do título do foco elucidativo da legalidade, uma vez que, tratando-se de título de promessa onerosa, o caráter sinalagmático do contrato toma expressão e exige das partes a satisfação das obrigações que lhe são próprias para exercício do direito correspondente.(8)

De fato, seu caráter causal não pode ensejar nenhuma dúvida. Lembra, em certo sentido, a nota promissória rural.

É ainda um título *à ordem*. No particular, lembra *Waldirio Bulgarelli*, à semelhança da nota promissória rural, os endossantes não respondem pela entrega do produto, mas pela existência da obrigação, o que vem a constituir uma garantia *veritas*, e não *bonitas*, ainda que se dispense o protesto cambial para assegurar o direito de regresso contra avalistas.(9)

Como já dito, a CPR admite garantias cedularmente constituídas, isto é, constantes da própria cédula. Assim, podemos mencionar a hipoteca, o penhor e a alienação fiduciária. Para ter eficácia contra terceiros, a CPR deve ser inscrita no cartório de registro de imóveis do domicílio do emitente (art. 12 do referido instrumento legal). Em caso de hipoteca, que recai sobre imóveis urbanos e rurais, bem como em caso de penhor, é indispensável o seu averbamento na matrícula do imóvel hipotecado e no cartório de localização dos bens apenhados.

O penhor aplica-se, por princípio, a bens móveis e são passíveis de penhor celular aqueles bens suscetíveis de penhor rural ou mercantil. Os objetos apenhados continuam na posse do devedor, ou então de um terceiro prestador da garantia. Isso decorre da aplicação da cláusula *constituti*, mediante a qual o bem não é transferido ao credor, permanecendo o devedor como fiel depositário. Essa cláusula não vigora se o penhor recair sobre títulos de crédito, em conformidade com o que estipula o próprio Direito Cambiário.

Consoante a referida Lei n. 8.929, de 22 de agosto de 1994, em seu art. 3º, a CPR conterá os seguintes requisitos:

I) denominação Cédula de Produto Rural;

II) data da entrega;

III) nome do credor e cláusula *à ordem*;

IV) promessa pura e simples de entregar o produto, sua indicação e as especificações de qualidade e quantidade;

V) local e condição da entrega;

VI) descrição dos bens cedularmente vinculados em garantia;

VII) data e lugar da emissão;

---

(8) PEREIRA, Lutero de Paiva. *Comentários à Lei de Cédula de Produto Rural — CPR*. Curitiba: Juruá, 2000. p. 13.

(9) BULGARELLI, Waldirio. *Op. cit.*, p. 583.

VIII) assinatura do emitente.

Já fizemos alusão ao fato de outras cláusulas poderem ser lançadas em folha à parte, com a assinatura do emitente, fazendo-se, na cédula, menção a essa circunstância (art. 3º, § 1º).

13. Cédula de produto rural financeira

Na esteira da Medida Provisória n. 2.017-1, de 17 de fevereiro de 2000, surge a Lei n. 10.200, de 14 de fevereiro de 2001, que acresceu dispositivo à Lei n. 8.929, de 22 de agosto de 1994, permitindo a liquidação financeira da cédula de produto rural (CPR). Neste sentido foi introduzido o art. 4º-A da citada Lei n. 8.929/1994, cujo *caput* versa sobre essa permissão, desde que sejam observadas as seguintes condições:

I) que sejam explicitados, em seu corpo, os referenciais necessários à clara identificação do preço ou do índice de preços a ser utilizado no resgate do título, a instituição responsável por sua apuração ou divulgação, a praça ou o mercado de formação do preço e o nome do índice;

II) que os indicadores de preço de que trata o inciso anterior sejam apurados por instituições idôneas e de credibilidade junto às partes contratantes, tenham divulgação periódica, preferencialmente diária, e ampla divulgação ou facilidade de acesso, de forma a estarem facilmente disponíveis para as partes contratantes;

III) que seja caracterizada por seu nome, seguida da expressão "financeira".

A CPR financeira constitui um título líquido e certo, exigível, na data do vencimento, pelo resultado da multiplicação do preço, apurado em conformidade com os critérios previstos no mencionado art. 4º, pela quantidade do produto especificado. Cabe ação de execução por quantia certa para a cobrança desse título.

Dispõe, ainda, a legislação que fica autorizada a equalização de taxas de financiamento concedidos pelo Banco Nacional de Desenvolvimento Econômico e Social (BNDES), para a modernização da frota de tratores agrícolas e implementos associados e colheitadeiras, na forma de regulamentação baixada pelo Poder Executivo.

A CPR financeira tem o objetivo principal de tornar mais ágil o emprego da CPR nos negócios rurais. É uma nova modalidade dentro da concepção original da CPR, ao permitir a sua liquidação financeira, e não apenas nos moldes iniciais.

14. Características das cédulas rurais

De tudo o que vimos acerca desses títulos de crédito ressaltam-se as seguintes características, conforme esquematização com que nos brinda *Waldirio Bulgarelli*,[10] e na qual, em parte, nos baseamos:

– constituem uma promessa de pagamento em dinheiro, possuindo ou não garantia real cedular;

– são títulos líquidos e certos, que se tornam exigíveis pelos valores neles insertos, além de outros custos, se houver;

(10) *Ibidem*, p. 501-502.

– a ação de cobrança desses títulos é a execução;

– a eles se aplicam, tanto quanto possível, as regras estabelecidas pelo Direito Cartular, mesmo o aval, dispensando-se o protesto para assegurar o direito de regresso contra endossantes e seus avalistas;

– aplicação ao penhor constituído pela cédula rural pignoratícia aos vários dispositivos legais existentes;

– aplicação à hipoteca celular dos princípios da legislação ordinária sobre a hipoteca, no que não colidirem com o Decreto-lei n. 167, de 1967;

– inscrição no cartório de registro de imóveis, para que tenha eficácia contra terceiros;

– listagem dos requisitos formais que devem constar do seu contexto;

– permissão para acrescentarem-se aos requisitos essenciais dos títulos outros que resultem das peculiaridades dos financiamentos de caráter rural.

Modelo de cédula rural pignoratícia

N________________

Vencimento em ________________ de ______________________de 20________________

R$________________

A________________ de________________ de 20________________ pagar________ por esta Cédula Rural Pignoratícia a______________________________________ ou à sua ordem, a quantia de__________________________________em moeda corrente, valor do crédito deferido para financiamento de ____

____

e que será utilizado do seguinte modo: ____

____

____

__________ Os juros são devidos à taxa de________ ao ano sendo de ________ a comissão de fiscalização. O pagamento será efetuado na praça de____________________________________
Os bens vinculados são os seguintes:____

____

____

Data e assinatura

Modelo de cédula rural hipotecária

N_______________

Vencimento em _______________ de _____________________ de 20_______________

R$_______________

A_______________ de_______________ de 20_______________ pagar________ por esta Cédula Rural Hipotecária a_____________________ ou à sua ordem, a quantia de_____________________em moeda corrente, valor do crédito deferido para financiamento de ____

e que será utilizado do seguinte modo: ____

__________ Os juros são devidos à taxa de________ ao ano sendo de ________ a comissão de fiscalização. O pagamento será efetuado na praça de_____________________
Os bens vinculados são os seguintes:____

____

Data e assinatura

Modelo de cédula rural pignoratícia e hipotecária

N_______________

Vencimento em _______________ de _____________________ de 20_______________

R$_______________

A_______________ de_______________ de 20_______________ pagar________ por esta Cédula Rural Pignoratícia e Hipotecária a_____________________ ou à sua ordem, a quantia de_____________________em moeda corrente, valor do crédito deferido para financiamento de ____

e que será utilizado do seguinte modo: ____

__________ Os juros são devidos à taxa de________ ao ano sendo de ________ a comissão de fiscalização. O pagamento será efetuado na praça de_____________________
Os bens vinculados são os seguintes:____

____

Data e assinatura

Modelo de nota de crédito rural

N________________

Vencimento em ______________ de ____________________ de 20__________

R$________________

A______________ de__________________ de 20______________ pagar________ por esta Nota de Crédito Rural______________ a ______________ ou à sua ordem, a quantia de ____ em moeda corrente, valor do crédito deferido para financiamento de ____ e que será utilizado do seguinte modo:______________________________________ Os juros são devidos à taxa de______________ ao ano sendo de______________ a comissão de fiscalização. O pagamento será efetuado na praça de______________________

____

Data e assinatura

Duplicata rural

N________________

Vencimento em ______________ de ____________________de 20__________

R$________________.

__________________estabelecida... ______em______________ deve a ______________ ______________________________, estabelecida.... em______________ __________, a importância de______________________ valor de compra dos seguintes bens:______________Produtos______________ Quantidade

Local e data ______________________________

____

Assinatura do vendedor

____

Reconheço (emos) a exatidão desta Duplicata Rural, na importância acima que pagarei (emos) a______________________, ou à sua ordem, na praça de______________________

Local e data ______________________________

____

Assinatura do comprador-

Modelo de nota promissória rural

N.______________

Vencimento em ______________ de ____________________ de 20______________

R$______________.

A____________________ de____________________ de 20__________ por esta NOTA PROMISSÓRIA RURAL, pagar ______________________________________ a

____

ou à sua ordem, na praça de ________________________ a quantia de____________

____.

______________________________valor da compra que lhe fiz____________________

____.

Entrega que me (nos) feita dos seguintes bens de sua propriedade:

____

____

Local e data ________________________________

____

Assinatura do emitente

Modelo de cédula de produto rural

N.__________/__________. Produto________________ Quantidade______________ Kg

Vencimento:__________/__________

Aos__________ dias do mês de __________ de __________, entregarei (mos), nos termos das cláusulas abaixo e na forma da Lei n. 8.929, de 22.08.1994, a ______________ __________ (nome do comprador) __________, CNPJ / CPF ______________ ou a sua ordem, o seguinte:

Produto — Quantidade / Características: (descrever quantidade, qualidade e demais características — variável conforme o produto)

Local, Prazo e Condições de Entrega: (descrever o armazém, período de entrega e demais condições em que o produto deve ser entregue — variável conforme o produto)

Condições de Quitação: (variável conforme o produto)

Local de formação da lavoura: Fazenda ____________________ de minha propriedade, situada no município de____

Despesas com o produto: as despesas de classificação, transporte, manutenção, conservação, armazenagem e outras, se houver, incidentes exclusivamente até o local de entrega e até o vencimento ou quitação antecipada, o que ocorrer primeiro, correrão por minha conta.

Tributos: os tributos incidentes sobre a mercadoria (ICMS e INSS — ex-Funrural), quando devidos, não ocorrerão por minha conta, cabendo ressarcimento pelo detentor deste título quando o recolhimento for de minha competência.

Garantias: os bens vinculados, obrigatoriamente segurados, são os seguintes (indicar as garantias vinculadas conforme o caso):

Em penhor cédula de primeiro grau, e sem concorrência de terceiros: __________ (descrever o produto, quantidade e localização) ______________________________

Em hipoteca cédula de primeiro grau, e sem concorrência de terceiros, o imóvel de minha propriedade (ou de propriedade de______________________), com as seguintes características:

Denominação: ______________________________ (se rural)

Localização: ______________________________

Área: ______________________________

Título de domínio:______________________ (natureza do documento, matrícula ou registro, data, folha, livro e cartório onde foi lavrado / expedido).

Benfeitorias:______________________ (relacioná-las, se houver).

Em alienação fiduciária ______________________(descrever os bens).

Obrigações especiais: a) obrigo-me a formar a lavoura para a obtenção do produto ora negociado, na área e local determinados nesta cédula; b) obrigo-me, durante a vigência deste título, a não alienar e/ou gravar, em favor de terceiros, os bens vinculados em garantias e os produtos ora vendidos.

Multa por inadimplementos: caso não efetue a entrega do produto na qualidade e quantidade previstas nesta cédula até o décimo dia contada do seu vencimento, pagarei multa de 10% (dez por cento), calculada sobre o valor da obrigação principal e acessórias em débito, além de juros moratórios de 12% (doze por cento) ao ano. Estes encargos deverão ser pagos em produto do mesmo gênero e qualidade especificados nesta Cédula.

Fiscalização: Concedo ao COMPRADOR e interveniente (s) desta cédula, livre acesso ao empreendimento/propriedade e/ou mercadoria, com finalidade de fiscalizar a condução da lavoura/ produção, acompanhar o transporte e o armazenamento da mercadoria, bem como a situação das garantias e, no caso de irregularidades, autorização para adotar as medidas administrativas e/ou judiciais necessárias ao fiel cumprimento das obrigações assumidas nesta Cédula.

Aditivos: conforme o previsto no Artigo 9º da Lei 8.929, de 22.08.94, esta Cédula poderá ser retificada e ratificada, no todo ou em parte por meio de aditivo que passará a integrá-la.

Foro: o foro é o domicílio de emitente.

(local e data de emissão) ____________________

(assinatura e qualificação do emitente)____________________

Por aval ao eminente ____________________

Banco do Desenvolvimento do Brasil S. A. — Agência de ____________________

15. Jurisprudência

Supremo Tribunal Federal — STF. Súmula n. 638: "A controvérsia sobre incidência ou não, de correção monetária em operações de crédito rural é de natureza infraconstitucional, não viabilizando recursos extraordinários".

Superior Tribunal de Justiça — STJ. Súmula n. 93: "A legislação sobre cédulas de crédito rural, comercial e industrial admite o pacto de capitalização de juros".

Superior Tribunal de Justiça — STJ — AgRg no Ag 641332/MG; Agravo Regimental no Agravo de Instrumento 2004/0161436-4. Terceira Turma. Data do julgamento: 07.05.2007. DJ 28.05.2007. p. 323. Ementa: Direito Econômico. Juros. Cédulas rurais. Os juros remuneratórios nas cédulas rurais estão limitados a 12 % ao ano. Agravo Regimental não provido.

Acórdão: Vistos, relatados e discutidos os autos..., acordam os Ministros da Terceira Turma do Superior Tribunal de Justiça, por unanimidade, negar provimento ao agravo regimental nos termos do voto do Sr. Ministro Relator.

Superior Tribunal de Justiça —STJ —REsp 537388/SP; Recurso Especial 2003/0058768-0. Terceira Turma. Data do julgamento: 15.05.2007. Data da publicação: DJ 11.06.2007. p. 301. Ementa: Comercial. Securitização de dívida resultante de empréstimo rural. Lei n. 9.148, 1995. Cooperativa. Enquanto instituição financeira, a cooperativa está sujeita aos ditames da Lei n. 9.148, de 1995, que obriga o alongamento dos prazos da dívida resultante de empréstimo rural.

Acórdão: Vistos, relatados e discutidos os autos..., acordam os ministros da Terceira Turma do Superior Tribunal de Justiça, prosseguindo no julgamento, após o voto-vista do Sr. Ministro Humberto Gomes de Barros, e das retificações de voto dos Rs. Ministros Ari Pargendler e Carlos Alberto Menezes Direito, por unanimidade, conhecer do recurso especial da Vimusa Agropecuária Ltda. e outros e dar-lhe provimento, e julgar prejudicado o recurso especial da Coopercitrus — Cooperativa dos Cafeicultores e Citricultores de São Paulo.

Superior Tribunal de Justiça — STJ. Cédula de produto rural. REsp 722.130/GO. 3ª Turma. Julg. em 15.12.2005. DJ de 22.02.2006. p. 338. Disponível em www.stj.gov.br.

Compra e venda de safra futura a preço certo. A compra e venda de safra futura, a preço certo, obriga as partes se o fato que alterou o valor do produto agrícola (sua cotação no mercado internacional) não era imprevisível. 2. Cédula de produto rural. A emissão de cédula de produto rural, desviada de sua finalidade típica (a de servir como instrumento de crédito para o produtor), é nula. Recurso Especial conhecido e provido em parte.

Superior Tribunal de Justiça — STJ. Cédulas de crédito rural. Juros. Limitação (12%AA). Ausência de fixação pelo Conselho Monetário Nacional. Lei de Usura (Decreto n. 22.626/33). Incidência. Correção monetária. Março de 1990. PROAGRO. Comissão de permanência. Inexigibilidade.

I — Ao Conselho Monetário Nacional, segundo o art. 5º do Decreto-lei n. 167-67, compete a fixação das taxas de juros aplicáveis aos títulos de crédito rural. Omitindo-se o órgão no desempenho de tal mister, torna-se aplicável a regra geral do art. 1o, caput, da Lei de Usura, que veda a cobrança de juros em percentual superior ao dobro da taxa legal (12% ao ano), afastada a incidência da Súmula n. 596 do C. STF, porquanto se dirige à Lei n. 4.595/64, ultrapassada, no particular, pelo diploma legal mais moderno e específico, de 1967. Precedentes do STJ. II — Segundo o entendimento pacífico da egrégia Segunda Seção, no mês de março de 1990, a correção monetária dos débitos rurais deve ser calculada pelo percentual de variação do BTNF, no percentual de 41,28%. Ressalva do ponto de vista do relator. III — A cobrança do PROAGRO só pode ser feita uma única vez. IV — Inobstante a possibilidade da cobrança da comissão de permanência em contratos estabelecidos pelos bancos, a cédula rural pignoratícia tem disciplina específica no Decreto-lei n. 167/67, art. 5º, parágrafo único, que prevê somente a cobrança de juros e multa no caso de inadimplemento. Ademais, ainda que convencionada, a incidência cumulada com a correção monetária, ou multa — esta última estipulada in casu —, encontra óbice na própria norma instituidora (Res. n. 1.129/86 do BACEN). V — Recurso especial conhecido e improvido.

Superior Tribunal de Justiça —STJ. 4ª Turma. HC 37.967/SP. Processo Civil — HC — Execução.

Cédula de produto rural — Bens fungíveis — Prisão civil — Impossibilidade: 1. O Tribunal a quo determinou a prisão do paciente em decorrência da não entrega ao credor do bem garantidor da Cédula de Produto Rural, no caso, algodão. Não obstante, esta Corte não admite prisão civil em se tratando de depósito de bens fungíveis dados em garantia em contrato de mútuo rural. 2. Precedentes (HC 40.672/MT; AgRg Edel AG 395.659/SP; AgRg Edel AG 245.284/SP). 3. Ordem concedida. Rel. Min. Jorge Scartezzini, 4ª T., Brasília, j. em 02.06.2005, DJ de 20.06.2005. p. 288.

Superior Tribunal de Justiça — STJ. Cédula de crédito rural. Inadimplemento de parcela. Vencimento antecipado. Art. 11, caput, do Decreto-lei 167, de 14.12.1967. 4ª Turma. REsp 219.595-RS. Julg. em 06.05.04, DJ de 30.08.04.

Nas cédulas de crédito rural, o inadimplemento de parcelas importa o vencimento antecipado da dívida, ainda que não haja convenção a respeito, por se tratar de consequência estabelecida em lei. Precedentes. Recurso especial conhecido e provido.

Superior Tribunal de Justiça. STJ. Mútuo rural. Juros. Teto da Lei de Usura. Taxas livres. Não demonstração por parte do credor de autorização do Conselho Monetário Nacional. Previsão de indexação monetária pelos mesmos índices da caderneta de poupança. Mês de março/90 (41,28%). Lei n. 8.088/90, art. 6º. Estipulação contratual de elevação de alíquota de juros prevista para a hipótese de inadimplemento do mutuário. Ilegalidade (parágrafo único do art. 5o, DL 167/67). Capitalização mensal. Não pactuação. Recurso desacolhido.

I —Vem defendendo a 4ª Turma ser defesa a cobrança de juros além de 12% ao ano se não demonstrada, pelo credor, a prévia estipulação pelo Conselho Monetário Nacional das taxas de juros vencíveis para o crédito rural, correspondentes à data de emissão da cédula. II — Não se configura o dissídio, no tocante ao limite dos juros, se os arrestos paradigmas, inclusive o Enunciado n. 596 da Súmula/STF, não se referem ao caso específico do crédito rural, que tem disciplina própria, mas às operações financeiras em geral. III — Os valores objeto de títulos de crédito rural, emitidos antes da edição do "Plano Collor", nos quais prevista correção monetária atrelada aos índices remuneratórios da caderneta de poupança, devem sofrer indexação, no mês de março de 1990, com base no mesmo critério que serviu à atualização de cruzados novos bloqueados — variação do BTNF de 41,28% (art. 6º, § 2º, da Lei 8.024/90). IV — Os juros moratórios, limitados, em se tratando de crédito rural, a 1% ao ano, distinguem-se dos juros remuneratórios. Aqueles são forma de sanção pelo não pagamento no termo devido. Estes, por seu turno, como fator de mera remuneração do capital mutuado, mostram-se invariáveis em função de eventual inadimplência ou impontualidade. Cláusula que disponha em sentido contrário, prevendo referida variação, e cláusula que visa a burlar a disciplina legal, fazendo incidir, sob as vestes de juros remuneratórios, autênticos juros moratórios em níveis superiores aos permitidos, são nulas. V — Possível é a capitalização mensal dos juros nas cédulas rurais, desde que haja autorização do Conselho Monetário Nacional e seja expressamente pactuada, não sendo hábil a simples referência ao denominado "método hamburguês".

Tribunal de Justiça de Mato Grosso. Cédula de crédito rural. Ação de consignação em pagamento. Inexistência de justo motivo do credor para se negar a receber o pagamento. Inocorrência. Devedor que usa Título da Dívida Pública para adimplir o crédito, contrariando o acordo firmado de o pagamento ser em moeda corrente. Inteligência do art. 973, I do CPC — RT 792/355. www.biblioteca.tj.sp. gov.br — Acesso em 12.08.2007.

Capítulo IX

Títulos de agronegócio

Os títulos de agronegócio foram consolidados pela Lei n. 11.076/2004, originada da Medida Provisória n. 221, de 1º de outubro de 2004. A lei mencionada cuida de disciplinar nada menos que cinco títulos de crédito, a saber: 1) o certificado de depósito agropecuário (CDA); 2) o *warrant* agropecuário (WA); 3) o certificado de direitos creditórios do agronegócio (CDCA); 4) letra de crédito agropecuário; 5) certificado de recebíveis do agronegócio (CRA). Nas considerações que lhes dirige *Gladston Mamede*, constituem títulos de crédito impróprios, não amoldados perfeitamente à teoria cambial. São títulos criados para aumentar a liquidez no mercado agrícola e com isso facilitar a captação de investimentos para a produção, armazenamento, bem como o escoamento da produção.[(1)]

Completando a listagem acima referida, acrescentemos a nota comercial do agronegócio (NCA), disciplinada na Instrução CVM 422, de 20 de novembro de 2005, criada dentro do mesmo espírito de modernizar a realização de negócios nos meios agropecuários.

1. Certificado de Depósito Agropecuário (CDA)

1.1. Conceito

Conceitua-se o Certificado de Depósito Agropecuário (CDA) como o título de crédito que representa a promessa de entrega de produtos agropecuários, bem como seus derivados, subprodutos e resíduos de valor econômico depositados em armazém, de acordo com o que reza a Lei n. 9.973/2000. A questão que se nos apresenta consiste em qualificar o que sejam *produtos agropecuários.* A resposta é-nos oferecida pelo art. 1º da lei em tela, segundo o qual os bens agropecuários comportam duas grandes categorias: a) o agrário e b) o pecuário. No primeiro caso, estão englobados aqueles pertinentes à agricultura, sobretudo no que comporta a produção de lavoura. Abarca, ao lado disso, as atividades de cunho extrativista. Por outro lado, o sentido de *pecuário* condiz com as práticas criatórias, pela formação de rebanhos.

---

(1) MAMEDE, Gladston. *Op. cit.*, 2005. p. 460.

Por seu turno, o instrumento legal posto em relevo menciona as seguintes espécies de produtos agropecuários:

a) os produtos,

b) os derivados,

c) os subprodutos e

d) os resíduos de valor econômico.

A Lei de n. 11.076/2004 alista a mesma divisão. Assim, não exige de ninguém nenhum grande esforço para que se conheça o significado de cada um desses termos.

2. *Warrant* Agropecuário (WA)

2.1. Conceito

O *warrant* agropecuário constitui título de crédito que confere direito de penhor sobre os bens que foram objeto do Certificado de Depósito Agropecuário (CDA). Obviamente, a conceituação de ambos os títulos inspira-se no conhecimento de depósito e no *warrant*, em conformidade com o que preceitua a Lei n. 1.102/1903. Daí decorreram, pela semelhança dos negócios, os nomes emprestados aos novos títulos em destaque. Não esquecer, igualmente, que os títulos em pauta são emitidos ao mesmo tempo pelo depositário, desde que o depositante os solicite. Constituem, outrossim, títulos "gêmeos". A sua transmissão, a exemplo do conhecimento de depósito e do *warrant*, pode dar-se conjunta ou separadamente, de acordo com o que dispõe o art. 1º, §§ 3º e 4º, da Lei n. 11.076/2004.

2.2. Aval e endosso no CDA e no WA

Os documentos ora mencionados são títulos extrajudiciais e admitem a garantia fidejussória e podem ser transferidos por endosso, por serem títulos à ordem. A exigência legal (art. 2º da Lei n. 11.076/2004) faz com que o endosso seja passado de forma completa. Em outras palavras: não se admite o endosso em branco, mas unicamente aquele dado em preto. Assim, para que o portador venha a exercer plenamente os direitos que o título lhe confere, é imprescindível que se identifique, na qualidade de endossatário.

Ajunte-se que o endossante não responde pela entrega do bem. Responde pela existência da obrigação, pela veracidade do que consta no título. Trata-se, consequentemente, de garantia *bonitas*, como lembraria *Waldirio Bulgarelli*, ao abordar o tema dos títulos de crédito rural.[2] Destarte, o endossatário não goza do direito de regresso contra os endossantes anteriores.

2.3. Circulação dos dois títulos

Consoante o art. 16 da Lei n. 11.076/2004, o certificado de depósito agropecuário e o *warrant* agropecuário somente circulam no âmbito do Sistema Financeiro Nacional.

(2) BULGARELLI, Waldirio. *Op. cit.*, p. 511.

Em outras palavras: ou na bolsa de valores ou no mercado de balcão. Observe-se que ambos os títulos podem nascer cartulares. Tal situação é, contudo, transitória, pois dentro de 30 dias, contados da data em que os títulos foram emitidos, eles terão de ser anotados em sistemas de registro e de liquidação financeira de ativos, conforme autorização do Banco Central.(3) Na hipótese de vencer o prazo de 30 dias, sem que tenha havido o registro dos títulos, o depositante deverá solicitar ao depositário o cancelamento dos títulos e sua substituição por novos ou por recibos de depósitos, o que garante ao depositante a retirada daquilo que foi depositado.(4) Ajunte-se a isso, contudo, que tais recibos não têm força de títulos de crédito. São meros documentos comprobatórios do depósito realizado. Não valem, também, como título executivo extrajudicial.

2.4. Requisitos dos títulos descritos

O certificado de depósito agropecuário e seu correspondente *warrant* devem conter os seguintes requisitos:

I – denominação do título;

II – número de controle, que deve ser idêntico para cada conjunto de certificado e *warrant;*

III – menção de que o depósito do produto se sujeita às Leis ns. 9.973/2000 e 11.076/2004; no caso de cooperativas, trará também a menção de sujeitar-se à Lei n. 5.764/1971;

IV – identificação, qualificação e endereços do depositante e do depositário;

V – identificação comercial do depositário.

3. Certificado de Direitos Creditórios do Agronegócio (CDCA)

Este certificado constitui um título de crédito nominativo. Sua emissão é privativa de cooperativas de produtores rurais, bem como de outras pessoas jurídicas, desde que exerçam atividade de comercialização, beneficiamento bem como de industrialização de produtos ou de insumos agropecuários ou de máquinas e implementos utilizados na produção agropecuária, de livre negociação, que representa promessa de pagamento em dinheiro e constitui título executivo extrajudicial, por sua liquidez e certeza. Tudo em conformidade com os arts. 23, I e 24 *et seq.* da Lei n. 11.076, de 31 de dezembro de 2004. Sua emissão tanto pode ser cartular como escritural (eletrônica).

4. Letra de Crédito do Agronegócio (LCA)

O título em pauta vem a ser, igualmente, um papel de cunho nominativo. Quem pode emiti-lo são instituições financeiras públicas ou privadas. É de livre negociação, representa promessa de pagamento em dinheiro, além de constituir, por ser um título líquido e certo, um

(3) Com redação dada ao art. 15, *caput,* da Lei n. 11.076/2004 pela Lei n. 11.524/2007.

(4) Com redação dada ao art. 15, § 3º, da Lei n. 11.076/2004 pela Lei n. 11.524/2007.

título executivo extrajudicial, conforme rezam os arts. 23, II, e 26 *et seq.* da Lei n. 11.076/2004. Sua emissão pode dar-se na forma cartular ou escritural. Verificando-se essa última forma, o título deverá ser registrado em sistemas de registro e de liquidação financeira autorizados pelo Banco Central. Ademais, a transferência de sua titularidade far-se-á pelos registros dos negócios efetuados nos mesmos sistemas de registro e liquidação dos ativos.

5. Certificado de Recebíveis do Agronegócio (CRA)

O título em questão emite-se nominativamente. As companhias securitizadoras de direitos creditórios do agronegócio é quem detém a exclusividade de sua emissão. Esta é feita na forma escritural. Assim, tal certificado fica registrado em sistemas de registro e de liquidação financeira de ativos devidamente autorizados pelo Banco Central. Circula por endosso e representa promessa de pagamento em dinheiro e, por sua certeza e liquidez, é título executivo extrajudicial (v. arts. 23, III e 36 *et seq.* da Lei n. 11.076, de 31 de dezembro de 2004).

6. Nota Comercial do Agronegócio (NCA)

A nota comercial do agronegócio (NCA) foi instituída pela Comissão de Valores Mobiliários, através da Instrução CVM 422, de 20 de setembro de 2005, em seu art. 2º, em conformidade com o estipulado nos arts. 2º, V e parágrafos 2º e 3º, e 8º, I, da Lei n. 6.385/1976. O título em pauta é também conhecido pela expressão inglesa *agrinote.*

Por ter por alvo a subscrição pública, visto que a nota comercial do agronegócio é instrumento de captação de recursos de investidores em geral, é indispensável o requerimento de registro na Comissão de Valores Mobiliários, conforme estipulam os arts. 3º, I, 8º e 14 daquela instrução.

Ressalte-se que a produção agrícola, os contratos de exportação ou os recebíveis podem servir de garantia quando da emissão da NCA.

O seu lançamento no mercado pode ser feito sem a presença de intermediários. Tem como escopo a captação de recursos tanto no mercado interno como no externo. Essa última alternativa faz da NCA um título de crédito *sui generis*, pois permite a sua negociação internacional, trazendo, pois, de fora capital para as atividades de natureza agrícola.

O conceito próprio da nota comercial do agronegócio (o fato de ela ser emitida apenas na modalidade escritural, isto é, de ser um título registrado) reacende a questão de o título de crédito tratar-se de um *documento*, não só no dizer de *Vivante*, mas segundo o teor do art. 887 do Código Civil de 2002. Assoma, de novo, a discussão em torno da cartularidade dos títulos de crédito.

A saudável polêmica nos levaria a mais uma classificação dos títulos de crédito: a) títulos de crédito documentais e b) títulos de crédito escriturais (ou registrados).

A nota comercial do agronegócio, consoante o art. 2º da aludida Instrução CVM 422, é, ao lado da nota promissória comercial, promessa de pagamento emitida por companhias, sociedades limitadas e cooperativas que se destinem à produção, comercialização, beneficiamento ou industrialização de produtos ou insumos agropecuários ou de máquinas e implementos utilizados na atividade agropecuária. A forma de sua emissão é escritural, como já assinalado, isto é, a transferência de titularidade ocorre pelo registro no agente prestador de serviços de valores mobiliários escriturais, que deve conservar os dados relativos à cadeia de titularidade. Isso em obediência ao art. 3º, II, da citada Instrução 422, de lavra da CVM.(5)

Se a NCA é, por sua natureza, nota promissória para negociação com o público, adotou-se a nova nomenclatura exatamente para diferenciá-la das notas promissórias comerciais. A diferenciação em pauta constitui uma medida das mais apropriadas, porque os dois títulos não podem confundir-se. Basta lembrar que a NCA foi instituída com o objetivo de ajustar-se aos negócios agropecuários. Se esta diferença não for suficiente, acresçamos a necessidade, não só de seu registro, mas, igualmente, da autorização da CVM para sua emissão (sempre na forma escritural).

Acrescente-se que se aplicam, subsidiariamente, à nota comercial de agronegócio os dispositivos relativos ao Decreto n. 57.663/1966 (Lei Uniforme de Genebra referente a letra de câmbio e nota promissória), no que couber e não colidir. Isso por força da própria Instrução 422 da Comissão de Valores Mobiliários.

(5) Cit. por RESTIFFE, Paulo Sérgio. *Op. cit.*, 2006. p. 249-250.

Capítulo X

TÍTULOS DE FOMENTO À INDÚSTRIA, À EXPORTAÇÃO E AO COMÉRCIO. TÍTULOS DE BANCO

1. Cédula de crédito industrial

Esse título de crédito presta-se a promover e facilitar o financiamento de natureza industrial. Constitui uma promessa de pagamento em dinheiro, com garantia real, constituída no próprio documento. É disciplinada pelo Decreto-lei n. 413, de 1969. A aludida garantia real desdobra-se em três alternativas, a saber:

I) penhor cedular;

II) alienação fiduciária;

III) hipoteca cedular.

O penhor cedular recai sobre máquinas e equipamentos, matérias-primas, produtos industrializados, embalagens, animais destinados à industrialização de carnes, pescados, sal, utensílios, animais de trabalho, veículos terrestres, embarcações, veículos automotores para execução de terraplenagem, pavimentação, extração de minério e construção civil, dragas e implementos destinados à limpeza e à desobstrução de vias marítimas ou à construção de portos e canais, construções utilizadas como meio de transporte por água e destinadas à indústria da navegação ou da pesca, aparelhos manobráveis em voo, capazes de transportar pessoas ou coisas, letras de câmbio, promissórias, duplicatas, conhecimentos de embarque, conhecimentos de depósitos unidos aos respectivos *warrants*, além de vários outros bens, inclusive os que foram definidos pelo Conselho Monetário Nacional como lastro dos financiamentos industriais. De regra, aplicam-se ao penhor cedular os princípios válidos para o penhor ordinário ou comum, respeitando-se o disposto no Decreto-lei n. 413, de 1969.

No que tange à hipoteca cedular, aplicam-se os mesmos preceitos relativos à hipoteca comum, excetuando-se o que eventualmente afrontar o citado Decreto-lei n. 413. Abrange as construções, os respectivos terrenos, bem como as instalações e as benfeitorias.

Em se tratando da alienação fiduciária serão observados os princípios próprios desse instituto.

O emitente da cédula de crédito industrial permanece na posse dos bens comprometidos, ou então na de um terceiro prestador da garantia real, vigorando um ou outro como fiel depositário.

Esse título de crédito ostenta os seguintes requisitos:

I – denominação "Cédula de Crédito Industrial".

II – data do pagamento; se a cédula for emitida para pagamento parcelado, acrescentar-se-á a cláusula discriminando valor e data de pagamento das parcelas.

III – nome do credor e cláusula à ordem.

IV – valor do crédito deferido, lançado em algarismo e por extenso, e a forma de sua utilização.

V – descrição dos bens objeto do penhor, ou da alienação fiduciária, que se indicarão pela espécie, qualidade, quantidade e marca, se houver, além do local ou do depósito de sua situação, indicando-se, no caso de hipoteca, situação, dimensões, confrontações, benfeitorias, título e data da aquisição do imóvel e anotações (número, livro e folha) do registro imobiliário.

VI – taxas de juros a pagar e comissão de fiscalização, se houver, e épocas em que serão exigíveis, podendo ser capitalizadas.

VII – obrigatoriedade de seguro dos bens objeto da garantia.

VIII – praça do pagamento.

IX – data e lugar da emissão.

X – assinatura do próprio punho do emitente ou de representante com poderes especiais.

A cédula de crédito industrial só vale contra terceiros a partir da data de sua inscrição. Antes disso, obriga apenas seus signatários. Como reza o art. 30 do citado Decreto-lei, de acordo com a natureza da garantia constituída, a cédula de crédito industrial inscreve-se no cartório de registro de imóveis da circunscrição do local de situação dos bens objeto do penhor cedular, da alienação fiduciária, ou em que esteja localizado o imóvel hipotecado.

2. Nota de crédito industrial

Esse título de crédito foi também disciplinado pelo Decreto-lei n. 413/1969 e constitui uma promessa de pagamento em dinheiro. Não comporta garantia real, mas gozava do privilégio especial dos bens constantes no art. 1.563 do Código Civil de 1916, dispositivo este sem correspondente no novo Código Civil. Difere da cédula de crédito industrial (cujos preceitos lhe são aplicados) exatamente por lhe faltar garantia real. Recaem-lhe os seguintes requisitos (art. 16):

I – denominação "Nota de Crédito Industrial".

II – data do pagamento; se a nota for emitida para pagamento parcelado, acrescentar-se-á a cláusula discriminando valor e data de pagamento das prestações.

III – nome do credor e cláusula à ordem.

IV – valor do crédito deferido, lançado em algarismo e por extenso, e a forma de sua utilização.

V – taxas de juros a pagar e comissão de fiscalização, se houver, e épocas em que serão exigíveis, podendo ser capitalizadas.

VI – praça de pagamento.

VII – data e lugar da emissão.

VII – assinatura do próprio punho do emitente ou de representante com poderes especiais.

MODELO DE NOTA DE CRÉDITO INDUSTRIAL

Nº.................. Vencimento em.......... de .... de 20.......

R$..

A...............de...............................de 20............ pagar.. por

esta cédula de crédito industrial a ....

.... ou à sua ordem, a quantia de.................................

em moeda corrente, valor do crédito deferido para aplicação na forma do orçamento anexo

e que será utilizado do seguinte modo:...

....

....

....

Os juros são devidos à taxa de.......................ao ano, exigíveis em trinta (30) de Junho, trinta

um (31) de dezembro, no vencimento e na liquidação da cédula..

....

....

Sendo de..

a comissão de fiscalização, exigível juntamente com os juros...

....

O pagamento será efetuado na praça de..

....

....

Obs.: Consoante o art. 5º da Lei n. 6.804/1980, aplica-se à cédula de crédito comercial e à nota de crédito comercial os modelos anexos ao Dec. – lei n. 413/1969, que disciplina cédula e nota de crédito industrial. Dispositivo semelhante está presente no art. 5º da lei n. 6.313/1975 acerca dos títulos de crédito à exportação.

3. Cédula de Crédito à Exportação

A emissão desse título de crédito está regulada pela Lei n. 6.313, de 1975. Na verdade, ela segue os mesmos passos do Decreto-lei n. 413, de 1969, que, como vimos, disciplina a cédula e a nota de crédito industrial. Conceitua-se a cédula de crédito à exportação, além de uma promessa de pagamento em dinheiro, como sendo aquele documento emitido por uma determinada empresa com o objetivo de conseguir financiamento bancário para exportação de bens, com garantia real. Sua inspiração nos títulos de crédito industrial emerge com total clareza, bastando transcrever o art. 1º da citada Lei n. 6.313/1975: "O financiamento à exportação ou à produção de bens para exportação, bem como as atividade de apoio e complementação integrantes e fundamentais da exportação, realizadas por instituições financeiras, poderão ser representadas por Cédulas de Crédito à Exportação e por Nota de Crédito à Exportação com características idênticas, respectivamente, à Cédula de Crédito Industrial e à Nota de Crédito Industrial, instituídas pelo Decreto-Lei 413, de 9 de janeiro de 1969".

O citado diploma legal isentou do imposto sobre operações financeiras (v. Lei n. 5.143/1966) os financiamentos efetuados tanto por meio da cédula de crédito à exportação como da nota de crédito à exportação, consoante o que preceitua o seu art. 2º. A finalidade de semelhante incentivo foi a de impulsionar as exportações brasileiras, tornando-as mais ágeis.

Trata-se de um título formal, transmissível por endosso e garantido por aval, ostentando os seguintes requisitos:

I – denominação Cédula de Crédito à Exportação.

II – data do pagamento; se a cédula for emitida para pagamento parcelado, acrescentar-se-á cláusula discriminando valor e data do pagamento das prestações.

III – nome do credor e cláusula à ordem.

IV – valor do crédito deferido, lançado em algarismos e por extenso, e a forma de sua utilização.

V – descrição dos bens objeto do penhor, ou da alienação fiduciária, que se indicarão pela espécie, qualidade, quantidade e marca, se houver, além do local ou do depósito de sua situação, indicando-se, no caso de hipoteca, situação, dimensões, confrontações, benfeitorias, título de data de aquisição do imóvel e anotação (número, livro e folha) do registro imobiliário.

VI – taxa de juros a pagar e comissão de fiscalização, se houver, e épocas em que serão exigíveis, podendo ser capitalizadas.

VII – obrigatoriedade de seguro dos bens objeto da garantia.

VIII – praça do pagamento.

IX – data e lugar da emissão.

X – assinatura do próprio punho do emitente ou de representante com poderes legais.

Pelo que foi exposto de referência ao citado título, trata-se de um título de natureza causal, visto que resulta necessariamente de uma operação de financiamento. Não é um título independente, pois se encontra vinculado a uma série de exigências, amarradas a vários documentos, como o orçamento, a descrição dos bens oferecidos em garantia, a escritura dos imóveis dados em hipoteca e tudo o mais que for preciso para a realização do contrato em pauta.

Acrescente-se que a referida cédula deve ser inscrita no cartório de registro de imóveis da circunscrição do local da situação dos bens objeto de penhor, da alienação fiduciária ou do imóvel hipotecado, obrigatória tão somente para valer contra terceiros.

Registre-se que a cédula de crédito à exportação é suscetível de vencimento antecipado, independentemente de aviso ou interpelação judicial. Isso ocorre em caso de inadimplência de qualquer obrigação por parte do emitente do título ou do seu garantidor.

4. Nota de Crédito à Exportação

Esse título em tudo se assemelha à cédula de crédito à exportação e é também uma promessa de pagamento em dinheiro. Só que não dispõe de garantias reais, tal qual a nota de crédito industrial. A ausência de semelhante garantia dá o limite da diferença entre a nota de crédito à exportação e a cédula de crédito à exportação (pois essa última, como vimos, exige garantia real). Obviamente não se aplicam à nota de crédito à exportação as disposições referentes à descrição de bens e inscrição.

Por tratar-se de um título formal, é necessário que ostente o nome "Nota de Crédito à Exportação". Além disso, deverão ser nele insertos os seguintes requisitos: data do pagamento, nome do credor e cláusula à ordem, valor, taxa de juros e comissão de fiscalização, se houver, local do pagamento, data e lugar da emissão, assinatura do próprio punho do emitente ou de seu representante com poderes especiais. Outrossim, deve constar do título o orçamento para a aplicação do empréstimo.

O presente título pode ser garantido por aval, e para compensar a ausência de garantias reais atribuía-se à nota de crédito à exportação privilégio especial sobre os bens discriminados no art. 1.563 do Código Civil de 1916, a exemplo de imóveis não hipotecados, bens móveis do devedor não sujeitos a direito real de outrem, ou ainda sobre o valor do seguro ou da desapropriação. O mencionado artigo não tem correspondente no novo Código Civil.

5. Cédula e nota de crédito comercial

Esses dois títulos de crédito nasceram da necessidade de dotar o comércio de novos instrumentos que permitissem seu melhor desempenho, propiciando-lhe mais facilidades para levantar financiamentos nas instituições financeiras. Daí a promulgação da Lei n. 6.840, de 3 de novembro de 1980. Suas características assemelham-se àquelas da cédula de crédito industrial e à nota de crédito industrial, bem como à cédula de crédito à exportação e à nota de crédito à exportação. Esses títulos de crédito comercial submetem-se, em função disso, aos preceitos constantes do Decreto-lei n. 413/1969. Assim, a cédula de crédito comercial admite garantias reais, o que não acontece com a nota de crédito comercial. Suas respectivas denominações hão de constar nos documentos.

É de bom alvitre ressalvar que quanto à questão das peculiaridades da cédula e da nota de crédito comercial é de se observar que na cédula de crédito comercial o financiamento concedido pode ser específico com o intuito de ser aplicado em transações previamente fixadas e acordadas. Para isso se necessita de um orçamento, elaborado pelo financiado e submetido à aprovação da instituição financeira. Tal orçamento passa a vincular-se à cédula, o que se manifesta pela expressa referência do primeiro no texto da própria cédula. Existe aí, porém, uma diferença entre os títulos comerciais e os industriais. Nesses últimos, a vinculação do orçamento à cédula de crédito industrial é uma exigência de lei, pois o parágrafo único do art. 3º do Decreto-lei n. 413/1969 diz textualmente que se fará na aludida cédula menção ao orçamento que a ela ficará vinculada. Na cédula de crédito comercial essa vinculação é facultativa.

Malgrado o art. 5º da Lei n. 6.840/1980 sustentar que se aplicam à cédula de crédito comercial e à nota de crédito comercial as normas do Decreto-lei n. 413/1969, deduz-se desse artigo que semelhante aplicação deve respeitar as peculiaridades dos títulos comerciais. Exemplo disso é a descrição dos bens objeto de penhor ou de alienação fiduciária, exigência contida no art. 14, V do referido Decreto-lei n. 413/1969. Todavia, os arts. 3º e 4º da Lei n. 6.840/1980 dão outra abordagem à matéria. Destarte, no que respeita ao penhor, se o bem dado em garantia for um título de crédito, a descrição é dispensável, bastando seja mencionado o valor do título. Na hipótese de alienação fiduciária, observe-se que a falta de identificação não retira a eficácia da garantia. Estamos diante da alienação fiduciária fungível, por incidir sobre outros bens do mesmo gênero, quantidade e qualidade.

Uma diferença entre cédula de crédito comercial e a nota de crédito comercial está na própria denominação que ambas devem ostentar, como vimos. Do ponto de vista das garantias oferecidas, nessa última são de natureza cambiária, a exemplo do aval, ao passo que na primeira existem o penhor cedular, a alienação fiduciária e a hipoteca cedular. São garantias reais cedularmente constituídas, o que não impede a presença de garantias fidejussórias.

6. Características dos títulos industriais, de exportação e comerciais

Esses títulos têm as seguintes características comuns:

a) *causalidade.* Esses títulos originam-se de uma determinada causa. No caso, trata-se de um contrato de financiamento;

b) *dependência.* São títulos que não valem por si próprios, exatamente por estarem vinculados a um contrato, dos quais podem constar o orçamento e documentos relativos à garantia. Esses títulos podem representar verdadeiros "dossiers", pela amplitude da documentação a eles anexa;

c) *formalismo.* Obrigam-se a obedecer aos requisitos que devem conter, de acordo com exigências legais;

d) *cartularidade.* Significa que esses títulos de crédito se corporificam, se materializam em um papel, em uma cártula;

e) *literalidade.* Todos os direitos e deveres provenientes da emissão dos títulos precisam estar insertos neles;

f) *autonomia.* Aplica-se a esses títulos, outrossim, o princípio da inoponibilidade das exceções. Assim, obrigações entre antigos credores e devedores não alcançam os atuais;

g) *identificação.* Esses títulos são por definição nominativos a uma instituição financeira. Nunca ao portador;

h) *circulabilidade.* São títulos à ordem, circulando por endosso.

Em resumo, podemos realçar a semelhança que esses títulos guardam entre si, do ponto de vista legislativo e formal. Distinguem-se, na verdade, no fito de cada um, pois destinam-se a financiamento de tipos diversos de atividades, ora a indústria e a exportação, ora o comércio.

7. Certificado de depósito bancário

Na verdade, trata-se de dois tipos de certificado, ambos instituídos pela Lei n. 4.728, de 1965, e regulamentados pela Resolução n. 105 do Banco Central. São o *certificado de depósito bancário simples* e o *certificado de depósito bancário em garantia.* Seguem a sistemática da nota promissória e circulam por endosso. Perante a lei não passam de promessa de pagamento à ordem da importância do depósito, acrescida de suas vantagens.

Para emissão do *certificado bancário de depósito simples*, os bancos comerciais recebem de pessoas físicas ou jurídicas determinadas quantias a prazo fixo, com cláusulas remunerativas do capital. Nesse certificado o endossante responde tão somente pela existência do crédito, e não pelo seu pagamento, que é compromisso do banco depositário.

Os requisitos para a sua emissão são os seguintes:

I) o local e a data da emissão;

II) o nome do banco emitente e as assinaturas de seus representantes;

III) a denominação "Certificado de depósito bancário";

IV) a indicação da importância depositada e a data de sua exigibilidade;

V) o nome e a qualificação do depositante;

VI) a taxa de juros convencionada e a época de seu pagamento;

VII) o lugar do pagamento do depósito e dos juros;

VIII) a cláusula de correção monetária, se for o caso.

O crédito correspondente ao título não poderá ser objeto de penhora, arresto, sequestro, busca e apreensão. No entanto, o título de crédito está sujeito a penhora, por obrigação do seu titular. Mediante semelhante norma a lei garante a substância do título de crédito, fundada, por sinal, no depósito realizado em instituição bancária.

No que tange ao *certificado de depósito em garantia*, esse só pode ser emitido por bancos de investimento autorizados pelo Banco Central e de acordo com o que prescrever a respeito o Conselho Monetário Nacional.

Esses certificados são pertinente a ações preferenciais, obrigações, debêntures ou títulos cambiais emitidos por sociedades interessadas em negociá-las em mercados externos, ou no País, consoante o que diz a Lei n. 4.728, de 1965. Ocorre que a partir da Lei n. 6.404, de 1976 (Lei das Sociedades Anônimas), os títulos que abrangem depósito em garantia de ações preferenciais, obrigações e debêntures foram disciplinados por alguns artigos dessa referida lei. Assim, seu art. 43 norteia a emissão do certificado de depósito de ações, arrolando, inclusive, os seus requisitos. Por outro lado, o seu art. 50 dispõe da emissão do certificado das partes beneficiárias, nos termos do art. 43. Já o certificado de debêntures está previsto no art. 63. Finalmente, o art. 77 trata da emissão do bônus de subscrição. Destarte, de tudo isso se conclui que o disposto na Lei n. 4.728, de 1965, está revogado no que concerne aos papéis das sociedades anônimas, restando, no entender de *Rubens Requião*,[1] o certificado de depósito em garantia lastreado em títulos cambiais emitidos por sociedades interessadas em negociá-lo.

8. Certificado de investimento

A Resolução n. 145, de 14 de maio de 1970, do Banco Central, permitiu a bancos de investimento, a sociedades de crédito, financiamento e investimento, bem como a sociedades

(1) REQUIÃO, Rubens. *Op. cit.*, 2003, p. 590.

corretoras de valores, a administrar "fundos mútuos de investimentos", que são divididos em quotas que correspondem a frações ideais e são representadas por *certificados de investimento*. Semelhantes certificados, nominativos, comprovam também a qualidade de condômino do fundo de seu titular. O valor da quota calcula-se diariamente, pois varia de acordo com o preço das ações e de outros títulos que podem compor o fundo.

Modernamente, a emissão dos *certificados de investimento* aludidos dá-se de maneira informal, pois basta ao interessado dirigir-se a um caixa eletrônico e, através de seu cartão de banco com sua senha, acessar o item pertinente, obtendo, assim, as informações que desejar.

9. Título de desenvolvimento econômico

Esse título de crédito foi instituído pela Lei n. 8.117, de 1º de março de 1991, em seu art. 31. O título em pauta pode ser emitido pelos bancos de desenvolvimento e pelas caixas econômicas que dispuserem de carteira comercial ou de investimentos, com o intuito de captar recursos voltados para o financiamento de projetos que se enquadrem dentro do "Programa de Fomentos à Competitividade Industrial".

O referido título de crédito apresenta as seguintes características:

a) quanto ao prazo: há de ser compatível com o programa financeiro dos projetos a serem financiados;

b) quanto à remuneração: A TR serve de base para o cálculo da remuneração do título de desenvolvimento econômico;

c) quanto à colocação do título no mercado: essa colocação é negociada por intermédio de instituições financeiras e do mercado de capitais. Volta-se tanto para os investidores institucionais, bem como para pessoas físicas e outras pessoas jurídicas.(2)

10. Cédula de crédito bancário e certificado de cédulas de crédito bancário

10.1. Conceito

Através da Medida Provisória n. 1.925-14/2000, sucedida pela Medida Provisória n. 2.160-25/2001, foi criada a cédula de crédito bancário, definida como um título de crédito emitido por pessoa física ou jurídica em favor de instituição financeira ou de entidade a esta equiparada, representando promessa de pagamento em dinheiro, decorrente de operação de crédito, de qualquer modalidade. Semelhante título pode ser emitido em favor de instituição domiciliada no exterior, e até em moeda estrangeira, tudo isso sob a condição de sujeitar-se exclusivamente à lei e ao foro brasileiros. Novo instrumento legal, desta vez a Lei n. 10.931/2004, vai dar-lhe caráter estável no ordenamento jurídico nacional. A cédula de crédito bancário e o certificado de cédulas de crédito bancário estão disciplinados dos arts. 26 a 45 do diploma em questão.

Impõe a lei mencionada que a instituição credora deve integrar o Sistema Financeiro Nacional, conforme está disposto em seu art. 26.

---

(2) Cf. ALMEIDA, Amador Paes de. *Op. cit.*, 2006. p. 287.

Assevera *Arnaldo Rizzardo* que a finalidade da cédula de crédito bancário é dotar as instituições financeiras de maiores garantias, além de imprimir mais agilidade aos contratos. A introdução do novo título foi inspirada, conforme sublinha, no "imperativo de atender alguns contratos não protegidos por leis específicas, mormente os de abertura de crédito. Ao mesmo tempo que dispensam a constante renovação de novos contratos, o que acontece no empréstimo ou mútuo...".[3] Se o objetivo perseguido pelo banco é, aparentemente, favorecer os clientes, porque os encargos só se iniciam a partir do uso do crédito, tal expectativa pode ser frustrada, como veremos.

Trata-se de título causal, pois decorre de um negócio jurídico, processado no sistema financeiro e abrange qualquer ramo da economia, seja o comércio ou a indústria, a agricultura ou a exportação, pois, como lembra *Gladston Mamede*, não se trata de um título temático, rural ou comercial.[4] Destarte, como acentua *Wille Duarte Costa*, a diferença básica entre a cédula de crédito bancário e as demais é que ela não se prende a uma linha de crédito específica, mas a toda operação de crédito, seja qual for a sua modalidade.[5] Destina-se, consequentemente, a agilizar aqueles contratos que envolvam operações de crédito, como visto.

A cédula de crédito bancário poderá ser emitida com ou sem garantia, de acordo com o art. 27, que será real ou fidejussória, cedularmente constituída.

Mais uma vez entendemos como pertinente a observação de *Arnaldo Rizzardo*: "A proteção verifica-se, nas garantias reais que passaram a ser permitidas com este novo instrumento. Antes, apenas mediante escritura pública de hipoteca ou penhor era possível imprimir mais segurança. Normalmente, utilizava-se a garantia fidejussória, ou de fiança. Nem se permitia o aval, já que restritos aos títulos de crédito cambiários. Nem vingaram algumas fórmulas criadas, como 'devedor' ou 'garante subsidiário', ou 'solidário'".[6]

A cédula de crédito bancário é título executivo extrajudicial e representa dívida em dinheiro certa, líquida e exigível, seja pela soma nela indicada, seja pelo saldo devedor demonstrado em planilha de cálculo, ou nos extratos da conta-corrente.

Os cálculos realizados deverão evidenciar de modo claro, preciso e de fácil entendimento e compreensão, o valor principal da dívida, seus encargos e despesas contratuais devidos, a parcela de juros e os critérios de sua incidência, a parcela de atualização monetária ou cambial, a parcela correspondente a multas e demais penalidades contratuais, as despesas de cobrança de honorários advocatícios devidos até a data do cálculo e, por fim, o valor total da dívida (art. 28).

Por outro lado, a cédula de crédito bancário representativa de dívida oriunda de contrato de abertura de crédito bancário em conta-corrente será emitida pelo valor total do crédito posto à disposição do emitente, competindo ao credor disciplinar nos extratos da

(3) RIZZARDO, Arnaldo. *Op. cit.*, p. 307.
(4) MAMEDE, Gladston. *Op. cit.*, 2005. p. 403.
(5) COSTA, Wille Duarte. *Op. cit.*, 2003. p. 482.
(6) RIZZARDO, Arnaldo. *Op. cit.*, p. 307.

conta-corrente ou nas planilhas de cálculos, que serão anexados à cédula, as parcelas utilizadas do crédito aberto, os aumentos do limite do crédito inicialmente concedido, as eventuais amortizações da dívida e a incidência dos encargos nos vários períodos de utilização do crédito aberto (art. 3º, § 2º, II).

10.2. O que pode ser pactuado na cédula de crédito bancário

Ainda de acordo com o art. 28 da Lei n.10.931/2004, ao emitir-se dito papel poderão ser pactuados os seguintes itens:

I – os juros sobre a dívida, capitalizados ou não, os critérios de sua incidência e, se for o caso, a periodicidade de sua capitalização, bem como as despesas e os demais encargos decorrentes da obrigação;

II – os critérios de atualização monetária ou de variação cambial como permitido em lei;

III – os casos de ocorrência de mora e de incidência de multas e penalidades contratuais, bem como as hipóteses de vencimento antecipado da dívida;

IV – os critérios de apuração e de ressarcimento, pelo emitente ou por terceiro garantidor, das despesas de cobrança da dívida e dos honorários advocatícios, judiciais ou extrajudiciais, sendo que os honorários advocatícios extrajudiciais, não poderão superar o limite de dez por cento do valor total devido;

V – quando for o caso, a modalidade de garantia da dívida, sua extensão e as hipóteses de substituição de tal garantia;

VI – as obrigações a serem cumpridas pelo credor;

VII – a obrigação do credor de emitir extratos da conta-corrente ou planilhas de cálculo da dívida, ou de seu saldo devedor, de acordo com os critérios estabelecidos na própria Cédula de Crédito Bancário;

VIII – outras condições de concessão do crédito, suas garantias ou liquidação, obrigações adicionais do emitente ou de terceiro garantidor da obrigação, desde que não contrariem as disposições desta Lei.

10.3. Emissão e garantia

A cédula de crédito bancário poderá ser emitida com ou sem garantia. Emitida com garantia, essa poderá ser real e fidejussória, cedularmente constituída, observadas as disposições da presente lei e, no que não forem com estas conflitantes, as da legislação comum ou especial aplicável (art. 27). Em se tratando de garantia real, esta pode ser constituída por bem patrimonial de qualquer espécie (art. 31), que será descrito e individualizado de modo que permita a sua fácil identificação (art. 33). A critério do credor, consoante o art. 35, os bens constitutivos de garantia pignoratícia ou objeto de alienação fiduciária poderão permanecer sob a posse direta do emitente ou do terceiro prestador da garantia, nos termos da cláusula de constituto possessório.

Por faculdade do credor, qualquer bem dado em garantia poderá ter a cobertura de um seguro, até a efetiva liquidação da obrigação garantida. Esse credor será o exclusivo beneficiário da apólice securitária e estará autorizado a receber a indenização para liquidar ou amortizar a obrigação garantida (art. 36).

Na hipótese de o bem constitutivo da garantia sofrer desapropriação, ser danificado ou perecer por fato imputado a terceiro, o credor sub-rogar-se-á no direito à indenização devida pelo expropriante ou pelo terceiro causador do dano, até o montante necessário para liquidar ou amortizar a obrigação garantida (art. 37). Por outro lado, o credor poderá exigir a substituição ou o reforço da garantia, em caso de perda, deterioração ou diminuição de seu valor (art. 39). Ajunte-se que a validade e eficácia da cédula de crédito bancário não dependem de registro. No entanto, as garantias reais, por ela constituídas, ficam sujeitas, para valer contra terceiros, aos registros ou averbações previstos na legislação aplicável, com as transformações previstas na Lei n.10.931/2004, ora discutida (art. 42).

10.4. Protesto por indicação

À semelhança da duplicata, a cédula de crédito bancária pode ser protestada por indicação, em conformidade com o teor do art. 41 do instrumento legal mencionado que assevera poder esse título de crédito ser protestado por indicação, desde que o credor apresente declaração de posse de sua única via negociável, inclusive no caso de protesto parcial.

10.5. Requisitos essenciais da cédula de crédito bancário

Tal cédula deve conter os seguintes requisitos:

I – a denominação Cédula de Crédito Bancário, com o fim de identificar o título como tal;

II – a promessa do emitente de pagar a dívida em dinheiro, certa, líquida e exigível no seu vencimento ou, no caso de dívida oriunda de contrato de abertura de crédito bancário, a promessa do emitente de pagar a dívida em dinheiro, certa, líquida e exigível correspondente ao crédito utilizado;

III – a data e o lugar do pagamento da dívida e, no caso de pagamento parcelado, as datas e os valores de cada prestação, ou os critérios para essa determinação;

IV – o nome da instituição credora, podendo conter cláusula à ordem;

V – a data e o lugar de sua emissão;

VI – a assinatura de emitente, e se for o caso, do terceiro garantidor da obrigação, ou de seus respectivos mandatários.

10.6. A cédula de crédito bancário como objeto de cessão. Multiplicidade de vias

Pela inteligência da Lei n. 10.931/2004 vê-se que a cédula de crédito bancário poderá ser objeto de cessão de acordo com as disposições de direito comum. Nessa hipótese, o cessionário, ainda que não se trate de instituição financeira ou entidade a ela equiparada, ficará sub-rogado em todos os direitos do cedente, podendo, inclusive, cobrar os juros e demais encargos na forma pactuada da cédula. A cédula de crédito bancário será emitida por escrito, em tantas vias quantas forem as partes intervenientes. Cada uma dessas partes recebe uma das vias. Só a via do credor é negociável, constando nas demais a expressão *não negociável*. Acrescente-se que tal cédula pode ser aditada, retificada e ratificada mediante documento escrito, datado, passando esse documento a integrar a cédula para todos os fins.

10.7. Validade e eficácia do título

A validade e a eficácia do título não dependem de registro, mas as garantias reais, por ele constituídas, ficam sujeitas, para valer contra terceiros, aos registros ou averbações previstos na legislação aplicável, consoante teor do art. 42.

10.8. Certificado de Cédulas de Crédito Bancário

Autorizadas pelo Banco Central e dentro das condições estabelecidas pelo Conselho Monetário Nacional, de acordo com o teor do art. 43, as instituições financeiras poderão emitir título representativo das cédulas de crédito bancário (CCB), por elas mantidas em depósito, do qual constarão:

I – o local e a data da emissão;

II – o nome e a qualificação do depositante das Cédulas de Crédito Bancário;

III – a denominação Certificado de Cédulas de Crédito Bancário;

IV – a especificação das cédulas depositadas, o nome dos seus emitentes e o valor, o lugar e a data do pagamento do crédito por elas incorporados;

V – o nome da instituição emitente;

VI – a declaração de que a instituição financeira, na qualidade e com as responsabilidades de depositária e mandatária do titular do certificado, promoverá a cobrança das Cédulas de Crédito Bancário, e de que as cédulas depositadas, assim como o produto da cobrança do seu principal e encargos, somente serão entregues ao titular do certificado, contra apresentação deste;

VII – o lugar da entrega do objeto do depósito; e

VIII – a remuneração devida à instituição financeira pelo depósito das cédulas objeto da emissão do certificado, se convencionada.

Assinale-se que cabe à instituição financeira responder pela origem e autenticidade das cédulas de crédito bancárias depositadas. Acrescente-se ainda que, emitido o certificado, as cédulas de crédito bancário e as importâncias recebidas pela instituição financeira a título do pagamento do principal e de encargos não poderão ser objeto de penhora, arresto, sequestro, busca e apreensão, ou qualquer outro embaraço que impeça a sua entrega ao titular do certificado. No entanto, poderá este ser objeto de penhora, ou de qualquer medida cautelar por obrigação do seu titular.

Tais certificados poderão ser emitidos sob forma física ou escritural, sempre registrados em arquivos magnéticos organizados pelo emitente, de acordo com o que estipulam, no que for aplicado, os conteúdos dos arts. 34 e 35 da Lei das S/A, que se voltam às ações escriturais. Consoante o *caput* do primeiro artigo citado, o estatuto da companhia pode autorizar ou estabelecer que todas as ações da companhia, ou uma ou mais classes delas, sejam mantidas em conta de depósito, em nome de seus titulares, na instituição que designar, sem emissão de certificados. Já o *caput* do art. 35 determina que a propriedade da ação escritural se presume pelo registro na conta de depósito das ações, aberta em nome do acionista nos livros da instituição depositária. Destarte, essas regras são seguidas no caso de ser dada preferência aos certificados de cédulas de crédito bancário escriturais.

O CCCB poderá ser transferido por endosso ou termo de cessão, se escritural. Estipula ainda o mencionado art. 43, que em qualquer caso a transferência deverá ser datada e assinada pelo seu titular ou mandatário com poderes especiais e averbada na instituição financeira emitente, no prazo máximo de dois dias. Salvo convenção em contrário, os ônus da transferência e averbação serão suportados pelo endossatário ou cessionário.

10.9. Dispensa de protesto e direito de regresso

Aplica-se à cédula de crédito bancário, no que não contrariar ao disposto na lei que a criou, a legislação cambial, dispensando-se o protesto para garantir o direito de cobrança contra endossantes, avalistas e terceiros garantidores (art. 44).

10.10. Redesconto no Banco Central

Se os títulos de crédito e direitos creditórios, representados sob a forma escritural ou física, tenham sido objeto de desconto, poderão ser admitidos a redesconto no Banco Central, respeitando-se as normas e instruções baixadas pelo Conselho Monetário Nacional.

De acordo com o que preceitua a lei em tela, em seu art. 45, os títulos de crédito e os direitos creditórios considerar-se-ão transferidos, para fins de redesconto, à propriedade do Banco Central, desde que: a) estejam inscritos em termo de tradição eletrônica constante do Sistema de Informação do Banco Central (SISBACEN); b) ou então no termo de tradição previsto no § 1º do art. 5º do Decreto n. 21.499, de 9 de junho de 1932, com a redação dada pelo art. 1º do Decreto n. 21.928, de 10 de outubro de 1932.

Entendem-se como inscritos nos termos de tradição referidos no parágrafo anterior os títulos de crédito e direitos creditórios neles relacionados e descritos, observando-se os requisitos, os critérios e as formas estabelecidas pelo Conselho Monetário Nacional.

A inscrição referida produz os mesmos efeitos do endosso, que se aperfeiçoa com o recebimento, pela instituição financeira proponente do redesconto, de mensagem de aceitação do Banco Central. Não sendo eletrônico o termo de tradição, é imprescindível a assinatura das partes.

Acrescente-se que os títulos de crédito e documentos representativos de direitos creditórios, inscritos nos termos de tradição, poderão, a critério do Banco Central, permanecer na posse direta da instituição financeira beneficiária do redesconto, que os guardará e os conservará em depósito, devendo proceder, como comissária *del credere,* à sua cobrança judicial ou extrajudicial.

Na verdade, foram criados através da mencionada Lei n. 10.931/2004 dois novos títulos de crédito: a cédula de crédito bancário e o certificado de cédula de crédito bancário, além da letra de crédito imobiliário e da cédula de crédito imobiliário. Vemos, assim, por suas respectivas finalidades, que são títulos criados com o fito de proporcionar maiores facilidades para a captação de recursos no mercado, impulsionando, pois, os negócios de um modo geral.

No entanto, no que tange à cédula de crédito bancário, comungamos com o alerta de *Rubens Requião* quanto à capitalização dos juros. Conforme nos expressamos no subitem *Conceito*, a maior comodidade que se poderia passar ao cliente vê-se emperrada pela aventada capitalização dos juros, ao criar uma situação de agiotagem dos bancos, de claro anatocismo, o que contraria a tradição do Direito brasileiro, ofendendo, ademais, a consciência jurídica do País.(7) Destarte, a cobrança de juros, tão elevados, poderia emergir não como um benefício, mas como um sinal de como esses juros se tornariam mais extorsivos.

(7) REQUIÃO, Rubens. *Op. cit.* 2007. p.646.

Cédula de Crédito Bancário
Conta Garantida – Aval Nº

1 - Partes				
1 – Dados do Credor				
			CNPJ/MF	
Endereço		Cidade		Estado
1. 1 Dados do Emitente				
Nome			CNPJ/CPF	
Endereço		CEP	Cidade	Estado
1. 2 Dados dos (s) Avalista (s)				
Nome			CPF/CNPJ	
Endereço		CEP	Cidade	Estado
Nome			CPF/CNPJ	
Endereço		CEP	Cidade	Estado
Nome			CPF/CNPJ	
Endereço		CEP	Cidade	Estado

II – Características da Operação

1	Cód. Agência	Dig.	Nome da Agência	2	Conta Limite ☐ Vinculada nº ☐ Movimento nº 121	Dig.

3	Limite do Crédito	4	Extenso	5	Nº. Cta. Déb.Encargos	Dig.

6	Prazo	7	Vencimento	8	Valor do IOF	9	Valor da Tarifa	10	Dia para Débito Encargos

11 – Encargos Prefixados

11.1	Forma Cálculo Encargos ☐ Dias Corridos ☐ Dias Úteis	11.2	Taxa de Juros

12 – Encaros Pós - fixados

12.2	Parâmetro Reajuste	12.2	Percentual Parâmetro	12. 3	Periodicidade Flutuação	Taxa de Juros

13	Sem prejuízo do disposto no item II - 6, os encargos deverão ser liquidados: ☐ **Sempre no segundo dia útil do mês subsequente ao período de cálculo**
14	Praça de Pagamento SALVADOR - BA

III – Dados deste Instrumento

1	Quantidade de Vias 3	2	Local e Data de Emissão SALVADOR 19 DE MAIO DE 2007.

11. Jurisprudência

Superior Tribunal de Justiça — STJ. 4ª Turma. REsp n.981317/PE. Rel.: Ministro Fernando Gonçalves. 4ª Turma. Data do julgamento: 26.08.2008. Data da publicação/Fonte: DJe 22.09.2008.

Direito Comercial. Aval. Autonomia e independência da obrigação avalizada. Cédula de crédito industrial.

1) Ao subtrair do aval a característica de garantia cambial típica, substancialmente autônoma e independente, porque não se subordina à obrigação avalizada, o julgado recorrido entra em aberto confronto com as disposições do Decreto-lei 413/69 — arts. 41 e 52 — e da Lei Uniforme de Genebra — art. 32 — além de divergir do entendimento pacífico dos Tribunais, inclusive Supremo Tribunal Federal (RE 105.362-3/SP) e Superior Tribunal de Justiça (REsp 43.922-1/MG).

2) Ao declarar a nulidade do título (Cédula de Crédito Industrial), salvo o desvio de finalidade operado com a quantia mutuada, apropriada para quitação de débitos outros, anteriores, da tomadora para com o estabelecimento de crédito, não foi apontada qualquer balda quanto aos requisitos legais exigidos para sua validade.

3) Recurso especial conhecido e provido para, julgada improcedente a exceção de pré-executividade manejada pela empresa, determinar o prosseguimento da execução em relação aos avalistas, invertidos os ônus da sucumbência.

Acórdão. Vistos, relatados e discutidos estes autos, acordam os Ministros da Quarta Turma do Superior Tribunal de Justiça, na conformidade dos votos e das notas taquigráficas a seguir, por unanimidade, conhecer do recurso especial e dar-lhe provimento. Os Ministros Aldir Passarinho Júnior, João Otávio de Noronha, Luis Felipe Salomão e Carlos Fernando Mathias (Juiz convocado do TRF 1ª Região) votaram com o Ministro Relator.

Superior Tribunal de Justiça — STJ. 4ª Turma. EDREsp n. 174844. Rel.: Min. Sálvio de F. Teixeira. DJ de 03.05.1999. p. 153.

Processual Civil. Embargos de declaração. Vício caracterizado. Capitalização mensal em cédula de crédito comercial. Possibilidade. Enunciado n. 93 da Súmula/STJ. Acolhimento.

I – Doutrina e jurisprudência admitem excepcionalmente o manejo de embargos declaratórios, além das hipóteses legalmente contempladas, quando ocorrem erro material ou manifesto equívoco, inexistindo outro meio hábil ao reexame da espécie.

II – A orientação desta Corte firmou-se pela admissibilidade da capitalização mensal dos juros nos casos em que a legislação de regência e o instrumento contratual expressamente prevejam tal prática, como na espécie. Acórdão: por unanimidade, acolher os embargos de declaração.

Superior Tribunal de Justiça. Cédula de crédito comercial. Juros. Limitação (12% AA). Ausência de fixação pelo Conselho Monetário Nacional. Lei de Usura (Decreto n. 22.626/33). Incidência.

I – Ao Conselho Monetário Nacional, segundo o art. 5º do Decreto-lei n. 413/69, c/c art. 5º da Lei n. 6.840/80, compete a fixação das taxas de juros aplicáveis aos títulos de crédito comercial. Omitindo-se o órgão no desempenho de tal mister, torna-se aplicável a regra geral do art. 1º, *caput*, da Lei de Usura, que veda a cobrança de juros em percentual superior ao dobro da taxa legal (12% ao ano), afastada a incidência da Súmula n. 596 do C. STF, porquanto se dirige à Lei

n. 4.595/64, ultrapassada, no particular, pelo diploma legal mais moderno e específico, de 1980. Precedentes do STJ.

II – Agravo desprovido.

Superior Tribunal de Justiça. STJ. Nota de crédito comercial. Verbas acessórias exigidas. Cumulação da correção monetária com a comissão de permanência. Capitalização mensal dos juros. Multa de 10%.

1. "A comissão de permanência e a correção monetária são inacumuláveis" (Súmula n.30 — STJ). 2. A legislação especial, que regula os títulos de crédito comercial, excepciona a regra proibitória estabelecida na Lei de Usura no tocante à capitalização mensal dos juros. 3. Não solvido o débito no tempo devido, cabível é a exigência da pena convencional. Recurso especial conhecido, em parte, e provido.

Superior Tribunal de Justiça — STJ. 3ª Turma. REsp 162.032/RS. Julg.em 26.10.99. DJ de 17.04.00. Cédula de crédito industrial. Execução. Título de crédito despido do atributo da abstração. "Causa debendi". Relevância. Simulação. Alegação de ofensa aos arts. 102, II e 104 do CCB. Impossibilidade de apreciação na via especial. Acórdão recorrido embasado na prova dos autos. Súmula 07/STJ. Incidência. Dissídio jurisprudencial desconfigurado.

I – Nas obrigações cambiais, a causa que lhes deu origem não constitui meio de defesa. Neste ponto se diferenciam os títulos de crédito abstratos dos causais. Nestes, a sua eficácia é nenhuma se o negócio jurídico subjacente inexistir ou for ilícito. Naqueles, esses mesmos vícios não impedem que a obrigação cartular produza seus efeitos.

II – Em sendo a cédula de crédito industrial um título causal, pode o obrigado invocar como defesa, além das exceções estritamente cambiais, as fundadas em direito pessoal seu contra a outra parte, para demonstrar que a obrigação carece de causa ou que esta é viciosa. Não é exequível a cédula industrial, cujo financiamento é aplicado em finalidade diversa daquela prevista na lei de regência.

III – Inviável, *in casu*, aferir a possibilidade de ter havido simulação, se para tanto torna-se necessário incursionar-se pelo campo fático-probatório dos autos.

IV – Não há como configurar a divergência jurisprudencial, quando o acórdão recorrido aprecia a controvérsia, trazendo a lume os elementos de prova coligidos no processo. Aplicação da Súmula 07/STJ.

V – Recurso especial não conhecido.

Superior Tribunal de Justiça. STJ. Teto da Lei de Usura. Taxas livres. Não demonstração por parte do credor de autorização do Conselho Monetário Nacional. Capitalização mensal de juros. Não pactuação. Correção. Vinculação ao critério de reajuste dos depósitos de caderneta de poupança. Março 90. Percentual aplicado: 41,28%. Recurso desprovido.

I – às cédulas de crédito industrial aplica-se o entendimento concernente ao mútuo rural, segundo o qual é defesa a cobrança de juros além de 12% ao ano se não demonstrada, pelo credor, a prévia estipulação, pelo Conselho Monetário Nacional, das taxas de juros vencíveis para o crédito industrial, correspondentes à data de emissão de cédula.

II – Não se configura o dissídio, no tocante ao limite dos juros, se os arestos paradigmas, inclusive o enunciado n. 596 da súmula/STF, não se referem ao caso específico do crédito industrial, que tem disciplina própria, mas às operações financeiras em geral.

III – A jurisprudência da Corte firmou-se pela admissibilidade da capitalização mensal de juros nos casos em que a legislação de regência e o instrumento contratual prevejam tal prática.

IV – "Os valores objeto de títulos de crédito rural emitidos antes da edição do "Plano Collor", nos quais prevista correção monetária atrelada aos índices remuneratórios da caderneta de poupança, devem sofrer indexação, no mês de março de 1990, com base no mesmo critério que serviu à atualização do saldo de cruzados novos bloqueados — variação do BTNF (art. 6º, § 2º, da Lei 8.024/90)".

Tribunal de Justiça do Distrito Federal e dos Territórios. 6ª Turma Cível. Data do Julgamento: 03.12.2008. Classe do Processo: 20000110082052APC DF. Registro do Acórdão n. 337074. Rel. Rômulo de Araújo Mendes. Publicação no DJU: 07.01.2009.

Civil. Processo Civil. Código de Defesa do Consumidor. Instituições bancárias. Força obrigatória do contrato e autonomia da vontade. Mitigação. Intervenção judicial. Possibilidade. Cédula de crédito comercial. Lei 6.840/1980. Decreto-Lei 413/1969. Lei 9.365/1996. Cobrança de taxa de juros acima de 12% ao ano. Comissão de permanência. Cumulação com demais encargos. Possibilidade. Emenda Constitucional 45/2004.

1) De acordo com a súmula do STJ "O Código de Defesa do Consumidor é aplicável às instituições financeiras".

2) O princípio da força obrigatória dos contratos e a autonomia da vontade estão mitigados nos dias atuais em face da função social do contrato, podendo haver a intervenção judicial para a observação de determinações legais. Mais uma vez verificada a legalidade do negócio jurídico é possível a incidência da força obrigatória do contrato, mesmo aos contratos regidos pela Lei de Defesa do Consumidor.

3) Por força do art. 5º da Lei 6.840/ 1969 o Decreto-Lei 413/1969 é aplicável aos títulos de crédito industrial, que permite a contratação de juros e de correção monetária (Súmula n. 288 STJ). A Lei 9.365/1996 dispõe que a TJLP pode ser utilizada em quaisquer operações realizadas nos mercados financeiros.

4) A Emenda Constitucional 40/2003 revogou o § 3º do artigo 192 da Constituição Federal, em que limitava a taxa de juros em 12% (doze por cento) ao ano, e mesmo antes o Supremo Tribunal Federal já se posicionava em contrário, editando a Súmula n. 596.

5) O Superior Tribunal de Justiça pacificou o entendimento de que a comissão de permanência não é potestativa, sendo que deve ser calculada pela taxa média de mercado limitada à taxa do contrato (Súmula n. 294).

6) Não é possível a acumulação da comissão de permanência com outros encargos contratuais, por caracterizar *bis in idem* (súmulas 30 e 296 STJ).

7) A Emenda Constitucional 45/2004 trouxe em seu bojo o respeito às decisões das cortes superiores, criando a obrigatoriedade às decisões de repercussão geral e de efeito vinculante feitas pelo STJ, gerando um norte para os magistrados de primeiro e segundo graus de jurisdição, e com isto um maior grau de uniformidade.

Recurso conhecido. Negado provimento.

Decisão: Negou-se provimento. Unânime.

Tribunal de Justiça do Distrito Federal e dos Territórios. 1ª Turma Cível. APC n. 2004.01.1.006706-5. Rel. Des. José de Aquino Perpétuo. Rev. Des. Flavio Rostirola. Direito Comercial. Nota de crédito comercial. Título executivo extrajudicial. Empréstimo para capital de giro. Incidência do Código de Defesa do Consumidor. Empresa destinatária final do empréstimo bancário. Redução da multa contratual. Cabimento. Capitalização de juros. Possibilidade. Súmula n. 93 do STJ. Limitação dos juros em 12% ao ano enquanto o Conselho Monetário Nacional não dispuser de modo contrário. Apelo parcialmente provido.

Ao instituir a Nota de Crédito Comercial, a Lei n. 6.840/80 procurou instrumentalizar operações de créditos concedidos por instituições financeiras a pessoa física ou jurídica praticantes da atividade comercial, conferindo ao documento representativo da aludida operação a qualidade de título executivo extrajudicial (art 5º. da Lei n. 6.840/80 c/c art. 10º do Decreto-lei n. 413/69). 2. "Aquele que exerce empresa assume a condição de consumidor dos bens e serviços que adquire ou utiliza como destinatário final, isto é, quando o bem ou serviço, ainda que venha a compor o estabelecimento empresarial, não integre diretamente — por meio de transformação, montagem, beneficiamento ou revenda — o produto ou serviço que venha a ser oferecido a terceiros" (STJ — 2ª Seção — CC 41056/SP, Relª Minª Nancy Andrighi, DJU de 20/09/2004. p. 181). 3. Limitação da multa moratória em 2% (dois por cento) do valor da prestação estabelecida pelo art. 52, § 1º, do CDC deve ser aplicada às notas de crédito comercial emitidas após o advento da Lei n. 9.298, de 01/08/96). 4. "A legislação sobre cédulas de crédito rural, comercial e industrial admite o pacto de capitalização de juros" — Súmula n. 99 do STJ. 5 — Ante a falta de autorização expressa do CMN, as instituições financeiras ficam vedadas de estipularem, na Cédula de Crédito Comercial, taxa de juros superior ao limite de 12% (doze por cento) ao ano. 6. Apelação provida parcialmente.

Tribunal de Justiça da Bahia. 4ª Vara Cível. Agravo de instrumento. Acórdão n. Processo 6.446-1. 2004. Rel.: Des. Paulo Furtado. Cédula de crédito comercial oriunda de abertura de crédito em conta-corrente. Título executivo. Busca e apreensão de veículo. Liminar. Mora não configurada. Impossibilidade.

Embora se trate de tema controvertido, a orientação majoritária admite o entendimento agasalhado pelo julgador, de que a cédula de crédito comercial é título executivo, mesmo que oriunda de contrato de abertura de crédito.

Tribunal de Justiça da Bahia. Acórdão n. 66.407. Processo 13.624-4. 2001. Ação de execução de cédula de crédito industrial com garantia hipotecária. Nomeação de bens à penhora. Títulos da dívida pública da União. Rejeição.

Em crédito hipotecário a penhora recai sobre o bem dado em garantia.

Tribunal de Justiça da Bahia. Acórdão n. 12.215. Processo 27.219-5. 2001. Embargos do devedor. Cédula de crédito comercial. Admissibilidade de capitalização mensal de juros quando pactuado no contrato. Inteligência do Decreto-lei 413/69 e da Súmula n. 96 do STJ. Improvimento do apelo.

Tribunal de Justiça de Santa Catarina. 2ª Câmara Cível. Ac. n. 980011531-6. DJSC de 09.03.1999. p. 09.

Cédula de crédito industrial. Embargos à execução. Prova pericial requerida e não produzida. Julgamento antecipado da lide. Cerceamento da defesa. Inocorrência. Não se caracteriza o cerceamento de defesa quando há nos autos elementos bastantes a formar o convencimento do juiz, permitindo-lhe o julgamento antecipado da lide. CODECON. Inaplicabilidade. Inexistência da condição de consumidor. Cédula de crédito industrial. Legislação específica. O CODECON destina-se a reger as relações de consumo, que pressupõem um destinatário final, o consumidor. Não ostentando a parte essa condição, é inaplicável. A par disso, a cédula de crédito industrial é regida por legislação específica (Decreto n. 413/69), sendo inaplicáveis, também, por essa razão, as normas contidas na Lei n. 8.078/90. Juros. Taxa. Limite constitucional. Art. 192, § 3º, CF. Norma que não goza de autoaplicabilidade. Entendimento pacífico dos tribunais superiores. A norma insculpida no art. 192, § 3º, da Constituição Federal, a despeito do princípio da efetividade que informa o Direito Constitucional, não é autoaplicável, no rumo de entendimento pacífico e reiterado dos tribunais superiores, especialmente do Supremo Tribunal Federal. Capitalização de juros. Cabimento. A capitalização dos juros, segundo a Súmula n. 93 do Superior Tribunal de Justiça, é perfeitamente cabível nas notas de crédito comercial, industrial e rural, em decorrência da legislação que as rege. Correção monetária. Comissão de permanência. Cumulabilidade. Vedação. Inocorrência. Argumento repelido. Não é permitida a cumulação da correção monetária com a comissão de permanência, mas sim sua sucessividade. Juros moratórios e juros remuneratórios. Cumulação. Cobrança. Possibilidade. "É lícita a cumulação de juros de mora com juros remuneratórios" (REsp n. 4.026. Rel. Min. Dias Trindade). Decisão: à unanimidade, negar provimento ao recurso. Custas na forma da lei.

Tribunal de Justiça de Santa Catarina. 2ª Câmara Cível. I n.96007134-2. DJSC de 09.03.1999. p. 07.

Cédula de crédito comercial. Execucional. Bem de família. Hipoteca. Sociedade comercial familiar. Impenhorabilidade. Exclusão do bem de família da execução. Agravo provido.

Mesmo sendo dada em garantia de cédula de crédito comercial, para custeio de empresa no âmbito familiar, a residência da família não pode ser alvo de execução fundada em empréstimo bancário regulado por lei especial. Decisão: à unanimidade, prover o recurso. Custas legais.

Capítulo XI

Títulos de crédito ligados às sociedades anônimas

1. Generalidades

1.1. Introdução ao problema

As sociedades anônimas lidam com determinados títulos de crédito que lhe são peculiares, a exemplo das ações e das debêntures, das quais já tivemos oportunidade de falar quando traçamos a classificação dos títulos de crédito. Vimos que as ações fazem parte dos títulos de participação, seguindo a divisão estabelecida por *Mario Alberto Bonfanti* e *José Alberto Garrone* (v. item "Classificação dos títulos de crédito", no capítulo I do trabalho). *Dylson Doria*, ao referir-se às ações, prefere conceituá-las como um título que atribui a qualidade de sócio (acionista).[1] Por outro lado, debruçamo-nos sobre a discussão se as ações constituem ou não títulos de crédito (v. o item "Natureza jurídica das ações", neste capítulo).

1.2. Advertência

Pelas razões acima expostas é que chamamos a atenção do leitor que semelhantes papéis aqui denominados *títulos de crédito ligados às sociedades anônimas* são assim considerados no sentido mais amplo do termo, até porque, tomando-se por exemplo a estrutura de uma ação, esta não equivale à de uma debênture simples, pois aquela corresponde, efetivamente, a um título de participação, enquanto essa, tal como o *commercial paper*, é inquestionavelmente um título de crédito, assemelhando-se ambos a uma nota promissória.

1.3. Conceito

Chamam-se títulos societários aqueles de emissão de sociedades anônimas com a finalidade de captar recursos no mercado, sendo, assim, títulos de natureza empresarial, com o escopo de proporcionar o financiamento de projetos de uma dada companhia. Esses papéis são igualmente conhecidos como valores mobiliários, mas nem todos os valores mobiliários são, obviamente, títulos societários. Basta que citemos a letra de câmbio, a nota promissória, ou o certificado de depósito bancário. Em outras palavras: os títulos societários

(1) DORIA, Dylson. *Op. cit.*, 1987. p. 10; SARMENTO, Walney Moraes. *Op. cit.*, 2003. p. 59; ROQUE, Sebastião José. *Op. cit.*, 2006. p. 226.

constituem uma categoria específica entre os títulos de crédito em geral. Veremos que, com exceção do *commercial paper*, tudo o que designamos como títulos societários está previsto na Lei das S/A, o que não significa que outros documentos legais não lhes façam referência, como demonstra o item "Fundamentação legal". O que queremos dizer é que não existe nenhuma lei especial sobre qualquer deles, como é o caso da Lei do Cheque, ou do Decreto n. 2044, pertinente a letra de câmbio e promissória, da Lei de Duplicata etc. Destarte, os títulos societários emergem naturalmente no cerne da Lei n. 6.407/1976, paralelamente ao tratamento das sociedades por ações.

1.4. Natureza dos títulos

Já vimos que são títulos empresariais e só podem ser emitidos por uma companhia. Constituem, por isso mesmo, títulos privados. Como se destinam à captação de recursos, em larga escala, são títulos em série, porque lançados para o mercado dos investidores, em oposição a um título individual.

1.5. Fundamentação legal

Antes de descermos a pormenores sobre os respectivos títulos societários, isto é, aqueles emitidos pelas companhias em benefício de seus empreendimentos, parece-nos conveniente passar em revista a legislação pertinente. Comecemos pela Lei n. 6.385, de 7 de dezembro de 1976, que dispõe sobre o mercado de valores mobiliários e cria a Comissão de Valores Mobiliários (CVM). Em seguida, lembraremos a Lei n. 4.728, de 14 de julho de 1965, que visou a disciplinar o mercado de capitais e a estabelecer medidas para o seu desenvolvimento. É mais conhecida como Lei do Mercado de Capitais. A sua Seção VI, que abrange os arts. 32-43, trata da problemática das ações, ao passo que a sua Seção VII se dedica às debêntures (art. 44). Acrescentemos a Lei n. 6.404, de 15 de dezembro de 1976, que dispõe sobre as sociedades por ações, sendo mais conhecida como Lei da S/A. E mais a Lei n. 8.021, de 12 de abril de 1990, que põe fim às ações endossáveis e ao portador. Inclui-se, ainda, a Lei n. 10.303, de 31 de outubro de 2001. No caso específico do *commercial paper*, a sua fundamentação está na Resolução n.1.723, de 27 de junho de 1990, de autoria do Banco Central.

1.6. Modalidades dos títulos societários

Em conformidade com a legislação vigente, podemos identificar os seguintes títulos tipicamente societários:

1 – ações;

2 – certificado de depósito de ações;

3 – partes beneficiárias;

4 – debêntures;

5 – cédulas de debêntures;

6 – bônus de subscrição;

7 – *commercial paper.*

Iniciemos a análise de semelhantes títulos com as ações, até porque parecem ser a expressão mais típica de uma companhia, chamada em várias legislações de *sociedade por ações*, a exemplo da alemã (*Aktiengesellschaft*) ou da italiana (*società per azone*).

2. Ações

2.1. Conceito

Conceitua-se a ação como o documento, o título representativo do preço da emissão em que é dividido o capital social da companhia e da qual nasce o direito de participar da vida da sociedade. Pode ser também meramente escritural. A ação é um bem móvel e vale, em geral, como um título de crédito. É o estatuto da companhia que fixará o número das ações em que se divide o capital social, bem como se essas ações terão ou não valor nominal (art. 11). Apareceria já, então, uma primeira classificação de ações: aquelas com valor nominal e aquelas sem valor nominal, cujas emissões estão reguladas nos arts. 13 e 14 da Lei das S/A.

Embora previsto em dispositivo legal, a tradição comercial brasileira é infensa ao procedimento de emitir ações sem que se declare o seu valor nominal. Por essa razão é que nos furtamos de elaborar uma classificação incluindo semelhante modalidade. Se a lei permite tal faculdade, o costume pátrio a ela não aderiu.

2.2. Classificação das ações — espécies e classes

Em conformidade com os direitos que conferem, classificam-se as ações da seguinte forma: a) ações ordinárias (também chamadas comuns); b) ações preferenciais; c) ações de gozo ou de fruição.

2.2.1. As ações ordinárias ou comuns

São aquelas que atribuem os direitos comuns do acionista, sem restrições ou privilégios, como o direito de votar nas assembleias. Essas ações, se emitidas por uma companhia fechada, poderão ser de uma ou mais classe, fixadas em lei, de acordo com o art. 16, em função de:

I – conversibilidade em ações preferenciais;

II – exigência da nacionalidade brasileira do acionista; ou

III – direito do voto em separado para o preenchimento de determinados cargos de órgãos administrativos.

Acrescente-se que tal artigo sofreu modificação no seu conteúdo, pois inicialmente constava de quatro incisos, tendo sido revogado o primeiro, que tratava da forma ou conversibilidade de uma forma em outra. Ora, já a Lei n. 8.021, de 1990, em seu art. 4º, reduz todas as ações à forma nominativa, que é, aliás, o que reza o art. 20 da Lei n. 6.404, de 1976, que absorveu a mudança referida.

Assinale-se que cada ação ordinária corresponde a um voto nas deliberações da assembleia geral.

2.2.2. *Ações preferenciais*

Essa modalidade de ações confere aos seus titulares determinados direitos e privilégios, consistindo na prioridade por ocasião da distribuição dos dividendos, ou no reembolso do capital, em caso de liquidação, com ou sem prêmio, ou na acumulação das mencionadas vantagens.

As ações preferenciais poderão ser de uma classe ou mais, tratando-se, conforme o caso, de companhia de capital aberto ou fechado. O estatuto da companhia poderá privá-las do direito a voto, ou conferi-lo com restrições. Dispõe o art. 111 da Lei de Sociedades Anônimas, no parágrafo primeiro desse artigo, que as ações preferenciais adquirirão esse direito se a companhia, pelo prazo previsto no estatuto, não superior a três exercícios consecutivos, deixar de pagar os dividendos fixos ou mínimos a que fizerem jus, direito que conservarão até o pagamento, se tais dividendos não forem cumulativos, ou até que sejam pagos os cumulativos em atraso.

O art. 15, § 2º, rezava que o número de ações preferenciais sem direito a voto, ou sujeitas a restrições no exercício, não podia ultrapassar dois terços do total das ações emitidas. Com o advento, contudo, da Lei n. 10.303/2001, esse limite passou a ser de 50%, o que forçou maior emissão de ações ordinárias por parte da sociedade anônima. Por outro lado, nada impede, do ponto de vista estritamente legal, que o capital da companhia seja constituído exclusivamente de ações ordinárias, o que lhe conferirá uma feição mais democrática.

Como lembra *Lawrence J. Gitman*, a ação preferencial é considerada "quase-capital de terceiros", uma vez que rende um pagamento fixo periódico (dividendo), semelhante aos juros sobre o empréstimo. Evidentemente que é só uma comparação, pois a ação preferencial expressa-se como documento de propriedade, como título de participação, como já sublinhado. Por deterem direitos fixos sobre os lucros da companhia e com ascendência sobre os direitos dos acionistas comuns, os preferencialistas não se expõem à mesma extensão dos riscos daqueles comuns. Daí decorre o fato de não lhes ser dado o direito de voto. Justifica.[(2)]

2.2.3. *Ações de gozo ou fruição*

Essas ações resultam de uma autorização do estatuto ou da assembleia geral extraordinária em aplicar lucros ou reservas na amortização de ações (tanto ordinárias quanto preferenciais), em conformidade com as condições que determinar, bem como com o modo de proceder-se à operação.

Consiste a amortização na distribuição aos acionistas, a título de antecipação e sem redução do capital social, em quantias que lhes poderiam tocar em caso de liquidação da companhia, de acordo com o estipulado pela Lei n. 6.404/1976, em seu art. 44.

A amortização pode ser tanto integral como parcial e abranger todas as classes de ações ou só uma delas. Na hipótese de a amortização não incluir todas as ações de uma mesma classe, ela deverá ser realizada por sorteio. Se a amortização atingir ações custodiadas, obriga-se a instituição financeira que estiver prestando tal serviço a especificar, mediante rateio, as amortizadas, se outra forma não for prevista no contrato de custódia.

(2) GITMAN, Lawrence J. *Op. cit.*, 1997. p. 543.

As ações integralmente amortizadas poderão ser substituídas por ações de gozo ou fruição, com as restrições que forem determinadas pelo estatuto ou pela assembleia geral que deliberou a amortização. Na hipótese de ocorrer a liquidação da sociedade, as ações amortizadas só concorrerão a seu acervo líquido depois que for assegurado às ações não amortizadas valor igual ao da amortização, monetariamente corrigido.

As ações de fruição encontram-se despidas de capital, mantendo, no entanto, os direitos previstos na citada lei das sociedades anônimas, em seu art. 109, que são:

– participação nos lucros sociais;

– fiscalização da sociedade;

– preferência na subscrição de novas ações;

– participação no acervo da companhia, nas condições do art. 44, § 5º do mencionado instrumento legal.

2.2.4. Ações escriturais

Reza o art. 34 da Lei de Sociedade Anônima que o estatuto da companhia pode autorizar ou estabelecer que todas as ações da companhia, ou uma ou mais classes delas, sejam mantidas em conta de depósito, em nome de seus titulares, na instituição que designar, sem emissão de certificados. Saliente-se que tal instituição financeira há de ser devidamente autorizada pela Comissão de Valores Mobiliários (CVM).

No caso de alteração estatutária, a conversão de qualquer ação em escritural depende da apresentação e do cancelamento do respectivo certificado em circulação. Registre-se que a companhia responde pelas perdas e danos causadas aos interessados por erros ou irregularidades no serviço de ações escriturais, sem prejuízo do eventual direito de regresso contra a instituição depositária.

3. Propriedade e circulação das ações

3.1. Indivisibilidade das ações

A ação é de natureza indivisível em relação à companhia. Na hipótese, contudo, de a ação pertencer a mais de uma pessoa, o representante do condomínio exercerá os direitos por ela conferidos, em conformidade com o art. 28 da lei em vigor.

3.2. Negociabilidade das ações

As ações das companhias abertas somente poderão ser negociadas depois de realizados 30% (trinta por cento) do preço da emissão. A infração do disposto no art. 29 da Lei das Sociedades Anônimas importa na nulidade do ato.

3.3. Proibição de negociar com as próprias ações

Salvo em casos específicos, as companhias estão proibidas de negociar suas próprias ações. Essa proibição, porém, não abrange os seguintes casos (art. 30):

a) as operações de resgate, reembolso ou amortização previstas em lei;

b) a aquisição, para permanência em tesouraria ou cancelamento, desde que até o valor do saldo de lucros ou reservas, exceto a legal, e sem diminuição do capital social ou por doação (essas ações, enquanto mantidas em tesouraria, não terão direito a dividendo nem a voto);

c) a alienação das ações adquiridas nos termos da alínea *b* e mantidas em tesouraria;

d) a compra quando, resolvida a redução do capital mediante restituição, em dinheiro, de parte do valor das ações, o preço destas em bolsa for inferior ou igual à importância que deve ser restituída (essas ações, acrescente-se, serão retiradas definitivamente de circulação).

A aquisição das próprias ações pela companhia depende, contudo, de aprovação concedida pela Comissão de Valores Mobiliários (CVM), sob pena de nulidade dos negócios praticados.

3.4. *Recebimento das ações em garantia*

A sociedade não pode receber em garantia as suas próprias ações, a não ser na hipótese de assegurar a gestão dos seus administradores.

4. O acionariato

O acionariato constitui um sistema de propriedade, abrangendo as ações, que são, por definição, valores mobiliários. Daí decorre a existência de *carteiras de ações,* que podem ser individuais ou coletivas, se de propriedade de uma pessoa, como no primeiro caso, ou então, como no segundo, se se tratar de um fundo mútuo, administrado por uma instituição financeira, ao qual concorrem vários investidores.

5. Natureza jurídica das ações. São as ações título de crédito?

Do ponto de vista jurídico as ações revestem-se das seguintes características:

a) são parte do capital social da companhia;

b) constituem fundamento para condição de sócio (acionista);

c) são títulos de crédito, na concepção de setores da Doutrina, portanto um documento necessário para o exercício do direito literal e autônomo nele contido. As ações escriturais, embora também representem o capital, não são títulos de crédito, por lhes faltar o requisito da *incorporação,* isto é, não constituem uma cártula, um documento descritivo do direito ora mencionado. Isso do ponto de vista de quem considere as ações título de crédito.

O crédito pertinente às ações viabiliza-se, nessas condições, pelos seguintes modos, a saber: a) no presente, mediante o recebimento dos dividendos; b) no futuro, por ocasião da participação no resíduo líquido do acervo social, na hipótese de liquidação da sociedade anônima.

Essas observações não parecem conferir às ações os atributos mais gerais pertinentes a um título de crédito.

Não se pode dizer, pois, que pertença ao passado a discussão sobre o tema se as ações constituem ou não títulos de crédito. Poder-se-ia argumentar que se mesmo para aqueles considerados atípicos, a exemplo do bilhete de viagem e de transporte, a quem alguns reservam o epíteto de "títulos de crédito", por que negaríamos às ações semelhante tratamento?[3] É preciso, contudo, certa reflexão nesse particular, parecendo-nos mais coerente pôr semelhante tema em debates mais amplos. Aí entra a observação de *Américo Luis Martins da Silva*, ao comentar: "Com o decorrer dos anos e dos debates, aos poucos abandonou-se a ideia de que a ação representava a ideia de um crédito contra a companhia, porém permaneceu o entendimento de que se tratava de um título de crédito, em virtude de estarem presentes, segundo esta corrente, os pressupostos enumerados pela definição apresentada por *Cesare Vivante*. Por sinal, o próprio *Vivante* inclui as ações na categoria dos títulos de crédito".[4]

No âmbito de semelhante discussão, *J. X. Carvalho de Mendonça* enxerga na ação a qualidade de título de crédito, ainda que impróprios, não apenas sob o ponto de vista dos direitos patrimoniais, que lhe são inerentes, mas, ainda, sob o ponto de vista de sua circulação, objeto de transação que é, susceptível de alta e baixa na cotação da bolsa. Acrescenta que mesmo estando a sociedade em liquidação, a ação prossegue negociável. Em resumo, o ilustre comercialista citado conceitua as ações como títulos atributivos do complexo de direitos conexos à qualidade de sócio.[5]

Dylson Doria,[6] *Waldirio Bulgarelli*,[7] *Rubens Requião*[8] admitem que a ação pode exercer o papel de título de crédito. Ressalte-se, todavia, que esses autores enfatizam, como não podia deixar de ser, suas características mais evidentes, conforme salientamos. Para *Waldo Fazzio Júnior*, a ação não é um título de crédito puro, mas "é imperativo admitir que sua incompletude física não afasta o direito creditício que representa e sua cessibilidade",[9] assevera.

Assim, se nos arriscássemos a conceituar também as ações como títulos de crédito, significaria que estaríamos na esteira da boa doutrina, a comungar com ela. Haveria, entretanto, um assunto que não pode ser esquecido: nomes ilustres do Direito Cambiário repelem a ideia da ação como título de crédito. Uma das razões levantadas pelos que assim argumentam reside no fato de que as ações não exibem um valor constante, pois oscila entre períodos de baixa e de alta, a depender do momento econômico, das consequências de problemas políticos na economia, ou até de meras articulações de cunho especulativo. Ajunte-se que resultados positivos ou negativos observados em bolsas de valores do outro lado do mundo podem acarretar desdobramentos mesmo de fundo não financeiros, mas com repercussões nos preços das ações.

(3) SARMENTO, Walney Moraes. *Op. cit.*, 2003. p. 59.
(4) SILVA, Américo Luis Martins da. *Op. cit.*,1995. p. 142.
(5) MENDONÇA, J. X. Carvalho de. *Op. cit.*, 1955. p. 55-56.
(6) DORIA, Dylson. *Op. cit.*, 1987. p. 244.
(7) BULGARELLI, Waldirio. *Op. cit.*, p. 124.
(8) REQUIÃO, Rubens. *Op. cit.*, p. 74.
(9) FAZZIO JÚNIOR, Waldo. *Op. cit.*, p. 266.

Semelhantes variações em seus preços fazem com que parte da Doutrina não considere as ações títulos de crédito, ao agarrar-se a certos argumentos, como àquele que afirma ser o valor do título de crédito estável, independentemente da variação patrimonial do devedor.

E mais: a oscilação do preço da ação referida por *J. X. Carvalho de Mendonça*, para a outra parte da Doutrina, apenas denuncia a copropriedade do fundo social. Nunca o crédito sobre ele. Destarte, a emissão da ação não se confunde como o *negozio cartolare*, dirigido a um destinatário fungível, como sustentam vários autores, porque substituível através de endosso ou por mera tradição, quando se passa o título a outro. Dentro desta perspectiva as ações, sobretudo as nominativas, excluem-se da lista dos títulos de crédito, por não incorporarem o direito de crédito, e sim o *status* de sócio.

No Direito Cambiário brasileiro não são poucas as reações contra a concepção das ações como título de crédito. Comecemos por *Clovis Beviláqua*, para quem as ações não podem ser consideradas como tal, já que representam, tão somente, frações do capital da sociedade e consolidam os direitos do sócio ou acionista.(10)

Mais modernamente, *José Edwaldo Tavares Borba* sistematiza uma série de argumentos, de certa forma minuciosa, que contesta a concepção das ações como título de crédito, a saber:

1) Por natureza, as ações não dependem de uma cártula, isto é, podem prescindir de certificado. A ação escritural nem pode ter certificado;

2) Inexiste a literalidade, isto porque os direitos de sócio se fundam no estatuto e nas deliberações assembleares;

3) Igualmente não há autonomia, pois as ações apenas declaram direitos, não os constitui;

4) Se as extintas ações ao portador dependiam de um certificado, ainda que nesta hipótese se encontrasse presente a cartularidade, a literalidade e a autonomia não se apresentavam;

5) O certificado da ação, se emitido, funciona como mero documento probatório e pode ser substituído por outro em caso de extravio. Destarte, a ação nem seria título de legitimação;

6) O direito derivado da relação fundamental — condição de acionista — e o direito cartular não se distinguem;

7) A posição do acionista ante a sociedade não é a de um credor, mesmo que se considere o vocábulo *credor* em seu sentido amplo;

8) A posição de um acionista em face da companhia é de um participante, com direitos e deveres, enquanto o título de crédito não impõe deveres, só direitos e, em certos casos, alguns ônus;

9) Não se aplicaria, na sua inteireza, a inoponibilidade das exceções, já que ao adquirente da ação, é oponível, *verbi gratia*, o pagamento de dividendos antecipados, operado em favor do anterior titular do papel;

---

(10) *Apud* REQUIÃO, Rubens. *Op. cit.*, 2003. p. 74.

10) O acionista ou sócio não faz jus a prestações predeterminadas ou predetermináveis, porém a um fluir de direitos;

11) A ação não é um título de resgate, só excepcionalmente. Constitui um título de permanência.[(11)]

A consistência dos argumentos arrolados por *José Edwaldo Tavares Borba* desperta o interesse do leitor no sentido de debruçar-se com empenho e rigor sobre o assunto a envolver a natureza jurídica das ações, a fazer com que suas implicações sejam bem interpretadas no que se refere à abordagem do tema.

Igualmente *Wille Duarte Costa* sustenta a ilegitimidade de considerarmos as ações títulos de crédito. Para o mencionado comercialista, a classificação de títulos de crédito em próprios e impróprios, inspirada em *Vivante* e difundida por *J. X. Carvalho de Mendonça*, causou certa confusão entre tratadistas brasileiros, até pelo respeito devido ao mestre. Exageros foram cometidos, inclusive o de arrolar as ações de companhia entre os títulos de crédito, o que *Wille Duarte Costa* considera um absurdo.[(12)]

Marcelo M. Bertoldi & *Márcia Carla Pereira Ribeiro* também fazem restrição às ações como título de crédito.[(13)] Semelhante é a posição de *Fábio Ulhoa Coelho*, para quem as ações não podem ser igualmente assim encaradas.[(14)]

Destarte, só em um conceito amplo de título de crédito, e não em um conceito restrito (para lembrarmos *Tulio Ascarelli*) é que podemos incluir as ações como títulos de crédito. Sobre a evolução dos títulos de crédito, brinda-nos o ilustre mestre com a seguinte observação:

> Dos títulos para pagamento em dinheiro, passou-se aos títulos para entrega de mercadorias, como o conhecimento; dos títulos para pagamento a curto prazo, passou-se aos títulos a longo prazo, como as debêntures, que, note-se de passagem, são, em muitos direitos, disciplinados não apenas quais títulos ao portador, mas também como títulos nominativos e consoante regras substancialmente idênticas; dos títulos que mencionam um direito obrigacional, passou-se para títulos cuja transferência implica, também, a transferência da posse das mercadorias que especificam, um efeito que a doutrina chamou de representativo; dos títulos de emissão singular, emitidos em relação a operações singelas, passou-se a títulos emitidos em massa ou série com característicos idênticos; passou-se até a títulos que foram denominados de participação ou corporativos, pois se referem, afinal, a posição de membro de uma pessoa jurídica, como as ações.[(15)]

Enfatiza o mencionado comercialista, no particular, que em todos os casos referidos, a criação do título e a particularidade de sua disciplina encontram sempre a mesma justificativa: solucionar os problemas concernentes à circulação do direito, dentro dos princípios da autonomia e da literalidade.[(16)]

---

(11) BORBA, José Edwaldo Tavares. *Das debêntures*. Rio de Janeiro / São Paulo / Recife: Renovar, 2003. p. 211-214.

(12) COSTA, Wille Duarte. *Op. cit.*, p. 74-75.

(13) BERTOLDI, Marcelo M. ; RIBEIRO, Márcia Carla Pereira. *Op. cit.*, p. 237.

(14) COELHO, Fábio Ulhoa. *Op. cit.*, 2007. p. 139.

(15) ASCARELLI, Tulio. *Op. cit.*, 2007. p. 84-85.

(16) *Ibidem*, p. 85.

6. Necessidade de uma classificação mais flexível sobre títulos de crédito

Se o Direito Cambiário brasileiro, em vez de adotar a terminologia *título de crédito*, se utilizasse da denominação *título-valor*, como na tradição hispânica, a polêmica com certeza seria bem menor. Lembraríamos a expressão *Wertpapier*, do direito alemão. A mencionada expressão emprega-se tanto em sentido amplo, extensivo, como em sentido limitado, restrito. Na primeira concepção estão englobados todos os papéis em geral, ou que sejam efetivamente títulos de crédito, ou que constituam simplesmente documentos que lhes sejam semelhantes. Já no segundo caso, de caráter restritivo, e não mais abrangente, como no primeiro caso, só se consideram como *Wertpapiere* aqueles documentos que envolvam direitos patrimoniais (*Vermögensrechte*) e naqueles alguém dispõe de um direito objetivo e ao mesmo tempo literal, o que torna o título exigível. Os títulos de legitimação não estão incluídos entre os *Wertpapieren.*[17]

Ainda do ponto de vista da distinção entre títulos de crédito e títulos-valores, tomemos o exemplo de *Brox*, quando acentua a diferença desses títulos-valores quanto à sua significação econômica, assim discriminada:

a) meios de pagamento (*Zahlungsmittel*), sobretudo o cheque;

b) meios de crédito (*Kreditmittel*), como a letra de câmbio e a nota promissória;

c) meios de facilitação à circulação de mercadorias (*Mittel zur Erleichterung des Güterumlaufs*), como os conhecimentos de depósito e de transporte;

d) meios de aporte de capital e de investimentos (*Mittel zur Kapitalaufbringung und Kapitalanlage*), principalmente ações e debêntures.[18] Na terminologia corrente no Brasil, os títulos englobados na letra *c* correspondem aos títulos representativos de mercadoria, enquanto aos da letra *d*, no caso das ações, correspondem estas a título de participação.[19]

Já *Karl-Heinz Gursky* apresenta-nos outra modalidade de divisão dos *Wertpapiere:*

1) *Forderungspapiere: a) Geldforderung*, que implica crédito em dinheiro, como a letra de câmbio ou o cheque; *b) Warenforderung*, que implica direito a determinadas mercadorias, como o conhecimento de depósito e o de transporte.

2) Títulos-valores referentes a direitos reais (*sachenrechtliche Werpapiere*), a exemplo de uma cédula hipotecária.

3) Títulos-valores referentes à participação como sócio (*Mitgliedschaftpapiere*), a exemplo das ações.[20]

Existem, igualmente, títulos intermediários, como a debênture, que pode passar de um simples *Forderungspapier* e assumir a forma de ações, se houver tal opção.[21]

---

(17) Cf. GURSKY, Karl-Heinz. *Op. cit., 1997*. p. 2; BROX, Hans. *Op. cit.*, 1999. p. 218.

(18) BROX, Hans. *Op. cit.*, 1999. p. 219-220.

(19) SARMENTO, Walney Moraes. *Op. cit.*, 2003. p. 59.

(20) GURSKY, Karl-Heinz. *Op. cit., 1997*. p. 11.

(21) *Idem.*

Em resumo, apenas em um sentido mais que abrangente, em um sentido amplíssimo, é que poderíamos incluir as ações como título de crédito. Em uma concepção mais técnica e restrita, semelhante inclusão levar-nos-ia ao desenvolvimento de discussões de cunho polêmico, cujos limites se poderiam perder de vista, como exemplificaríamos a seguir.

Lembraríamos, nesse diapasão, a opinião de *Gladston Mamede*:

> De qualquer sorte, seria impreciso e presunçoso negar que há uma controvérsia em torno da extensão dos princípios do Direito Cambiário a determinadas ferramentas jurídicas, grassando a dúvida sobre a sua caracterização ou não como títulos de crédito *stricto sensu*. Por outro lado, seria tolo e petulante negar a multiplicidade de títulos (instrumentos) que são representativos de faculdades (créditos) exigíveis por seus titulares, tenham esses seus nomes no documento (documentos nominativos) ou não (documentos ao portador).(22)

Por fim, recorreríamos a *Amador Paes de Almeida*, quando o aludido autor se debruça sobre a questão das ações como título de crédito ou não, ao sublinhar as divergências doutrinárias sobre o assunto no Brasil e no Exterior. Confronta posicionamentos como o de *Américo Luiz Martins da Silva*, para quem, após exaustiva explanação, a ação não é título de crédito. Trata-se de um indicativo, por cártula ou por registro, na participação do seu possuidor na sociedade por ações. Seria, no máximo, um título de valor.(23) Já para *Waldirio Bulgarelli* a ação é um título característico, ligado às características típicas da sociedade anônima.(24)

Em resumo, desenvolvem-se vários argumentos por iniciativa dos doutrinadores e, felizmente, quando abordamos o tema títulos de crédito não nos defrontamos com nenhum dogma no campo do Direito Cambiário. O objetivo dos seus cultores é exatamente o de dotar seus interlocutores de elementos que tornam possível e plausível chegarmos a inteligentes conclusões a esse respeito.

7. Ações sem valor nominal

Não é imprescindível que as ações ostentem valor nominal. A tradição brasileira aponta nessa direção, mas nos Estados Unidos é comum a prática de se emitirem certificados de ações sem que se indique o seu valor nominal. O que na verdade importa é o seu valor de mercado. Como enfatiza *Lawrence J. Gitman*, o valor nominal é um valor relativamente *pro forma* atribuído à ação no estatuto da companhia. Nos Estados Unidos, esse valor é muito baixo, por vezes situado na faixa de 1 dólar. Frequentemente as sociedades emitem ações sem valor nominal e nesse caso o valor atribuído para essas ações nos estatutos das empresas passa a ser o de sua venda. Mesmo nos Estados Unidos pode haver vantagem para ações que ostentarem um baixo valor nominal. É que em certos estados americanos alguns impostos cobrados da companhia se baseiam no valor nominal desses papéis. Inexistindo valor nominal, a incidência desses impostos pode verificar-se sobre um determinado valor arbitrado pela administração pública.(25)

(22) MAMEDE, Gladston. *Op. cit.*, 2005. p. 33.

(23) ALMEIDA, Amador Paes de. *Op. cit.*, 2006. p. 330.

(24) BULGARELLI, Waldirio. *Op. cit.*, p. 124.

(25) GITMAN, Lawrence J. *Op. cit., 1997.* p. 502.

No caso do Brasil, a Lei n. 6.404/1976 regula a questão das ações sem valor nominal no seu art. 14. Segundo comando normativo aí contido, "o preço de emissão das ações sem valor nominal será fixado, na constituição da companhia, pelos fundadores, e no aumento de capital, pela assembleia geral ou pelo conselho de administração".

Revela-nos ainda o parágrafo único do aludido artigo que o preço de emissão pode ser fixado com parte destinada à formação de reserva de capital. Em se tratando de emissão de ações preferenciais, com prioridade no reembolso do capital, somente a parcela que ultrapassar o valor de reembolso poderá ter esta destinação.

O costume comercial brasileiro praticamente desconhece semelhante faculdade, preferindo ignorá-la. Até porque as poucas iniciativas de emissão de ações sem valor nominal não lograram êxito. É como se a expressão desse valor possuísse certo conteúdo de caráter psicológico, não consagrado em lei, mas presente no curso dos negócios mercantis, como a comprovar o forte elemento consuetudinário do Direito Comercial.

8. Perda e extravio de ações

A perda e o extravio de ações foram regulamentados pela Lei n. 4.278/1965 (Lei do Mercado de Capitais). Em vista do estipulado cabem ações de anulação e de substituição, se houver destruição ou inutilização dos certificados.

9. Impressão fraudulenta de títulos

Após o ano de 1965, quando houve verdadeiro derrame de certificados falsos de ações, das mais renomadas companhias, o que colocou em dúvida a credibilidade do mercado acionário, foram tomadas medidas mais eficazes com o intuito de coibir essas práticas delituosas. Destarte, por ocasião da elaboração da Lei n. 4.728/1965, que regulou o mercado de capitais, o Poder Legislativo introduziu em seus arts. 72, 73 e 74 dispositivos referentes à impressão e ao lançamento de certificado e outros títulos representativos de capital. Por outro lado, o já mencionado art. 74 da aludida lei teve a sua redação alterada por um novo instrumento jurídico, a Lei n. 5.589/1970.

Assim, pelo disposto no referido art. 72 da Lei de Mercado de Capitais, é vedado a toda pessoa gravar ou reproduzir clichês, promover composição, imprimir, reproduzir ou fabricar, por quaisquer meios, papéis representativos de ações ou cautelas de companhias, sem a devida autorização dos respectivos representantes legais.

Já essa mesma lei, em seu art. 73, veda a impressão e fabricação de ações ou cautelas que as representem, sem a imprescindível autorização de seus representantes legais, o que não se dispensa o reconhecimento da firma. A própria impressão de prospectos e de outros materiais de propaganda sobre venda de ações da companhia só pode ser procedida após autorização igualmente concedida pelos representantes legais da sociedade.

O art. 74 da lei em tela, modificado como vimos pela Lei n. 5.589/1970, impõe a aplicação de penalidade a quem fizer circular ações ou cautelas falsas ou falsificadas de companhias.

Esse responderá por delito de ação pública. Também incorrerá nas penas previstas em tal artigo aquele que falsificar ou concorrer para a falsificação ou, alternativamente, para o uso indevido de assinatura autenticada através de chancela mecânica.

10. Certificado de depósito de ações

O procedimento pertinente à emissão de um certificado de ações guarda certa semelhança com aqueles dos armazéns gerais. Então, em vez de o titular das ações negociar o próprio certificado de ações, ou obter financiamento nele baseado, utiliza-se do certificado de depósito, sem necessidade de mexer com os títulos em poder de determinada instituição financeira. Esse certificado deverá constar dos seguintes requisitos:

I – o local e a data da emissão;

II – o nome da instituição emitente e as assinaturas de seus representantes;

III – a denominação Certificado de Depósito de Ações;

IV – a especificação das ações depositadas;

V – a declaração de que as ações depositadas, seus rendimentos e o valor recebido nos casos de resgate ou amortização somente serão entregues ao titular do certificado de depósito, contra apresentação deste;

VI – o nome e a especificação do depositante;

VII – o preço do depósito cobrado pelo banco, se devido na entrega das ações depositadas;

VIII – o lugar da entrega do objeto do depósito.

11. Fungibilidade das ações

As ações são consideradas bens fungíveis, na mesma natureza e na mesma classe. Conforme o art. 50 do Código Civil "são fungíveis os móveis que podem, e não fungíveis os que não podem substituir-se por outros da mesma espécie, qualidade de quantidade". Assim, constituem as ações títulos de crédito, em sentido amplo, logo bens móveis, e desses bens móveis aos quais se aplica o conceito exposto de fungibilidade.

12. Ações em custódia

As instituições financeiras, desde que autorizadas pela Comissão de Valores Mobiliários (CVM), estão habilitadas a receber ações em custódia. Essas organizações representam os acionistas nas companhias. Estão aptas a receber dividendos, ações bonificadas e a exercer direito de preferência para subscrição de novas ações.

A qualquer momento, contudo, o acionista pode extinguir a custódia e requerer a devolução dos certificados de ações.

13. Penhor de ações

Ora, as ações constituem coisas móveis, por sua natureza. Em sendo bens prestam-se a ser dadas como garantias reais. Entre essas garantias estão o *penhor* ou *caução* e a *alienação fiduciária em garantia.* Como as ações hoje em dia só podem ser, quanto à forma, nominativas (por força da Lei n. 8.021, de 1990, art. 4º, como vimos), para que se consume o penhor é imprescindível que se faça a averbação do respectivo instituto no Livro de Registro de Ações Nominativas. Em se tratando, todavia, de ações escriturais, a averbação referida do respectivo instrumento legal há de constar no livro próprio da instituição financeira responsável pela manutenção desse tipo de serviço.

Quanto à prova da propriedade da ação escritural, esta se presume pelo registro na conta de depósito de ações, aberta em nome do acionista nos livros da instituição depositária.

Pelo visto, pode-se concluir que as ações escriturais não constituem títulos de crédito, por faltar-lhes um requisito essencial desses títulos, que é a incorporação, a sua cartularidade (v. item , "A discussão hodierna em torno da cartularidade" no Capítulo I).

14. Usufruto de ações

Como sabemos, o usufruto é um direito real, um direito das coisas, *in re* aliena, e incide tanto em bens imóveis como em valores mobiliários. As ações pertencem, evidentemente, a essa última categoria. Logo estão sujeitas a esse instituto jurídico. Acrescente-se que o procedimento da averbação do usufruto que recai sobre ações é igual ao caso do penhor. Assim, o usufruto fica averbado no Livro de Registro das Ações Nominativas. E no que diz respeito às ações escriturais, esse direito real há de ser averbado no livro da instituição financeira encarregada de manter essas ações.

É conveniente esclarecer que as novas ações provenientes daquelas que se encontram sob usufruto passam ao patrimônio do usufrutuário das primitivas ações. Consequentemente, o usufruto alcança todas as ações distribuídas. O mesmo raciocínio aplica-se em caso de fideicomisso, inalienabilidade, incomunicabilidade. Por sua vez, o usufrutuário e o fideicomissário podem exercer o direito de preferência se o acionista não o fizer até 10 dias antes de o prazo expirar.

15. Resgate, amortização e reembolso de ações

No item *Propriedade e Circulação das Ações* nos referimos a esses institutos. Cabe-nos, agora, uma abordagem mais minuciosa do tema, para sua melhor compreensão. E assim, começaríamos por dizer que às sociedades anônimas veda-se o direito de negociar com as suas próprias ações. Constituem exceções o *resgate*, a *amortização* e o *reembolso.* Esses institutos, peculiares às companhias, precisam ser autorizados por seus estatutos, ou então por suas assembleias gerais. Isso quer dizer que o recurso a semelhantes institutos fica a depender do interesse de cada companhia que os utilizará na medida de suas conveniências, como nos casos do resgate e da amortização, lançando mão do reembolso, entretanto, naquelas situações previstas em lei, de acordo com os artigos 44 e 46 da Lei n. 6.404/1976.

15.1. Resgate

O resgate traduz-se no pagamento do valor das ações para retirá-las definitivamente de circulação. Daí sobrevêm duas hipóteses: ocorrência, ou não, da redução do capital social. Se houver redução, as ações remanescentes conservarão o mesmo valor. Na hipótese, porém, de manutenção do mesmo capital, atribuir-se-á novo valor a essas ações.

15.2. Amortização

Deixamos de fazer alusão agora à amortização, porque já abordamos esse tema quando nos referimos à classificação das ações, mais exatamente ao tratarmos das ações de gozo e fruição.

15.3. Reembolso

O reembolso consiste na operação pela qual a sociedade paga aos acionistas dissidentes de deliberações da assembleia geral, nos casos previstos em lei, o valor de suas ações, que corresponde, no mínimo, ao valor de patrimônio líquido das ações, calculado com base no último balanço aprovado pela assembleia geral. Esse reembolso poderá ser pago à conta de lucros ou reservas, salvo a legal, e nesse caso as ações reembolsadas ficarão em tesouraria. Na hipótese de as ações não serem substituídas, verifica-se, em consequência, a redução do capital social da companhia.(26)

16. Partes beneficiárias

As partes beneficiárias constituem títulos negociáveis. Esses títulos são desprovidos de valor nominal e não são representativos do capital. Estão disciplinados pela Lei n. 6.407/1976, em seus artigos 46 a 51. Conferem ao portador direito a crédito eventual contra a sociedade, consistente na participação dos lucros líquidos a mais que serão distribuídos aos acionistas. Essa participação, inclusive para formação de reserva para resgate, se houver, não pode ultrapassar 1/10 dos lucros.

Os certificados das partes beneficiárias deverão conter (art. 49):

I – a denominação Parte Beneficiária;

II – a denominação da companhia, sua sede e prazo de duração;

III – o valor do capital social, a data do ato que o fixou e o número de ações em que se divide;

IV – o número de partes beneficiárias criadas pela companhia e o respectivo número de ordem;

V – os direitos que lhe são atribuídos pelo estatuto, o prazo de duração e as condições de resgate, se houver;

(26) SARMENTO, Walney Moraes. *Op. cit.*, 2000. p. 132.

VI – a data da constituição da companhia e do arquivamento e da publicação dos seus atos constitutivos;

VII – o nome do beneficiário;

VIII – a data da emissão do certificado e a assinatura de dois diretores.

Essas partes beneficiárias poderão ser alienadas pelas companhias nas condições previstas nos seus estatutos ou determinadas por assembleia geral, ou então atribuí-las a fundadores, acionistas ou terceiros, como remuneração de serviços prestados à empresa.

Antes da Lei n.10.303/2001, as companhias abertas podiam emitir partes beneficiárias, neste caso de natureza onerosa. Poderiam ser gratuitas se destinadas a sociedades ou a fundações beneficentes de seus empregados. No entanto, nas companhias fechadas as partes beneficiárias continuam podendo ser emitidas gratuitamente. Não têm caráter vitalício.

16.1. Prazo de duração

O prazo de duração das partes beneficiárias será fixado pelo estatuto. No caso de estipular resgate, deverá criar reserva especial para esse fim (art. 48). Reza ainda o seu § 1º que tal prazo não poderá ultrapassar 10 anos, salvo se as partes beneficiárias forem destinadas a sociedades ou fundações beneficentes dos empregados da companhia.

16.2. Conversibilidade em ações

As partes beneficiárias são conversíveis em ações, desde que esse procedimento seja previsto no estatuto da companhia, através de capitalização de reserva criada para essa finalidade. Ao longo de suas atividades, a companhia pode restringir as suas vantagens. Tal medida só pode concretizar-se em assembleia especial, convocada com no mínimo 1 mês de antecedência para a apreciação dessa proposta. Equivale, pois, a uma reforma estatutária.

A Lei n. 6.404/1976 veda, por outro lado, que se lhes confira qualquer direito privativo de acionistas, a não ser de fiscalizar, nos termos do citado instrumento legal, os atos dos administradores, em consonância com seu art. 46, § 3º. Proíbe-se, igualmente, a criação de mais de uma classe ou série de partes beneficiárias (§ 4º do mencionado artigo).

16.3. Forma, emissão de certificado e modificação de direitos

As partes beneficiárias serão nominativas, além de serem registradas em livros próprios, mantidos pela sociedade, e podem ser objeto de depósito com emissão de certificado (art. 50). Na hipótese de a reforma do estatuto modificar ou reduzir as vantagens conferidas às partes beneficiárias, essa decisão só terá eficácia quando aprovada pela metade, no mínimo, dos seus titulares, reunidos em assembleia geral especial. Cada parte beneficiária corresponde a um voto, e a companhia não pode votar com os títulos que possuir em tesouraria (art. 51).

17. Debêntures

A sociedade anônima tem a faculdade de emitir debêntures que irão conferir aos seus titulares direito de crédito contra ela. As debêntures constituem títulos de crédito, simples ou conversíveis em ações. Podem assegurar aos seus titulares juros, fixos ou variáveis, participação nos lucros da companhia e prêmio de reembolso. Como lembra *José Edwaldo Tavares Borba*, as debêntures são frações de dívida assumida por uma determinada sociedade e conferem aos seus titulares a condição de credores.(27)

Reguladas pela Lei das S/A, são antigas, contudo, as menções sobre as debêntures. A Lei n. 3.150/1882 já se reportava a esses papéis, porém sob a denominação obrigações ao portador. Também o Decreto n. 177-A/1893 alude a tais obrigações, chamando-as, igualmente, de debêntures.

A debênture está arrolada entre os títulos de crédito de emissão em série, e constitui um papel próprio da companhia, como vimos. Ajunte-se que à sociedade em comandita por ações faculta-se, da mesma forma, a emissão de semelhante documento.

Foi a Lei n. 4.728/1965, a Lei de Mercado de Capitais, que incentivou a utilização das debêntures como meio de captação de recursos. Acrescente-se que um novo alento lhe foi dado com a Lei das S/A, o que contribuiu para a popularização de tal papel.

Não paira dúvida sobre a função estratégica que desempenha o mercado de capitais como fonte de recursos capaz de alavancar inúmeros projetos no mundo dos negócios, ao proporcionar ao empresário oportunidades para levantamento de dinheiro com o intuito de consolidar e expandir os seus propósitos. Com certeza as ações e as debêntures são os principais instrumentos que se lhes colocam à disposição. Porém as ações constituem capital próprio. As ações são títulos de crédito de participação e atribuem a seus titulares a condição de acionistas ou sócios, ainda que se trate de ações preferenciais sem direito a voto.(28)

As debêntures constituem, destarte, capital de terceiros. As debêntures da mesma série terão o mesmo valor nominal e conferirão a seus titulares os mesmos direitos, em conformidade com o parágrafo único do art. 53 da Lei n. 6.404/1976. Trata-se de títulos de crédito simples ou conversíveis em ações. Podem assegurar a seus proprietários juros, fixos ou variáveis, participação nos lucros da companhia, bem como prêmio de reembolso.

17.1. Espécies de debêntures

Como visto, podemos mencionar duas espécies de debêntures: a) debêntures simples ou comuns e b) debêntures conversíveis em ações. As primeiras são aquelas que apenas concedem um crédito a seu titular, "nas condições constantes da escritura de emissão e do certificado", como preceitua o art. 52 da Lei das Sociedades Anônimas. As segundas foram criadas pela Lei n. 4.728, de 14 de julho de 1965 (Lei do Mercado de Capitais). Como o seu próprio nome indica, essas debêntures são conversíveis em ações, após noventa dias de sua emissão. Semelhante conversão não se sujeita a nenhuma restrição da sociedade e dar-se-á de acordo com a opção dos seus titulares.

(27) BORBA, José Edwaldo Tavares. *Op. cit.*, p. 21.

(28) José Edwaldo Tavares Borba assim se posiciona: "As debêntures, estas sim, são títulos de dívida, e atuam, em princípio, como frações representativas de um empréstimo tomado ao público. São, por conseguinte, alternativas à contratação de um empréstimo bancário. Sendo, ordinariamente, um título de longo prazo, presta-se a debênture a atender à necessidade de investimento da sociedade, mediante a captação da poupança privada. As taxas de juros das debêntures flutuam, via de regra, muito abaixo das praticadas pelas instituições financeiras, e as condições gerais da operação são normalmente mais flexíveis" (José Edwaldo Tavares Borba, 2005. p. 07).

17.2. Debêntures nominativas e escriturais

A Lei das S/A permite a existência das debêntures nominativas e escriturais, conforme as designa *José Edwaldo Tavares Borba.*[29] Segundo o art. 63 do mencionado diploma, as debêntures serão nominativas. Determina este mesmo artigo que se aplica às debêntures, no que couber, o disposto nas seções V a VII do capítulo III. Tais seções disciplinam, no que tange às ações, respectivamente, a) os certificados; b) a propriedade e circulação; c) a constituição de direitos reais e outros ônus. As debêntures, já por força da Lei n. 8.021/1990, passaram a ser emitidas só na forma nominativa. Então, quando falamos em debêntures escriturais, obviamente são, também, debêntures nominativas. A diferença está naquilo que chamamos cartularidade, isto é, serem ou não representadas em uma cártula. Não sendo, pois, *materializadas,* as debêntures seguem o disposto nos arts. 34 e 35 da Lei das S/A, que se ocupam das ações escriturais.

Em se tratando de debêntures nominativas, pode ocorrer a emissão de certificados. Contudo, tal procedimento não se verificará no âmbito das debêntures escriturais. É no art. 74, bem no final de seu *caput,* que aparece referência às debêntures escriturais, mantidas em conta de depósito em nome de seus proprietários. Neste caso específico, falamos de fornecimento de extratos, a cargo da instituição financeira responsável pelo sistema de registro. Assim, cada debenturista poderá conhecer a sua posição.

Consideramos mais razoável a classificação com que nos brindam *Modesto Carvalhosa* e *Nelson Eizirik,* ao referirem-se às debêntures como debêntures escriturais e como debêntures cartulares, porque todas elas são nominativas.[30]

17.3. Valor nominal das debêntures

A debênture terá valor nominal expresso em moeda nacional. Excepciona, contudo, o *caput* do art. 54 que a debênture, nos casos de obrigação, que, nos termos da legislação em vigor, possa ter o pagamento estipulado em moeda estrangeira.

Uma das alterações introduzidas pela Lei n. 10.303/2001 concerne ao parágrafo primeiro do último artigo citado que faculta à debênture conter cláusula de correção monetária, com base nos coeficientes fixados para correção de títulos da dívida pública, na variação da taxa cambial ou em outros referenciais não expressamente vedado em lei. Semelhante dispositivo favorece o tomador da debênture. Neste particular, comenta *Marcelo Fortes Barbosa Filho*: "Nesse sentido, o valor nominal de cada debênture poderá ser objeto de correção periódica, desde que tenha sido incluída cláusula específica na escritura de emissão e, se houver, no certificado de títulos. Pretende-se, portanto, evitar a assunção de prejuízo por parte dos debenturistas, salvaguardando-os de eventual surto inflacionário".[31]

Na regra em pauta, enxergamos, pois, dois pontos altamente positivos no que tange à negociação das debêntures no mercado de capitais: a) em primeiro lugar, torna a debênture

(29) BORBA, José Edwaldo Tavares. *Op. cit.*, p. 126.

(30) CARVALHOSA, Modesto; EIZIRIK, Nelson. *A nova Lei das S/A*. São Paulo: Saraiva, 2002. p. 153.

(31) BARBOSA FILHO, Marcelo Fortes. *Sociedade anônima atual*. São Paulo: Atlas, 2004. p. 93.

mais atrativa perante o público interessado na sua aquisição, porquanto lhe empresta uma garantia extra, que é a correção monetária que lhe dá respaldo; b) em segundo lugar, assinale-se, decorre daí que o debenturista fica protegido das desvantagens que podem advir na hipótese de a economia atravessar um momento de inflação.

17.4. Modalidades de garantia das debêntures

Quanto à garantia, as debêntures podem ser assim classificadas, de acordo, aliás, com o estipulado no art. 58 da Lei de Sociedades Anônimas:

a) com garantia real. As debêntures com semelhante garantia são oponíveis a terceiros, contanto que averbadas no cartório de registro de imóvel competente, devendo ter, para essa finalidade, livro especial;

b) com garantia flutuante. Esta confere às debêntures privilégio geral sobre o ativo, sem que impeça a negociação dos bens que compõem esse ativo;

c) sem preferência;

d) subordinadas aos demais credores da companhia.

17.5. Limites de emissão

Por vários motivos uma companhia pode ter necessidade de captar recursos, para financiar, por exemplo, um plano de expansão ou uma determinada obra que exija aplicação de um montante razoável de capital. As debêntures podem ser emitidas simplesmente com o escopo de reforçar o caixa da sociedade.

O limite para emissão de debêntures está regulado pelo art. 60 da Lei das Sociedades Anônimas. Segundo dispositivo aí fixado, o valor total das emissões não poderá ultrapassar o capital social da companhia. Aparece, contudo, uma ressalva, pois se excetuam os casos previstos em lei especial, o que, de certa forma, possibilita tal emissão com valor acima do capital da sociedade.

A antiga legislação, isto é, a Lei de Mercado de Capitais (Lei n. 4.728, de 14 de julho de 1965), que disciplinava o topo desse endividamento, fixava a capacidade de emissão das debêntures até o limite do patrimônio líquido da companhia. A vigente Lei das Sociedades Anônimas trouxe esse retrocesso, porquanto o valor do capital social não é um indicador dos mais eficazes da saúde econômico-financeira da companhia. Dessa forma, sociedades insolventes podem promover a emissão e a colocação das debêntures no mercado, como lembram *Carlos Aurélio Mota Souza* e *José Antônio Lomônaco*,[32] o que pode acarretar problemas na hora de serem honrados os compromissos assumidos, com prejuízo para o investidor. De fato, se a situação da empresa é complicada, as consequências para os debenturistas podem ser perigosas, daí a propriedade dos comentários dos citados autores sobre o assunto, na crítica dirigida à alteração legal.

---

(32) SOUZA, Carlos Aurélio Mota; LOMÔNACO, José Antônio. *Debêntures. Atualidades de disciplinas, segundo a Lei das Sociedades Anônimas.* Bauru/São Paulo: Jalovi, 1990. p. 29.

17.6. As debêntures e a Lei n. 10.303/2001

De acordo com a alteração introduzida por força deste mencionado instrumento legal na Lei das S/A, o conselho de administração nas companhias abertas poderá deliberar sobre a emissão de debêntures simples, não conversíveis em ações e sem garantia real (ver art. 59, parágrafo primeiro). Em decorrência deste mesmo parágrafo, a assembleia geral pode delegar ao conselho de administração a deliberação sobre a época e as condições do vencimento, amortização ou resgate sobre a época e as condições do pagamento dos juros, da participação nos lucros e do prêmio de reembolso se houver, bem como sobre o modo de subscrição ou colocação, e o tipo de debêntures. Por outro lado, acrescente-se, pode deixar de haver emissão de certificados de debêntures, em conformidade com o que estipula o parágrafo segundo (introduzido pela Lei n.10.303/2001) do art. 63 da Lei das S/A.

17.7. As debêntures como objeto de depósito

As debêntures podem ser levadas a depósito em instituições financeiras, desde que autorizadas pela Comissão de Valores Mobiliários — CVM. Por sua vez, essas instituições poderão emitir *certificados de depósitos.* Esses certificados poderão ser transferidos por endosso em preto ou em branco, firmado por seu titular ou por mandatário com poder para tal.

17.8. As debêntures como título executivo extrajudicial

A debênture caracteriza-se como título executivo extrajudicial, em qualquer de suas formas. Na observação de *Francisco de Paula E. J. de Souza Brasil*,[33] o Superior Tribunal de Justiça já firmou, desde muito, posição neste sentido, apenas primando pela correta constituição do título. É de sua lavra a seguinte decisão:

> Superior Tribunal de Justiça. AGA n.00107738/SP. 3ª Turma. Rel. Min. Eduardo Ribeiro. Julg. em 14.10.1997. DJ de 09.12.1997. DEBÊNTURES. Não expedidos os certificados, o que cumpria fosse feito pela companhia, não há como pretender que para a cobrança dos valores correspondentes às debêntures, sejam eles exibidos constando da escritura de emissão a obrigação de pagar, com as especificações necessárias, e sendo completada com os recibos e boletins de subscrição, permitindo a identificação dos credores, não se pode negar a natureza de título executivo.

Mesmo a debênture escritural pode ser executada.

17.9. Fundamento legal das debêntures

Podemos mencionar alguns instrumentos legais que se ocuparam das debêntures, disciplinando-as. Assim, destacaremos os seguintes:

a) Decreto n. 177-A, de 15 de setembro de 1893, que no seu art. 1º ditava as normas de sua emissão, estipulando a necessidade de prévia autorização da assembleia geral dos acionistas. Exigia-se a deliberação por tantos sócios representativos de pelo menos metade do capital social. Além do mais, a essa reunião deveriam acorrer 3/4 dos acionistas da sociedade;

---

(33) BRASIL, Francisco de Paula E. J. de Souza. *Op. cit.*, 2006. p. 135.

b) Decreto-lei n. 2.627, de 26 de setembro de 1940 (referido na doutrina como a lei antiga das sociedades anônimas), que dá nova redação sobre criação e emissão de debêntures no seu art. 87, parágrafo único, que atribui à assembleia geral a competência para a prática de tais atos;

c) Lei n. 4.728, de 14 de julho de 1965 (Lei do Mercado de Capitais), que, especificamente na sua Seção VII (*Debêntures conversíveis em ações*) nos brinda com mais pormenores acerca desses títulos (art. 44), inclusive fazendo menção aos artigos 94 e 104 da antiga lei sobre o *quorum* de deliberação, assunto hoje disciplinado pela Lei n. 6.404, de 15 de dezembro de 1976, no seu art. 125;

d) Lei n. 8.021, de 12 de abril de 1990, que regula a identificação dos contribuintes para fins fiscais;

e) Lei n. 6.404, de 15 de dezembro de 1976, fonte principal sobre a questão das debêntures, como estamos vendo. O estudo desses títulos corresponde ao capítulo V do aludido instrumento legislativo (arts. 52-63). O já mencionado art. 125 determina que, "ressalvadas as exceções previstas em lei, a assembleia geral instalar-se-á, em primeira convocação, com a presença de acionistas que representem, no mínimo, um quarto do capital social com direito a voto; em segunda convocação, instalar-se-á com qualquer número". Não há necessidade de *quorum* qualificado para a sua aprovação;

f) Lei n. 9.457, de 5 de maio de 1997. Extinguem-se com ela as debêntures ao portador e as endossáveis, tornando-as em definitivo exclusivamente nominativas, a exemplo dos demais títulos de emissão das companhias, inclusive as ações, assunto aliás já regulado no art. 4º da referida Lei n. 8.021/1990.

g) Lei n. 10.303, de 31 de outubro de 2001, que, entre outras alterações, faz incluir os parágrafos primeiro e segundo no art. 54. O primeiro concerne à faculdade de a debênture conter cláusula de correção monetária, com base nos coeficientes fixados para correção de títulos da dívida pública, na variação da taxa cambial ou em outros referenciais não expressamente vedados em lei. No que tange ao parágrafo segundo, este assegura ao debenturista a opção de escolher receber o pagamento do principal e acessórios, quando do vencimento, amortização ou resgate, em moeda ou em bens avaliados nos termos do art. 8º da Lei das S/A (v. item "As debêntures e a Lei n. 10.303/2001").

h) Lei n. 11.638, de 28 de dezembro de 2007, que altera e revoga dispositivos da Lei n. 6.404/1976, e da Lei n. 6.385/1976, e estende às sociedades de grande porte disposições relativas à elaboração e divulgação de demonstrações financeiras.

17.10. Aquisição de debêntures pela própria companhia

Diferentemente do que se passa com as ações, que não podem ser adquiridas pela companhia, salvo nos casos específicos já ventilados, as sociedades anônimas podem adquirir as debêntures de sua própria emissão, contanto que o façam por valor igual ou inferior ao nominal.

17.11. *Emissão de debêntures no Exterior*

Companhias brasileiras podem colocar suas debêntures nos mercados de outros países, com garantia real ou flutuante de bens situados no País. Logicamente o êxito de tal empreendimento em muito dependerá do prestígio que a sociedade nacional venha a desfrutar no estrangeiro. É imprescindível, contudo, a prévia autorização do Banco Central do Brasil, em conformidade com o que reza o art. 73 da Lei das S/A.

17.12. *Requisitos para essa emissão*

Para a emissão de debêntures no Exterior devem ser observados pela companhia os seguintes requisitos, em conformidade com o art. 62 da Lei das Sociedades Anônimas:

I – arquivamento, no Registro do Comércio, e publicação da ata da assembleia geral que deliberou sobre a emissão;

II – inscrição da escritura de emissão no registro de imóveis do lugar da sede da companhia;

III – constituição das garantias reais, se for o caso.

De acordo com o § 3º do citado art. 73, a emissão dessas debêntures requer ainda a inscrição no Registro de Imóveis, do local da sede da sociedade ou do estabelecimento, dos demais documentos exigidos pelas leis do lugar de emissão, autenticadas de acordo com a lei aplicável, legalizadas pelo consulado brasileiro competente e acompanhadas da tradução em vernáculo, de lavra de tradutor público juramentado.

Quanto à negociação no mercado de capitais do Brasil de debêntures emitidas fora de suas fronteiras, essa fica a depender de prévia autorização da Comissão de Valores Mobiliários.

17.13. *Colocação de debêntures por companhias estrangeiras*

Faculta a Lei das S/A que companhias estrangeiras autorizadas a funcionar no Brasil lancem debêntures no mercado interno nacional. Tal iniciativa depende, porém, de prévia autorização do Banco Central. Ademais, o produto da aplicação financeira deve ser efetuado em estabelecimento situado em solo brasileiro.

17.14. *Figura do agente fiduciário*

A Lei das Sociedades Anônimas prevê a figura do agente fiduciário, que representa nos termos da lei e da escritura de emissão "a comunhão dos debenturistas perante a companhia emissora", conforme estipula o *caput* do seu art. 68, que discrimina, ainda, os seus deveres e funções.

18. Cédula de debêntures

A Lei n. 9.457/1997 introduziu modificações no art. 72 da Lei das S/A, estatuindo que instituições financeiras, devidamente autorizadas pelo Banco Central, poderão emitir cédulas lastreadas em debêntures, com garantia própria, atribuindo a seus titulares direito de crédito contra o emitente, pelo valor nominal e os juros nela estipulados. Semelhante cédula há de ser nominativa, escritural ou não.

O certificado dessa cédula deverá conter os seguintes requisitos:

a) o nome da instituição financeira emitente e as assinaturas dos seus representantes;

b) o número de ordem e o local de emissão;

c) a denominação Cédula de Debêntures;

d) o valor nominal e a data do vencimento;

e) os juros, que poderão ser fixos ou variáveis e as épocas do seu pagamento;

f) o lugar do pagamento do principal e dos juros;

g) a identificação das debêntures-lastro, do seu valor e da garantia constituída;

h) o nome do agente fiduciário dos debenturistas;

i) a cláusula de correção monetária, se houver;

j) o nome do titular.

19. Bônus de subscrição

De acordo com a legislação em vigor, as sociedades anônimas poderão emitir títulos negociáveis denominados *bônus de subscrição,* nos limites de aumento do capital social autorizado no estatuto (arts. 75 e 168). Esses bônus de subscrição conferem aos seus titulares, em conformidade com as condições constantes do certificado, direito à subscrição de ações do capital social, a ser exercido através da apresentação do título à companhia e mediante o pagamento do preço de emissão das ações.

Compete à assembleia geral deliberar sobre a emissão dos bônus de subscrição, a menos que o estatuto da companhia atribua essa competência ao conselho de administração da sociedade.

Os bônus serão alienados pela sociedade anônima, ou então poderão ser atribuídos aos subscritores de emissão de ações ou debêntures, como vantagem adicional conferida pela companhia.

Os atuais acionistas gozam da preferência de subscrever os bônus, que serão alienados pela companhia ou por ela atribuídos aos subscritores de emissão de ações ou debêntures, como vantagem adicional.

Acrescente-se que tais bônus terão forma nominativa, por força do que determina a Lei n. 6.404/1976, art. 78, conforme alteração introduzida pela Lei n. 9.457/1997 em seu *caput.*

19.1. *Certificado*

O certificado de emissão do bônus de subscrição há de ostentar as seguintes declarações:

I – as previstas nos itens I a IV do artigo 24 (que trata dos requisitos necessários à emissão dos certificados das ações);

II – a denominação Bônus de Subscrição;

III – o número de ordem;

IV – o número, a espécie e a classe das ações que poderão ser subscritas, o preço de emissão ou os critérios para a sua determinação;

V – a época em que o direito de subscrição poderá ser exercido e a data do término do prazo para esse exercício;

VI – o nome do titular;

VII – a data da emissão do certificado e as assinatura de 2 (dois) diretores (art. 79).

19.2. *Advertência*

Conforme adverte *Rubens Requião*, a emissão desse papel somente pode decorrer de companhia com capital autorizado, não se adaptando, na sua funcionalidade, às companhias de capital fixo.(34)

20. *Commercial paper*

20.1. *Origens*

A tradução do nome desse título é *papel comercial*. Na linguagem corrente nos meios comerciais e financeiros emprega-se, quase invariavelmente, a denominação em língua inglesa. Trata-se de um título relativamente novo no Brasil, cujas origens, entretanto, estariam nos Estados Unidos, por volta de 1704. Como lembra *Akira Chinen*, esse papel ainda não se consolidou no Brasil, mencionando o caso da siderúrgica *Manesmann*, a primeira organização brasileira a recorrer a esse tipo de cártula, em 1960. O êxito desse empreendimento foi total, mas causou desconfiança nas hostes governamentais, que proibiram seu uso. Essa condenação durou trinta anos e só foi abolida em 1990, com a Instrução CVM n. 134, de 1º de novembro de 1990 que, contudo, restringia e controlava a sua distribuição no mercado.(35)

20.2. *Conceito*

Define-se como um título emitido por determinada empresa mercantil, ou melhor, uma sociedade por ações, com vencimento a curto prazo e taxas de juros baixas podendo,

(34) REQUIÃO, Rubens. *Op. cit.*, 2003. p. 117.
(35) CHINEN, Akira. *Op. cit.*, p. 106-107.

porém, ser superiores à remuneração de capitais investidos em poupança, mas inferiores às taxas que a companhia pagaria aos bancos. Essa estratégia tem a nítida intenção de atrair, pois, os aplicadores. Consistem em uma promessa de pagamento, o que o faz semelhante a uma nota promissória, daí ser também conhecido como *promissória comercial* (expressão utilizada preferentemente por *Fran Martins.* Ao invés de emitir debêntures, com o fito de angariar recursos no mercado, uma companhia pode optar pela colocação de *commercial papers,* se essa alternativa for de sua conveniência.

Como lembra *Waldo Fazzio Jr.*, trata-se de cambial nominativa, circula por endosso em preto, mera transferência de titularidade, por trazer, obrigatoriamente, a cláusula *sem garantia*, em consonância com o art. 15 do Decreto n. 57.663/1966.[36]

20.3. Quem pode emiti-lo

Somente uma sociedade por ações, segundo o art. 2º da Resolução n. 1.723, de lavra do Banco Central, de 27 de junho de 1990, pode emitir *commercial papers.* Significa, pois, que não se trata de um título exclusivo da sociedade anônima, pois também é pertinente à sociedade em comandita por ações. Contudo, não poderão fazê-lo as instituições financeiras, sociedades corretoras, distribuidoras de valores mobiliários e sociedades de arrendamento mercantil. A referida resolução autorizou a Comissão de Valores Mobiliários (CVM) a baixar normas complementares, além de adotar as medidas necessárias para a efetiva execução do disposto no aludido documento.

O prazo mínimo para o vencimento desse título é de 30 dias; o máximo, de 180, contados da data de sua emissão. Nos Estados Unidos esse é o prazo médio, pois existem *commercial papers* emitidos para 5 ou 10 dias.

Cabe ao estatuto da companhia definir a quem compete deliberar sobre a emissão do *commercial paper*, se a assembleia de acionistas ou órgão de administração. Ao decidir a companhia pela criação do título, é necessário sejam tomados os seguintes passos:

— registro da distribuição dos papéis na Comissão de Valores Mobiliários, seja pela própria sociedade anônima, seja através de instituição participante do sistema de distribuição de valores mobiliários;

— publicação de anúncio sobre o início da distribuição dos títulos, bem como colocação do prospecto à disposição dos investidores interessados.

As sociedades corretoras responsáveis pela colocação do *commercial paper* no mercado estabelecerão, livremente, em discussão com a companhia, os valores da corretagem, sem se apegarem à Instrução CVM 102/1989.

20.4. Condições de remuneração e negociação

As condições de remuneração e de atualização monetária, se for o caso, hão de constar tanto do ato deliberativo da companhia quanto do prospecto endereçado aos interessados.

(36) FAZZIO JR., Waldo. *Op. cit.*, 2007. p. 312.

Na hipótese de atualização monetária pós-fixada, seguir-se-ão as regras estabelecidas sobre prazos mínimos pelo Banco Central para os CDB.

Já no que tange às negociações, servimo-nos do esquema apresentado por *Waldo Fazzio Júnior*:

— em mercado de balcão;

— em bolsa de valores, através de sociedade corretora de livre escolha do investidor, com declaração da bolsa na qual será negociada o título, quando do registro da emissão na CVM;

— como se trata de título de curto prazo, a companhia emissora não deverá efetuar negociações com os seus próprios títulos, cabendo, na hipótese de sua recompra, proceder a seu resgate;

— a distribuição das notas promissórias (*commercial papers*) encerrar-se-á no prazo de três meses, a contar do deferimento do registro pela CVM.(37)

20.5. O commercial paper *no Brasil*

Se *Akira Chinen* protesta por sua viabilidade, em decorrência de ser um papel de tramitação direta entre emissor e investidor, de custo relativamente barato e servindo para atender a situações emergenciais,(38) há quem se insurja contra a sua introdução no Brasil. É o caso de *Sebastião José Roque*, que alega dever a nota promissória conservar as suas características fundamentais, bastando a criação da nota promissória rural, título, aliás, de natureza causal, o que, portanto, lhe desfigura o conceito. Assim opina o autor citado, para quem já existe um rol suficiente de meios para captação de recurso, à disposição das companhias.(39) Não obstante tal ponderação, o emprego dos *commercial papers* é uma prática cada vez mais posta ao alcance das sociedades anônimas.

(37) *Idem.*
(38) CHINEN, Akira. *Op. cit.*, p. 107.
(39) ROQUE, Sebastião José. *Op. cit.*, p. 135.

Bibliografia

ABRÃO, Carlos Henrique. *Contraordem e oposição no cheque.* 4. ed. São Paulo: Liv. e Ed. Universitária de Direito, 2002.

ABRÃO, Nelson. *Direito Bancário.* 3. ed. São Paulo: Revista dos Tribunais, 1996.

ACQUAVITA, Marcus Cláudio. *Dicionário Acadêmico de Direiro.* 5. ed. São Paulo: Método 2008.

ALMEIDA, Amador Paes de. *Teoria e prática dos títulos de crédito.* 18. ed. São Paulo: Saraiva, 1998.

________________. *Teoria e prática dos títulos de crédito.* 25. ed. São Paulo: Saraiva, 2006.

ARNOLDI, Paulo Roberto Colombo. *Ação cambial.* São Paulo: Saraiva, 1991.

ASCARELLI, Túlio. *Panorama do Direito Comercial.* 2. ed. Sorocaba (São Paulo): Minelli, 2007.

BAIRRADAS, Grumecindo Dinis. *A Proteção Penal do Cheque. Regime actual.* Coimbra (Portugal): Almedina, 1998.

BARBOSA FILHO, Marcelo Fortes. *Sociedade anônima atual.* São Paulo: Atlas, 2004.

BARBOSA RIEZZO. *Do Cheque.* Teoria, Legislação, Jurisprudência e Prática. São Paulo: Lexbook, 1998.

BECERRA LEÓN, Henry Alberto. *De los Títulos — Valores.* Bogotá: Doctrina y Ley, 2001.

BERTOLDI, Marcelo M.; RIBEIRO, Márcia Carla Pereira. *Curso avançado de Direito Comercial.* 3. ed. São Paulo: Revista dos Tribunais, 2006.

BOITEUX, Fernando Netto. *Títulos de crédito.* São Paulo: Dialética, 2000.

BONFANTI, Mario Alberto; GARRONE, José Alberto. *De Los Títulos de Crédito.* 2. ed. Buenos Aires: Abeledo-Perrot.

BORBA, José Edwaldo Tavares. *Das debêntures.* Rio de Janeiro/São Paulo/Recife: Renovar, 2005.

BORGES, João Eunápio. *Títulos de crédito.* Rio de Janeiro: Forense, 1983.

BOTTALLO, Eduardo. Cheque pós-datado e ação de anulação e substituição de título ao portador. In: *Revista da Faculdade de Direito de São Bernardo do Campo.* São Bernardo do Campo, v. 5, 1999. p. 54-58.

BRASIL, Francisco de Paula E. J. de Souza. *Títulos de crédito:* o novo Código Civil — questões relativas aos títulos eletrônicos e do agronegócio. Rio de Janeiro: Forense, 2006.

BROX, Hans. *Handelsrecht und Wertpapierrecht.* 14. ed. Munique-Alemanha: C. H. Beck, 1999.

BULGARELLI, Waldirio. *Títulos de crédito.* 16. ed. São Paulo: Atlas, 2000.

________________. *Manual das sociedades anônimas.* 13. ed. São Paulo: Atlas, 2001.

BUSCATO, Wilges. *Títulos de crédito.* São Paulo: Juarez Oliveira, 2001.

CAMANHO, Paula Ponces. *Do contrato de depósito bancário (natureza jurídica e alguns problemas de regime).* Coimbra (Portugal): Almedina, 1998.

CARDOSO, J. Pires. *Noções de Direito Comercial.* 14. ed. Lisboa: Reis dos Livros, 2002.

CARDOSO, Paulo Leonardo Vilela. Cheque pós-datado. Natureza contratual. *Síntese Jornal.* Porto Alegre, 2000. p. 3-5.

CARVALHOSA, Modesto; EIZIRIK, Nelson. *A nova Lei das S/A.* São Paulo: Saraiva, 2002.

CERNICCHIARO, Luis Vicente. Cheque pré-datado no Brasil. In: TUBENSCHLAK, James (Coord.). *Doutrina 6.* Rio de Janeiro, Instituto de Direito, 1998. 230-242p.

CHINEN, Akira. Commercial Paper: Questões Jurídicas e Perspectivas. In: ARAÚJO, José Francelino de (Org.). *Direito Empresarial.* Porto Alegre: Sagra-Luzzatto, 1998. p. 103-114.

COELHO, Fábio Ulhoa. *Manual de Direito Comercial.* 11. ed. São Paulo: Saraiva, 1999.

__________________. *Manual de Direito Comercial.* 18. ed. São Paulo: Saraiva, 2007.

__________________. *Curso de Direito Comercial.* 6. ed. São Paulo: Saraiva, 2002. v. 1.

__________________. *Curso de Direito Comercial 2.* 10. ed. São Paulo: Saraiva, 2007.

COSTA, Wille Duarte. *Títulos de crédito.* Belo Horizonte: Del Rey, 2003.

COVELLO, Sérgio Carlos. *Prática do cheque.* Doutrina — Formulários — Legislação — Normas do Banco Central. 3. ed. São Paulo: EDIPRO, 1999.

DAROLDI, Ermínio Amarildo. *Protesto cambial. Duplicatas x boletos.* Curitiba: Juruá, 1998.

Dicionário Jurídico. Academia Brasileira de Letras Jurídicas. 4. ed. Rio de Janeiro: Forense Universitária, 1996 (planejado, organizado e redigido por J. M. Othon Sidou).

DINIZ, Maria Helena. *Curso de Direito Civil brasileiro. Teoria das obrigações contratuais e extracontratuais.* 21. ed. São Paulo: Saraiva, 2004. v. 1.

DORIA, Dylson. *Curso de Direito Comercial.* 12. ed. São Paulo: Saraiva, 1987. v. 2.

FAZZIO JÚNIOR, Waldo. *Manual de Direito Comercial.* São Paulo: Atlas, 2000.

__________________. *Manual de Direito Comercial.* 8. ed. São Paulo: Atlas, 2007.

FERREIRA, Waldemar. *Tratado de Direito Comercial.* São Paulo, Ed. Saraiva, 1962. v. 8.

FERREIRA FILHO, Roberto Rocha. *Principais julgamentos — STJ — Superior Tribunal de Justiça.* Salvador: Podivm, 2007.

GITMAN, Lawrence J. *Princípios de administração financeira.* 7. ed. São Paulo: Harbra, 1997.

GOLDSCHMIDT, Roberto. *Curso de Derecho Mercantil.* Caracas: Universidad Católica Andrés Bello/Fundación Roberto Goldschmidt, 2002.

GOMES, Orlando. *Introdução ao Direito Civil.* 10. ed. Rio de Janeiro: Forense, 1988.

GÓMEZ LEO, Osvaldo R. *Instituciones de Derecho Cambiario. El cheque.* Buenos Aires: Depalma, 1985. Tomo III.

GURSKY, Karl-Heinz. *Wertpapierrecht.* 2. ed. Heidelberg (Alemanha): Müller Verlag, 1997.

HIGHTON, Federico. *Factura de crédito. Simplificación del cheque diferido.* Buenos Aires: Ad-Hoc, 1997.

LEGÓN, Fernando A. *Letra de cambio y pagaré.* Buenos Aires: Abeledo-Perrot, 2001.

MAC-DONALD, Norberto da Costa Caruso. O Projeto de Código Civil e o Direito Comercial. In: *Revista da Faculdade de Direito da UFRGS.* Vol.16, Porto Alegre: Síntese, 1999. p. 139-160.

MAMEDE, Gladston. *Títulos de crédito.* 2. ed. São Paulo: Atlas, 2005.

MARQUES, Benedito Ferreira. *Direito Agrário brasileiro.* 3. ed. Goiânia: AB Ed., 1999.

MARTINS, Fran. *Títulos de Crédito.* Rio de Janeiro: Forense, 1997.

________________. *Títulos de crédito.* 14. ed. Rio de Janeiro: Forense, 2008.

MARTORELL, Ernesto Eduardo. Análisis crítico (muy crítico) de la factura de crédito (ley 24.760). In: CABANELLAS, G. (Org.). *Temas de Derecho Comercial Moderno.* Buenos Aires: Depalma, 1998. p. 119-130.

MATIAS, Armindo Saraiva. *Direito Bancário.* Coimbra (Portugal): Coimbra Ed., 1998. 138p.

MAZZAFERA, Luiz Braz. *Letra de câmbio, nota promissória, duplicata mercantil, cheque.* Uma nova proposta para o cheque. São Paulo: Arte & Ciência, 2000.

MÉDICI, Octávio. *Cheque.* 2. ed. Curitiba: Juruá, 2005.

MENDONÇA, J. X. Carvalho de. *Tratado de Direito Comercial.* Parte I. Rio de Janeiro: Freitas Bastos, 1955. v. VI.

MIRANDA, Pontes de. *Tratado de Direito Privado.* 2. ed. Parte especial. Rio de Janeiro: Borsoi, 1962. t. XXXVII.

MONTEIRO, Washington de Barros. *Curso de Direito Civil.* 2ª Parte. São Paulo: Saraiva, 2003.

MONTORO, André Franco. *Introdução à Ciência do Direito.* 26. ed. São Paulo: Revista dos Tribunais, 2005.

MORLES HERNÁNDEZ, Alfredo. *Curso de Derecho Mercantil.* Caracas: Universidad Católica Andrés Bello, 1999.

OLIVEIRA, Celso Marcelo de. *Tratado de Direito Empresarial brasileiro.* Campinas: LZN, 2004.

OLIVEIRA, Hilário de. *Títulos de crédito.* São Paulo: Pilares, 2006.

OLIVEIRA, Jorge Alcibíades Perrone de. *Títulos de crédito.* Doutrina e Jurisprudência. 3. ed. Porto Alegre: Livraria do Advogado, 1999. v. 1.

PARIZATTO, João Roberto. *Execução de títulos extrajudiciais.* 2. ed. Ouro Fino, Minas Gerais: Parizatto, s.d.

________________. *Títulos de crédito.* Edipa: São Paulo, 2005.

PEIXOTO, Carlos Fungêncio da Cunha. *O cheque: doutrina, jurisprudência, legislação e prática.* Rio de Janeiro: Forense, 1952.

PEREIRA, Lutero de Paiva. *Comentários à Lei da Cédula de Produto Rural* — CPR. Curitiba: Juruá, 2000.

PIRES, José Paulo Leal Ferreira. *Títulos de crédito.* 2. ed. São Paulo: Malheiros, 2001.

PROENÇA, José Macedo Martins. *Direito Comercial 1.* São Paulo: Saraiva, 2005.

RAMOS, André Luiz Santa Cruz. *Curso de Direito Empresarial.* Salvador: Podium, 2008.

RESTIFFE, Paulo Sérgio. *Manual do novo Direito Comercial.* São Paulo: Dialética, 2006.

REQUIÃO, Rubens. *Curso de Direito Comercial.* 23. ed. São Paulo: Saraiva, 2003. v. 2.

________________. *Curso de Direito Comercial.* 25. ed. São Paulo, 2007. v. 2.

RIZZARDO, Arnaldo. *Contratos de crédito bancário.* 3. ed. São Paulo: Ed. Revista dos Tribunais.

________________. *Títulos de crédito.* Rio de Janeiro: Forense, 2006.

ROQUE, Sebastião José. *Títulos de crédito.* São Paulo: Ícone, 1997.

________________. *Títulos de crédito.* 3. ed. São Paulo: Ícone, 2007.

ROSA JR., Luiz Emygdio F. da. *Títulos de crédito.* Rio de Janeiro/São Paulo: Renovar, 2000.

________________. *Títulos de crédito.* 4. ed. Rio de Janeiro/São Paulo: Renovar, 2006.

SARMENTO, Walney Moraes. *Curso de Direito Comercial.* Salvador: Universidade do Estado da Bahia (UNEB), 1999. v. I.

________________________. *Curso de Direito Comercial.* Porto Alegre: Sagra-Luzzatto, 2000.

________________________. *Títulos de crédito.* Salvador: Universidade do Estado da Bahia (UNEB), 2003.

SANTOS, J. A. Penalva. *Títulos de crédito e o Código Civil.* Rio de Janeiro: Forense, 2004.

SIDOU, J. M. Othon. *Do cheque.* Doutrina. Legislação. Jurisprudência. 4. ed. Rio de Janeiro: Forense, 1998.

SILVA, Adilton Aires da; FERREIRA, Uarian. *Manual de utilização do cheque.* Goiânia: Coleção dos Manuais, 1999.

SILVA, Américo Luis Martins da. *As ações das sociedades e os títulos de crédito.* Rio de Janeiro: Forense, 1995.

SILVA, Marcos Paulo Félix da. *Títulos de crédito no Código Civil de 2002.* Curitiba: Juruá, 2006.

SOUZA, Carlos Aurélio Mota de; LOMÔNACO, José Antônio. *Debêntures.* Atualidade de disciplina segundo a Lei das Sociedades Anônimas. Bauru/São Paulo: Jalovi, 1990.

TEIXEIRA, Egberto Lacerda. *A nova lei brasileira do cheque.* São Paulo: Saraiva, 1985.

VENOSA, Silvio de Salvo. *Direito Civil.* Contratos em espécie. 3. ed. São Paulo: Atlas, 2003.

WONNACOTT, Paul; WONNACOT, Ronald. *Economia.* 2. ed. São Paulo: Makron Books, 1994.

ZENUN, Augusto. *Questões de títulos de crédito.* Rio de Janeiro: Forense, 1990.

Legislação

Código Civil (1916)

Código Civil (2002)

Código Comercial

Código de Defesa do Consumidor

Código de Processo Civil

Código de Processo Penal

Código Penal

Constituição da República Federativa do Brasil

Legislação 3. Porto: Porto Editora, 2000. 3. ed

Nueva Ley de Cheques — n. 24.760. Buenos Aires: Editorial Bregna, 1999.

Wertpapierhandelsgesetz. Deutscher Taschebuch Verlag. Munique.

Legislação Cambiária Básica

Decreto n. 2.044, de 31 de dezembro de 1908

Define a letra de câmbio e a nota promissória e regula as operações cambiais.

O Presidente da República dos Estados Unidos do Brasil:

Faço saber que o Congresso Nacional decreta e eu sanciono a seguinte resolução:

Título I

Da letra de câmbio

Capítulo I

Do saque

Art. 1º A letra de câmbio é uma ordem de pagamento e deve conter estes requisitos, lançados, por extenso, no contexto:

I – a denominação "letra de câmbio" ou a denominação equivalente na língua em que for emitida;

II – a soma de dinheiro a pagar e a espécie de moeda;

III – o nome da pessoa que deve pagá-la. Esta indicação pode ser inserida abaixo do contexto;

IV – o nome da pessoa a quem deve ser paga. A letra pode ser ao portador e também pode ser emitida por ordem e conta de terceiro. O sacador pode designar-se como tomador;

V – assinatura do próprio punho do sacador ou do mandatário especial. A assinatura pode ser firmada abaixo do contexto.

Art. 2º Não será letra de câmbio o escrito a que faltar qualquer dos requisitos acima enumerados.

Art. 3º Esses requisitos são considerados lançados ao tempo da emissão da letra. A prova em contrário será admitida no caso de má-fé do portador.

Art. 4º Presume-se mandato ao portador para inserir a data e o lugar do saque, na letra que não os contiver.

Art. 5º Havendo diferença entre o valor lançado por algarismo e o que se achar por extenso no corpo da letra, este último será sempre considerado verdadeiro e a diferença não prejudicará a letra. Diversificando as indicações da soma de dinheiro no contexto, o título não será letra de câmbio.

Art. 6º A letra pode ser passada:

I – à vista;

II – a dia certo;

III – a tempo certo da data;

IV – a tempo certo da vista.

Art. 7º A época do pagamento deve ser precisa, uma e única para a totalidade da soma cambial.

Capítulo II

Do endosso

Art. 8º O endosso transmite a propriedade da letra de câmbio.

Para a validade do endosso, é suficiente a simples assinatura do próprio punho do endossador ou do mandatário especial, no verso da letra. O endossatário pode completar este endosso.

§ 1º A cláusula "por procuração", lançada no endosso, indica o mandato com todos os poderes, salvo o caso de restrição, que deve ser expressa no mesmo endosso.

§ 2º O endosso posterior ao vencimento da letra tem o efeito de cessão civil.

§ 3º É vedado o endosso parcial.

Capítulo III

Do aceite

Art. 9º A apresentação da letra ao aceite é facultativa quando certa a data do vencimento. A letra a tempo certo de vista deve ser apresentada ao aceite do sacado, dentro do prazo nela marcado; na falta de designação, dentro de 6 (seis) meses contados da data da emissão do título, sob pena de perder o portador o direito regressivo contra o sacador, endossadores e avalistas.

Parágrafo único. O aceite da letra, a tempo certo de vista, deve ser datado, presumindo-se, na falta de data, o mandado ao portador para inseri-la.

Art. 10. Sendo dois ou mais os sacados, o portador deve apresentar a letra ao primeiro sacado nomeado; na falta ou recusa do aceite, ao segundo, se estiver domiciliado na mesma praça; assim, sucessivamente, sem embargo da forma da indicação na letra dos nomes dos sacados.

Art. 11. Para a validade do aceite é suficiente a simples assinatura do próprio punho do sacado ou do mandatário especial, no anverso da letra.

Vale, como aceite puro, a declaração que não traduzir inequivocamente a recusa, limitação ou modificação.

Parágrafo único. Para os efeitos cambiais, a limitação ou modificação do aceite equivale à recusa, ficando, porém, o aceitante cambialmente vinculado, nos termos da limitação ou modificação.

Art. 12. O aceite, uma vez firmado, não pode ser cancelado ou retirado.

Art. 13. A falta ou recusa do aceite prova-se pelo protesto.

Capítulo IV

Do aval

Art. 14. O pagamento de uma letra de câmbio, independente do aceite e do endosso, pode ser garantido por aval. Para a validade do aval, é suficiente a simples assinatura do próprio punho do avalista ou do mandatário especial, no verso ou no anverso da letra.

Art. 15. O avalista é equiparado àquele cujo nome indicar; na falta de indicação, àquele abaixo de cuja assinatura lançar a sua, fora desses casos, ao aceitante e, não estando aceita a letra, ao sacador.

Capítulo V

Da multiplicação da letra de câmbio

Seção única

Das duplicatas

Art. 16. O sacador, sob pena de responder por perdas e interesses, é obrigado a dar, ao portador, as vias de letra que este reclamar antes do vencimento, diferençadas, no contexto, por números de ordem ou pela ressalva das que se extraviaram. Na falta da diferenciação ou da ressalva, que torne inequívoca a unicidade da obrigação, cada exemplar valerá como letra distinta.

§ 1º O endossador e o avalista, sob pena de responderem por perdas e interesses, são obrigados a repetir, na duplicata, o endosso e o aval firmados no original.

§ 2º O sacado fica cambialmente obrigado por cada um dos exemplares em que firmar o aceite.

§ 3º O endossador de 2 (dois) ou mais exemplares da mesma letra a pessoas diferentes, e os sucessivos endossadores e avalistas ficam cambialmente obrigados.

§ 4º O detentor da letra expedida para o aceite é obrigado a entregá-la ao legítimo portador da duplicata, sob pena de responder por perdas e interesses.

Capítulo VI

Do vencimento

Art. 17. A letra à vista vence-se no ato da apresentação ao sacado.

A letra, a dia certo, vence-se nesse dia. A letra, a dias da data ou da vista, vence-se no último dia do prazo; não se conta, para a primeira, o dia do saque, e, para a segunda, o dia do aceite.

A letras a semanas, meses, ou anos da data ou da vista, vence no dia da semana, mês ou ano do pagamento, correspondente ao dia do saque ou dia do aceite. Na falta do dia correspondente, vence-se no último dia do mês do pagamento.

Art. 18. Sacada a letra em país onde vigorar outro calendário, sem a declaração do adotado, verifica-se o termo do vencimento contando-se o dia do calendário gregoriano, correspondente ao da emissão da letra pelo outro calendário.

Art. 19. A letra é considerada vencida, quando protestada:

I – pela falta ou recusa do aceite;

II – pela falência do aceitante.

O pagamento, nestes casos, continua diferido até o dia do vencimento ordinário da letra, ocorrendo o aceite de outro sacado nomeado ou, na falta, a aquiescência do portador expressa no ato do protesto, ao aceite da letra, pelo interveniente voluntário.

Capítulo VII

Do pagamento

Art. 20. A letra deve ser apresentada ao sacado ou ao aceitante para o pagamento, no lugar designado e no dia do vencimento ou, sendo este dia feriado por lei, no primeiro dia útil imediato, sob pena de perder o direito de regresso contra o sacador, endossadores e avalistas.

§ 1º Será pagável à vista a letra que não indicar a época do vencimento. Será pagável, no lugar mencionado ao pé do nome do sacado, a letra que não indicar o lugar do pagamento.

É facultada a indicação alternativa de lugares do pagamento, tendo o portador direito de opção. A letra pode ser sacada sobre uma pessoa, para ser paga no domicílio de outra, indicada pelo sacador ou pelo aceitante.

§ 2º No caso de recusa ou falta de pagamento pelo aceitante, sendo 2 (dois) ou mais os sacados, o portador deve apresentar a letra ao primeiro nomeado, se estiver domiciliado na mesma praça; assim sucessivamente, sem embargo da forma da indicação na letra dos nomes dos sacados.

§ 3º Sobrevindo caso fortuito ou força maior, a apresentação deve ser feita, logo que cessar o impedimento.

Art. 21. A letra à vista deve ser apresentada ao pagamento dentro do prazo nela marcado; na falta desta designação, dentro de 12 (doze) meses, contados da data da emissão do título, sob pena de perder o portador o direito de regresso contra o sacador, endossadores e avalistas.

Art. 22. O portador não é obrigado a receber o pagamento antes do vencimento da letra. Aquele que paga uma letra, antes do respectivo vencimento, fica responsável pela validade desse pagamento.

§ 1º O portador é obrigado a receber o pagamento parcial, ao tempo do vencimento.

§ 2º O portador é obrigado a entregar a letra com a quitação àquele que efetua o pagamento; no caso do pagamento parcial, em que se não opera a tradição do título, além da quitação em separado, outra deve ser firmada na própria letra.

Art. 23. Presume-se validamente desonerado aquele que paga a letra no vencimento, sem oposição.

Parágrafo único. A oposição ao pagamento somente é admissível no caso de extravio da letra, de falência ou incapacidade do portador para recebê-lo.

Art. 24. O pagamento feito pelo aceitante ou pelos respectivos avalistas desonera da responsabilidade cambial todos os coobrigados.

O pagamento feito pelo sacador, pelos endossadores ou respectivos avalistas desonera da responsabilidade cambial os coobrigados posteriores.

Parágrafo único. O endossador ou avalista, que paga ao endossatário ou ao avalista posterior, pode riscar o próprio endosso ou aval e os dos endossadores ou avalistas posteriores.

Art. 25. A letra de câmbio deve ser paga na moeda indicada. Designada moeda estrangeira, o pagamento, salvo determinação em contrário, expressa na letra, deve ser efetuada em moeda nacional, ao câmbio à vista do dia do vencimento e do lugar do pagamento; não havendo no lugar curso de câmbio, pelo da praça mais próxima.

Art. 26. Se o pagamento de uma letra de câmbio não for exigido no vencimento, o aceitante pode, depois de expirado o prazo para o protesto por falta de pagamento, depositar o valor da mesma, por conta e risco do portador, independente de qualquer citação.

Art. 27. A falta ou recusa, total ou parcial, de pagamento, prova-se pelo protesto.

Capítulo VIII

Do protesto

Art. 28. A letra que houver de ser protestada por falta de aceite ou de pagamento deve ser entregue ao oficial competente, no primeiro dia útil que se seguir ao da recusa do aceite ou ao do vencimento, e o respectivo protesto tirado dentro de 3 (três) dias úteis.

Art. 29. O instrumento de protesto deve conter:

I – a data;

II – a transcrição literal da letra e das declarações nela inseridas pela ordem respectiva;

III – a certidão da intimação ao sacado ou ao aceitante ou aos outros sacados, nomeados na letra para aceitar ou pagar a resposta dada ou a declaração da falta da resposta. A intimação é dispensada no caso do sacado ou aceitante firmar na letra a declaração da recusa do aceite ou do pagamento e, na hipótese de protesto, por causa da falência do aceitante;

IV – a certidão de não haver sido encontrada ou de ser desconhecida a pessoa indicada para aceitar ou para pagar. Nesta hipótese, o oficial afixará a intimação nos lugares do estilo e, se possível, a publicará pela imprensa;

V – a indicação dos intervenientes voluntários e das firmas por eles honradas;

VI – a aquiescência do portador ao aceite por honra;

VII – a assinatura, com o sinal público, do oficial do protesto.

Parágrafo único. Este instrumento, depois de registrado no livro de protestos, deverá ser entregue ao detentor ou portador da letra ou àquele que houver efetuado o pagamento.

Art. 30. O portador é obrigado a dar aviso do protesto ao último endossador, dentro de 2 (dois) dias, contados da data do instrumento do protesto e cada endossatário, dentro de 2 (dois) dias, contados do recebimento do aviso, deve transmiti-lo ao seu endossador, sob pena de responder por perdas e interesses.

Não constando do endosso o domicílio ou a residência do endossador, o aviso deve ser transmitido ao endossador anterior, que houver satisfeito aquela formalidade.

Parágrafo único. O aviso pode ser dado em carta registrada. Para esse fim, a carta será levada aberta ao Correio, onde, verificada a existência do aviso, se declarará o conteúdo da carta registrada no conhecimento e talão respectivo.

Art. 31. Recusada a entrega da letra por aquele que a recebeu para firmar o aceite ou para efetuar o pagamento, o protesto pode ser tirado por outro exemplar ou, na falta, pelas indicações do protestante.

Parágrafo único. Pela prova do fato, pode ser decretada a prisão do detentor da letra, salvo depositando este a soma cambial e a importância das despesas feitas.

Art. 32. O portador que não tira, em tempo útil e forma regular, o instrumento do protesto da letra, perde o direito de regresso contra o sacador, endossadores e avalistas.

Art. 33. O oficial que não lavra, em tempo útil e forma regular, o instrumento do protesto, além da pena em que ocorrer, segundo o Código Penal, responde por perdas e interesses.

Capítulo IX

Da intervenção

Art. 34. No ato do protesto pela falta ou recusa do aceite, a letra pode ser aceita por terceiro, mediante aquiescência do detentor ou portador.

A responsabilidade cambial deste interveniente é equiparada à do sacado que aceita.

Art. 35. No ato do protesto, excetuada apenas a hipótese do artigo anterior, qualquer pessoa tem o direito de intervir para efetuar o pagamento da letra, por honra de qualquer das firmas.

§ 1º O pagamento, por honra da firma do aceitante ou dos respectivos avalistas, desonera da responsabilidade cambial todos os coobrigados.

O pagamento, por honra da firma do sacador, do endossador ou dos respectivos avalistas, desonera da responsabilidade cambial todos os coobrigados posteriores.

§ 2º Não indicada a firma, entende-se ter sido honrada a do sacador; quando aceita a letra, a do aceitante.

§ 3º Sendo múltiplas as intervenções, concorram ou não coobrigados, deve ser preferido o interveniente que desonera o maior número de firmas.

Múltiplas as intervenções pela mesma firma, deve ser preferido o interveniente coobrigado; na falta deste, o sacado; na falta de ambos, o detentor ou portador tem a opção. É vedada a intervenção ao aceitante ou ao respectivo avalista.

Capítulo X

Da anulação da letra

Art. 36. Justificando a propriedade e o extravio ou a destruição total ou parcial da letra, descrita com clareza e precisão, o proprietário pode requerer ao juiz competente do lugar do pagamento, na hipótese de extravio, a intimação do sacado ou do aceitante e dos coobrigados, para não pagarem a aludida letra, e a citação do detentor para apresentá-la em juízo, dentro do prazo de 3 (três) meses, e, nos casos de extravio e destruição, a citação dos coobrigados para, dentro do referido prazo, oporem contestação firmada em defeito de forma do título ou, na falta de requisito essencial, ao exercício da ação cambial.

Estas citações e intimações devem ser feitas pela imprensa, publicadas no jornal oficial do Estado e no Diário Oficial para o Distrito Federal e nos periódicos indicados pelo juiz, além de afixados nos lugares do estilo e na bolsa da praça do pagamento.

§ 1º O prazo de 3 (três) meses corre da data do vencimento; estando vencida a letra, da data da publicação em jornal oficial.

§ 2º Durante o curso desse prazo, munido da certidão, do requerimento e do despacho favorável do juiz, fica o proprietário autorizado a praticar todos os atos necessários à garantia do direito creditório, podendo, vencida a letra, reclamar do aceitante o depósito judicial da soma devida.

§ 3º Decorrido o prazo, sem se apresentar o portador legitimado (art. 39) da letra, ou sem a contestação do coobrigado (art. 36), o juiz decretará a nulidade do título extraviado ou destruído e ordenará, em benefício do proprietário, o levantamento do depósito da soma, caso tenha sido feito.

§ 4º Por esta sentença, fica o proprietário habilitado, para o exercício da ação executiva, contra o aceitante e os outros coobrigados.

§ 5º Apresentada a letra pelo portador legitimado (art. 39) ou oferecida a contestação (art. 36) pelo coobrigado, o juiz julgará prejudicado o pedido de anulação da letra, deixando, salvo à parte, o recurso aos meios ordinários.

§ 6º Da sentença proferida no processo cabe o recurso de agravo com efeito suspensivo.

§ 7º Este processo não impede o recurso à duplicata e nem para os efeitos da responsabilidade civil do coobrigado dispensa o aviso imediato do extravio, por cartas registradas endereçadas ao sacado, ao aceitante e aos outros coobrigados, pela forma indicada no parágrafo único do art. 30.

Capítulo XI

Do ressaque

Art. 37. O portador da letra protestada pode haver o reembolso da soma devida, pelo ressaque de nova letra de câmbio, à vista, sobre qualquer dos obrigados.

O ressacado que paga pode, por seu turno, ressacar sobre qualquer dos coobrigados a ele anteriores.

Parágrafo único. O ressaque deve ser acompanhado da letra protestada, do instrumento do protesto e da conta de retorno.

Art. 38. A conta de retorno deve indicar:

I – a soma cambial e a dos juros legais, desde o dia do vencimento;

II – a soma das despesas legais: protesto, comissão, porte de cartas, selos, e dos juros legais, desde o dia em que foram feitas;

III – o nome do ressacado;

IV – o preço do câmbio, certificado por corretor ou, na falta, por dois comerciantes.

§ 1º O recâmbio é regulado pelo curso do câmbio da praça do pagamento, sobre a praça do domicílio ou da residência do ressacado; o recâmbio, devido ao endossador ou ao avalista que ressaca, é regulado pelo curso do câmbio da praça do ressaque, sobre a praça da residência ou do domicílio do ressacado.

Não havendo curso de câmbio na praça do ressaque, o recâmbio é regulado pelo curso do câmbio da praça mais próxima.

§ 2º É facultado o cúmulo dos recâmbios nos sucessivos ressaques.

Capítulo XII

Dos direitos e das obrigações cambiais

Seção I

Dos direitos

Art. 39. O possuidor é considerado legítimo possuidor da letra ao portador e da letra endossada em branco.

O último endossatário é considerado legítimo proprietário da letra endossada em preto, se o primeiro endosso estiver assinado pelo tomador e cada um dos outros, pelo endossatário do endosso, imediatamente anterior.

Seguindo-se ao endosso em branco outro endosso presume-se haver o endossador deste adquirido por aquele a propriedade da letra.

§ 1º No caso de pluralidade de tomadores ou de endossatários, conjuntos ou disjuntos, o tomador ou o endossatário possuidor da letra é considerado, para os efeitos cambiais, o credor único da obrigação.

§ 2º O possuidor, legitimado de acordo com este artigo, somente no caso de má-fé na aquisição, pode ser obrigado a abrir mão da letra de câmbio.

Art. 40. Quem paga não está obrigado a verificar a autenticidade dos endossos.

Parágrafo único. O interveniente voluntário que paga fica sub-rogado em todos os direitos daquele, cuja firma foi por ele honrada.

Art. 41. O detentor, embora sem título algum, está autorizado a praticar as diligências necessárias à garantia do crédito, a reclamar o aceite, a tirar os protestos, a exigir, ao tempo do vencimento, o depósito da soma cambial.

Seção II

Das obrigações

Art. 42. Pode obrigar-se, por letra de câmbio, quem tem a capacidade civil ou comercial.

Parágrafo único. Tendo a capacidade pela lei brasileira, o estrangeiro fica obrigado pela declaração que firmar, sem embargo da sua incapacidade, pela lei do Estado a que pertencer.

Art. 43. As obrigações cambiais são autônomas e independentes uma das outras. O signatário da declaração cambial fica, por ela, vinculado e solidariamente responsável pelo aceite e pelo pagamento da letra, sem embargo da falsidade, da falsificação ou da nulidade de qualquer assinatura.

Art. 44. Para os efeitos cambiais, são consideradas não escritas:

I – a cláusula de juros;

II – a cláusula proibitiva do endosso ou do protesto, a excludente da responsabilidade pelas despesas e qualquer outra, dispensando a observância dos termos ou das formalidades prescritas por esta lei;

III – a cláusula proibitiva da apresentação da letra ao aceite do sacado;

IV – a cláusula excludente ou restritiva da responsabilidade e qualquer outra beneficiando o devedor ou o credor, além dos limites fixados por esta lei.

§ 1º Para os efeitos cambiais, o endosso ou aval cancelado é considerado não escrito.

§ 2º Não é letra de câmbio o título em que o emitente exclui ou restringe a sua responsabilidade cambial.

Art. 45. Pelo aceite, o sacado fica cambialmente obrigado para com o sacador e respectivos avalistas.

§ 1º A letra endossada ao aceitante pode ser por este reendossada, antes do vencimento.

§ 2º Pelo reendosso da letra, endossada ao sacador, ao endossado ou ao avalista, continuam cambialmente obrigados os codevedores intermédios.

Art. 46. Aquele que assina a declaração cambial, como mandatário ou representante legal de outrem, sem estar devidamente autorizado, fica, por ela, pessoalmente obrigado.

Art. 47. A substância, os efeitos, a forma extrínseca e os meios de prova da obrigação cambial são reguladas pela lei do lugar onde a obrigação foi firmada.

Art. 48. Sem embargo da desoneração da responsabilidade cambial, o sacador ou aceitante fica obrigado a restituir ao portador com os juros legais, a soma com a qual se locupletou às custas deste.

A ação do portador, para este fim, é ordinária.

Capítulo XIII

Da ação cambial

Art. 49. A ação cambial é executiva.

Por ela tem também o credor o direito de reclamar a importância que receberia pelo ressaque (art. 38).

Art. 50. A ação cambial pode ser proposta contra um, alguns ou todos os coobrigados, sem estar o credor adstrito à observância da ordem dos endossos.

Art. 51. Na ação cambial, somente é admissível defesa fundada no direito pessoal do réu contra o autor, em defeito de forma do título e na falta do requisito necessário ao exercício da ação.

Capítulo XIV

Da prescrição da ação cambial

Art. 52. A ação cambial, contra o sacador, aceitante e respectivos avalistas, prescreve em 5 (cinco) anos.

A ação cambial contra o endossador e respectivo avalista prescreve em 12 (doze) meses.

Obs.: vide Lei Uniforme de Genebra (Dec n. 57.663, de 24 de janeiro de 1966, Anexo I, arts. 70, 71 e 77).

Art. 53. O prazo da prescrição é contado do dia em que a ação pode ser proposta; para o endossador ou respectivo avalista que paga, do dia desse pagamento.

Obs.: vide nota ao art. 52.

Título II

Da nota promissória

Capítulo I

Da emissão

Art. 54. A nota promissória é uma promessa de pagamento e deve conter estes requisitos essenciais, lançados, por extenso, no contexto:

I – a denominação de "nota promissória" ou termo correspondente, na língua em que for emitida;

II – a soma de dinheiro a pagar;

III – o nome da pessoa a quem deve ser paga;

IV – a assinatura do próprio punho do emitente ou do mandatário especial.

§ 1º Presume-se ter o portador o mandato para inserir a data e lugar da emissão da nota promissória, que não contiver estes requisitos.

§ 2º Será pagável à vista a nota promissória que não indicar a época do vencimento. Será pagável no domicílio do emitente a nota promissória que não indicar o lugar do pagamento.

É facultada a indicação alternativa de lugar de pagamento, tendo o portador direito de opção.

§ 3º Diversificando as indicações da soma do dinheiro, será considerada verdadeira a que se achar lançada por extenso no contexto.

Diversificando no contexto as indicações da soma de dinheiro, o título não será nota promissória.

§ 4º Não será nota promissória o escrito ao qual faltar qualquer dos requisitos acima enumerados. Os requisitos essenciais são considerados lançados ao tempo da emissão da nota promissória. No caso de má-fé do portador, será admitida prova em contrário.

Art. 55. A nota promissória pode ser passada:

I – à vista;

II – a dia certo;

III – a tempo certo da data.

Parágrafo único. A época do pagamento deve ser precisa e única para toda a soma devida.

Capítulo II

Disposições gerais

Art. 56. São aplicáveis à nota promissória, com as modificações necessárias, todos os dispositivos do Título I desta lei, exceto o que se refere ao aceite e às duplicatas.

Para o efeito da aplicação de tais dispositivos, o emitente da nota promissória é equiparado ao aceitante da letra de câmbio.

Art. 57. Ficam revogados os artigos do Título XVI do Código Comercial e mais disposições em contrário.

Rio de Janeiro, 31 de dezembro de 1908; 20º da República.

Afonso Augusto Moreira Pena

Convenção para a adoção de uma lei uniforme
Sobre letras de câmbio e notas promissórias

O Presidente do Reich Alemão; o Presidente Federal da República Austríaca; Sua Majestade o Rei dos Belgas; o Presidente da República dos Estados Unidos do Brasil; o Presidente da República da Colômbia; Sua Majestade o Rei da Dinamarca; o Presidente da República da Polônia pela Cidade Livre de Dantzig; o Presidente da República do Equador; Sua Majestade o Rei de Espanha; o Presidente da República da Finlândia; o Presidente da República Francesa; o Presidente da República Helênica; Sua Alteza Sereníssima o Regente do Reino da Hungria; Sua Majestade o Rei da Itália; Sua Majestade o Imperador do Japão; Sua Alteza Real a Grã-Duquesa do Luxemburgo; Sua Majestade o Rei da Noruega; Sua Majestade a Rainha da Holanda; o Presidente da República da Polônia; o Presidente da República Portuguesa; Sua Majestade o Rei da Suécia; o Conselho Federal Suíço; o Presidente da República da Tchecoeslováquia; o Presidente da República da Turquia; Sua Majestade o Rei da Iugoslávia.

Desejando evitar as dificuldades originadas pela diversidade de legislação nos vários países em que as letras circulam e aumentar assim a segurança e rapidez das relações do comércio internacional;

Designaram como seus Plenipotenciários:

Os quais, depois de terem apresentado os seus plenos poderes, achados em boa e devida forma, acordaram nas disposições seguintes:

Art. 1º As Altas Partes Contratantes obrigam-se a adotar nos territórios respectivos, quer num dos textos originais, quer nas suas línguas nacionais, a lei uniforme que constitui o Anexo I da presente Convenção.

Esta obrigação poderá ficar subordinada a certas reservas que deverão eventualmente ser formuladas por cada uma das Altas Partes Contratantes no momento da sua participação ou adesão. Estas reservas deverão ser recolhidas entre as mencionadas no Anexo II da presente Convenção.

Todavia, as reservas a que se referem os arts. 8º, 12 e 18 do citado Anexo II poderão ser feitas posteriormente à ratificação ou adesão, desde que sejam notificadas ao Secretário-Geral da Sociedade das Nações, o qual imediatamente comunicará o seu texto aos Membros da Sociedade das Nações e aos Estados não membros em cujo nome tenha sido ratificada a presente Convenção ou que a ela tenham aderido. Essas reservas só produzirão efeito 90 (noventa) dias depois de o Secretário-Geral ter recebido a referida notificação.

Qualquer das Altas Partes Contratantes poderá, em caso de urgência, fazer uso, depois da ratificação ou da adesão, das reservas indicadas nos arts. 7º e 22 do referido Anexo II. Neste caso deverá comunicar essas reservas direta e imediatamente a todas as outras Altas Partes Contratantes e ao Secretário-Geral da Sociedade das Nações. Esta notificação produzirá os seus efeitos 2 (dois) dias úteis depois de recebida a dita comunicação pelas Altas Partes Contratantes.

Art. 2º A lei uniforme não será aplicável no território de cada uma das Altas Partes Contratantes às letras e notas promissórias já passadas à data da entrada em vigor da presente Convenção.

Art. 3º A presente Convenção, cujos textos francês e inglês farão, ambos igualmente fé, terá a data de hoje.

Poderá ser ulteriormente assinada, até 6 de setembro de 1930, em nome de qualquer membro da Sociedade das Nações e de qualquer Estado não membro.

Art. 4º A presente Convenção será ratificada.

Os instrumentos de ratificação serão transmitidos, antes de 1º de setembro de 1932, ao Secretário-Geral da Sociedade das Nações, que notificará imediatamente do seu depósito todos os Membros da Sociedade das Nações e os Estados não membros que sejam Partes da presente Convenção.

Art. 5º A partir de 6 de setembro de 1930, qualquer membro da Sociedade das Nações e qualquer Estado não membro poderá aderir à presente Convenção.

Esta adesão efetuar-se-á por meio de notificação ao Secretário-Geral da Sociedade das Nações, que será depositada nos arquivos do Secretariado.

O Secretário-Geral notificará imediatamente desse depósito todos os Estados que tenham assinado ou aderido à presente Convenção.

Art. 6º A presente Convenção somente entrará em vigor depois de ter sido ratificada ou de a ela terem aderido sete Membros da Sociedade das Nações ou Estados não membros, entre os quais deverão figurar 3 (três) membros da Sociedade das Nações com representação permanente no Conselho.

Começará a vigorar 90 (noventa) dias depois de recebida pelo Secretário-Geral da Sociedade das Nações a sétima ratificação ou adesão, em conformidade com o disposto na alínea primeira do presente artigo.

O Secretário-Geral da Sociedade das Nações, nas notificações previstas nos arts. 4º e 5º, fará menção especial de terem sido recebidas as ratificações ou adesões a que se refere a alínea primeira do presente artigo.

Art. 7º As ratificações ou adesões após a entrada em vigor da presente Convenção em conformidade com o disposto no art. 6º produzirão os seus efeitos 90 (noventa) dias depois da sua recepção pelo Secretário-Geral da Sociedade das Nações.

Art. 8º Exceto nos casos de urgência, a presente Convenção não poderá ser denunciada antes de decorrido um prazo de 2 (dois) anos a contar da data em que tiver começado a vigorar para o Membro da Sociedade das Nações ou para o Estado não membro que a denuncia; esta denúncia produzirá os seus efeitos 90 (noventa) dias depois de recebida pelo Secretário-Geral a respectiva notificação.

Qualquer denúncia será imediatamente comunicada pelo Secretário-Geral da Sociedade das Nações a todas as outras Altas Partes Contratantes.

Nos casos de urgência, a Alta Parte Contratante que efetuar a denúncia comunicará esse fato direta e imediatamente a todas as outras Altas Partes Contratantes, e a denúncia produzirá os seus efeitos 2 (dois) dias depois de recebida a dita comunicação pelas respectivas Altas Partes Contratantes. A Alta Parte Contratante que fizer a denúncia nestas condições dará igualmente conhecimento de sua decisão ao Secretário-Geral da Sociedade das Nações.

Qualquer denúncia só produzirá efeitos em relação à Alta Parte Contratante em nome da qual ela tenha sido feita.

Art. 9º Decorrido um prazo de 4 (quatro) anos da entrada em vigor da presente Convenção, qualquer Membro da Sociedade das Nações ou Estado não membro ligado à Convenção poderá formular ao Secretário-Geral da Sociedade das Nações um pedido de revisão de alguma ou de todas as suas disposições.

Se este pedido, comunicado aos outros Membros ou Estados não membros para os quais a Convenção estiver em vigor, for apoiado dentro do prazo de 1 (um) ano por 6 (seis), pelo menos, dentre eles, o Conselho da Sociedade das Nações decidirá se deve ser convocada uma Conferência para aquele fim.

Art. 10. As Altas Partes Contratantes poderão declarar no momento da assinatura da Ratificação ou da Adesão que, aceitando a presente Convenção, não assumem nenhuma obrigação pelo que respeita a todas ou partes de suas colônias, protetorados ou territórios sob sua soberania ou mandato, caso em que a presente Convenção se não aplicará aos territórios mencionados nessa declaração.

As Altas Partes Contratantes poderão a todo o tempo mais tarde notificar o Secretário-Geral da Sociedade das Nações de que desejam que a presente Convenção se aplique a todos ou parte dos territórios que tenham sido objeto da declaração prevista na alínea precedente, e nesse caso a Convenção aplicar-se-á aos territórios mencionados na comunicação 90 (noventa) dias depois de esta ter sido recebida pelo Secretário-Geral da Sociedade das Nações.

Art. 11. A presente Convenção será registrada pelo Secretário-Geral da Sociedade das Nações desde que entre em vigor. Será publicada, logo que for possível, na "Coleção de Tratados" da Sociedade das Nações.

Em fé do que os Plenipotenciários acima designados assinaram a presente Convenção.

Feito em Genebra, aos 7 de junho de 1930, num só exemplar, que será depositado nos arquivos do Secretariado da Sociedade das Nações. Será transmitida cópia autêntica a todos os Membros da Sociedade das Nações e a todos os Estados não membros representados na Conferência.

Alemanha: Leo Quassowski, Dr. Albrecht, Dr. Ullmann; Áustria: Dr. Strobele; Bélgica: Vte. P. Poullert de la Vallée Poussin; Brasil: Deoclécio de Campos; Colômbia: A. J. Restrepo; Dinamarca: A. Helper, V. Eigtved; Cidade Livre de Dantzig: Sulkowski; Equador: Alej. Gastolú; Espanha: Juan Gómez Montejo; Finlândia: F. Gronvall; França: J. Percerou; Grécia: R. Raphael; Hungria: Dr. Baranyai, Zoltán; Itália: Amedeo Giannini;

Japão: M. Ohno, T. Shimada; Luxemburgo: Ch. G. Vermaire; Noruega: Stub Holmboe; Holanda: Molengraaff; Peru: J. M. Barreto; Polônia: Sulkowski; Portugal: José Caieiro da Matta; Suécia: E. Marks von Würtenberg, Birger Ekeberg; Suíça: Vischer; Tchecoeslováquia: Prof. Dr. Karel Hermann-Otawsky; Turquia: Ad referendum, Mehmed Munir; Iugoslávia: I. Choumenkovitch.

Anexo I

Lei uniforme relativa às letras de câmbio e notas promissórias

Título I

Das letras

Capítulo I

Da emissão e forma da letra

Art. 1º A letra contém:

1) a palavra "letra" inserta no próprio texto do título e expressa na língua empregada para a redação deste título;

2) o mandato puro e simples de pagar quantia determinada;

3) o nome daquele que deve pagar (sacado);

4) a época do pagamento;

5) a indicação do lugar em que se deve efetuar o pagamento;

6) o nome da pessoa a quem ou à ordem de quem deve ser paga;

7) a indicação da data em que, e do lugar onde a letra é passada;

8) a assinatura de quem passa a letra.

Art. 2º O escrito em que faltar alguns dos requisitos indicados no artigo anterior não produzirá efeito como letra, salvo nos casos determinados nas alíneas seguintes:

A letra em que se não indique a época do pagamento entende-se pagável à vista.

Na falta de indicação especial, o lugar designado ao lado do nome do sacado considera-se como sendo o lugar do pagamento, e, ao mesmo tempo, o lugar do domicílio do sacado.

A letra sem indicação do lugar onde foi passada considera-se como tendo-o sido no lugar designado, ao lado do nome do sacador.

Art. 3º A letra pode ser à ordem do próprio sacador.

Pode ser sacada sobre o próprio sacador.

Pode ser sacada por ordem e conta de terceiro.

Art. 4º A letra pode ser pagável no domicílio de terceiro, quer na localidade onde o sacado tem o seu domicílio, quer noutra localidade.

Art. 5º Numa letra pagável à vista ou a um certo termo de vista, pode o sacador estipular que a sua importância vencerá juros. Em qualquer outra espécie de letra a estipulação de juros será considerada não escrita.

A taxa de juros deve ser indicada na letra; na falta de indicação, a cláusula de juros é considerada não escrita.

Os juros contam-se da data da letra, se outra data não for indicada.

Art. 6º Se na letra a indicação da quantia a satisfazer se achar feita por extenso e em algarismos, e houver divergência entre uma e outra, prevalece a que estiver feita por extenso.

Se na letra a indicação da quantia a satisfazer se achar feita por mais de uma vez, quer por extenso, quer em algarismos, e houver divergência entre as diversas indicações, prevalecerá a que se achar feita pela quantia inferior.

Art. 7º Se a letra contém assinaturas de pessoas incapazes de se obrigarem por letras, assinaturas falsas, assinaturas de pessoas fictícias, ou assinaturas que por qualquer outra razão não poderiam obrigar as pessoas que assinaram a letra, ou em nome das quais ela foi assinada, as obrigações de outros signatários nem por isso deixam de ser válidas.

Art. 8º Todo aquele que apuser a sua assinatura numa letra, como representante de uma pessoa, para representar a qual que não tinha de fato poderes, fica obrigado em virtude da letra e, se a pagar, tem os mesmos direitos que o pretendido representante. A mesma regra se aplica ao representante que tenha excedido os seus poderes.

Art. 9º O sacador é garante tanto da aceitação como do pagamento da letra.

O sacador pode exonerar-se da garantia da aceitação; toda e qualquer cláusula pela qual ele se exonere da garantia do pagamento considera-se como não escrita.

Art. 10. Se uma letra incompleta no momento de ser passada tiver sido completada contrariamente aos acordos realizados, não pode a inobservância desses acordos ser motivo de oposição ao portador, salvo se este tiver adquirido a letra de má-fé ou, adquirindo-a, tenha cometido uma falta grave.

Capítulo II

Do endosso

Art. 11. Toda letra de câmbio, mesmo que não envolva expressamente a cláusula à ordem, é transmissível por via de endosso.

Quando o sacador tiver inserido na letra as palavras "não à ordem", ou uma expressão equivalente, a letra só é transmissível pela forma e com os efeitos de uma cessão ordinária de créditos.

O endosso pode ser feito mesmo a favor do sacado, aceitando ou não, do sacador, ou de qualquer outro coobrigado. Essas pessoas podem endossar novamente a letra.

Art. 12. O endosso deve ser puro e simples. Qualquer condição a que ele seja subordinado considera-se como não escrita.

O endosso parcial é nulo.

O endosso ao portador vale como endosso em branco.

Art. 13. O endosso deve ser escrito na letra ou numa folha ligada a esta (anexo). Deve ser assinado pelo endossante.

O endosso pode não designar o beneficiário, ou consistir simplesmente na assinatura do endossante (endosso em branco). Neste último caso, o endosso para ser válido deve ser escrito no verso da letra ou na folha anexa.

Art. 14. O endosso transmite todos os direitos emergentes da letra.

Se o endosso for em branco, o portador pode: 1º) preencher o espaço em branco, quer com o seu nome, quer com o nome de outra pessoa: 2º) endossar de novo a letra em branco ou a favor de outra pessoa; 3º) remeter a letra a um terceiro, sem preencher o espaço em branco e sem a endossar.

Art. 15. O endossante, salvo cláusula em contrário, é garante tanto da aceitação como do pagamento da letra.

O endossante pode proibir um novo endosso, e, neste caso, não garante o pagamento às pessoas a quem a letra for posteriormente endossada.

Art. 16. O detentor de uma letra é considerado portador legítimo se justifica o seu direito por uma série ininterrupta de endossos, mesmo se o último for em branco. Os endossos riscados consideram-se, para este efeito, como não escritos. Quando o endosso em branco é seguido de um outro endosso, presume-se que o signatário deste adquiriu a letra pelo endosso em branco.

Se uma pessoa foi por qualquer maneira desapossada de uma letra, o portador dela, desde que justifique o seu direito pela maneira indicada na alínea precedente, não é obrigado a restituí-la, salvo se a adquiriu de má-fé ou se, adquirindo-a, cometeu uma falta grave.

Art. 17. As pessoas acionadas em virtude de uma letra não podem opor ao portador exceções fundadas sobre as relações pessoais delas com o sacador ou com os portadores anteriores, a menos que o portador ao adquirir a letra tenha procedido conscientemente em detrimento do devedor.

Art. 18. Quando o endosso contém a menção "valor a cobrar" (valeur en recouvrement), "para cobrança" (pour encaissement), "por procuração" (par procuration), ou qualquer outra menção que implique um simples mandato, o portador pode exercer todos os direitos emergentes da letra, mas só pode endossá-la na qualidade de procurador.

Os coobrigados, neste caso, só podem invocar contra o portador as exceções que eram oponíveis ao endossante.

O mandato que resulta de um endosso por procuração não se extingue por morte ou sobrevinda incapacidade legal do mandatário.

Art. 19. Quando o endosso contém a menção "valor em garantia", "valor em penhor", ou qualquer outra menção que implique uma caução, o portador pode exercer todos os direitos emergentes da letra, mas um endosso feito por ele só vale como endosso a título de procuração.

Os coobrigados não podem invocar contra o portador as exceções fundadas sobre as relações pessoais deles com o endossante, a menos que o portador, ao receber a letra, tenha procedido conscientemente em detrimento do devedor.

Art. 20. O endosso posterior ao vencimento tem os mesmos efeitos que o endosso anterior. Todavia o endosso posterior ao protesto por falta de pagamento, ou feito depois de expirado o prazo fixado para se fazer o protesto, produz apenas os efeitos de uma cessão ordinária de créditos.

Salvo prova em contrário, presume-se que o endosso sem data foi feito antes de expirado o prazo fixado para se fazer o protesto.

Capítulo III

Do aceite

Art. 21. A letra pode ser apresentada, até ao vencimento, ao aceite do sacado, no seu domicílio, pelo portador, ou até por um simples detentor.

Art. 22. O sacador pode, em qualquer letra, estipular que ela poderá ser apresentada ao aceite, com ou sem fixação de prazo.

Pode proibir na própria letra a sua apresentação ao aceite, salvo se se tratar de uma letra pagável em domicílio de terceiro, ou de uma letra pagável em localidade diferente da do domicílio do sacado, ou de uma letra sacada a certo termo de vista.

Todo endossante pode estipular que a letra deve ser apresentada ao aceite, com ou sem fixação de prazo, salvo se ela tiver sido declarada não aceitável pelo sacador.

Art. 23. As letras a certo termo de vista devem ser apresentadas ao aceite dentro do prazo de 1 (um) ano das suas datas.

O sacador pode reduzir este prazo ou estipular um prazo maior.

Esses prazos podem ser reduzidos pelos endossantes.

Art. 24. O sacado pode pedir que a letra lhe seja apresentada uma segunda vez no dia seguinte ao da primeira apresentação. Os interessados somente podem ser admitidos a pretender que não foi dada satisfação a este pedido no caso de ele figurar no protesto.

O portador não é obrigado a deixar na mão do aceitante a letra apresentada ao aceite.

Art. 25. O aceite é escrito na própria letra. Exprime-se pela palavra "aceite" ou qualquer outra palavra equivalente; o aceite é assinado pelo sacado. Vale como aceite a simples assinatura do sacado aposta na parte anterior da letra.

Quando se trate de uma letra pagável a certo termo de vista, ou que deva ser apresentada ao aceite dentro de um prazo determinado por estipulação especial, o aceite deve ser datado no dia em que foi dado, salvo se o portador exigir que a data seja a da apresentação. À falta de data, o portador, para conservar os seus direitos de recurso contra os endossantes e contra o sacador, deve fazer constar essa omissão por um protesto, feito em tempo útil.

Art. 26. O aceite é puro e simples, mas o sacado pode limitá-lo a uma parte da importância sacada.

Qualquer outra modificação introduzida pelo aceite no enunciado da letra equivale a uma recusa do aceite.

Art. 27. Quando o sacador tiver indicado na letra um lugar de pagamento diverso do domicílio do sacado, sem designar um terceiro em cujo domicílio o pagamento se deve efetuar, o sacado pode designar no ato do aceite a pessoa que deve pagar a letra. Na falta dessa indicação considera-se que o aceitante se obriga, ele próprio, a efetuar o pagamento no lugar indicado na letra.

Se a letra é pagável no domicílio do sacado, este pode, no ato do aceite, indicar, para ser efetuado o pagamento, um outro domicílio no mesmo lugar.

Art. 28. O sacado obriga-se pelo aceite pagar a letra à data do vencimento.

Na falta de pagamento, o portador, mesmo no caso de ser ele o sacador, tem contra o aceitante um direito de ação resultante da letra, em relação a tudo que pode ser exigido nos termos dos arts. 48 e 49.

Art. 29. Se o sacado, antes da restituição da letra, riscar o aceite que tiver dado, tal aceite é considerado como recusado. Salvo prova em contrário, a anulação do aceite considera-se feita antes da restituição da letra.

Se, porém, o sacado tiver informado por escrito o portador ou qualquer outro signatário da letra de que aceita, fica obrigado para com estes, nos termos do seu aceite.

Capítulo IV

Do aval

Art. 30. O pagamento de uma letra pode ser no todo ou em parte garantido por aval. Esta garantia é dada por um terceiro ou mesmo por um signatário da letra.

Art. 31. O aval é escrito na própria letra ou numa folha anexa.

Exprime-se pelas palavras "bom para aval" ou por qualquer fórmula equivalente; e assinado pelo dador do aval.

O aval considera-se como resultante da simples assinatura aposta na face anterior da letra, salvo se se trata das assinaturas do sacado ou do sacador.

O aval deve indicar a pessoa por quem se dá. Na falta de indicação, entender-se-á pelo sacador.

Art. 32. O dador é responsável da mesma maneira que a pessoa por ele afiançada.

A sua obrigação mantém-se, mesmo no caso de a obrigação que ele garantiu ser nula por qualquer razão que não seja um vício de forma.

Se o dador do aval paga a letra, fica sub-rogado nos direitos emergentes da letra contra a pessoa a favor de quem foi dado o aval e para os obrigados para com esta em virtude da letra.

Capítulo V

Do vencimento

Art. 33. Uma letra pode ser sacada:

à vista;

a um certo termo de vista;

a um certo termo de data;

pagável num dia fixado.

As letras, quer com vencimentos diferentes, quer com vencimentos sucessivos, são nulas.

Art. 34. A letra à vista é pagável à apresentação. Deve ser apresentada a pagamento dentro do prazo de 1 (um) ano, a contar da sua data. O sacador pode reduzir este prazo ou estipular um outro mais longo. Estes prazos podem ser encurtados pelos endossantes.

O sacador pode estipular que uma letra pagável à vista não deverá ser apresentada a pagamento antes de uma certa data. Neste caso, o prazo para a apresentação conta-se desta data.

Art. 35. O vencimento de uma letra a certo termo de vista determina-se, quer pela data do aceite, quer pela do protesto. Na falta de protesto, o aceite não datado entende-se, no que respeita ao aceitante, como tendo sido dado no último dia do prazo para a apresentação ao aceite.

Art. 36. O vencimento de uma letra sacada a 1 (um) ou mais meses da data ou de vista será na data correspondente do mês em que o vencimento se deve efetuar. Na falta de data correspondente, o vencimento será no último dia desse mês.

Quando a letra é sacada a 1 (um) ou mais meses e meio de data ou de vista, contam-se primeiro os meses inteiros.

Se o vencimento for fixado para o princípio, meado ou fim do mês, entende-se que a letra será vencível no primeiro, no dia 15 (quinze), ou no último dia desse mês.

As expressões "oito dias" e "quinze dias" entendem-se não como 1 (uma) ou 2 (duas) semanas, mas como um prazo de 8 (oito) ou 15 (quinze) dias efetivos.

A expressão "meio mês" indica um prazo de 15 (quinze) dias.

Art. 37. Quando a letra é pagável num dia fixo num lugar em que o calendário é diferente do lugar de emissão, a data do vencimento é considerada como fixada segundo o calendário do lugar de pagamento.

Quando uma letra sacada entre 2 (duas) praças que em calendários diferentes é pagável a certo termo de vista, o dia da emissão é referido ao dia correspondente do calendário do lugar de pagamento, para o efeito de determinação do lugar do vencimento.

Os prazos de apresentação das letras são calculados segundo as regras das alíneas precedentes.

Estas regras não se aplicam se uma cláusula da letra, ou até o simples enunciado do título, indicar que houve intenção de adotar regras diferentes.

Capítulo VI

Do pagamento

Art. 38. O portador de uma letra pagável em dia fixo ou a certo termo de data ou de vista deve apresentá-la a pagamento no dia em que ela é pagável ou num dos 2 (dois) dias úteis seguintes.

A apresentação da letra a uma câmara de compensação equivale a apresentação a pagamento.

Art. 39. O sacado que paga uma letra pode exigir que ela lhe seja entregue com a respectiva quitação.

O portador não pode recusar qualquer pagamento parcial.

No caso de pagamento parcial, o sacado pode exigir que desse pagamento se faça menção na letra e que de lhe seja dada quitação.

Art. 40. O portador de uma letra não pode ser obrigado a receber o pagamento dela antes do vencimento.

O sacado que paga uma letra antes do vencimento fá-lo sob sua responsabilidade.

Aquele que paga uma letra no vencimento fica validamente desobrigado, salvo se de sua parte tiver havido fraude ou falta grave. É obrigado a verificar a regularidade da sucessão dos endossos mas não a assinatura dos endossantes.

Art. 41. Se numa letra se estipular o pagamento em moeda que não tenha curso legal no lugar do pagamento, pode a sua importância ser paga na moeda do país, segundo o seu valor no dia do vencimento. Se o devedor está em atraso, o portador pode, à sua escolha, pedir que o pagamento da importância da letra seja feito na moeda do país ao câmbio do dia do vencimento ou ao câmbio do dia do pagamento.

A determinação do valor da moeda estrangeira será feita segundo os usos do lugar de pagamento. O sacador pode, todavia, estipular que a soma a pagar seja calculada segundo um câmbio fixado na letra.

As regras acima indicadas não se aplicam ao caso em que o sacador tenha estipulado que o pagamento deverá ser efetuado numa certa moeda especificada (cláusula de pagamento efetivo numa moeda estrangeira).

Se a importância da letra for indicada numa moeda que tenha a mesma denominação mas o valor diferente no país de emissão e no de pagamento, presume-se que se fez referência à moeda do lugar do pagamento.

Art. 42. Se a letra não for apresentada a pagamento dentro do prazo fixado no art. 38, qualquer devedor tem a faculdade de depositar a sua importância junto da autoridade competente à custa do portador e sob a responsabilidade deste.

Capítulo VII

Da ação por falta de aceite e falta de pagamento

Art. 43. O portador de uma letra pode exercer os seus direitos de ação contra os endossantes, sacador e outros coobrigados:

no vencimento;

se o pagamento não foi efetuado;

mesmo antes do vencimento:

1º – se houve recusa total ou parcial do aceite;

2º – nos casos de falência do sacado, quer ele tenha aceite, quer não, de suspensão de pagamentos do mesmo, ainda que não constatada por sentença, ou de ter sido promovida, sem resultado, execução dos seus bens;

3º – nos casos de falência do sacador de uma letra não aceitável.

Art. 44. A recusa do aceite ou de pagamento deve ser comprovada por um ato formal (protesto por falta de aceite ou falta de pagamento).

O protesto por falta de aceite deve ser feito nos prazos fixados para a apresentação ao aceite. Se, no caso previsto na alínea 1ª do art. 24, a primeira apresentação da letra tiver sido feita no último dia do prazo, pode fazer-se ainda o protesto no dia seguinte.

O protesto por falta de pagamento de uma letra pagável em dia fixo ou a certo termo de data ou de vista deve ser feita num dos 2 (dois) dias úteis seguintes àquele em que a letra é pagável. Se se trata de uma letra pagável à vista, o protesto deve ser feito nas condições indicadas na alínea precedente para o protesto por falta de aceite.

O protesto por falta de aceite dispensa a apresentação a pagamento e o protesto por falta de pagamento.

No caso de suspensão de pagamento do sacado, quer seja aceitante, quer não, ou no caso de lhe ter sido promovida, sem resultado, a execução dos bens, o portador da letra só pode exercer o seu direito de ação após apresentação da mesma ao sacado para pagamento e depois de feito o protesto.

No caso de falência declarada do sacado, quer seja aceitante, quer não, bem como no caso de falência declarada do sacador de uma letra não aceitável, a apresentação da sentença de declaração da falência é suficiente para que o portador da letra possa exercer o seu direito de ação.

Art. 45. O portador deve avisar da falta de aceite ou de pagamento o seu endossante e o sacador dentro de 4 (quatro) dias úteis que se seguirem ao dia do protesto ou da apresentação, no caso de a letra conter a cláusula "sem despesas". Cada um dos endossantes deve, por sua vez, dentro de 2 (dois) dias úteis que se seguirem ao da recepção do aviso, informar o seu endossante do aviso que recebeu, indicando os nomes e endereços dos que enviaram os avisos precedentes, e assim sucessivamente até se chegar ao sacador. Os prazos acima indicados contam-se a partir da recepção do aviso precedente.

Quando, em conformidade com o disposto na alínea anterior, se avisou um signatário da letra, deve avisar-se também o seu avalista dentro do mesmo prazo de tempo.

No caso de um endossante não ter indicado o seu endereço, ou de o ter feito de maneira ilegível, basta que o aviso seja enviado ao endossante que o precede.

A pessoa que tenha de enviar um aviso pode fazê-lo por qualquer forma, mesmo pela simples devolução da letra.

Essa pessoa deverá provar que o aviso foi enviado dentro do prazo prescrito. O prazo considerar-se-á como tendo sido observado desde que a carta contendo o aviso tenha sido posta no Correio dentro dele.

A pessoa que não der o aviso dentro do prazo acima indicado não perde os seus direitos; será responsável pelo prejuízo, se o houver, motivado pela sua negligência, sem que a responsabilidade possa exceder a importância da letra.

Art. 46. O sacador, um endossante ou um avalista pode, pela cláusula "sem despesas", "sem protesto", ou contra cláusula equivalente, dispensar o portador de fazer um protesto por falta de aceite ou falta de pagamento, para poder exercer os seus direitos de ação.

Essa cláusula não dispensa o portador da apresentação da letra dentro do prazo prescrito nem tampouco dos avisos a dar. A prova da inobservância do prazo incumbe àquele que dela se prevaleça contra o portador.

Se a cláusula foi escrita pelo sacador produz os seus efeitos em relação a todos os signatários da letra; se for inserida por um endossante ou por avalista, só produz efeito em relação a esse endossante ou avalista. Se, apesar da cláusula escrita pelo sacador, o portador faz o protesto, as respectivas despesas serão de conta dele. Quando a cláusula emanar de um endossante ou de um avalista, as despesas do protesto, se for feito, podem ser cobradas de todos os signatários da letra.

Art. 47. Os sacadores, aceitantes, endossantes ou avalistas de uma letra são todos solidariamente responsáveis para com o portador.

O portador tem o direito de acionar todas estas pessoas individualmente, sem estar adstrito a observar a ordem por que elas se obrigam.

O mesmo direito possui qualquer dos signatários de uma letra quando a tenha pago.

A ação intentada contra um dos coobrigados não impede acionar os outros, mesmo os posteriores àquele que foi acionado em primeiro lugar.

Art. 48. O portador pode reclamar daquele contra quem exerce o seu direito de ação:

1º – o pagamento da letra não aceita, não paga, com juros se assim foi estipulado;

2º – os juros à taxa de 6% (seis por cento) desde a data do vencimento;

3º – as despesas do protesto, as dos avisos dados e as outras despesas.

Se a ação for interposta antes do vencimento da letra, a sua importância será reduzida de um desconto. Esse desconto será calculado de acordo com a taxa oficial de desconto (taxa de Banco) em vigor no lugar do domicílio do portador à data da ação.

Art. 49. A pessoa que pagou uma letra pode reclamar dos seus garantes:

1º – a soma integral que pagou;

2º – os juros da dita soma, calculados à taxa de 6% (seis por cento), desde a data em que a pagou;

3º – as despesas que tiver feito.

Art. 50. Qualquer dos coobrigados, contra o qual se intentou ou pode ser intentada uma ação, pode exigir, desde que pague a letra, que ela lhe seja entregue com o protesto e um recibo.

Qualquer dos endossantes que tenha pago uma letra pode riscar o seu endosso e os dos endossantes subsequentes.

Art. 51. No caso de ação intentada depois de um aceite parcial, a pessoa que pagar a importância pela qual a letra não foi aceita pode exigir que esse pagamento seja mencionado na letra e que dele lhe seja dada quitação. O portador deve, além disso, entregar a essa pessoa uma cópia autêntica da letra e o protesto, de maneira a permitir o exercício de ulteriores direitos de ação.

Art. 52. Qualquer pessoa que goze do direito de ação pode, salvo estipulação em contrário, embolsar-se por meio de uma nova letra (ressaque) à vista, sacada sobre um dos coobrigados e pagável no domicílio deste.

O ressaque inclui, além das importâncias indicadas nos arts. 48 e 49, um direito de corretagem e a importância do selo do ressaque.

Se o ressaque é sacado pelo portador, a sua importância é fixada segundo a taxa para letra à vista, sacada do lugar onde a primitiva letra era pagável sobre o lugar do domicílio do coobrigado. Se o ressaque é sacado por um endossante a sua importância é fixada segundo a taxa para uma letra à vista, sacada do lugar onde o sacador do ressaque tem o seu domicílio sobre o lugar do domicílio do coobrigado.

Art. 53. Depois de expirados os prazos fixados:

— para a apresentação de uma letra à vista ou a certo termo de vista;

— para se fazer o protesto por falta de aceite ou por falta de pagamento;

— para a apresentação a pagamento no caso da cláusula "sem despesas".

O portador perdeu os seus direitos de ação contra os endossantes, contra o sacador e contra os outros coobrigados, à exceção do aceitante.

Na falta de apresentação ao aceite no prazo estipulado pelo sacador, o portador perdeu os seus direitos de ação, tanto por falta de pagamento como por falta de aceite, a não ser que dos termos de estipulação se conclua que o sacador apenas teve em vista exonerar-se da garantia do aceite.

Se a estipulação de um prazo para a apresentação constar de um endosso, somente aproveita ao respectivo endossante.

Art. 54. Quando a apresentação da letra ou o seu protesto não puder fazer-se dentro dos prazos indicados por motivo insuperável (prescrição legal declarada por um Estado qualquer ou outro caso de força maior), esses prazos serão prorrogados.

O portador deverá avisar imediatamente o seu endossante do caso de força maior e fazer menção desse aviso, datada e assinada, na letra ou numa folha anexa; para os demais são aplicáveis as disposições do art. 45.

Desde que tenha cessado o caso de força maior, o portador deve apresentar sem demora a letra ao aceite ou a pagamento, e, caso haja motivo para tal, fazer o protesto.

Se o caso de força maior se prolongar além de 30 (trinta) dias a contar da data do vencimento, podem promover-se ações sem que haja necessidade de apresentação ou protesto.

Para as letras à vista ou a certo termo de vista, o prazo de 30 (trinta) dias conta-se da data em que o portador, mesmo antes de expirado o prazo para a apresentação, deu aviso do caso de força maior ao seu endossante; para as letras a certo termo de vista, o prazo de 30 (trinta) dias fica acrescido do prazo de vista indicado na letra.

Não são considerados casos de força maior os fatos que sejam de interesse puramente pessoal do portador ou da pessoa por ele encarregada da apresentação da letra ou de fazer o protesto.

Capítulo VIII

Da intervenção

1 — Disposições gerais

Art. 55. O sacador, um endossante ou um avalista podem indicar uma pessoa para em caso de necessidade aceitar ou pagar.

A letra pode, nas condições a seguir indicadas, ser aceita ou paga por uma pessoa que intervenha por um devedor qualquer contra quem existe direito de ação.

O interveniente pode ser um terceiro, ou mesmo o sacado, ou uma pessoa já obrigada em virtude da letra, exceto o aceitante.

O interveniente é obrigado a participar, no prazo de 2 (dois) dias úteis, a sua intervenção à pessoa por quem interveio. Em caso de inobservância deste prazo, o interveniente é responsável pelo prejuízo, se o houver, resultante de sua negligência, sem que as perdas e danos possam exceder a importância da letra.

2 — Aceite por intervenção

Art. 56. O aceite por intervenção pode realizar-se em todos os casos em que o portador de uma letra aceitável tem direito de ação antes do vencimento.

Quando na letra se indica uma pessoa para o caso de necessidade a aceitar ou a pagar no lugar do pagamento, o portador não pode exercer o seu direito de ação antes do vencimento contra aquele que indicou essa pessoa e contra os signatários subsequentes a não ser que tenha apresentado a letra à pessoa designada e que, tendo esta recusado o aceite, se tenha feito o protesto.

Nos outros casos de intervenção, o portador pode recusar o aceite por intervenção. Se, porém, o admitir, perde o direito de ação antes do vencimento contra aquele por quem a aceitação foi dada e contra os signatários subsequentes.

Art. 57. O aceite por intervenção será mencionado na letra e assinado pelo interveniente. Deverá indicar por honra de quem se fez a intervenção; na falta desta indicação, presume-se que interveio pelo sacador.

Art. 58. O aceitante por intervenção fica obrigado para com o portador e para com os endossantes posteriores àquele por honra de quem interveio da mesma forma que este.

Não obstante o aceite por intervenção, aquele por honra de quem ele foi feito e os seus garantes podem exigir do portador, contra o pagamento da importância indicada, no art. 48, a entrega da letra, do instrumento do protesto e, havendo lugar, de uma conta com a respectiva quitação.

3 — Pagamento por intervenção

Art. 59. O pagamento por intervenção pode realizar-se em todos os casos em que o portador de uma letra tem direito de ação à data do vencimento ou antes dessa data.

O pagamento deve abranger a totalidade da importância que teria a pagar aquele por honra de quem a intervenção se realizou.

O pagamento deve ser feito o mais tardar no dia seguinte ao último em que é permitido fazer o protesto por falta de pagamento.

Art. 60. Se a letra foi aceita por intervenientes tendo o seu domicílio no lugar do pagamento, ou se foram indicadas pessoas tendo o domicílio no mesmo lugar para, em caso de necessidade, pagarem a letra, o portador deve apresentá-la a todas essas pessoas e, se houver lugar, fazer o protesto por falta de pagamento o mais tardar no dia seguinte e ao último dia em que era permitido fazer o protesto.

Na falta de protesto dentro deste prazo, aquele que tiver indicado pessoas para pagarem em caso de necessidade, ou por conta de quem a letra tiver sido aceita, bem como os endossantes posteriores, ficam desonerados.

Art. 61. O portador que recusar o pagamento por intervenção perde o direito de ação contra aqueles que teriam ficado desonerados.

Art. 62. O pagamento por intervenção deve ficar constatado por um recibo passado na letra, contando a indicação da pessoa por honra de quem foi feito. Na falta desta indicação presume-se que o pagamento foi feito por honra do sacador.

A letra e o instrumento do protesto, se o houve, devem ser entregues à pessoa que pagou por intervenção.

Art. 63. O que paga por intervenção fica sub-rogado nos direitos emergentes da letra contra aquele por honra de quem pagou e contra os que são obrigados para com este em virtude da letra. Não pode, todavia, endossar de novo a letra.

Os endossantes posteriores ao signatário por honra de quem foi feito o pagamento ficam desonerados.

Quando se apresentarem várias pessoas para pagar uma letra por intervenção, será preferida aquela que desonerar maior número de obrigados. Aquele que, com conhecimento de causa, intervir contrariamente a esta regra, perde o seu direito de ação contra os que teriam sido desonerados.

Capítulo IX

Da pluralidade dos exemplares e das cópias

1 — Pluralidade de exemplares

Art. 64. A letra pode ser sacada por várias vias.

Essas vias devem ser numeradas no próprio texto, na falta de que, cada via será considerada como uma letra distinta.

O portador de uma letra que não contenha a indicação de ter sido sacada numa única via pode exigir à sua custa a entrega de várias vias. Para esse efeito o portador deve dirigir-se ao seu endossante imediato, para que este o auxilie a proceder contra o seu próprio endossante e assim sucessivamente até se chegar ao sacador. Os endossantes são obrigados a reproduzir os endossos nas novas vias.

Art. 65. O pagamento de uma das vias é liberatório, mesmo que não esteja estipulado que esse pagamento anula o efeito das outras. O sacado fica, porém, responsável por cada uma das vias que tenham o seu aceite e lhe não hajam sido restituídas.

O endossante que transferiu vias da mesma letra a várias pessoas e os endossantes subsequentes são responsáveis por todas as vias que contenham as suas assinaturas e que não hajam sido restituídas.

Art. 66. Aquele que enviar ao aceite uma das vias da letra deve indicar nas outras o nome da pessoa em cujas mãos aquela se encontra. Essa pessoa é obrigada a entregar essa via ao portador legítimo doutro exemplar.

Se se recusar a fazê-lo, o portador só pode exercer seu direito de ação depois de ter feito constatar por um protesto:

1º – que a via enviada ao aceite lhe não foi restituída a seu pedido;

2º – que não foi possível conseguir o aceite ou o pagamento de uma outra via.

2 — Cópias

Art. 67. O portador de uma letra tem o direito de tirar cópias dela.

A cópia deve reproduzir exatamente o original, com os endossos e todas as outras menções que nela figurem. Deve mencionar onde acaba a cópia.

A cópia pode ser endossada e avalizada da mesma maneira e produzindo os mesmos efeitos que o original.

Art. 68. A cópia deve indicar a pessoa em cuja posse se encontra o título original. Esta é obrigada a remeter o dito título ao portador legítimo da cópia.

Se se recusar a fazê-lo, o portador só pode exercer o direito de ação contra as pessoas que tenham endossado ou avalizado a cópia, depois de ter feito constatar por um protesto que o original lhe não foi entregue a seu pedido.

Se o título original, em seguida ao último endosso feito antes de tirada a cópia, contiver a cláusula "daqui em diante só é válido o endosso na cópia" ou qualquer outra fórmula equivalente, é nulo qualquer endosso assinado ulteriormente no original.

Capítulo X

Das alterações

Art. 69. No caso de alteração do texto de uma letra, os signatários posteriores a essa alteração ficam obrigados nos termos do texto alterado; os signatários anteriores são obrigados nos termos do texto original.

Capítulo XI

Da prescrição

Art. 70. Todas as ações contra o aceitante relativas a letras prescrevem em 3 (três) anos a contar do seu vencimento.

As ações do portador contra os endossantes e contra o sacador prescrevem num ano, a contar da data do protesto feito em tempo útil, ou data do vencimento, se se trata de letra que contenha cláusula "sem despesas".

As ações dos endossantes uns contra os outros e contra o sacador prescrevem em 6 (seis) meses a partir do dia em que o endossante pagou a letra ou em que ele próprio foi acionado.

Art. 71. A interrupção da prescrição só produz efeito em relação à pessoa para quem a interrupção foi feita.

Capítulo XII

Disposições gerais

Art. 72. O pagamento da letra cujo vencimento recai em dia feriado legal só pode ser exigido no primeiro dia útil seguinte. Da mesma maneira, todos os atos relativos a letras, especialmente a apresentação ao aceite e o protesto, somente pode ser feito em dia útil.

Quando um desses atos tem de ser realizado num determinado prazo, e o último dia desse prazo é feriado legal, fica o dito prazo prorrogado até ao primeiro dia útil que se seguir a seu termo.

Art. 73. Os prazos legais ou convencionais não compreendem o dia que marca o seu início.

Art. 74. Não são admitidos dias de perdão quer legal, quer judicial.

Título II

Da nota promissória

Art. 75. A nota promissória contém:

1) denominação "Nota Promissória" inserta no próprio texto do título e expressa na língua empregada para a redação desse título;

2) a promessa pura e simples de pagar uma quantia determinada;

3) a época do pagamento;

4) a indicação do lugar em que se efetuar o pagamento;

5) o nome da pessoa a quem ou à ordem de quem deve ser paga;

6) a indicação da data em que e do lugar onde a Nota Promissória é passada;

7) a assinatura de quem passa a Nota Promissória (subscritor).

Art. 76. O título em que faltar algum dos requisitos indicados no artigo anterior não produzirá efeito como Nota Promissória, salvo nos casos determinados das alíneas seguintes.

A Nota Promissória em que se não indique a época do pagamento será considerada à vista.

Na falta de indicação especial, o lugar onde o título foi passado considera-se como sendo o lugar de pagamento e, ao mesmo tempo, o lugar do domicílio do subscritor da Nota Promissória.

A Nota Promissória que não contenha indicação do lugar onde foi passada considera-se como tendo-o sido no lugar designado ao lado do nome do subscritor.

Art. 77. São aplicáveis às Notas Promissórias, na parte em que não sejam contrárias à natureza deste título, as disposições relativas às letras e concernentes:

Endosso (arts. 11 a 20);

Vencimento (arts. 33 a 37);

Pagamento (arts. 38 a 42);

Direito de ação por falta de pagamento (arts. 43 a 50 e 52 a 54);

Pagamento por intervenção (arts. 55 e 59 a 63);

Cópias (arts. 67 e 68);

Alterações (art. 69);

Prescrição (arts. 70 e 71);

Dias feriados, contagem de prazos e interdição de dias de perdão (arts. 72 a 74).

São igualmente aplicáveis às Notas Promissórias as disposições relativas às letras pagáveis no domicílio de terceiro ou numa localidade diversa da do domicílio do sacado (arts. 4º e 27), a estipulação de juros (art. 5º), as divergências das indicações da quantia a pagar (art. 6º), as consequências da aposição de uma assinatura nas condições indicadas no art. 7º, as da assinatura de uma pessoa que age sem poderes ou excedendo os seus poderes (art. 8º) e a letra em branco (art. 10).

São também aplicáveis às Notas Promissórias as disposições relativas ao aval (arts. 30 a 32); no caso previsto da última alínea do art. 31, se o aval não indicar a pessoa por quem é dado, entender-se-á ser pelo subscritor da Nota Promissória.

Art. 78. O subscritor de uma Nota Promissória é responsável da mesma forma que o aceitante de uma letra.

As Notas Promissórias pagáveis a certo termo de vista devem ser presentes ao visto dos subscritores nos prazos fixados no art. 23. O termo de vista conta-se da data do visto dado pelo subscritor. A recusa do subscritor a dar seu visto é comprovada por um protesto (art. 25), cuja data serve de início ao termo de vista.

Anexo II

Art. 1º Qualquer das Altas Parte Contratantes pode prescrever que a obrigação de inserir nas letras passadas no seu território a palavra "Letra", prevista no art. 1º, n. 1, da lei uniforme, só se aplicará 6 (seis) meses após entrada em vigor da presente Convenção.

Art. 2º Qualquer das Altas Partes Contratantes tem, pelo que respeita às obrigações contraídas em matéria de letras no seu território, a faculdade de determinar de que maneira pode ser suprida a falta de assinatura, desde que por uma declaração autêntica escrita na letra se possa constatar a vontade daquele que deveria ter assinado.

Art. 3º Qualquer das Altas Partes Contratantes tem a faculdade de não inserir o art. 10 da lei uniforme na sua lei nacional.

Art. 4º Por derrogação da alínea primeira do art. 31 da lei uniforme, qualquer das Altas Partes Contratantes tem a faculdade de admitir a possibilidade de ser dado um aval no seu território por ato separado em que se indique o lugar onde foi feito.

Art. 5º Qualquer das Altas Partes Contratantes pode completar o art. 38 da lei uniforme dispondo que, em relação às letras pagáveis no seu território, o portador deverá fazer a apresentação no próprio dia do vencimento; a inobservância desta obrigação só acarreta responsabilidades por perdas e danos.As outras Altas Partes Contratantes terão a faculdade de fixar as condições em que reconhecerão uma tal obrigação.

Art. 6º A cada uma das Altas Partes Contratantes incumbe determinar, para os efeitos da aplicação da última alínea do art. 38, quais as instituições que, segundo a lei nacional, devam ser consideradas câmaras de compensação.

Art. 7º Pelo que se refere às letras pagáveis no seu território, qualquer das Altas Partes Contratantes tem a faculdade de sustar, se o julgar necessário, em circunstâncias excepcionais relacionadas com a taxa de câmbio da moeda nacional, os efeitos da cláusula prevista no art. 41 relativa ao pagamento efetivo em moeda estrangeira. A mesma regra se aplica no que respeita à emissão no território nacional de letras em moeda estrangeira.

Art. 8º Qualquer das Altas Partes Contratantes tem a faculdade de determinar que os protestos a fazer no seu território possam ser substituídos por uma declaração datada, escrita na própria letra e assinada pelo sacado, exceto no caso de o sacador exigir no texto da letra que se faça um protesto com as formalidades devidas.

Qualquer das Altas Partes Contratantes tem igualmente a faculdade de determinar que a dita declaração seja transcrita num registro público no prazo fixado para os protestos.

No caso previsto nas alíneas precedentes o endosso sem data presume-se ter sido feito anteriormente ao protesto.

Art. 9º Por derrogação da alínea terceira do art. 44 da lei uniforme, qualquer das Altas Partes Contratantes tem a faculdade de determinar que o protesto por falta de pagamento deve ser feito no dia em que a letra é pagável ou num dos 2 (dois) dias úteis seguintes.

Art. 10. Fica reservada para a legislação de cada uma das Partes Contratantes a determinação precisa das situações jurídicas a que se referem os ns. 2º e 3º do art. 43 e os ns. 5º e 6º do art. 44 da lei uniforme.

Art. 11. Por derrogação dos ns. 2º e 3º do art. 43 e do art. 74 da lei uniforme, qualquer das Altas Partes Contratantes reserva-se a faculdade de admitir na sua legislação a possibilidade, para os garantes de uma letra que tenham sido acionados, de ser concedido um alongamento de prazos, os quais não poderão em caso algum ir além da data do vencimento da letra.

Art. 12. Por derrogação do art. 45 da lei uniforme, qualquer das Altas Partes Contratantes tem a faculdade de manter ou de introduzir o sistema de aviso por intermédio de um agente público, que consiste no seguinte: ao fazer o protesto por falta de aceite ou por falta de pagamento, o notário ou o funcionário público incumbido desse serviço, segundo a lei nacional, é obrigado a dar comunicação por escrito deste protesto às pessoas obrigadas pela letra, cujos endereços figuram nela, ou que sejam conhecidos do agente que faz o protesto, ou sejam indicados pelas pessoas que exigiram o protesto. As despesas originadas por esses avisos serão adicionadas às despesas do protesto.

Art. 13. Qualquer das Altas Partes Contratantes tem a faculdade de determinar, no que respeita às letras passadas e pagáveis no seu território, que a taxa do juro a que se referem os ns. 2º dos arts. 48 e 49 da lei uniforme poderá ser substituída pela taxa legal em vigor no território da respectiva Alta Parte Contratante.

Art. 14. Por derrogação do art. 48 da lei uniforme, qualquer das Altas Partes Contratantes reserva-se a faculdade de inserir na lei nacional uma disposição pela qual o portador pode reclamar daquele contra quem exerce o seu direito de ação uma comissão cujo quantitativo será fixado pela mesma lei nacional.

A mesma doutrina se aplica, por derrogação do art. 49 da lei uniforme, no que se refere à pessoa que, tendo pago uma letra, reclama a sua importância aos seus garantes.

Art. 15. Qualquer das Altas Partes Contratantes tem a liberdade de decidir que, no caso de perda de direitos ou de prescrição, no seu território subsistirá o direito de proceder contra o sacador que não constituir provisão ou contra um sacador ou endossante que tenha feito lucros ilegítimos. A mesma faculdade existe, em caso de prescrição, pelo que respeita ao aceitante que recebeu provisão ou tenha realizado lucros ilegítimos.

Art. 16. A questão de saber se o sacador é obrigado a constituir provisão à data do vencimento e se o portador tem direitos especiais sobre esta provisão está fora do âmbito da lei uniforme.

O mesmo sucede relativamente a qualquer outra questão respeitante às relações jurídicas que serviram de base à emissão da letra.

Art. 17. A cada uma das Altas Partes Contratantes compete determinar na sua legislação nacional as causas de interrupção e de suspensão da prescrição das ações relativas a letras que os seus tribunais são chamados a conhecer.

As outras Altas Partes Contratantes têm a faculdade de determinar as que subordinarão o conhecimento de tais causas. O mesmo sucede quanto ao efeito de uma ação como meio de indicação do início do prazo de prescrição, a que se refere a alínea terceira do art. 70 da lei uniforme.

Art. 18. Qualquer das Altas Partes Contratantes pode determinar que certos dias úteis sejam assimilados aos dias feriados legais, pelo que respeita à apresentação ao aceite ou ao pagamento e demais atos relativos às letras.

Art. 19. Qualquer das Altas Partes Contratantes pode determinar o nome a dar nas leis nacionais aos títulos a que se refere o art. 75 da lei uniforme ou dispensar esses títulos de qualquer denominação especial, uma vez que contenham a indicação expressa de que são à ordem.

Art. 20. As disposições dos arts. 1º a 18 do presente Anexo, relativos às letras, aplicam-se igualmente às notas promissórias.

Art. 21. Qualquer das Altas Partes Contratantes reserva-se a faculdade de limitar a obrigação assumida, em virtude do art. 1º da Convenção, exclusivamente, às disposições relativas às letras, não introduzindo no seu território as disposições sobre notas promissórias constantes do Título II da lei uniforme. Neste caso, a Alta Parte Contratante que fizer uso desta reserva será considerada Parte Contratante apenas pelo que respeita às letras.

Qualquer das Altas Partes Contratantes reserva-se igualmente a faculdade de compilar num regulamento especial as disposições relativas às notas promissórias, regulamento que será inteiramente conforme com as estipulações do Título II da lei Uniforme e que deverá reproduzir as disposições sobre letras referidas no mesmo título sujeitas apenas às modificações dos arts. 75, 76, 77 e 78 da lei uniforme e dos arts. 19 e 20 do presente Anexo.

Art. 22. Qualquer das Altas Partes Contratantes tem a faculdade de tomar medidas excepcionais de ordem geral relativas à prorrogação dos prazos relativos a atos tendentes à preservação de direitos e à prorrogação do vencimento das letras.

Art. 23. Cada uma das Altas Partes Contratantes obriga-se a reconhecer as disposições adotadas por qualquer das outras Altas Partes Contratantes em virtude dos arts. 1º a 4º, 6º, 8º a 16 e 18 a 21 do presente Anexo.

Protocolo

Ao assinar a Convenção datada de hoje, estabelecendo uma lei uniforme em matéria de letras e notas promissórias, os abaixo-assinados, devidamente autorizados, acordam nas disposições seguintes:

A

Os Membros da Sociedade das Nações e os Estados não membros que não tenham podido efetuar antes de 1º de setembro de 1932, o depósito da ratificação da referida Convenção obrigam-se a enviar, dentro de 15 (quinze) dias, a contar daquela data, uma comunicação ao Secretário-Geral da Sociedade das Nações, dando-lhe a conhecer a situação em que se encontram no que diz respeito à ratificação.

B

Se, em 1º de novembro de 1932, não se tiverem verificado as condições previstas na alínea primeira do art. 6º para a entrada em vigor da convenção, o Secretário-Geral da Sociedade das Nações convocará uma reunião de Membros da Sociedade das Nações e dos Estados não membros que tenham assinado a Convenção ou a ela tenham aderido, a fim de serem examinadas a situação e as medidas que porventura devam ser tomadas para a resolver.

C

As Altas Partes Contratantes comunicar-se-ão reciprocamente, a partir da sua entrada em vigor, as disposições promulgadas nos respectivos territórios para tornar efetiva a Convenção.

Em fé do que os Plenipotenciários acima mencionados assinaram o presente Protocolo.

Feito em Genebra, aos sete de junho de mil novecentos e trinta (7-6-1930), num só exemplar, que será depositado nos arquivos do Secretariado da Sociedade das Nações, será transmitida cópia autêntica a todos os Membros da Sociedade das Nações e a todos os Estados não membros representados na Conferência.

— Seguem-se as mesmas assinaturas colocadas após o art. 11 da Convenção.

CONVENÇÃO DESTINADA A REGULAR CERTOS CONFLITOS DE LEIS EM MATÉRIA DAS LETRAS DE CÂMBIO E NOTAS PROMISSÓRIAS E PROTOCOLO.

O PRESIDENTE DO REICH ALEMÃO...

Desejando adotar disposições para resolver certos conflitos de leis em matéria de letras e de notas promissórias, designaram com seus plenipotenciários:

Os quais depois de terem apresentado os seus plenos poderes, achados em boa e devida forma, acordaram nas disposições seguintes:

Artigo 1º As Altas Partes Contratantes obrigam-se mutuamente a aplicar para a solução dos conflitos de leis em matéria de letras e notas promissórias, a seguir enumerados, as disposições constantes dos artigos seguintes:

Artigo 2º A capacidade de uma pessoa de se obrigar por letra ou nota promissória é regulada pela respectiva lei nacional. Se a lei nacional declarar competente a lei de outro país, será aplicada essa última.

A pessoa incapaz, segundo a lei indicada na alínea precedente, é contudo havida como validamente obrigada se tiver aposto a sua assinatura em território de um país segundo cuja legislação teria sido considerada capaz.

Qualquer das Altas Partes Contratantes tem a faculdade de não reconhecer a validade da obrigação contraída em matéria de letras ou notas promissórias por um de seus nacionais, quando essa obrigação só seja válida no território das outras Altas Partes Contratantes pela aplicação da alínea anterior do presente artigo.

Artigo 3º A forma das obrigações contraídas em matéria de letras e notas promissórias é regulada pela lei do país em cujo território essas obrigações tenham sido assumidas.

No entanto, se as obrigações assumidas em virtude de uma letra ou nota promissória não forem válidas nos termos da alínea precedente, mas o forem em face da legislação do país em que tenha posteriormente sido contraída uma outra obrigação, o fato de as primeiras obrigações serem irregulares à forma não afeta a validade da obrigação posterior.

Qualquer das Altas Partes Contratantes tem a faculdade de determinar que as obrigações contraídas no estrangeiro por algum dos seus nacionais, em matéria de letras e notas promissórias, serão válidas no seu próprio território, em relação a qualquer outro dos seus nacionais, desde que tenham sido contraídas pela forma estabelecida na lei nacional.

Artigo 4º Os efeitos das obrigações do aceitante de uma letra e do subscritor de uma nota promissória são determinados pela lei do lugar onde esses títulos sejam pagáveis.

Os efeitos provenientes das assinaturas dos outros coobrigados por letra ou nota promissória são determinados pela lei do país em cujo território as assinaturas forem apostas.

Artigo 5º Os prazos para o exercício do direito de ação são determinados para todos os signatários pela lei do lugar de emissão do título.

Artigo 6º A lei do lugar de emissão do título determina se o portador de uma letra adquire o crédito que originou a emissão do título.

Artigo 7º A lei do país em que a letra é pagável determina se o aceite pode ser restrito a uma parte da importância a pagar ou se o portador é ou não obrigado a receber um pagamento parcial.

A mesma regra é aplicável ao pagamento de notas promissórias.

Artigo 8º A forma e os prazos do protesto, assim como a forma dos outros atos necessários ao exercício ou à conservação dos direitos em matéria de letras e notas promissórias, são regulados pelas leis do país em cujo território se deva fazer o protesto ou praticar os referidos atos.

Artigo 9º As medidas a tomar em caso de perda ou de roubo de uma letra ou de uma nota promissória são determinadas pela Lei do país em que esses títulos sejam pagáveis.

Artigo 10. Qualquer das partes contratantes reserva-se a faculdade de não aplicar os princípios de Direito Internacional privado consignados na presente Convenção, pelo que respeita:

1º — a uma obrigação contraída fora do território de uma das Altas Partes Contratantes;

2º — a uma lei que seria aplicável em conformidade com estes princípios, mas que não seja lei em vigor no território de umas das Altas Partes Contratantes.

Artigo 11. As disposições da presente Convenção não serão aplicáveis, no território de cada uma das Altas Partes Contratantes, às letras e notas promissórias já criadas à data de entrada em vigor da Convenção.

Artigo 12. A presente Convenção, cujos textos francês e inglês farão, ambos, igualmente fé, terá a data de hoje.

Poderá ser ulteriormente assinado até 6 de setembro de 1930 em nome de qualquer Membro da Sociedade das Nações e de qualquer Estado não membro.

Artigo 13. A presente Convenção será ratificada.

Os instrumentos de ratificação serão transmitidos, antes de 1º de setembro de 1932, ao Secretário-Geral da Sociedade das Nações, que notificará imediatamente do seu depósito todos os Membros da Sociedade das Nações e os Estados não membros que sejam partes presentes na Convenção.

Artigo 14. A partir de 6 de setembro de 1930, qualquer Membro da Sociedade das Nações e qualquer Estado não membro poderá aderir à presente Convenção.

Esta adesão efetuar-se-á por meio de notificação ao Secretário-Geral da Sociedade das Nações, que será depositada nos Arquivos do Secretariado.

O Secretário-Geral notificará imediatamente desse depósito todos os Estados que tenham assinado a presente Convenção ou a ela tenham aderido.

Artigo 15. A presente Convenção somente entrará em vigor depois de ter sido ratificada ou de a ela terem aderido 7 (sete) Membros da Sociedade das Nações ou Estados não membros, entre os quais deverão figurar 3 (três) dos Membros da Sociedade das Nações com representação no Conselho.

Começará a vigorar 90 (noventa) dias depois de recebida pelo Secretário-Geral da Sociedade das Nações a sétima ratificação ou adesão, em conformidade com o disposto na alínea primeira do presente artigo.

O Secretário-Geral da Sociedade das Nações, nas notificações previstas nos arts. 13 e 14, fará menção especial de terem sido recebidas as ratificações ou adesões a que se refere a alínea primeira do presente artigo.

Artigo 16. As ratificações ou adesões após a entrada em vigor da presente Convenção, em conformidade com o disposto no art. 15 produzirão os seus efeitos 90 (noventa) dias depois da data da sua recepção pelo Secretário-Geral da Sociedade das Nações.

Artigo 17. A presente Convenção não poderá ser denunciada antes de decorrido um prazo de 2 (dois) anos a contar da data em que ela tiver começado a vigorar para o Membro da Sociedade das Nações ou para o Estado não membro que a denuncia; esta denúncia produzirá os seus efeitos 90 (noventa) dias depois de recebida pelo Secretário-Geral a respectiva notificação.

Qualquer denúncia será imediatamente comunicada pelo Secretário-Geral da Sociedade das Nações a todas as outras Altas Partes Contratantes.

A denúncia só produzirá efeito em relação à Alta Parte Contratante em nome da qual ela tenha sido feita.

Artigo 18. Decorrido um prazo de 4 (quatro) anos da entrada em vigor da presente Convenção, qualquer Membro da Sociedade das Nações, ou Estado não membro ligado à Convenção poderá formular ao Secretário-Geral da Sociedade das Nações um pedido de revisão de algumas ou de todas as suas disposições.

Se este pedido, comunicado aos outros Membros da Sociedade das Nações ou Estados não membros para os quais a Convenção estiver então em vigor, for apoiado dentro do prazo de 1 (um) ano por 6 (seis), pelo menos, dentre eles, o Conselho da Sociedade das Nações decidirá se deve ser convocada uma Conferência para aquele fim.

Artigo 19. As altas Partes Contratantes podem declarar no momento da assinatura da ratificação ou da adesão que, aceitando a presente Convenção, não assumem nenhuma obrigação pelo que respeita a todas ou parte das suas colônias, protetorados ou territórios sob a sua soberania ou mandato, caso em que a presente Convenção se não aplicará aos territórios mencionados nessa declaração.

As Altas Partes Contratantes poderão mais tarde notificar o Secretário-Geral da Sociedade das Nações de que desejam que a presente Convenção se aplique a todos ou parte dos territórios que tenham sido objeto da declaração prevista na alínea precedente, e neste caso a Convenção aplicar-se-á aos territórios mencionados na comunicação, 90 (noventa) dias depois de esta ter sido recebida pelo Secretário-Geral da Sociedade das Nações.

As Altas Partes Contratante podem a todo o tempo declarar que desejam que a presente Convenção cesse de se aplicar a todas ou parte das suas colônias, protetorados ou territórios sob a sua soberania ou mandato, caso em que a Convenção deixará de se aplicar aos territórios mencionados nessa declaração 1 (um) ano após esta ter sido recebida pelo Secretário-Geral da Sociedade das Nações.

Artigo 20. A presente Convenção será registrada pelo Secretário-Geral da Sociedade das Nações desde que entre em vigor. Será publicada, logo que for possível, na "Coleção de Tratados" da Sociedade das Nações.

Em fé do que os Plenipotenciários acima designados assinaram a presente Convenção.

Feito em Genebra, aos sete de junho de mil novecentos e trinta (7-6-1930), num só exemplar, que será depositado nos Arquivos do Secretariado da Sociedade das Nações. Será transmitida cópia autêntica a todos os Membros da Sociedade das Nações e a todos os Estados não membros representados na Conferência.

— Seguem-se as mesmas assinaturas colocadas após o art. 11 da Convenção para adoção de uma lei uniforme sobre letras de câmbio e notas promissórias.

Protocolo

Ao assinar a Convenção datada de hoje, destinada a regular certos conflitos de leis em matéria de letras e de notas promissórias, os abaixo-assinados, devidamente autorizados, acordaram nas disposições seguintes:

A

Os Membros da Sociedade das Nações e os Estados não membros que não tenham podido efetuar, antes de 1º de setembro de 1932, o depósito da ratificação da referida Convenção, obrigam-se a enviar, dentro de 15 (quinze) dias a contar daquela data, uma comunicação ao Secretário-Geral da Sociedade das Nações dando-lhe a conhecer a situação em que se encontram no que diz respeito à ratificação.

B

Se, em 1º de novembro de 1932, não se tiverem verificado as condições previstas na alínea primeira do art. 15 para a entrada em vigor da Convenção, o Secretário-Geral da Sociedade das Nações convocará uma reunião dos Membros da Sociedade das Nações e dos Estados não membros que tenham assinado a Convenção ou a ela tenham aderido, a fim de ser examinada a situação e as medidas que porventura devem ser tomadas para a resolver.

C

As Altas Partes Contratantes comunicar-se-ão reciprocamente, a partir de sua entrada em vigor, as disposições legislativas promulgadas nos respectivos territórios para tornar efetiva a Convenção.

Em fé do que os Plenipotenciários acima mencionados assinaram o presente Protocolo.

Feito em Genebra, aos sete de junho de mil novecentos e trinta (7-6-1930) num só exemplar, que será depositado nos arquivos do Secretariado da Sociedade das Nações, será transmitida cópia autêntica a todos os Membros da Sociedade das Nações e a todos os Estados não membros representados na Conferência.

— Seguem-se as mesmas assinaturas colocadas após o art. 11 da Convenção para adoção de uma lei uniforme sobre letras de câmbio e notas promissórias.

LEI N. 5.474, DE 18 DE JULHO DE 1968(*)

Dispõe sobre as Duplicatas e dá outras providências.

O Presidente da República

Faço saber que o Congresso nacional decreta e eu sanciono a seguinte Lei:

Capítulo I

Da fatura e da duplicata

Art. 1º Em todo o contrato de compra e venda mercantil entre partes domiciliadas no território brasileiro, com prazo não inferior a 30 (trinta) dias, contado da data da entrega ou despacho das mercadorias, o vendedor extrairá a respectiva fatura para apresentação ao comprador.

§ 1º A fatura discriminará as mercadorias vendidas ou, quando convier ao vendedor, indicará somente os número e valores das notas parciais expedidas por ocasião das vendas, despachos ou entregas das mercadorias.

— O Decreto-lei n. 436, de 27-1-1969, revogou o § 2º deste artigo, não determinando expressamente se passasse o então § 1º a parágrafo único.

— A Lei n. 6.458/77, em seu art. 2º, dispõe que, para os efeitos do art. 586 do Código de Processo Civil, considera-se título líquido, certo e exigível a duplicata ou a triplicata que legitimar o processo de execução.

Art. 2º No ato da emissão da fatura, dela poderá ser extraída uma duplicata para circulação como efeito comercial, não sendo admitida qualquer outra espécie de título de crédito para documentar o saque do vendedor pela importância faturada ao comprador.

§ 1º A duplicata contará:

I – a denominação "duplicata", a data de sua emissão e o número de ordem;

II – o número da fatura;

III – a data certa do vencimento ou da declaração de ser a duplicata à vista;

IV – o nome e domicílio do vendedor e do comprador;

V – a importância a pagar, em algarismos e por extenso;

VI – a praça de pagamento;

VII – a cláusula à ordem;

VIII – a declaração do reconhecimento de sua exatidão e da obrigação de pagá-la, a ser assinada pelo comprador, como aceite cambial;

IX – a assinatura do emitente.

§ 2º Uma só duplicata não pode corresponder a mais de uma fatura.

§ 3º Nos casos de venda para pagamento em parcelas, poderá ser emitida duplicata única, em que se discriminarão todas as prestações e seus vencimentos, ou série de duplicatas, uma para cada prestação, distinguindo-se a numeração a que se refere o item I do § 1º deste artigo, pelo acréscimo de letra do alfabeto, e sequência.

Art. 3º A duplicata indicará sempre o valor total da fatura, ainda que o comprador tenha direito a qualquer rebate, mencionando o vendedor o valor líquido que o comprador deverá reconhecer como obrigação de pagar.

§ 1º Não se incluirão no valor total da duplicata os abatimentos de preços das mercadorias feitas pelo vendedor até o ato do faturamento, desde que constem da fatura.

§ 2º A venda mercantil para pagamento contra a entrega da mercadoria ou do conhecimento de transporte, sejam ou não da mesma praça vendedor e comprador, ou para pagamento em prazo inferior a 30 (trinta) dias, contado da entrega ou despacho das mercadorias, poderá representar-se, também, por duplicata, em que se declará que o pagamento será feito nessas condições.

Art. 4º Nas vendas realizadas por consignatários ou comissários e faturadas em nome e por conta do consignante ou comitente, caberá àqueles cumprir os dispositivos desta lei.

Art. 5º Quando a mercadoria for vendida por conta do consignatário, este é obrigado, na ocasião de expedir a fatura e a duplicata, a comunicar a venda ao consignante.

§ 1º Por sua vez, o consignante expedirá fatura e duplicata correspondente à mesma venda, a fim de ser esta assinada pelo consignatário, mencionando-se o prazo estipulado para a liquidação do saldo da conta.

§ 2º Fica o consignatário dispensado de emitir duplicata quando na comunicação a que se refere o § 1º declarar que o produto líquido apurado está à disposição do consignante.

Capítulo II

Da remessa e da devolução da duplicata

Art. 6º A remessa de duplicata poderá ser feita diretamente pelo vendedor ou por seus representantes, por intermédio de instituições financeiras, procuradores ou correspondentes que se incumbam de apresentá-la ao comprador na praça ou no lugar de seu estabelecimento, podendo os intermediários devolvê-la, depois de assinada, ou conservá-la em seu poder até o momento do resgate, segundo as instruções de quem lhes cometeu o encargo.

§ 1º O prazo para remessa da duplicata será de 30 (trinta) dias, contado da data de sua emissão.

§ 2º Se a remessa for feita por intermédio de representantes, instituições financeiras, procuradores ou correspondentes, estes deverão apresentar o título ao comprador dentro de 10 (dez) dias, contados da data de seu recebimento na praça de pagamento.

Art. 7º A duplicata, quando não for à vista, deverá ser devolvida pelo comprador ao apresentante dentro do prazo de 10 (dez) dias, contado da data de sua apresentação, devidamente assinada ou acompanhada de declaração, por escrito, contendo as razões da falta do aceite.

§ 1º Havendo expressa concordância da instituição financeira cobradora, o sacado poderá reter a duplicata em seu poder até a data do vencimento, desde que comunique, por escrito, à apresentante, o aceite e a retenção.

§ 2º A comunicação de que trata o parágrafo anterior substituirá, quando necessário, no ato do protesto ou na execução judicial, a duplicata a que se refere.

— *§ 2º com relação dada pela Lei n. 6.458, de 1º-11-1977.*

Art. 8º O comprador só poderá deixar de aceitar a duplicata por motivo de:

I – avaria ou não recebimento das mercadorias, quando não expedidas ou não entregues por sua conta e risco;

II – vícios, defeitos e diferenças na qualidade ou na quantidade das mercadorias, devidamente comprovados;

III – divergências nos prazos ou nos preços ajustados.

Capítulo III

Do pagamento das duplicatas

Art. 9º É lícito ao comprador resgatar a duplicata antes de aceitá-la ou antes da data do vencimento.

§ 1º A prova do pagamento é o recibo, passado pelo legítimo portador ou por seu representante com poderes especiais, no verso do próprio título ou em documento, em separado, com referência expressa à duplicata.

§ 2º Constituirá, igualmente, prova de pagamento, total ou parcial, da duplicata, a liquidação de cheque, a favor do estabelecimento endossatário, no qual conste, no verso, que seu valor se destina à amortização ou liquidação nele caracterizada.

Art. 10. No pagamento da duplicata poderão ser deduzidos quaisquer créditos a favor do devedor, resultantes de devolução de mercadorias, diferenças de preços, enganos verificados, pagamentos por conta e outros motivos assemelhados, desde que devidamente autorizados.

Art. 11. A duplicata admite reforma ou prorrogação do prazo de vencimento, mediante declaração em separado ou nela escrita, assinada pelo vendedor ou endossatário, ou por representante com poderes especiais.

Parágrafo único. A reforma ou prorrogação de que trata este artigo, para manter a coobrigação dos demais intervenientes por endosso ou aval, requer a anuência expressa destes.

Art. 12. O pagamento da duplicata poderá ser assegurado por aval, sendo o avalista equiparado àquele cujo nome indicar; na falta da indicação, àquele abaixo de cuja firma lançar a sua; fora desses casos, ao comprador.

Parágrafo único. O aval dado posteriormente ao vencimento do título produzirá os mesmos efeitos que o prestado anteriormente àquela ocorrência.

Capítulo IV

Do protesto

— *Vide Lei n. 9.492, de 10-9-1997.*

Art. 13. A duplicata é protestável por falta de aceite, de devolução ou de pagamento.

— *Artigo com redação dada pelo Decreto-lei n. 436, de 27-1-1969.*

§ 1º Por falta do aceite, de devolução ou de pagamento, o protesto será tirado, conforme o caso, mediante apresentação da duplicata, da triplicata, ou, ainda, por simples indicações do portador, na falta de devolução do título.

— *§ 1º com redação dada pelo Decreto-lei n. 436, de 27-1-1969.*

§ 2º O fato de não ter sido exercida a faculdade de protestar o título, por falta de aceite ou de devolução, não elide a possibilidade de protesto por falta de pagamento.

— *§ 2º com redação dada pelo Decreto-lei n. 436, de 27-1-1969.*

§ 3º O protesto será tirado na praça de pagamento constante do título.

— *§ 3º com redação dada pelo Decreto-lei n. 436, de 27-1-1969.*

§ 4º O portador que não tirar o protesto da duplicata, em forma regular e dentro do prazo de 30 (trinta) dias, contado da data de seu vencimento, perderá o direito de regresso contra os endossantes e respectivos avalistas.

— *§ 4º com redação dada pelo Decreto-lei n. 436, de 27-1-1969.*

Art. 14. Nos casos de protesto, por falta do aceite, de devolução ou de pagamento, ou efeitos por indicações do portador o instrumento de protesto deverá conter os requisitos enumerados no art. 29 do Decreto n. 2.044, de 31 de dezembro de 1908, exceto a transcrição mencionada do inc. II, que será substituída pela reprodução das indicações feitas pelo portador do título.

— *§ Artigo com redação dada pelo Decreto-lei n. 436, de 24-1-1969.*

Capítulo V

Do processo para cobrança da duplicata

Art. 15. A cobrança judicial de duplicata ou triplicata será efetuada de conformidade com o processo aplicável aos títulos executivos extrajudiciais, de que cogita o Livro II do Código de Processo Civil, quando se tratar:

I – de duplicata ou triplicata aceita, protestada ou não;

II – de duplicata ou triplicata não aceita, contanto que, cumulativamente:

a) haja sido protestada;

b) esteja acompanhada de documento hábil comprobatório da entrega e recebimento da mercadoria; e

c) o sacado não tenha, comprovadamente, recusado o aceite, no prazo, nas condições e pelos motivos previstos nos arts. 7º e 8º desta Lei.

— *Caput com redação dada pela Lei n. 6.458, de 1º-11-1977.*

§ 1º Contra o sacador, os endossantes e respectivos avalistas caberá o processo de execução referido neste artigo, quaisquer que sejam a forma e as condições de protesto.

— *§ 1º com redação dada pela Lei n. 6.458, de 1º-11-1977.*

§ 2º Processar-se-á também da mesma maneira a execução de duplicata ou triplicata não aceita e não devolvida, desde que haja sido protestada mediante indicações do credor ou do apresentante do título, nos termos do art. 14, preenchidas as condições do inciso II deste artigo.

— § 2º com redação dada pela Lei n. 6.458, de 1º-11-1977.

Art. 16. Aplica-se o procedimento ordinário previsto no Código de Processo Civil à ação do credor contra o devedor, por duplicata ou triplicata que não preencha os requisitos do art. 15, incisos I e II, e §§ 1º e 2º, bem como à ação para ilidir as razões invocadas pelo devedor para o não aceite do título, nos casos previstos no art. 8º.

— Artigo com redação dada pela Lei n. 6.458, de 1º-11-1977.

Art. 17. O foro competente para cobrança judicial da duplicata ou da triplicata é o da praça de pagamento constante do título, ou outra de domicílio do comprador e, no caso de ação regressiva, a dos sacadores, dos endossantes e respectivos avalistas.

— Artigo com redação dada pela Lei n. 6.458, de 1º-11-1977.

Art. 18. A pretensão à execução da duplicata prescreve:

I – contra o sacado e respectivos avalistas, em 3 (três) anos, contados da data do vencimento do título;

II – contra endossante e seus avalistas, em 1 (um) ano, contado da data do protesto;

III – de qualquer dos coobrigados, contra os demais, em 1 (um) ano, contado da data em que haja sido efetuado o pagamento do título.

— Artigo, caput, *com redação dada pela Lei n. 6.458, de 1º-11-1977.*

§ 1º A cobrança judicial poderá ser proposta contra um ou contra todos os coobrigados, sem observância da ordem em que figurem no título.

— § 1º com redação dada pela Lei n. 6.458, de 1º-11-1977.

§ 2º Os coobrigados da duplicata respondem solidariamente pelo aceite e pelo pagamento.

— § 2º com redação dada pela Lei n. 6.458, de 1º-11-1977.

Capítulo VI

Da escrita especial

Art. 19. A adoção do regime de vendas de que trata o art. 2º desta Lei obriga o vendedor a ter e a escriturar o Livro do Registro de Duplicatas.

§ 1º No Registro de Duplicatas serão escrituradas, cronologicamente, todas as duplicatas emitidas, com o número de ordem, data e valor das faturas originárias e data de sua expedição; nome e domicílio do comprador; anotações das reformas; prorrogações e outras circunstâncias necessárias.

§ 2º Os Registros de Duplicatas, que não poderão conter emendas, borrões, rasuras ou entrelinhas, deverão ser conservados nos próprios estabelecimentos.

§ 3º O Registro de Duplicatas poderá ser substituído por qualquer sistema mecanizado, desde que os requisitos deste artigo sejam observados.

Capítulo VII

Das duplicatas de prestação de serviços

Art. 20. As empresas, individuais ou coletivas, fundações ou sociedades civis, que se dediquem à prestação de serviços, poderão, também, na forma desta Lei, emitir fatura e duplicata.

§ 1º A fatura deverá discriminar a natureza dos serviços prestados.

§ 2º A soma a pagar em dinheiro corresponderá ao preço dos serviços prestados.

§ 3º Aplicam-se à fatura e à duplicata ou triplicata de prestação de serviços, com as adaptações cabíveis, as disposições referentes à fatura e à duplicata ou triplicata de venda mercantil, constituindo documento que comprove a efetiva prestação dos serviços e o vínculo contratual que a autorizou.

— *§ 3º acrescentado pelo Decreto-lei n. 436, de 27-1-1969.*

Art. 21. O sacado poderá deixar de aceitar a duplicata de prestação de serviços por motivo de:

I – não correspondência com os serviços efetivamente contratados;

II – vícios ou defeitos na qualidade dos serviços prestados, devidamente comprovados;

III – divergências nos prazos ou nos preços ajustados.

Art. 22. Equiparam-se as entidades constantes do art. 20, para os efeitos da presente Lei, ressalvado o disposto no Capítulo VI, os profissionais liberais e os que prestam serviço de natureza eventual, desde que o valor do serviço ultrapasse a Cr$ 100,00 (cem cruzeiros).

§ 1º Nos casos deste artigo, o credor enviará ao devedor fatura ou conta que mencione a natureza e valor dos serviços prestados, data e local do pagamento e o vínculo contratual que deu origem aos serviços executados.

§ 2º Registrada a fatura ou conta no Cartório de Títulos e Documentos, será ela remetida ao devedor, com as cautelas constantes do art. 6º.

§ 3º O não pagamento da fatura ou conta no prazo nela fixado autorizará o credor e levá-la a protesto, valendo, na ausência do original, certidão do cartório competente.

§ 4º O instrumento do protesto, elaborado com as cautelas do art. 14, discriminando a fatura ou conta original ou a certidão do Cartório de Títulos e Documentos, autorizará o ajuizamento do competente processo de execução na forma prescrita nesta Lei.

— *§ 4º com redação dada pela Lei n. 6.458, de 1º-11-1977.*

Capítulo VIII

Das disposições gerais

Art. 23. A perda ou extravio da duplicata obrigará o vendedor a extrair triplicata, que terá os mesmos efeitos e requisitos e obedecerá às mesmas formalidades daquela.

Art. 24. Da duplicata poderão constar outras indicações, desde que não alterem sua feição característica.

Art. 25. Aplicam-se à duplicata e à triplicata, no que couber, os dispositivos da legislação sobre emissão, circulação e pagamento das Letras de Câmbio.

Art. 26. O art. 172 do Código Penal (Decreto-lei n 2.848, de 7 de dezembro de 1940) passa a vigorar com a seguinte redação:

— *Prejudicada esta alteração. Alteração posterior do art. 172 veio com a Lei n. 8.137, de 27-12-1990.*

Art. 27. O Conselho Monetário Nacional, por proposta do Ministério da Indústria e do Comércio, baixará, dentro de 120 (cento e vinte) dias da data da publicação desta Lei, normas para padronização formal dos títulos e documentados nela referidos fixando prazo para sua adoção obrigatória.

— *Modelos para emissão de duplicatas: Resolução n. 102, de 26-11-1968, do Banco Central do Brasil.*

Art. 28. Esta Lei entrará em vigor 30 (trinta) dias após a data de sua publicação, revogando-se a lei n. 187, de 15 de janeiro de 1936, a Lei n. 4.068, de 9 de junho de 1962, os Decretos-leis ns. 265, de 28 de fevereiro de 1967; 320, de 29 de março de 1967; 331, de 21 de setembro de 1967 e 345, de 28 de dezembro de 1967, na parte referente às duplicatas e todas as demais disposições em contrário.

Brasília, 18 de junho de 1968; 147º da Independência e 80º da República.

A. Costa E Silva

LEI N. 7.357, DE 2 DE SETEMBRO DE 1985

Dispõe sobre o cheque e dá outras providências.

O presidente da República

Faço saber que o Congresso Nacional decreta e eu sanciono a seguinte Lei:

Capítulo I

Da emissão e da forma do cheque

Art. 1º. O cheque contém:

I – a denominação "cheque" inscrita no contexto do título e expressa na língua em que este é redigido;

II – a ordem incondicional de pagar quantia determinada;

II – o nome do banco ou da instituição financeira que deve pagar (sacado);

IV – a indicação do lugar de pagamento;

V – a indicação da data e do lugar de emissão;

VI – a assinatura do emitente (sacador), ou de seu mandatário com poderes especiais.

Parágrafo único. A assinatura do emitente ou a de seu mandatário com poderes especiais pode ser constituída, na forma de legislação específica, por chancela mecânica ou processo equivalente.

Art. 2º O título a que falte qualquer dos requisitos enumerados no artigo precedente não vale como cheque, salvo nos casos determinados a seguir:

I – na falta de indicação especial, é considerado lugar de pagamento o lugar designado junto ao nome do sacado; se designados vários lugares, o cheque é pagável no primeiro deles; não existindo qualquer indicação, o cheque é pagável no lugar de sua emissão.

II – não indicado o lugar de emissão, considera-se emitido o cheque no lugar indicado junto ao nome do emitente.

Art. 3º O cheque é emitido contra banco, ou instituição financeira que lhe seja equiparada, sob pena de não valer como cheque.

Art. 4º O emitente deve ter fundos disponíveis em poder do sacado e estar autorizado a sobre eles emitir cheque, em virtude de contrato expresso ou tácito. A infração desses preceitos não prejudica a validade do título como cheque.

§ 1º A existência de fundos disponíveis é verificada no momento da apresentação do cheque para pagamento.

§ 2º Consideram-se fundos disponíveis:

a) os créditos constantes de conta-corrente bancária não subordinados a termo;

b) o saldo exigível de conta-corrente contratual;

c) a soma proveniente de abertura de crédito.

Art. 5º (Vetado)

Art. 6º O cheque não admite aceite, considerando-se não escrita qualquer declaração com esse sentido.

Art. 7º Pode o sacado, a pedido do emitente ou do portador legitimado, lançar e assinar, no verso do cheque não ao portador e ainda não endossado, visto, certificação ou outra declaração equivalente, datada e por quantia igual à indicada no título.

§ 1º A aposição de visto, certificação ou outra declaração equivalente obriga o sacado a debitar à conta do emitente a quantia indicada no cheque e a reservá-la em benefício do portador legitimado, durante o prazo de apresentação, sem que fiquem exonerados o emitente, endossantes e demais coobrigados.

§ 2º O sacado creditará à conta do emitente a quantia reservada, uma vez vencido o prazo de apresentação, e antes disso, se o cheque for entregue para inutilização.

Art. 8º Pode-se estipular no cheque que seu pagamento seja feito:

I – a pessoa nomeada, com ou sem cláusula expressa "à ordem";

II – a pessoa nomeada, com a cláusula "não à ordem", ou outra equivalente;

III – ao portador.

Parágrafo único. Vale como cheque ao portador o que não contém indicação do beneficiário e o emitido em favor de pessoa nomeada com a cláusula "ou ao portador", ou expressão equivalente.

Art. 9º O cheque pode ser emitido:

I – à ordem do próprio sacador;

II – por conta de terceiro;

III – contra o próprio banco sacador, desde que não ao portador.

Art. 10. Considera-se não escrita a estipulação de juros inserida no cheque.

Art. 11. O cheque pode ser pagável no domicílio de terceiro, quer na localidade em que o sacado tenha domicílio, quer em outra, desde que o terceiro seja banco.

Art. 12. Feita a indicação da quantia em algarismos e por extenso, prevalece esta no caso de divergência. Indicada a quantia mais de uma vez, quer por extenso, quer por algarismos, prevalece, no caso de divergência, a indicação da menor quantia.

Art. 13. As obrigações contraídas no cheque são autônomas e independentes.

Parágrafo único. A assinatura de pessoa capaz cria a obrigação para o signatário, mesmo que o cheque contenha assinatura de pessoas incapazes de se obrigar por cheque ou assinaturas falsas, ou assinaturas de pessoas fictícias, ou assinaturas que, por qualquer outra razão, não poderiam obrigar as pessoas que assinaram o cheque, ou em nome das quais ele foi assinado.

Art. 14. Obriga-se pessoalmente quem assina cheque como mandatário ou representante, sem ter poderes para tal, ou excedendo os que lhe foram conferidos. Pagando o cheque, tem os mesmos direitos daquele em cujo nome assinou.

Art. 15. O emitente garante o pagamento, considerando-se não escrita a declaração pela qual se exima dessa garantia.

Art. 16. Se o cheque, incompleto no ato da emissão, for completado com inobservância do convencionado com o emitente, tal fato não pode ser oposto ao portador, a não ser que este tenha adquirido o cheque de má-fé.

Capítulo II

Da transmissão

Art. 17. O cheque pagável à pessoa nomeada, com ou sem cláusula expressa "à ordem", é transmissível por via de endosso.

§ 1º O cheque pagável à pessoa nomeada, com a cláusula "não à ordem", ou outra equivalente, só é transmissível pela forma e com os efeitos de cessão.

§ 2º O endosso pode ser feito ao emitente, ou a outro obrigado, que pode novamente endossar o cheque

Art. 18. O endosso deve ser puro e simples, reputando-se não escrita qualquer condição a que seja subordinado.

§ 1º São nulos o endosso parcial e o do sacado.

§ 2º Vale como em branco o endosso ao portador. O endosso ao sacado vale apenas como quitação, salvo no caso de o sacado ter vários estabelecimentos e o endosso ser feito em favor de estabelecimento diverso daquele contra o qual o cheque foi emitido.

Art. 19. O endosso deve ser lançado no cheque ou na folha de alongamento e assinado pelo endossante ou seu mandatário com poderes especiais.

§ 1º O endosso pode não designar o endossatário. Constituindo apenas na assinatura do endossante (endosso em branco), só é válido quando lançado no verso do cheque ou na folha de alongamento.

§ 2º A assinatura do endossante, ou a de seu mandatário com poderes especiais, pode ser constituída, na forma de legislação específica, por chancela mecânica, ou processo equivalente.

Art. 20. O endosso transmite todos os direitos resultantes do cheque. Se o endosso é em branco, pode o portador:

I – completá-lo com o seu nome ou com o de outra pessoa;

II – endossar novamente o cheque, em branco ou a outra pessoa;

III – transferir o cheque a um terceiro, sem completar o endosso e sem endossar.

Art. 21. Salvo estipulação em contrário, o endossante garante o pagamento.

Parágrafo único. Pode o endossante proibir novo endosso; neste caso, não garante o pagamento a quem seja o cheque posteriormente endossado.

Art. 22. O detentor de cheque "à ordem" é considerado portador legitimado, se provar seu direito por uma série ininterrupta de endossos, mesmo que o último seja em branco. Para esse efeito, os endossos cancelados são considerados não escritos.

Parágrafo único. Quando o endosso em branco for seguido de outro, entende-se que o signatário deste adquiriu o cheque pelo endosso em branco.

Art. 23. O endosso num cheque passado ao portador torna o endossante responsável, nos termos das disposições que regulam o direito de ação, mas nem por isso converte o título num cheque "à ordem".

Art. 24. Desapossado alguém de um cheque, em virtude de qualquer evento, novo portador legitimado não está obrigado a restituí-lo, se não o adquiriu de má-fé.

Parágrafo único. Sem prejuízo do disposto neste artigo, serão observadas, nos casos de perda, extravio, furto, roubo ou apropriação indébita do cheque, as disposições legais relativas à anulação e substituição de título ao portador, no que for aplicável.

Art. 25. Quem for demandado por obrigação resultante de cheque não pode opor ao portador exceções fundadas em relações pessoais com o emitente, ou com os portadores anteriores, salvo se o portador o adquiriu conscientemente em detrimento do devedor.

Art. 26. Quando o endosso contiver a cláusula "valor em cobrança", "para cobrança", "por procuração", ou qualquer outra que implique apenas mandato, o portador pode exercer todos os direitos resultantes do cheque, mas só pode lançar no cheque endosso-mandato. Neste caso, os obrigados somente podem invocar contra o portador as exceções oponíveis ao endossante.

Parágrafo único. O mandato contido no endosso não se extingue por morte do endossante ou por superveniência de sua incapacidade.

Art. 27. O endosso posterior ao protesto, ou declaração equivalente, ou à expiração do prazo de apresentação, produz apenas os efeitos de cessão. Salvo prova em contrário, o endosso sem data presume-se anterior ao protesto, ou declaração equivalente, ou à expiração do prazo de apresentação.

Art. 28. O endosso no cheque nominativo, pago pelo banco contra o qual foi sacado, prova o recebimento da respectiva importância pela pessoa a favor da qual foi emitido, e pelos endossantes subsequentes.

Parágrafo único. Se o cheque indica a nota, fatura, conta cambial, imposto lançado ou declarado a cujo pagamento se destina, ou outra causa da sua emissão, o endosso pela pessoa a favor da qual foi emitido e a sua liquidação pelo banco sacado provam a extinção da obrigação indicada.

Capítulo III

Do aval

Art. 29. O pagamento do cheque pode ser garantido, no todo ou em parte, por aval prestado por terceiro, exceto o sacado, ou mesmo por signatário do título.

Art. 30. O aval é lançado no cheque ou na folha de alongamento. Exprime-se pelas palavras "por aval", ou fórmula equivalente, com a assinatura do avalista. Considera-se como resultante da simples assinatura do emitente.

Parágrafo único. O aval deve indicar o avalizado. Na falta de indicação, considera-se avalizado o emitente.

Art. 31. O avalista se obriga da mesma maneira que o avalizado. Subsiste sua obrigação, ainda que nula a por ele garantida, salvo se a nulidade resultar de vício de forma.

Parágrafo único. O avalista que paga o cheque adquire todos os direitos dele resultantes contra o avalizado e contra os obrigados para com este em virtude do cheque.

Capítulo IV

Da apresentação e do pagamento

Art. 32. O cheque é pagável à vista. Considera-se não escrita qualquer menção em contrário.

Parágrafo único. O cheque apresentado para pagamento antes do dia indicado como data de emissão é pagável no dia da apresentação.

Art. 33. O cheque deve ser apresentado para pagamento, a contar do dia da emissão, no prazo de 30 (trinta) dias, quando emitido no lugar onde houver de ser pago; e de 60 (sessenta) dias, quando emitido em outro lugar do País ou no Exterior.

Parágrafo único. Quando o cheque é emitido entre lugares com calendários diferentes considera-se como de emissão o dia correspondente do calendário do lugar de pagamento.

Art. 34. A apresentação do cheque à câmara de compensação equivale à apresentação a pagamento.

Art. 35. O emitente do cheque pagável no Brasil pode revogá-lo, mercê de contraordem dada por aviso epistolar, ou por via judicial ou extrajudicial, com as razões motivadoras do ato.

Parágrafo único. A revogação ou contraordem só produz efeito depois de expirado o prazo de apresentação e, não sendo promovida, pode o sacado pagar o cheque até que decorra o prazo de prescrição, nos termos do art. 59 desta lei.

Art. 36. Mesmo durante o prazo de apresentação, o emitente e o portador legitimado podem fazer sustar o pagamento, manifestando ao sacado, por escrito, oposição fundada em relevante razão de direito.

§ 1º A oposição do emitente e a revogação ou contraordem se excluem reciprocamente.

§ 2º Não cabe ao sacado julgar da relevância da razão invocada pelo oponente.

Art. 37. A morte do emitente ou sua incapacidade superveniente à emissão não invalidam os efeitos do cheque.

Art. 38. O sacado pode exigir, ao pagar o cheque, que este lhe seja entregue quitado pelo portador.

Parágrafo único. O portador não pode recusar pagamento parcial, e, nesse caso, o sacado pode exigir que este pagamento conste do cheque e que o portador lhe dê a respectiva quitação.

Art. 39. O sacado que paga cheque "à ordem" é obrigado a verificar a regularidade da série de endossos, mas não a autenticidade das assinaturas dos endossantes. A mesma obrigação incumbe ao banco apresentante do cheque a câmara de compensação.

Parágrafo único. Ressalvada a responsabilidade do apresentante, no caso da parte final deste artigo, o banco sacado responde pelo pagamento do cheque falso, falsificado ou alterado, salvo dolo ou culpa do correntista, do endossante ou do beneficiário, dos quais poderá o sacado, no todo ou em parte, reaver o que pagou.

Art. 40. O pagamento se fará à medida em que forem apresentados os cheques e se 2 (dois) ou mais forem apresentados simultaneamente, sem que os fundos disponíveis bastem para o pagamento de todos, terão preferência os de emissão mais antiga e, se da mesma data, os de número inferior.

Art. 41. O sacado pode pedir explicação ou garantia para pagar cheque mutilado, rasgado ou partido, ou que contenha borrões, emendas e dizeres que não pareçam formalmente normais.

Art. 42. O cheque em moeda estrangeira é pago, no prazo de apresentação, em moeda nacional ao câmbio do dia do pagamento, obedecida a legislação especial.

Parágrafo único. Se o cheque não for pago no ato da apresentação, pode o portador optar entre o câmbio do dia da apresentação e o dia do pagamento para efeito de conversão em moeda nacional.

Art. 43. (Vetado)

§ 1º (Vetado)

§ 2º (Vetado)

Capítulo V

Do cheque cruzado

Art. 44. O emitente ou portador podem cruzar o cheque, mediante a aposição de dois traços paralelos no anverso do título.

§ 1º O cruzamento é geral se entre os dois traços não houver nenhuma indicação ou existir apenas a indicação "banco", ou outra equivalente. O cruzamento é especial se entre os dois traços existir a indicação do nome do banco.

§ 2º O cruzamento geral pode ser convertido em especial, mas este não pode converter-se naquele.

§ 3º A inutilização do cruzamento ou a do nome do banco é reputada como não existente.

Art. 45. O cheque com cruzamento geral só pode ser pago pelo sacado a banco ou a cliente do sacado, mediante crédito em conta. O cheque com cruzamento especial só pode ser pago pelo sacado ao banco indicado, ou, se este for sacado, a cliente seu, mediante crédito em conta. Pode, entretanto, o banco designado incumbir outro da cobrança.

§ 1º O banco só pode adquirir cheque cruzado de cliente seu ou de outro banco. Só pode cobrá-lo por conta de tais pessoas.

§ 2º O cheque com vários cruzamentos especiais só pode ser pago pelo sacado no caso de dois cruzamentos, um dos quais para cobrança por câmara de compensação.

§ 3º Responde pelo dano, até a concorrência do montante do cheque, o sacado ou o banco portador que não observar as disposições precedentes.

Capítulo VI

Do cheque para ser creditado em conta

Art. 46. O emitente ou o portador podem proibir que o cheque seja pago em dinheiro mediante a inscrição transversal, no anverso do título, da cláusula "para ser creditado em conta", ou outra equivalente. Nesse caso, o sacado só pode proceder a lançamento contábil (crédito em conta, transferência ou compensação), que vale como pagamento. O depósito do cheque em conta de seu beneficiário dispensa o respectivo endosso.

§ 1º A inutilização da cláusula é considerada como não existente.

§ 2º Responde pelo dano, até a concorrência do montante do cheque, o sacado que não observar as disposições precedentes.

Capítulo VII

Da ação por falta de pagamento

Art. 47. Pode o portador promover a execução do cheque:

I – contra o emitente e seu avalista.

II – contra os endossantes e seus avalistas, se o cheque for apresentado em tempo hábil e a recusa de pagamento é comprovada pelo protesto ou por declaração do sacado, escrita e datada sobre o cheque, com indicação do dia de apresentação, ou, ainda, por declaração escrita e datada por câmara de compensação.

§ 1º Qualquer das declarações previstas neste artigo dispensa o protesto e produz os efeitos deste.

§ 2º Os signatários respondem pelos danos causados por declarações inexatas.

§ 3º O portador que não apresentar o cheque em tempo hábil, ou não comprovar a recusa de pagamento pela forma indicada neste artigo, perde o direito de execução contra o emitente, se este tinha fundos disponíveis durante o prazo de apresentação e os deixou de ter, em razão de fato que não lhe seja imputável.

§ 4º A execução independe do protesto e das declarações previstas neste artigo, se a apresentação ou pagamento do cheque são obstados pelo fato de o sacado ter sido submetido a intervenção, liquidação extrajudicial ou falência.

Art. 48. O protesto ou as declarações do artigo anterior devem fazer-se no lugar de pagamento ou do domicílio do emitente, antes da expiração do prazo de apresentação. Se esta ocorre no último dia do prazo, o protesto ou as declarações podem fazer-se no primeiro dia útil seguinte.

§ 1º A entrega do cheque para protesto deve ser prenotada em livro especial e o protesto tirado no prazo de 3 (três) dias úteis a contar do recebimento do título.

§ 2º O instrumento do protesto, datado e assinado pelo oficial público competente, contém:

a) a transcrição literal do cheque, com todas as declarações nele inseridas, na ordem em que se acham lançadas;

b) a certidão da intimação do emitente, de seu mandatário especial ou representante legal, e as demais pessoas obrigadas no cheque;

c) a resposta dada pelos indicados ou a declaração da falta de resposta;

d) a certidão de não haverem sido encontrados ou de serem desconhecidos o emitente ou os demais obrigados, realizada a intimação, nesse caso, pela imprensa.

§ 3º O instrumento de protesto, depois de registrado em livro próprio, será entregue ao portador legitimado ou aquele que houver efetuado o pagamento.

§ 4º Pago o cheque depois do protesto, pode este ser cancelado, a pedido de qualquer interessado, mediante arquivamento de cópia autenticada da quitação que contenha perfeita identificação do título.

Art. 49. O portador deve dar aviso da falta de pagamento a seu endossante e ao emitente, nos 4 (quatro) dias úteis seguintes ao do protesto ou das declarações previstas no art. 47 desta Lei ou, havendo cláusula "sem despesa", ao da apresentação.

§ 1º Cada endossante deve, nos 2 (dois) dias úteis seguintes ao do recebimento do aviso, comunicar seu teor ao endossante precedente, indicando os nomes e endereços dos que deram os avisos anteriores, e assim por diante, até o emitente, contando-se os prazos do recebimento do aviso precedente.

§ 2º O aviso dado a um obrigado deve estender-se, no mesmo prazo, a seu avalista.

§ 3º Se o endossante não houver indicado seu endereço, ou o tiver feito de forma ilegível, basta o aviso ao endossante que o precede.

§ 4º O aviso pode ser dado de qualquer forma, até pela simples devolução do cheque.

§ 5º Aquele que estiver obrigado a aviso deverá provar que o deu no prazo estipulado. Considera-se observado o prazo se, dentro dele, houver sido posta no correio a carta de aviso.

§ 6º Não decai do direito de regresso o que deixa de dar o aviso no prazo estabelecido. Responde, porém, pelo dano causado por sua negligência, sem que a indenização exceda o valor do cheque.

Art. 50. O emitente, o endossante e o avalista podem, pela cláusula "sem despesa", "sem protesto", ou outra equivalente, lançada no título e assinada, dispensar o portador, para promover a execução do título, do protesto ou da declaração equivalente.

§ 1º A cláusula não dispensa o portador da apresentação do cheque no prazo estabelecido, nem do avisos. Incumbe a quem alega a inobservância de prazo a prova respectiva.

§ 2º A cláusula lançada pelo emitente produz efeito em relação a todos os obrigados; a lançada por endossante ou por avalista produz efeito somente em relação ao que lançar.

§ 3º Se, apesar da cláusula lançada pelo emitente, o portador promove o protesto, as despesas correm por sua conta. Por elas respondem todos os obrigados, se a cláusula é lançada por endossante ou avalista.

Art. 51. Todos os obrigados respondem solidariamente para com o portador do cheque.

§ 1º O portador tem o direito de demandar todos os obrigados, individual ou coletivamente, sem estar sujeito a observar a ordem em que se obrigam. O mesmo direito cabe ao obrigado que pagar o cheque.

§ 2º A ação contra um dos obrigados não impede sejam os outros demandados, mesmo que se tenham obrigado posteriormente àquele.

§ 3º Regem-se pelas normas das obrigações solidárias as relações entre obrigados do mesmo grau.

Art. 52. O portador pode exigir do demandado:

I – a importância do cheque não pago;

II – os juros legais desde o dia da apresentação;

III – as despesas que fez;

IV – a compensação pela perda do valor aquisitivo da moeda, até o embolso das importâncias mencionadas nos itens antecedentes.

Art. 53. Quem paga o cheque pode exigir de seus garantes:

I – a importância integral que pagou;

II – os juros legais, a contar do dia do pagamento;

III – as despesas que fez;

IV – a compensação pela perda do valor aquisitivo da moeda, até o embolso das importâncias mencionadas nos itens antecedentes.

Art. 54. O obrigado contra o qual se promova execução, ou que a esta esteja sujeito, pode exigir, contra pagamento, a entrega do cheque, com o instrumento de protesto ou da declaração equivalente e a conta de juros e despesas quitada.

Parágrafo único. O endossante que pagou o cheque pode cancelar seu endosso e os dos endossantes posteriores.

Art. 55. Quando disposição legal ou caso de força maior impedir a apresentação do cheque, o protesto ou a declaração equivalente nos prazos estabelecidos, consideram-se estes prorrogados.

§ 1º O portador é obrigado a dar aviso imediato da ocorrência de força maior a seu endossante e a fazer menção do aviso dado mediante declaração datada e assinada por ele no cheque ou folha de alongamento. São aplicáveis, quanto ao mais, as disposições do art. 49 e seus §§ desta Lei.

§ 2º Cessado o impedimento, deve o portador, imediatamente, apresentar o cheque para pagamento e, se couber, promover o protesto ou a declaração equivalente.

§ 3º Se o impedimento durar por mais de 15 (quinze) dias, contados do dia em que o portador, mesmo antes de findo o prazo de apresentação, comunicou a ocorrência de força maior ao seu endossante, poderá ser promovida a execução, sem necessidade da apresentação do protesto ou declaração equivalente.

§ 4º Não constituem casos de força maior os fatos puramente pessoais relativos ao portador ou à pessoa por ele incumbida da apresentação do cheque, do protesto ou da obtenção da declaração equivalente.

Capítulo VIII

Da pluralidade de exemplares

Art. 56. Excetuado o cheque ao portador, qualquer cheque emitido em um país e pagável em outro pode ser feito em vários exemplares idênticos, que devem ser numerados no próprio texto do título, sob pena de cada exemplar ser considerado cheque distinto.

Art. 57. O pagamento feito contra a apresentação de um exemplar é liberatório, ainda que não estipulado que o pagamento torna sem efeito os outros exemplares.

Parágrafo único. O endossante que transferir os exemplares a diferentes pessoas e os endossantes posteriores respondem por todos os exemplares que assinarem e que não forem restituídos.

Capítulo IX

Das alterações

Art. 58. No caso de alteração do texto do cheque, os signatários posteriores à alteração respondem nos termos do texto alterado e os signatários anteriores, nos do texto original.

Parágrafo único. Não sendo possível determinar se a firma foi aposta no título antes ou depois de sua alteração, presume-se que o tenha sido antes.

Capítulo X

Da prescrição

Art. 59. Prescreve em 6 (seis) meses, contados da expiração do prazo de apresentação, a ação que o art. 47 desta lei assegura ao portador.

Parágrafo único. A ação de regresso de um obrigado ao pagamento do cheque contra outro prescreve em 6 (seis) meses, contados do dia em que o obrigado pagou o cheque ou do dia em que foi demandado.

Art. 60. A interrupção da prescrição produz efeito somente contra o obrigado em relação ao qual foi promovido o ato interruptivo.

Art. 61. A ação de enriquecimento contra o emitente ou outros obrigados, que se locupletaram injustamente com o não pagamento do cheque, prescreve em 2 (dois) anos, contados do dia em que se consumar a prescrição prevista no art. 59 e seu parágrafo desta Lei.

Art. 62. Salvo prova de novação, a emissão ou a transferência do cheque não exclui a ação fundada na relação causal, feita a prova do não pagamento.

Capítulo XI

Dos conflitos de leis em matéria de cheque

Art. 63. Os conflitos de lei em matéria de cheques serão resolvidos de acordo com as normas constantes das Convenções aprovadas, promulgadas e mandadas aplicar no Brasil, na forma prevista pela Constituição Federal.

Capítulo XII

Das disposições gerais

Art. 64. A apresentação do cheque, o protesto ou a declaração equivalente só podem ser feitos ou exigidos em dia útil, durante o expediente dos estabelecimentos de crédito, câmara de compensação e cartórios de protestos.

Parágrafo único. O cômputo dos prazos estabelecidos nesta Lei obedece às disposições do direito comum.

Art. 65. Os efeitos penais da emissão do cheque sem suficiente provisão de fundos, da frustração do pagamento do cheque, da falsidade, da falsificação e da alteração do cheque continuam regidos pela legislação criminal.

Art. 66. Os vales ou cheques postais, os cheques de poupanças ou assemelhados, e os cheques de viagem regem-se pelas disposições especiais a eles referentes.

Art. 67. A palavra "banco", para os fins desta Lei, designa também a instituição financeira contra a qual a lei admita a emissão de cheque.

Art. 68. Os bancos e casas bancárias poderão fazer prova aos seus depositantes dos cheques por estes sacados, mediante apresentação de cópia fotográfica ou microfotográfica.

Art. 69. Fica ressalvada a competência do Conselho Monetário Nacional, nos termos e nos limites da legislação específica, para expedir normas relativas à matéria bancária relacionada com o cheque.

Parágrafo único. É da competência do Conselho Monetário Nacional:

a) a determinação das normas a que devem obedecer as contas de depósito para que possam ser fornecidos os talões de cheques aos depositantes;

b) a determinação das consequências do uso indevido do cheque, relativamente à conta do depositante;

c) a disciplina das relações entre o sacado e o opoente, na hipótese do art. 36 desta Lei.

Art. 70. Esta Lei entra em vigor na data de sua publicação.

Art. 71. Revogam-se as disposições em contrário.

Brasília, em 2 de setembro de 1985; 164º da Independência e 97º da República.

José Sarney

Dílson Domingos Funaro

CÓDIGO CIVIL

TÍTULO VIII
DOS TÍTULOS DE CRÉDITO

Capítulo I

Disposições gerais

Art. 887. O título de crédito, documento necessário ao exercício do direito literal e autônomo nele contido, somente produz efeito quando preencha os requisitos da lei.

.. *Sem dispositivo correspondente no Código Civil de 1916.*

.. Vide *arts. 206,§ 3º, VIII, e 889 do Código Civil.*

. Vide *art. 585, I do Código de Processo Civil.*

Art. 888. A omissão de qualquer requisito legal, que tire ao escrito a sua validade como título de crédito, não implica a invalidade do negócio jurídico que lhe deu origem.

.. *Sem dispositivo correspondente no Código Civil de 1916.*

. Vide *arts. 166 a 185 (invalidade do negócio jurídico) do Código Civil.*

Art. 889. Deve o título do crédito conter a data da emissão, a indicação precisa dos direitos que confere, e a assinatura do eminente.

.. *Sem dispositivo correspondente no Código Civil de 1916.*

. *Requisitos essenciais para a emissão dos principais títulos:*

Letra de câmbio: Decretos ns. 2.044, de 31 de dezembro de 1908 (art. 1.º), e 57.663, de 24 de janeiro de 1966 (arts. 1º e 2º); Nota promissória: Decretos ns. 2.044, de 31 de dezembro de 1908 (art. 54), e 57.663, de 24 de janeiro de 1966 (art. 76); Duplicata: Lei n. 5.474, de 18 de julho de 1968 (art. 2º); e Cheque: Lei n. 7.357, de 2 de setembro de 1985 (art. 2º).

§ 1º É à vista o título de crédito que não contenha indicação de vencimento.

.. *Sem dispositivo correspondente no Código Civil de 1916.*

. Vide *art. 331 do Código Civil.*

§ 2º Considera-se lugar de emissão e de pagamento, quando não indicado no título, o domicílio do eminente.

.. *Sem dispositivo correspondente no Código Civil de 1916.*

. Vide *art. 327 do Código Civil.*

§ 3º O título poderá ser emitido a partir dos caracteres criados em computador ou meio técnico equivalente e que constem da escrituração do emitente, observados os requisitos mínimos previstos neste artigo.

.. *Sem dispositivo correspondente no Código Civil de 1916.*

Art. 890. Consideram-se não escritas no título a cláusula de juros, a proibitiva de endosso, a excludente de responsabilidade pelo pagamento ou por despesas, a que dispense a observância de termos e formalidade prescritas, e a que, além dos limites fixados em lei, exclua ou restrinja direitos e obrigações.

.. *Sem dispositivo correspondente no Código Civil de 1916.*

Art. 891. O título de crédito, incompleto ao tempo da emissão, deve ser preenchido de conformidade com os ajustes realizados.

.. *Sem dispositivo correspondente no Código Civil de 1916.*

Parágrafo único. O descumprimento dos ajustes previstos neste artigo, pelos que deles participam, não constitui motivo de oposição ao terceiro portador, salvo se este, ao adquirir o título, tiver agido de má-fé.

.. *Sem dispositivo correspondente no Código Civil de 1916.*

. Vide *art. 10 do Anexo I do Decreto n. 57.663, de 24 de janeiro de 1966.*

Art. 892. Aquele que, sem ter poderes, ou excedendo os que tem, lança a sua assinatura em título de crédito, como mandatário ou representante de outrem, fica pessoalmente obrigado, e, pagando o título, tem ele os mesmos direitos que teria o suposto mandante ou representado.

.. *Sem dispositivo correspondente no Código Civil de 1916.*

. Vide *arts. 661, 662, 663 e 665 do Código Civil.*

Art.893. A transferência do título de crédito implica a de todos os direitos que lhe são inerentes.

.. *Sem dispositivo correspondente no Código Civil de 1916.*

Art. 894. O portador de título representativo de mercadoria tem o direito de transferi-lo, de conformidade com as normas que regulam a sua circulação, ou de receber aquela independentemente de quaisquer formalidades, além da entrega do título devidamente quitado.

.. *Sem dispositivo correspondente do Código Civil de 1916.*

. Vide *arts. 319 a 321 do Código Civil.*

. *Sobre conhecimento de depósito e respectivo* warrant: *arts. 18 a 22 do Decreto n. 1.102, de 21 de novembro de 1903.*

Art. 895. Enquanto o título de crédito estiver em circulação, só ele poderá ser dado em garantia, ou ser objeto de medidas judiciais, e não, separadamente, os direitos ou mercadorias que representa.

.. *Sem dispositivo correspondente no Código Civil de 1916.*

. Vide *art. 17 do Decreto n. 1.102, de 21 de novembro de 1903.*

Art. 896. O título de crédito não pode ser reivindicado do portador que adquiriu de boa-fé e na conformidade das normas que disciplinam a sua circulação.

.. *Sem dispositivo correspondente no Código Civil de 1916.*

. Vide *art. 39 § 2º, do Decreto n. 2.044, de 31 de dezembro de 1908.*

. Vide *art. 21 do Decreto n. 57.595, de 7 de janeiro de 1966.*

. Vide *art. 16 do Anexo I do Decreto n. 57.663, de 24 de janeiro de 1966.*

. Vide *art. 24 da Lei n. 7.357, de 2 de setembro de 1985.*

Art. 897. O pagamento de título de crédito, que contenha obrigação de pagar soma determinada, pode ser garantido por aval.

.. *Sem dispositivo correspondente no Código Civil de 1916.*

Parágrafo único. É vedado o aval parcial.

.. *Sem dispositivo correspondente do Código Civil de 1916.*

. *Garantia cambial por meio de aval: letra de câmbio e nota promissória (Decreto n. 57.663, de 24-1-1966, art. 30 a 32); cheque (Lei n. 7.357, de 2-9-1985, art. 29 a 31); duplicata (Lei n. 5.474, de 18-7-1968, art. 12).*

Art. 898. O aval deve ser dado no verso ou no anverso do próprio título.

.. *Sem dispositivo correspondente no Código Civil de 1916.*

§ 1º Para a validade do aval, dado no anverso do título, é suficiente a simples assinatura do avalista.

.. *Sem dispositivo correspondente no Código Civil de 1916.*

§ 2º Considera-se não escrito o aval cancelado.

.. *Sem dispositivo correspondente no Código Civil de 1916.*

Art. 899. O avalista equipara-se àquele cujo nome indicar; na falta de indicação, ao emitente ou devedor final.

.. *Sem dispositivo correspondente no Código Civil de 1916.*

. Vide *art. 349 do Código Civil.*

. Vide *Súmula n. 26 do STJ.*

§ 1º Pagando o título, tem o avalista ação de regresso contra o seu avalizado e demais coobrigados anteriores.

.. *Sem dispositivo correspondente no Código Civil de 1916.*

§ 2º Subsiste a responsabilidade do avalista, ainda que nula a obrigação daquele a quem se equipara, a menos que a nulidade decorra de vício de forma.

.. *Sem dispositivo correspondente no Código Civil de 1916.*

Art. 900. O aval posterior ao vencimento produz os mesmos efeitos do anteriormente dado.

.. *Sem dispositivo correspondente no Código Civil de 1916.*

Art. 901. Fica validamente desonerado o devedor que paga título de crédito ao legítimo portador, no vencimento, sem oposição, salvo se agiu de má-fé.

.. *Sem dispositivo correspondente no Código Civil de 1916.*

Parágrafo único. Pagando, pode o devedor exigir do credor, além da entrega do título, quitação regular.

.. *Sem dispositivo correspondente no Código Civil de 1916.*

. Vide. *art. 324 do Código Civil.*

Art. 902. Não é o credor obrigado a receber o pagamento antes do vencimento do título, e aquele que o paga, antes do vencimento, fica responsável pela validade do pagamento.

.. *Sem dispositivo correspondente no Código Civil de 1916.*

§ 1º No vencimento, não pode o credor recusar pagamento, ainda que parcial.

.. *Sem dispositivo correspondente no Código Civil de 1916.*

§ 2º No caso de pagamento parcial, em que se não opera a tradição do título, além da quitação em separado, outra deverá ser firmada no próprio título.

.. *Sem dispositivo correspondente no Código Civil de 1916.*

Art. 903. Salvo disposição diversa em lei especial, regem-se os títulos de créditos pelo disposto neste Código.

.. *Sem dispositivo correspondente no Código Civil de 1916.*

Capítulo II

Do título ao portador

Art. 904. A transferência de título ao portador se faz por simples tradição.

.. *Sem dispositivo correspondente no Código Civil de 1916.*

Art. 905. O possuidor de título ao portador tem direito à prestação nele indicada, mediante a sua simples apresentação ao devedor.

.. *Dispositivo correspondente no Código Civil de 1916: art. 1.505.*

. Vide *art. 311 do Código Civil.*

Parágrafo único. A prestação é devida ainda que o título tenha entrado em circulação contra a vontade do emitente.

.. *Dispositivo correspondente no Código Civil de 1916: art. 1.506.*

Art. 906. O devedor só poderá opor ao portador exceção fundada em direito pessoal, ou em nulidade de sua obrigação.

.. *Dispositivo correspondente no Código Civil de 1916: art. 1.507.*

. Vide *art. 371 do Código Civil.*

. Vide *art. 51 do Decreto n. 2.044, de 31 de dezembro de 1908 (letras de câmbio).*

Art. 907. É nulo o título ao portador emitido sem autorização de lei especial.

.. *Dispositivo correspondente no Código Civil de 1916: art. 1.511.*

. *O art. 292 do Código Penal dispõe sobre a emissão de título ao portador sem permissão legal.*

Art. 908. O possuidor de título dilacerado, porém identificável, tem direito a obter do emitente a substituição do anterior, mediante a restituição do primeiro e o pagamento das despesas.

.. *Sem dispositivo correspondente no Código Civil de 1916.*

Art. 909. O proprietário, que perder ou extraviar título, ou for injustamente desapossado dele, poderá obter novo título em juízo, bem como impedir sejam pagos a outrem capital e rendimentos.

.. *Dispositivo correspondente no Código Civil de 1916: art. 1.509,* caput.

. Vide *arts. 321 e 1.268 do Código Civil.*

. Vide *arts. 907 a 913 do Código de Processo Civil.*

Parágrafo único. O pagamento, feito antes de ter ciência da ação referida neste artigo, exonera o devedor, salvo se se provar que ele tinha conhecimento do fato.

.. *Sem dispositivo correspondente no Código Civil de 1916.*

Capítulo III

Do título à ordem

Art. 910. O endosso deve ser lançado pelo endossante no verso ou anverso do próprio título.

.. *Sem dispositivo correspondente no Código Civil de 1916.*

§ 1º Pode o endossante designar o endossatário, e para a validade do endosso, dado no verso do título, é suficiente a simples assinatura do endossante.

.. *Sem dispositivo correspondente no Código Civil de 1916.*

§ 2º A transferência por endosso completa-se com a tradição do título.

.. *Sem dispositivo correspondente no Código Civil de 1916.*

. Vide *art. 324 do Código Civil.*

§ 3º Considera-se não escrito o endosso cancelado, total ou parcialmente.

.. *Sem dispositivo correspondente no Código Civil de 1916.*

Art. 911. Considera-se legítimo possuidor o portador do título à ordem com série regular e ininterrupta de endossos, ainda que o último seja em branco.

.. *Sem dispositivo correspondente no Código Civil de 1916.*

Parágrafo único. Aquele que paga o título está obrigado a verificar a regularidade da série de endossos, mas não a autenticidade das assinaturas.

.. *Sem dispositivo correspondente no Código Civil de 1916.*

Art. 912. Considera-se não escrita no endosso qualquer condição a que o subordine o endossante.

.. *Sem dispositivo correspondente no Código Civil de 1916.*

Parágrafo único. É nulo o endosso parcial.

.. *Sem dispositivo correspondente no Código Civil de 1916.*

Art. 913. O endossatário de endosso em branco pode mudá-lo para endosso em preto, completando-o com o seu nome ou de terceiro; pode endossar novamente o título, em branco ou em preto; ou pode transferi-lo sem novo endosso.

.. *Sem dispositivo correspondente no Código Civil de 1916.*

Art. 914. Ressalvada cláusula expressa em contrário constante do endosso, não responde o endossante pelo cumprimento da prestação constante do título.

.. *Sem dispositivo correspondente no Código Civil de 1916.*

§ 1º Assumindo responsabilidade pelo pagamento, o endossante se torna devedor solidário.

.. *Sem dispositivo correspondente no Código Civil de 1916.*

. Vide *arts. 275 a 285 do Código Civil.*

§ 2º Pagando o título, tem o endossante ação de regresso contra os coobrigados anteriores.

.. *Sem dispositivo correspondente no Código Civil de 1916.*

Art. 915. O devedor, além das exceções fundadas nas relações pessoais que tiver com o portador, só poderá opor a este as exceções relativas à forma do título e ao seu conteúdo literal, à falsidade da própria assinatura, o defeito de capacidade ou de representação no momento da substituição, e à falta de requisito necessário ao exercício da ação.

.. *Sem dispositivo correspondente no Código Civil de 1916.*

Art. 916. As exceções, fundadas em relação do devedor com os portadores precedentes, somente poderão ser por ele opostas ao portador, se este, ao adquirir o título, tiver agido de má-fé.

.. *Sem dispositivo correspondente no Código Civil de 1916.*

Art. 917. A cláusula constitutiva de mandato, lançada no endosso, confere ao endossatário o exercício dos direitos inerentes ao título, salvo restrição expressamente estatuída.

.. *Sem dispositivo correspondente no Código Civil de 1916.*

§ 1º O endossatário de endosso-mandato só pode endossar novamente o título na qualidade de procurador, com os mesmos poderes que recebeu.

.. *Sem dispositivo correspondente no Código Civil de 1916.*

§ 2º Com a morte ou a superveniente incapacidade do endossante, não perde eficácia o endosso-mandato.

.. *Sem dispositivo correspondente no Código Civil de 1916.*

§ 3º Pode o devedor opor ao endossatário de endosso-mandato somente as exceções que tiver contra o endossante.

.. *Sem dispositivo correspondente no Código Civil de 1916.*

Art. 918. A cláusula constitutiva de penhor, lançada no endosso, confere ao endossatário o exercício dos direitos inerentes ao título.

.. *Sem dispositivo correspondente no Código Civil de 1916.*

. Vide *arts. 1.458 a 1460 do Código Civil.*

§ 1º O endossatário de endosso-penhor só pode endossar novamente o título na qualidade de procurador.

.. *Sem dispositivo correspondente no Código Civil de 1916.*

§ 2º Não pode o devedor opor ao endossatário de endosso-penhor as exceções que tinha contra o endossante, salvo se aquele tiver agido de má-fé.

.. *Sem dispositivo correspondente no Código Civil de 1916.*

Art. 919. A aquisição de título à ordem, por meio diverso do endosso, tem efeito de cessão civil.

.. *Sem dispositivo correspondente no Código Civil de 1916.*

. Vide *arts. 286 a 298 do Código Civil.*

Art. 920. O endosso posterior ao vencimento produz os mesmos efeitos do anterior.

.. *Sem dispositivo correspondente no Código Civil de 1916.*

. Vide. *arts. 8º, §2º, do Decreto n. 2.044, de 31 de dezembro de 1908.*

. Vide *art. 24 do Decreto n. 57.595, de 7 de janeiro de 1966.*

. Vide *art. 20 do Anexo I do Decreto n. 57.663, de 24 de janeiro de 1966.*

Capítulo IV

Do título nominativo

Art. 921. É título nominativo o emitido em favor de pessoa cujo nome conste no registro do emitente.

.. *Sem dispositivo correspondente no Código Civil de 1916.*

Art. 922. Transfere-se o título nominativo mediante termo, em registro do emitente, assinado pelo proprietário e pelo adquirente.

.. *Sem dispositivo correspondente no Código Civil de 1916.*

Art. 923. O título nominativo também pode ser transferido por endosso que contenha o nome do endossatário.

.. *Sem dispositivo correspondente no Código Civil de 1916.*

§ 1º A transferência mediante endosso só tem eficácia perante o emitente, uma vez feita a competente averbação em seu registro, podendo o emitente exigir do endossatário que comprove a autenticidade da assinatura do endossante.

.. *Sem dispositivo correspondente no Código Civil de 1916.*

§ 2º O endossatário, legitimado por série regular e ininterrupta de endossos, tem o direito de obter a averbação no registro do emitente, comprovada a autenticidade das assinaturas de todos os endossantes.

.. *Sem dispositivo correspondente no Código Civil de 1916.*

§ 3º Caso o título original contenha o nome do primitivo proprietário, tem direito o adquirente a obter do emitente novo título, em seu nome, devendo a emissão do novo título constar no registro do emitente.

.. *Sem dispositivo correspondente no Código Civil de 1916.*

Art. 924. Ressalvada proibição legal, pode o título nominativo ser transformado em à ordem ou ao portador, a pedido do proprietário e à sua custa.

.. Sem dispositivo correspondente no Código Civil de 1916.

Art. 925. Fica desonerado de responsabilidade o emitente que de boa-fé fizer a transferência pelos modos indicados nos artigos antecedentes.

.. Sem dispositivo de correspondente no Código Civil de 1916.

Art. 926. Qualquer negócio ou medida judicial, que tenha por objeto o título, só produz efeito perante o emitente ou terceiros, uma vez feita a competente averbação no registro do emitente.

.. Sem dispositivo correspondente no Código Civil de 1916.